Une Visite à Paris

LA VILLE ET SES PROMENADES

VUES EN QUINZE JOURS

PARIS

A. Hennuyer, Éditeur
Rue Laffitte, 47

UNE

VISITE A PARIS

DU MÊME AUTEUR

PARIS, PROMENADES DANS LES VINGT ARRONDISSEMENTS. Trois forts volumes in-16 avec introductions et nomenclatures historiques des voies publiques et privées, illustrés de 63 gravures hors texte et 21 plans coloriés. *Troisième édition.*

LE MÊME, publié en 20 monographies séparées.

TOUT AUTOUR DE PARIS, PROMENADES ET EXCURSIONS DANS LE DÉPARTEMENT DE LA SEINE. Un volume in-16 de xxiv-317 pages, illustré de 20 dessins hors texte, de 2 vues panoramiques, de 5 cartes et plans coloriés.

PROMENADES ET EXCURSIONS DANS LES ENVIRONS DE PARIS. *Région de l'Ouest.* Un volume in-16 de xxiv-488 pages, illustré de 109 gravures dont 51 hors texte, 7 cartes et plans coloriés, et 2 vues panoramiques et 3 cartes itinéraires.

PROMENADES ET EXCURSIONS DANS LES ENVIRONS DE PARIS. *Région du Nord.* Un volume in-16 de xxiv-536 pages, illustré de 150 gravures dont 56 hors texte, 2 vues panoramiques, 6 cartes et plans coloriés et 3 cartes itinéraires.

PROMENADES ET EXCURSIONS DANS LES ENVIRONS DE PARIS. *Région du Sud.* Un fort volume in-16 de xxiv-656 pages, illustré de 193 gravures dont 71 hors texte, 2 vues panoramiques, de 6 cartes et plans coloriés et 3 cartes itinéraires.

PROMENADES ET EXCURSIONS DANS LES ENVIRONS DE PARIS. *Région de l'Est.* Un volume in-16 de xxx-444 pages, illustré de 146 gravures dont 38 hors texte, de 7 cartes coloriées et 3 cartes itinéraires.

DE PARIS AU TRÉPORT PAR AMIENS. Un volume illustré de 51 gravures et 2 cartes.

DE DUNKERQUE A ARRAS, PÉRONNE ET MONTDIDIER. Un volume in-16, illustré de 57 gravures, 1 vue panoramique et 3 cartes.

UNE
VISITE A PARIS

LA VILLE ET SES PROMENADES
VUES EN QUINZE JOURS

PAR

ALEXIS MARTIN

DEUXIÈME ÉDITION

14 CARTES, DONT 11 EN COULEURS AVEC ITINÉRAIRES,
17 GRAVURES HORS TEXTE ET 1 VUE PANORAMIQUE.

PARIS

A. HENNUYER, IMPRIMEUR-ÉDITEUR

47, RUE LAFFITTE, 47

—

1909-1910

AVERTISSEMENT

Ce livre a été écrit pour les visiteurs qui ne peuvent faire à Paris qu'un court séjour. S'ils veulent bien suivre l'auteur dans les itinéraires qu'il a tracés, ils économiseront un temps précieux et emporteront un souvenir exact de la capitale.

Nous avons supposé que notre lecteur pourrait consacrer treize jours — les treize jours d'un touriste — à la visite de la Ville, et nous avons divisé notre travail en autant de promenades possibles à faire chacune dans une journée.

Nous ne visiterons donc que les quartiers qui présentent, par leur beauté, leur originalité, la profusion des monuments qu'ils renferment, un véritable attrait pour les étrangers.

Onze plans en couleur avec itinéraires tracés en rouge sur les arrondissements traversés tiennent lieu de guide au touriste. Ils seront consultés sans fatigue en raison de leur clarté. Un plan du bois de Boulogne, un plan du bois de Vincennes, un plan donnant la division de Paris et l'orientation des arrondissements complètent cet ensemble.

Des gravures hors texte rappellent aux visiteurs la physionomie de Paris.

Les *Renseignements pratiques,* à la fin du volume, indiquent les heures d'ouverture des monuments, musées, bibliothèques, etc.

Nos promenades sont composées de deux parties bien distinctes. La première, imprimée en gros texte, contient l'indication de la marche à suivre, reflète les impressions ressenties, détaille les curiosités qu'on rencontre et les monuments qu'on visite. La seconde, documentaire, imprimée en petit texte, est utile à connaître, mais on peut remettre sa lecture à l'heure où l'on reprendra le livre pour fixer ses souvenirs; c'est l'histoire des édifices, des institutions, des manufactures qu'on a rencontrés en chemin.

Afin de permettre à ses lecteurs d'apprécier les progrès de tous genres accomplis dans Paris, l'auteur, sous le titre d'*Esquisses parisiennes,* fait suivre chacune de ses journées de curieuses études historiques qui font connaître les agrandissements successifs de la ville, la délimitation de ses diverses enceintes, ce qu'étaient ses rues, son éclairage, son approvisionnement d'eau au temps passé; d'autres, traitant des voitures et des foires, révèlent quelques détails des anciennes coutumes parisiennes; celle-ci raconte les mœurs nouvelles de la butte Montmartre, devenue, grâce à d'habiles industriels et à quelques artistes doublés d'excentriques, une petite ville de plaisir dans la grande ville; celle-là entretient les lecteurs des ponts qui traversent la Seine; une autre leur signale les efforts de l'assistance publique pour soulager la misère et passe rapidement en revue les hôpitaux et hospices où sont soignés les malades et reçus les vieillards. Enfin, car tout est à voir à Paris, l'auteur nous conduit dans ses *dessous* et nous fait visiter le Métropolitain, les égouts et les catacombes, et dans une dernière étude, nous sert de guide à travers les méandres des grandes nécropoles.

On comprend qu'en treize jours on ne saurait songer à visiter Paris tout entier; aussi conseillons-nous à ceux qui habitent Paris ou qui peuvent y faire un plus long séjour, l'ouvrage du même auteur, édité par notre librairie : *Paris, promenades dans les vingt arrondissements*, donnant une description absolument complète et méthodique de la capitale (1).

L'ÉDITEUR.

(1) Trois forts volumes in-16 illustrés ou vingt monographies d'arrondissement séparées.

PLANS AVEC ITINÉRAIRES DE PROMENADES

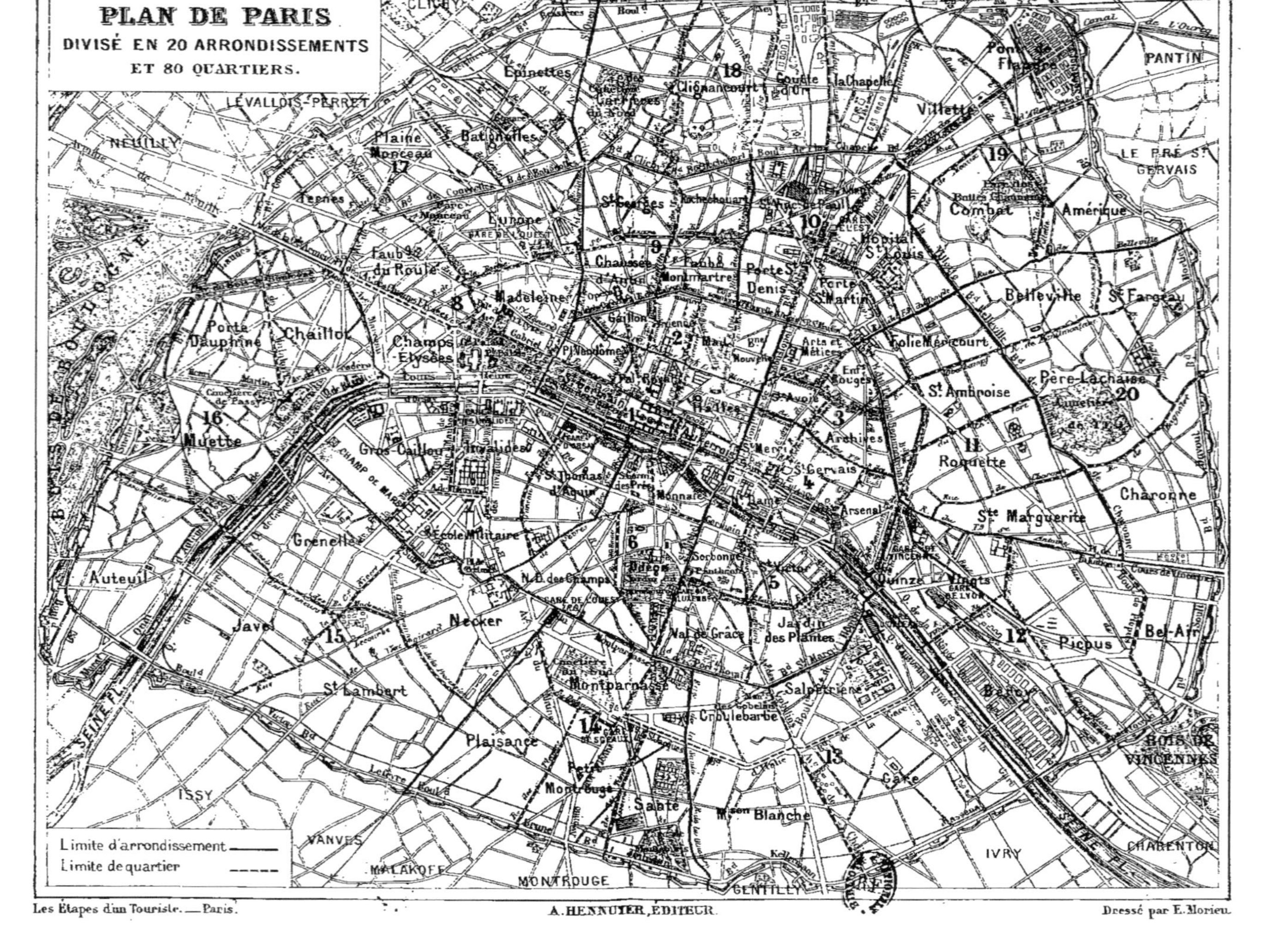

PLAN DE PARIS
DIVISÉ EN 20 ARRONDISSEMENTS
ET 80 QUARTIERS.
Limite d'arrondissement
Limite de quartier
Les Étapes d'un Touriste. — Paris.
A. HENNUYER, ÉDITEUR.
Dressé par E. Morieu.

SOMMAIRE DES PROMENADES

PREMIÈRE JOURNÉE.

DEUXIÈME JOURNÉE.

TROISIÈME JOURNÉE.

QUATRIÈME JOURNÉE.

NEUVIÈME JOURNÉE.

(Plans du quatrième et du troisième arrondissement.)

DIXIÈME JOURNÉE.

(Plan du quatrième arrondissement.)

ONZIÈME JOURNÉE.

(Plan du cinquième arrondissement.)

DOUZIÈME JOURNÉE.

(Plan du sixième arrondissement.)

TREIZIÈME JOURNÉE.

(Plan du septième arrondissement.)

ESQUISSES PARISIENNES

Note complémentaire, page 183, 3ᵉ alinéa. Un musée, consacré entièrement à Victor Hugo, a été installé par la Ville de Paris dans la maison que le poëte habita place des Vosges.

ERRATUM. — Page 220, ligne 11, *au lieu de* Monge, *lire* Lagrange.

Page 220, 1ᵉʳ alinéa. Les bâtiments des anciennes annexes de l'Hôtel-Dieu viennent d'être démolis, et presqu'à l'angle de la rue de l'Hôtel-Colbert, on trouvera en construction la Maison de l'Association générale des Étudiants, à laquelle s'adjoindra la rotonde et l'ancienne entrée de 'École de Médecine du seizième siècle, qui doivent être conservées.

16ème ARRONDISSEMENT
PASSY.
Échelle de 1: 22800.
0   500   1000 M.
NORD
BOIS DE BOULOGNE
Une Visite à Paris.
A. Hennuyer, Éditeur.
PLACE DE L'ÉTOILE
Av. des Ch. Elysées
Avenue du Bois de Boulogne
Square
63e Qer
64e Qer
de la Pte Dauphine
Chaillot
62e Qer
LA MUETTE
de la Muette
PASSY
61e Qer
d'Auteuil
CHAMP DE COURSES D'AUTEUIL
Porte de Passy
Emplacement de l'Exposition
GRENELLE
15e ARROND.
Cimetière
Cimetière
AUTEUIL
Gare d'Auteuil
Itinéraire :   1er Journée.

UNE
VISITE A PARIS

PREMIÈRE JOURNÉE

Avenue de la Grande-Armée. — *Arc de triomphe.* — Avenues Victor-Hugo et Henri-Martin. — La Muette. — Auteuil. — *Église Notre-Dame d'Auteuil.* — *Palais, parc et musées du Trocadéro.* — Église Saint-Pierre de Chaillot. — *Église russe.*
ESQUISSES PARISIENNES. — *Les Promenades.*

C'est à la porte de Neuilly, entre les boulevards Lannes et Gouvion-Saint-Cyr, que, par une belle matinée de mai, fraîche encore, ensoleillée déjà, nous désirons vous rencontrer, chers lecteurs, pour vous souhaiter la bienvenue et commencer avec vous cette série de promenades dont, nous l'espérons, vous conserverez un bon souvenir.

En allant au-devant de vous, nos regards plongent sur cette belle **avenue de Neuilly**, dont la ligne droite, large et verdoyante, fuit jusqu'au rond-point de Courbevoie, laissant apercevoir la silhouette imposante d'une belle œuvre de Barrias, le monument de la *Défense nationale.*

En nous retournant pour vous accompagner, nous avons sous les yeux le développement de l'**avenue de la Grande-Armée**; cette superbe voie, large de 70 mètres, est une partie de l'avenue de Neuilly absorbée par la ville en 1860.

Une large chaussée centrale court entre des terre-pleins plantés de deux rangées de beaux arbres et suivis de chaussées plus étroites précédant les trottoirs; au bout, à plus de 800 mètres, fermant la perspective, se dresse l'arc de triomphe de l'Étoile.

Mais nous ne sommes encore qu'à l'extrémité de l'avenue; là sont des restaurants accueillants aux noces bourgeoises,

1

des cafés où cyclistes et automobilistes se réunissent, de beaux immeubles de hauteurs diverses, des boutiques occupées en grand nombre par des marchands de vélocipèdes et d'automobiles, négociants dont les enseignes tapageuses font contraste avec celles, fort sobres, des industriels et débitants qui les avoisinent. Il y a ici des carrossiers, des serruriers d'art, des magasins d'approvisionnements, tous très luxueusement installés.

A notre gauche nous apercevons la façade, d'un très pur style ogival, la grande fenêtre à rosace et les trois portes de l'**église de l'Étoile**, un temple protestant construit, en moins d'une année, sous la direction de l'architecte Hansen.

Ce temple, inauguré le 29 novembre 1874, affecte la forme d'une croix latine; intérieurement, son aspect est moins froid que ne l'est généralement celui des églises réformées. Dans sa nef et ses annexes, 1 800 personnes peuvent être assises.

A côté de l'église, y attenant et administrée par ses pasteurs, est une **école professionnelle de jeunes filles**, où l'on enseigne la comptabilité, la couture, le dessin, la peinture sur porcelaine, etc.

Mais, à tout cela on ne prête qu'une attention distraite : le regard et la pensée sont tous deux captivés par la masse grandiose de l'**arc de triomphe de l'Étoile**.

Rien de mieux compris dans ses proportions, de plus pur dans ses lignes, de plus imposant dans son ensemble que ce magnifique monument ouvrant sur Paris son grand arc traversé d'azur.

Napoléon Ier, dans sa pensée, faisait ériger l'Arc de triomphe pour célébrer la gloire de la Grande Armée et en perpétuer le souvenir; il posa la première pierre de l'édifice le 15 août 1806. Lors de la chute de l'Empire, en 1814, deux architectes avaient déjà dirigé les travaux : Chalgrin, auteur des plans, mort en 1811, et Goust, qui conduisit la construction jusqu'à l'imposte du grand arc et qui, après dix ans d'inaction forcée, se remit à l'œuvre, en 1824. Quatre ans plus tard, Huyot lui succéda ; il fit terminer le grand entablement et les sculptures de la grande voûte; puis, le travail, interrompu encore, fut repris par Blouet en 1832. Le monument, enfin terminé et dédié à toutes les armées françaises depuis 1792, fut inauguré le 29 juillet 1836.

Tous les grands sculpteurs du temps ont concouru à la décoration de l'Arc de triomphe : Rude, Étex, Pradier, Cortot, Caillouette, Seurre, Laitié, Lemaire, Feuchères, Chaponnière, Gechter, Marochetti, ont signé les groupes et les bas-reliefs dont les massifs, les frises et les tympans sont décorés.

La Résistance et *la Paix*, groupes qui regardent l'avenue de la Grande-Armée, sont d'Étex ; *le Triomphe*, œuvre de Cortot, fait du côté des Champs-Élysées un pendant un peu froid à la fougueuse et entraînante composition de Rude, *le Départ*, une des plus belles œuvres de la sculpture moderne.

Signalons encore, du côté de l'avenue de la Grande-Armée, le groupe de *la Prise d'Alexandrie*, signé Chaponnière, où l'on distingue une très belle figure de Kléber blessé, et *le Passage du pont d'Arcole*, de Feuchères.

Trente boucliers décorent le monument à la hauteur de l'attique, chacun d'eux porte un nom de victoire ; sous les voûtes sont encore inscrits les noms d'une centaine de combats, sièges ou batailles, et ceux aussi d'environ quatre cents hommes de guerre (1).

La place de l'Étoile, grand cercle dont le rayon n'a pas moins de 120 mètres, est bordée de magnifiques immeubles formant des îlots séparés par douze belles avenues plantées d'arbres.

La plus large est l'avenue des Champs-Élysées, prolongement de celle de la Grande-Armée. Silencieuse à cette heure, à peine sillonnée par les courbes de quelques cycles ou le galop de quelques cavaliers, elle s'étend comme un immense tapis jusqu'à la place de la Concorde. A son extrémité, on voit, fine de forme et toute rose sous le soleil matinal, la pyramide de l'obélisque de Louqsor et, au delà, les frondaisons du jardin des Tuileries.

Nous ne croyons pas qu'aucune ville puisse se présenter à ses visiteurs par un plus magistral et plus imposant ves-

______

(1) L'arc de triomphe de l'Étoile est, en son genre, le plus grand monument du monde. Sa hauteur est de 45ᵐ,50, sa largeur de 44ᵐ,70, son épaisseur de 22 mètres. Le grand arc a 29 mètres de hauteur sur une largeur de 13 mètres ; les petits, 18ᵐ,50 sur 8 mètres. L'érection complète a coûté 9 651 185 fr. 62.

tibule. Tout est ici réuni pour charmer les regards, faire jaillir des poitrines un long cri d'admiration et donner une haute idée des richesses et de la splendeur de la capitale.

Mais nous aurons l'occasion de revenir sur cette avenue plus tard; pour l'instant, nous allons visiter les quartiers qui s'étendent au sud de la place entre la Seine et le bois de Boulogne; ils formaient, avant 1860, les villages de Passy et d'Auteuil; ils ont eu pendant longtemps l'aspect d'un jardin immense où l'on aurait édifié des villas; aujourd'hui, les grandes constructions les envahissent.

L'avenue Victor-Hugo, par laquelle nous quittons le rond-point de l'Étoile, était autrefois une route départementale; après s'être appelée *avenue de Saint-Cloud,* puis *avenue d'Eylau,* elle a pris son nom actuel au lendemain de la mort du poète (22 mai 1885).

C'est une voie dont l'aspect change, pour ainsi dire, constamment; très commerçante à son début, elle devient plus loin d'aspect assez aristocratique et, vers la fin, ses maisons basses et vieillottes, cachant des jardinets, ressemblent à de provinciales habitations.

Au bout de quelques minutes de marche, nous rencontrons la **place Victor-Hugo,** un cirque de 100 mètres de diamètre autour duquel rayonnent une dizaine de rues et d'avenues; à son centre est un monument haut de 11 mètres élevé à Victor Hugo par Barrias, Allard et Pascal; au sud se dresse la façade très simple de l'**église Saint-Honoré d'Eylau,** construite, en 1855, par l'architecte Debressenne. Elle ne fut d'abord qu'une chapelle; en 1862, elle devint une succursale de la paroisse de Passy.

L'Institut des bègues, qui, sur l'avenue Victor-Hugo, fait face à une porte ouverte sur le flanc droit de l'église, n'est pas un monument, mais une institution qui caractérise les modernes tendances humanitaires de la science à Paris.

Aujourd'hui subventionné par la Ville, l'institut a été fondé, en 1867, par le docteur Chervin. Sans rien emprunter à la chirurgie ni à la médecine, on y suit une méthode qui corrige non seulement le bégaiement, mais encore tous les autres défauts de prononciation. La maison a des succursales à Bruxelles et dans plusieurs grandes villes de France.

La maison mortuaire de Victor Hugo, petit hôtel qui portait le numéro 124 de l'avenue, a été remplacée en 1907 par une maison de rapport sur laquelle une plaque commémorative a été posée par les soins du *Comité des inscriptions parisiennes* (1). C'est là que le grand poète passa les dernières années de sa vie; c'est de là que partit son cercueil, en mai 1885, pour être exposé sous la grande voûte de l'Arc de triomphe transformée en chapelle ardente.

Nous parlions d'une institution tout à l'heure; dans le voisinage du lieu où nous sommes, au bout de la rue des Belles-Feuilles, au rond-point Bugeaud, vous pourrez voir **la fondation Thiers**, maison élevée aux frais de Mlle Dosne en exécution d'une clause du testament du grand homme d'État.

Là sont reçus, logés et nourris pendant trois années, une douzaine de jeunes gens âgés de moins de vingt-sept ans et reconnus aptes à devenir des hommes distingués.

Les constructions, simples, élégantes, agrémentées d'un beau jardin, ont été élevées sur les plans et sous la direction de M. Aldrophe, un artiste dont nous aurons l'occasion de reparler.

Par les rues Spontini et de Longchamp, nous arrivons à celle de la Pompe et nous nous trouvons devant une longue façade ornée de bustes et de statues. Cette façade est celle du **lycée Janson de Sailly.**

Le lycée Janson de Sailly, fondé par l'État en 1884, a rapidement pris une place prépondérante parmi nos grands centres d'enseignement. On admet là des enfants très jeunes; il en sort des élèves prêts à passer les examens d'admission aux Écoles polytechnique, de Saint-Cyr, centrale, navale, Institut agronomique, grandes écoles commerciales, etc. Les élèves des écoles **Gerson** et **Lacordaire**, situées l'une, 31, rue de la Pompe, l'autre, 35, rue Saint-Didier, suivent les cours du lycée Janson de Sailly.

Les bâtiments et les cours plantées d'arbres, qui les séparent, couvrent une superficie de 32 000 mètres. La construction a été dirigée par Laisné, architecte.

____

(1) Ce comité a été institué par un arrêté préfectoral du 10 mars 1879. Les nombreuses inscriptions qu'il a fait poser sur les maisons historiques de Paris sont toutes gravées en lettres rouges sur plaques de marbre blanc; d'autres inscriptions sont dues à l'initiative privée.

Nous voici maintenant sur l'**avenue Henri-Martin**, une belle voie longue de plus de 1 300 mètres, percée, en 1858, sous le nom d'*avenue de l'Empereur*, et très fréquentée le matin par les cavaliers élégants (1).

Ici, simple, mais de grande allure, décorée d'un bas-relief de Lemaire symbolisant *le Mariage*, se développe une façade encore, celle de la **mairie du seizième arrondissement**, d'apparence toute neuve, bien que datant de 1877.

L'édifice est de trop engageant aspect pour que nous n'en franchissions pas le seuil. Nous y pourrons admirer les peintures, dont le grand escalier, le vestibule, les salles des fêtes et des mariages ont été décorés par M. Ch. Chauvin, et aussi cinq grandes compositions de M. Émile Lévy. Dans la voûte de la salle des fêtes, l'architecte, M. Godebœuf, a fait inscrire en lettres d'or les noms des nombreux personnages illustres qui ont habité Auteuil et Passy.

Le **square Lamartine** est tout voisin de la mairie. C'est une place plantée, entourée d'arbres taillés en basses pyramides quadrangulaires ; elle est sillonnée d'allées sablées et décorée d'une *statue de Lamartine* due au ciseau de M. Marquet de Vasselot. Le poète est représenté assis, rêvant, son lévrier à ses pieds.

Au fond du jardinet, une épaisse touffe de fusains cache aux regards le point d'arrivée de la colonne d'eau du **puits artésien de Passy**.

Ce puits a été foré en six années, de 1855 à 1861, sous la direction de M. Kind, ingénieur saxon. Profond de 586 mètres, il débite, en vingt-quatre heures, 8 000 mètres cubes d'une eau provenant de la même nappe que celle du puits de Grenelle.

En quittant le square, nous nous trouvons sur le dernier tronçon de l'avenue Victor-Hugo, tout auprès de la **Muette** et des pelouses du Ranelagh.

La Muette, belle propriété privée, séparée de la voie publique par un saut de loup et destinée à une prochaine disparition, fut un

(1) Après avoir pris le nom d'*avenue du Trocadéro* en 1870, cette voie reçut en 1885 celui de notre grand historien national, mort tout auprès, rue Vital, 38.

rendez-vous de chasse au temps de Charles IX et, plus tard, une résidence royale. Marie-Antoinette y logea lors de son arrivée en France et Louis XVI y passa avec elle les premiers temps de son règne.

Le Ranelagh est de moins noble origine. Il fut créé en 1774 par un certain Morisan, garde de la porte de Passy. C'était un bal avec café, restaurant, salle de spectacle, etc., une imitation de l'établissement que lord Ranelagh venait de fonder à Chelsea, près Londres. La jeune reine ayant assisté à l'une des fêtes qu'on y donnait, la plus brillante société ne tarda pas à s'y rendre. Elle en fit alors les beaux jours. Fermé pendant la Terreur, le Ranelagh rouvrit sous le Directoire ; les muscadins, les incroyables, les merveilleuses, lui fournirent alors une clientèle assidue. Sous l'Empire, la vogue ne l'abandonna pas ; on y rencontrait alors ces reines de la mode qui s'appelaient Mmes Tallien et Récamier. Bivouac pour les alliés en 1814, ambulance en 1815, le Ranelagh connut encore des jours prospères sous la Restauration. En ce temps, on vit passer dans ses jardins, suivie de sa cour d'aimables femmes, la toute jeune et toute gracieuse duchesse de Berry.

De tout ceci, il ne reste plus que le souvenir.

Ces pelouses sont devenues une agréable promenade, que ne dédaignent ni les désœuvrés qui y rencontrent un café, ni les mélomanes qui se groupent le dimanche et le jeudi autour du kiosque qu'un orchestre occupe, ni les enfants qui trouvent là leur Comédie française : un théâtre de Guignol. Quant aux simples promeneurs, leur vue est réjouie par l'aspect de ce jardin, par ses beaux arbres, ses allées douces au pas, son voisinage de gaies villas, et aussi par les belles œuvres sculpturales qui le décorent. Il y a là le *Fugit amor*, de Damé ; la *Biblis changée en source*, de Leenhoff ; la *Méditation*, de Tony Noel ; *le Pêcheur ramenant dans ses filets la tête d'Orphée*, de Longepied ; le *Caïn*, de Caillé ; puis, enfin, le **monument de La Fontaine**, buste du fabuliste souriant du haut de son piédestal à quelques-uns des animaux qu'il a si spirituellement fait parler, jolie œuvre du sculpteur Dumilâtre.

Le Chemin de fer de Ceinture passe au nord de la promenade et la station de Passy est à deux pas du monument de La Fontaine ; nous avons marché pendant longtemps déjà, sautons dans un train et, dans sept ou huit minutes, ayant suivi les boulevards Beauséjour, de Montmorency et

Exelmans, nous nous arrêterons en gare du Point-du-Jour, presque à l'extrémité de ce qui fut autrefois le village d'Auteuil.

Au **Point-du-Jour** stoppent les bateaux qui font la montée et la descente de la Seine; la berge est un large quai bordé de guinguettes joyeuses. Là on déjeune, on dîne, on tourne sur des chevaux de bois au son de l'orgue de Barbarie; on danse entraîné par des orchestres plus bruyants qu'harmonieux; on prouve son adresse au tir, sa hardiesse sur la balançoire, sa science de vélocipédiste sur des cycles de tous modèles. Le Point-du-Jour est un endroit exceptionnellement et constamment joyeux.

C'est là que prend naissance le magnifique **viaduc d'Auteuil**, une de ces œuvres qui, dans deux mille ans, exciteront chez les curieux une admiration égale à celle que nous éprouvons pour les constructions romaines.

Long de 175 mètres, large de 30, le viaduc est tout à la fois un pont pour les piétons et les voitures et, pour le chemin de fer, une voie aérienne traversant hardiment la Seine. Élégant dans sa forme, il est percé d'arcades éclairant des galeries de circulation. C'est, en ce genre, un des plus beaux ouvrages que nous connaissions. Il a été construit en 1865 par M. de Bassompierre, ingénieur en chef du Chemin de fer de Ceinture.

Auteuil, où nous entrons, appartint jadis à l'abbaye du Bec, puis à celle de Sainte-Geneviève de Paris; le vin que produisaient ses vignes jouissait d'une grande réputation.

Au dix-septième siècle, les vignes disparaissent, les grands arbres se multiplient, les maisons de campagne se groupent à leur ombre; le médecin Hubert constate les vertus curatives d'une source d'eau ferrugineuse qu'on vient de découvrir dans le pays. Auteuil sort de l'oubli. Des hommes, dont la célébrité, universelle maintenant, ne dépassait pas alors le cercle restreint de la cour et des lettrés, y plantent leur tente aujourd'hui Boileau, demain Molière; le charmant village devient très fréquenté. Au dix-huitième siècle, il y a à Auteuil un bal aussi célèbre que le fut le bal d'Asnières sous le second Empire. Plus tard, Gendron, médecin du régent, habite ici la maison de Boileau, Voltaire le visite et chante son logis en un assez banal quatrain. Vers 1772, la veuve d'Helvétius, une demoiselle de Ligneville, s'y retire et groupe autour d'elle une foule de gens distingués;

elle en forme un cénacle philosophique, la *Société d'Auteuil*, qui, plus tard, sous l'Empire, devint un foyer d'opposition dont la raillerie spirituelle inquiéta souvent Napoléon Ier.

Croisant, à l'est du hameau Boileau, les rues Jouvenet, Lancret, de Musset, nous arrivons à la *villa de la Réunion,* plus connue sous le nom d'**institution de Sainte-Périne.**

Sainte-Périne est une maison de repos pour les vieillards des deux sexes à qui leurs ressources permettent de payer pension. L'institution, dont la première pensée appartient à M. de Chamoussel, maître des comptes, mort en 1773, ne fut réellement organisée qu'en 1804 par Duchayla et Gloux, que protégeait l'impératrice Joséphine ; elle s'installa alors dans les bâtiments désaffectés du couvent de Sainte-Périne, rue de Chaillot, qui, lorsqu'on perça l'avenue Joséphine (1), furent atteints par l'expropriation.

Alors et sous la direction de M. Ponthieu s'élevèrent, dans un vaste parc, les belles constructions qui abritent aujourd'hui environ 300 pensionnaires, hommes et femmes, tous gens de bonne éducation, de passé sans tache ; ils ont chacun leur chambre et, en ce qui concerne les visites et les sorties, jouissent d'une liberté complète.

La maison de retraite Chardon-Lagache est toute voisine de Sainte-Périne et peut être considérée comme son annexe ; elle a le même directeur, le même service médical, une organisation identique, mais les prix de la pension sont moins élevés.

M. et Mme Chardon-Lagache ont fondé cet établissement en 1861, et, par acte authentique, assuré son entretien. Les bâtiments, réguliers et de bel aspect, se sont élevés sous la direction de M. Véra assez rapidement pour que la maison pût être ouverte au mois de juillet 1865. Elle peut recevoir 150 pensionnaires.

Plus moderne et de caractère plus spécial est la **maison de retraite Rossini,** inaugurée au mois de janvier 1888.

Elle a été construite aussi par Véra ; elle est dirigée par l'administration de Sainte-Périne et exclusivement destinée à recevoir, sans rétribution, les chanteurs et chanteuses français et italiens. Chaque pensionnaire a là sa chambre donnant sur un beau jardin.

Mais nous voici sur la place d'Auteuil ; empruntée, en 1753,

(1) Aujourd'hui avenue Marceau.

au territoire d'un cimetière, elle s'est originairement appelée *place d'Aguesseau*, sans doute parce que, de toutes les tombes de la nécropole, on en avait conservé une, celle qui renferme les restes du chancelier et de sa femme, Anne Lefèvre d'Ormesson.

Cette **tombe** est debout encore; c'est un obélisque de marbre rouge reposant sur un piédestal de marbre blanc.

A l'angle nord de la place naît la rue d'Auteuil. Son premier immeuble du côté pair occupe l'emplacement de la maison de campagne de Molière.

L'église **Notre-Dame d'Auteuil**, dont la haute et maigre tour se dresse ici devant nous, remplace, depuis 1877, un édifice qui remontait au douzième siècle. C'est une œuvre de l'architecte Vaudremer, dont toutes les parties ne sont pas également réussies, mais qui, néanmoins, mérite une visite. Le petit porche et la porte qu'il encadre forment une très engageante entrée; le regard s'arrête avec plaisir sur la jolie *Vierge* de Maniglier dont elle est décorée. A l'intérieur, dont la disposition est fort heureuse, on remarque une *Mater dolorosa*, buste en plâtre de Carpeaux, donné par la veuve de l'artiste, les *verrières* de la chapelle de la Vierge, exécutées, d'après les cartons de Th. Maillot, par Roussel, de Beauvais, et dans la crypte, le *tombeau de Mme Ternaux*, morte en 1817, qui décorait l'ancienne église. C'est un beau morceau de sculpture.

Le grand industriel a habité Auteuil. A quelques pas de l'église, rue du Point-du-Jour, on vous montrera son ancienne teinturerie connue sous le nom de *château Ternaux*. Depuis le 1er janvier 1873, cet immeuble est occupé par l'école Jean-Baptiste **Say**.

L'école Say est une institution primaire supérieure orientée vers les carrières commerciales, sans exclusion de l'enseignement littéraire; elle prépare avec succès les jeunes gens à l'École de Châlons et accepte des boursiers présentés par le département de la Seine. Les vieux bâtiments ont été reconstruits, agrandis, embellis par M. Salard, architecte. Une inauguration solennelle a eu lieu au mois de mars 1900.

Tout auprès de l'école Say, mais ayant son entrée rue Molitor, vous verrez l'**École normale primaire d'instituteurs**, construite en 1878 par Salleron ; là se perfectionnent les professeurs qui se destinent à la carrière de l'enseignement primaire.

Nous sommes au nord du **hameau Boileau**, un coin charmant, un jardin traversé par la rue Boileau et coupé par une ramification d'avenues et d'impasses, pittoresquement disposées, bordées de villas, ombragées de feuillages, parfumées de fleurs.

C'est au numéro 26 de la rue Boileau que se trouvait la maison de campagne du satirique ; le 71 a été habité par le grand sculpteur Carpeaux.

Plus haut, d'un aspect plus aristocratique, mais d'une topographie semblable, est la **villa Montmorency**, où, parmi les peupliers et les tilleuls, de riches cottages dressent leurs façades originales.

On montre, dans la villa, l'orangerie de la maison de campagne de Mme de Boufflers et, au numéro 72 du boulevard de Montmorency, la maison où Jules de Goncourt est mort, en 1870, et son frère Edmond en 1895.

La rue La Fontaine, qui existait à l'état de chemin dès le commencement du dix-huitième siècle et devint plus tard une route départementale, longe, au sud-est, le **quartier de Boulainvilliers**, ainsi nommé en souvenir du marquis de Boulainvilliers, dernier seigneur de Passy.

Nous y rencontrons, à l'angle de la rue Gros, les **Magasins de la ville de Paris**, qui formaient l'ancien Musée de ses collections artistiques, organisé, en 1888, par M. A. Renaud inspecteur en chef des beaux-arts.

Ce musée a été transporté depuis 1902 dans le Petit-Palais de l'avenue Alexandre III, mais on conserve encore dans ces magasins une foule d'œuvres provenant de commandes aux artistes ou d'acquisitions aux salons annuels ; de nombreuses maquettes de statues décorant nos places publiques et des esquisses de tableaux ornant l'intérieur de nos monuments ; des vues d'édifices et de quartiers disparus, des reproductions de scènes historiques, etc., tout cela signé des noms les plus aimés dans l'art français. C'est dans une de ses salles que se font les tirages des emprunts de la Ville de Paris.

Rue de l'Assomption, autrefois chemin des Tombereaux, nous voyons l'ancien château de la Tuilerie, qu'habitèrent Talleyrand, Thiers et Mlle Rachel. Il fut ensuite converti en un couvent qu'occupèrent jusqu'à ces dernières années les **Dames de l'Assomption**. Vis-à-vis de cet édifice, l'architecte Vaudremer a construit un bâtiment où, depuis 1888, est installé le **lycée Molière**, institution de jeunes filles.

Il y a non loin de là un dépôt de la Compagnie des Tramways. Ceci n'a rien de curieux, certes, et nous ne le signalerions pas si ses écuries et ses magasins ne renfermaient la **source ferrugineuse** que l'on peut voir rue de la Cuve.

Rentrons dans Passy, non dans le Passy riche, verdoyant que nous avons vu au début de notre promenade, mais dans le Passy un peu triste, indolemment commerçant, que limitent d'un côté les rues Mozart et de la Pompe, et des autres les rues de la Tour, Raynouard et de l'Assomption.

A l'angle des rues Raynouard et Singer, à l'endroit où s'élevait jadis l'hôtel Valentinois (1), une Vierge encastrée dans un mur décorait le vaste établissement anciennement dirigé par les **Frères de Passy**, et aujourd'hui remplacé par des immeubles de rapport.

Cette institution, fondée en 1837, occupa originairement un immeuble situé au faubourg Saint-Martin. En 1839, l'architecte Desplans agença pour elle les maisons qu'elle occupa jusqu'en 1905, et auxquelles avait été adjoint un bâtiment portant le numéro 72, affecté maintenant à un nouveau pensionnat.

Presqu'en face de la rue de l'Annonciation, au n° 47, une inscription nous apprend que dans cette maison Honoré de Balzac vécut de 1842 à 1848.

Revenant sur nos pas, nous trouvons dans la rue Berton, qui descend jusqu'au quai de Passy, des sources d'**eaux minérales** et la **maison de santé** du docteur Blanche.

Cette dernière, ouverte à Montmartre en 1821, a été, un peu plus tard, transférée dans cette propriété qui fut la maison de plaisance

---

(1) Un des pavillons de l'hôtel Valentinois avait été habité par Franklin, de 1777 à 1785. C'est sur son sommet que le grand Américain fit placer le premier paratonnerre qu'on ait vu en France.

de la princesse de Lamballe. On traite ici les déments; la beauté des jardins, l'heureuse situation de l'établissement, contribuent à rendre efficaces les soins qui leur sont donnés.

Dirigeons-nous vers la droite, entrons dans la silencieuse rue de l'Annonciation, puis arrêtons-nous devant un petit porche décoré d'un assez joli bas-relief de Gumery; ce porche donne accès à l'église paroissiale **Notre-Dame de Grâce.**

C'est un modeste édifice construit au dix-septième siècle aux frais de Claude de Chahu, propriétaire, en ce temps, du petit port de Passy; en 1846, l'église a été sensiblement agrandie et le clocher surélevé par Debressenne, alors architecte de la commune; plus tard, elle s'est enrichie d'une *Vierge* en marbre d'Étex et de *vitraux* signés Laurent Gsell.

Continuant à suivre la rue de l'Annonciation, nous arrivons bientôt à la **place de Passy,** point d'arrêt des omnibus qui viennent de la Bourse.

De forme irrégulière, cette place est à peu près au milieu de la rue de Passy, dont l'aspect rappelle ici celui des anciennes voies commerçantes de la capitale; c'est la principale rue de l'ancien village.

Au bout de la rue de Passy s'ouvre la rue Franklin.

Laissons derrière nous la rue Vineuse, descendons un escalier et nous nous trouverons sur la partie circulaire de la **place du Trocadéro,** originairement *place du roi de Rome;* les avenues Henri-Martin, d'Eylau, de Malakoff, Kléber, **du** Trocadéro, forment autour d'elle un rayonnement de longues et vertes perspectives.

Au sud-est de la place apparaît l'entrée du **palais du Trocadéro.**

Place du Roi-de-Rome, Trocadéro, ces noms paraissent étranges aujourd'hui; nous allons expliquer leur origine.

La hauteur où nous sommes dominant la Seine et le Champ-de-Mars était, avant les transformations que Paris a subies sous le dernier Empire, un coin calme, désert, herbu, feuillu, un coin de forêt agréable aux promeneurs. Cela avait-il un nom officiel au dix-huitième siècle? Nous ne savons; nous croyons qu'on appelait le lieu *montagne de Chaillot.* Napoléon Ier trouva la situation belle pour y faire bâtir une demeure destinée à son fils; les fondations du palais du roi de Rome furent ébauchées en 1813, puis l'heure des revers sonna et les travaux furent suspendus.

En 1824, quand le duc d'Angoulême revint d'Espagne et entra triomphalement dans Paris en passant avec son armée sous l'Arc de triomphe inachevé, on donna une grande fête militaire — assez médiocrement réussie — où la montagne de Chaillot fut employée à figurer le fort du Trocadéro et à se rendre aux violentes attaques dirigées contre elle par des batteries échelonnées sur le Champ-de-Mars; il fut même question alors d'élever, en ce lieu, un monument commémoratif de la campagne de 1823; le projet fut oublié ou abandonné. Les travaux entrepris à Paris sous le second Empire commencèrent à modifier l'aspect du quartier. En 1878, lors de l'Exposition universelle, le palais fut construit sous la direction des architectes Davioud et Bourdais, le parc fut planté, et l'ensemble devint ce que nous le voyons.

A l'origine, le principal attrait du palais fut sa belle salle des Fêtes, haute de 30 mètres, couronnée par un dôme, et dans ses 130 mètres de circonférence, dans ses loges, ses baignoires, ses gradins, pouvant contenir 5 000 personnes.

Aujourd'hui, la salle des Fêtes est employée pour des solennités, des concerts, de grandes assemblées, mais le palais offre aux visiteurs des attractions plus puissantes.

Voici d'abord, occupant, au rez-de-chaussée, les deux ailes du palais, le **musée de sculpture comparée**, organisé en 1882 par Geoffroy-Dechaume, qui en resta le conservateur pendant les dix dernières années de sa vie. Le grand artiste a réuni ici des moulages d'une irréprochable exécution ; il a placé dans l'ordre chronologique des reproductions d'œuvres qui permettent d'étudier les caractères de la sculpture monumentale chez tous les peuples, et de constater leurs progrès depuis l'époque gallo-romaine jusqu'à nos jours.

Fort intéressant pour les professionnels et les amateurs de grand art, ce musée n'est jamais envahi par la foule ; aussi l'étude dans le silence y est-elle facile et les résultats d'une visite très appréciables.

La solitude est moins grande au **musée ethnographique**. Ici la curiosité du public est excitée par l'originalité de certains objets exposés, la bizarrerie de quelques autres, la couleur de ceux-ci, la forme de ceux-là; il fait avec plaisir et par la pensée une sorte de voyage sur le globe, il passe

MUSÉE D'ETHNOGRAPHIE DU TROCADÉRO (GALERIE AMÉRICAINE).

DESSIN DE F. HOFFBAUER.

un examen rapide des races humaines, de leurs goûts simples ou luxueux. Il voit les hommes ici dans les logis qu'ils habitent, là devant les dieux qu'ils prient. Le berceau de l'enfant, les parures de la femme, les outils de l'artisan, les armes du guerrier, le tombeau du mort, tout cela nous apparaît tour à tour et nous est présenté dans un ordre parfait, chaque partie du monde ayant sa galerie particulière, chaque genre de curiosité ayant sa vitrine.

Descendons maintenant dans le **parc**.

Du temps de sa création, il reste encore l'**aquarium**, curiosité à son début, aujourd'hui établissement scientifique auquel est annexé un enseignement de pisciculture.

L'aquarium est une sorte de caverne faite de rochers factices encadrant les bassins fermés de glaces où sont élevés, dans l'eau de la Vanne, les types principaux de nos poissons d'eau douce. Le saumon de Californie est ici l'objet de soins particuliers ; le spectateur peut suivre son développement progressif depuis la naissance jusqu'à l'âge adulte, moment où les sujets sont transportés dans les affluents de la Seine.

Le palais forme de ce côté un hémicycle composé de deux galeries superposées ; en retrait se dessine le dôme de la salle des Fêtes surmonté d'une colossale statue de Mercié représentant *la Renommée*, et sur les flancs se dressent deux tours carrées hautes de 70 mètres (on accède au sommet de l'une d'elles par un ascenseur).

Au-dessous de la salle des Fêtes, formant une heureuse et artistique décoration, on voit la fontaine monumentale ornée de statues représentant les diverses *parties du monde*, par Schœnewerk, Falguière, Delaplanche, Hiolle, Millet et Moreau. De chaque côté de la cascade, placées dans des niches, deux autres statues, l'une de Cavelier, l'autre de Jules Thomas, symbolisent *l'Air* et *l'Eau*.

En sortant du parc par son extrémité nord-est, nous verrons, rue Magdebourg, une jolie construction carrée ornée d'une loggia que décore une grande carte de France et flanquée d'une tour supportant un phare lenticulaire ; c'est ici qu'est établi le **dépôt des phares**.

Faisons quelques pas encore et nous nous trouverons sur la place d'Iéna, qui est ornée d'une statue de Washington, par D. French, et devant un édifice de style néo-grec où sont réunies les collections du **musée Guimet**.

L'ensemble des collections formées par M. Guimet, à Lyon d'abord et transférées à Paris en 1889, pourrait s'appeler *musée des religions*. Vous y verrez, outre les idoles chinoises, japonaises, égyptiennes, grecques, italiennes, gauloises, etc., des reproductions très exactes et très pittoresques des cérémonies de tous les cultes et de toutes les sectes, des peintures de Félix Régamey, donnant une idée très précise des costumes portés par les prêtres de Bouddha et de Schin-Tô, par les bonzes, les génies et les héros. Une bibliothèque toute spéciale et renfermant plus de 13 000 volumes est à la disposition des travailleurs.

De l'autre côté de la place, à l'angle des rues Pierre-Charron et Galliera, entouré d'un jardin qu'une grille sépare de la voie publique, s'élève un palais à l'italienne construit par l'architecte Ginain, orné de sculptures par Chapu, Thomas et Cavelier. Destiné à recevoir les collections léguées à la Ville par la duchesse de Galliera, cet édifice porte officiellement le nom de **musée Brignole-Galliera**. On peut y voir une fort remarquable collection de tapisseries anciennes de la duchesse, des marbres de valeur et une exposition permanente d'objets d'art industriel à vendre.

En quittant le musée, nous suivons l'avenue du Trocadéro jusqu'à la place de l'Alma, où, sur l'emplacement de l'ancienne pompe à feu de Chaillot, nous trouvons de belles constructions modernes.

Cette pompe, la première de ce genre qui ait été construite à Paris, fut, en 1778, établie par les frères Périer, qui avaient rapporté de Londres une machine à vapeur récemment découverte pour l'élévation de l'eau. Comme vous le pensez, l'installation primitive et la machinerie, fort admirées en ce temps, furent bien modifiées depuis; les derniers travaux, exécutés en 1857, furent une réédification à peu près complète. L'ancienne pompe possédait deux machines de la force de 175 chevaux. Chacune d'elles pouvait élever 19 000 mètres cubes d'eau par vingt-quatre heures.

Tout à côté, sur le quai Debilly, où l'on voyait jadis la

manufacture de tapisseries dite *de la Savonnerie,* depuis réunie aux Gobelins, s'élèvent les vastes bâtiments de la **Manutention militaire.**

Ces bâtiments ont été reconstruits après un grand incendie qui les dévora, en 1855. Il y a là un moulin renfermant vingt et une paires de meules, quatre boulangeries fort bien agencées et d'immenses magasins où s'entassent les blés et les farines. Ne vous promenez pas devant l'établissement un cigare aux lèvres, la sentinelle vous crierait : « Passez au large ! »

Sur l'avenue de l'Alma, nous voyons un édifice de style gothique aux vastes proportions ; c'est l'**église épiscopale américaine.** Faisons un détour à gauche, et, arrivé sur l'avenue **Marceau,** plantée d'arbres et bordée d'immeubles à l'aristocratique allure, nous rencontrerons sur notre droite une sortie de l'**église Saint-Pierre de Chaillot.** La partie de l'édifice qui se présente ici à nos yeux est une chapelle Notre-Dame des Victoires que M. Marbeau ajouta, en 1887, à l'ancienne paroisse du village.

L'entrée principale de l'église est rue de Chaillot, une étroite voie à l'aspect faubourien contrastant violemment avec celui de l'avenue qui la traverse.

L'église existait déjà au onzième siècle et dépendait de Saint-Martin des Champs ; elle a été rebâtie plus tard dans le style ogival, mais les modifications qu'elle a subies aux dix-septième et dix-huitième siècles ont tout à fait dénaturé son caractère.

A quelques pas de là, rue Georges-Bizet, malheureusement un peu étouffée par les constructions voisines, vous verrez l'**église grecque** construite sur les plans de M. Vaudremer. Un dôme, surmonté d'une croix en fer, couronne ce monument.

Au numéro 23 de cette même rue est la maison de santé des sœurs du Très-Saint-Sauveur fondée vers 1889 ; elle reçoit spécialement les malades dont l'état nécessite des opérations chirurgicales ; ils y sont entourés de soins intelligents.

Notre promenade touche à son terme, nous ne sommes plus qu'à une très faible distance de notre point de départ ; en nous acheminant vers lui, si nous entrons dans la rue

Auguste-Vacquerie, autrefois rue des Bassins, nous y verrons une église encore, **l'église Victoria.**

Cet édifice, consacré au culte protestant, a été élevé par M. Sanson, architecte, sur l'initiative et aux frais de la colonie anglaise résidant à Paris. L'édifice est bâti dans le style roman. Il ne couvre pas une grande superficie ; mais ses proportions sont bien comprises et son ensemble est d'un bon caractère.

Il ne nous reste plus qu'à remonter pendant quelques instants la belle avenue d'Iéna pour regagner la place de l'Étoile.

Douze avenues, nous l'avons dit, commencent ou finissent autour de la place de l'Étoile ; plusieurs nous sont connues déjà, d'autres seront visitées dans nos prochaines promenades ; nous allons vous dire quelques mots de celles que nous ne vous ferons pas parcourir.

L'avenue Kléber aboutit à la place du Trocadéro ; un bel hôtel actuellement en construction y remplacera l'**hôtel Basilewski,** princière construction habitée jadis par l'ex-reine d'Espagne Isabelle ; à quelques pas à l'est, sur la place des États-Unis, se dresse au milieu des arbres le beau groupe de Bartholdi offert à la ville de Paris par la colonie américaine et représentant *Lafayette et Washington.*

L'avenue Carnot, originairement *avenue d'Essling,* est longue d'environ 300 mètres et conduit tout auprès de l'**église Saint-Ferdinand.**

Saint-Ferdinand est un modeste édifice construit en 1844 par Lequeux, agrandi depuis et portant le nom du fils aîné de Louis-Philippe, qui périt si malheureusement sur la route de la Révolte. Cette église est la paroisse du quartier des Ternes, ancien village, dont la principale voie, aujourd'hui avenue des Ternes, est la vieille route de Saint-Germain.

L'avenue Mac-Mahon est calme et silencieuse ; sa voisine, **l'avenue de Wagram,** ancien chemin de ronde du Roule, est animée et, à certaines heures, bruyante même ; à son extrémité, près la place de l'Étoile, est la tête d'une ligne de tramways qui dessert les anciens boulevards extérieurs ; à droite, parmi des boutiques et des magasins divers, une grande arcade s'ouvre et donne accès à un dépôt appartenant à la

Compagnie des Omnibus; à gauche, on voit plusieurs cafés-concerts et la haute marquise de la **salle Wagram**.

Là se donnent des bals, des concerts; là se tiennent des réunions publiques et se font des repas de corps. L'établissement est fort ancien; c'était, au commencement du siècle dernier, un bal public très fréquenté par la classe ouvrière du temps, le bal Dourlens.

L'avenue Hoche, originairement *boulevard de Monceau*, puis, de 1857 à 1879, *avenue de la Reine-Hortense*, trace une ligne bordée d'arbres et de belles constructions qui réunit la place où nous sommes à l'une des entrées du parc de Monceau.

Au milieu de son parcours, on croise la rue du Faubourg-Saint-Honoré et l'on se trouve tout auprès de l'**église russe**.

Ce monument, de style byzantin moscovite, est l'un des plus originaux de la capitale; il a été construit de 1859 à 1861, au moyen d'une souscription ouverte dans la colonie russe et dont le chiffre atteignit 1 200 000 francs; les dessins ont été fournis par Krouzmine et les travaux conduits par Strohm, tous deux architectes russes.

L'église a, dans son plan, la forme d'une croix grecque; sa façade, richement peinte et surmontée de cinq dômes dorés, se développe au fond d'un petit parvis au bout de la rue Daru. Le vestibule, la nef, le sanctuaire, tous de belles proportions, sont décorés de peintures sur fond d'or; le sanctuaire, surélevé de trois marches, est séparé de l'église par un *iconostase* à sept travées d'une magnifique ordonnance et d'une richesse inouïe. Dans ce milieu ruisselant de couleurs, rutilant d'or, inondé de lumière par les cierges et les lampes, les cérémonies très pompeuses du culte grec — assistez, si vous le pouvez, à un mariage — prennent un caractère très imposant.

Il nous reste à vous parler de l'**avenue de Friedland**, où vous pourrez entrer dans la jolie et riche **chapelle du Corpus Christi**. C'est un oratoire fondé, en 1874, par une mission espagnole, agrandi depuis et composé d'une nef et d'un chœur, l'une très simple, l'autre fort richement orné.

Au début de notre prochaine promenade, nous visiterons l'avenue des Champs-Élysées.

Les Promenades.

Grâce à leur verdoyant aspect, au caractère de gaie campagne qu'ils avaient avant 1860 et qu'ils n'ont pas encore complètement perdu, les quartiers que nous venons de parcourir ont pu passer aux yeux des étrangers pour une de ces promenades parisiennes dont ils ont certainement entendu vanter les charmes.

Il n'en est rien pourtant, mais l'une de ces promenades, et la plus merveilleuse, continue à l'ouest de la ville et jusqu'à la Seine les verdures d'Auteuil et de Passy et confond presque ses frondaisons avec celles du magnifique parc de Saint-Cloud.

Cette promenade, c'est le Bois de Boulogne.

On s'y rend généralement par la splendide avenue qui porte son nom et conduit en ligne droite du rond-point de l'Étoile à la porte Dauphine.

Large de 120 mètres, longue de 1 300, cette avenue se compose d'une chaussée centrale où circulent les voitures, de deux contre-allées réservées, l'une aux cavaliers et cyclistes, l'autre aux piétons, de deux autres converties en pelouses plantées et enfin de deux rues bordées de maisons d'habitation et de luxueux hôtels.

L'un de ces hôtels, celui qui porte le numéro 59, fut la demeure du célèbre dramaturge Adolphe Dennery ; sa femme y avait réuni et déjà placé dans des vitrines de curieux spécimens des arts japonais et chinois, des représentations de divinités de l'Extrême-Orient, des vases, des bronzes, des jades, etc., etc. Léguées à l'État en 1899, ces collections forment aujourd'hui le musée Dennery, intéressant à parcourir et qui tient dignement sa place entre les musées Guimet et Cernuschi.

Mais revenons au bois de Boulogne.

Le Bois de Boulogne.

Le bois de Boulogne, minime partie de l'immense, sombre et dangereuse forêt du Rouvre, a été cédé à la ville de Paris par la liste civile en 1852. A travers ses épaisses futaies, sur une superficie d'environ 874 hectares, Alphand a embelli, régularisé,

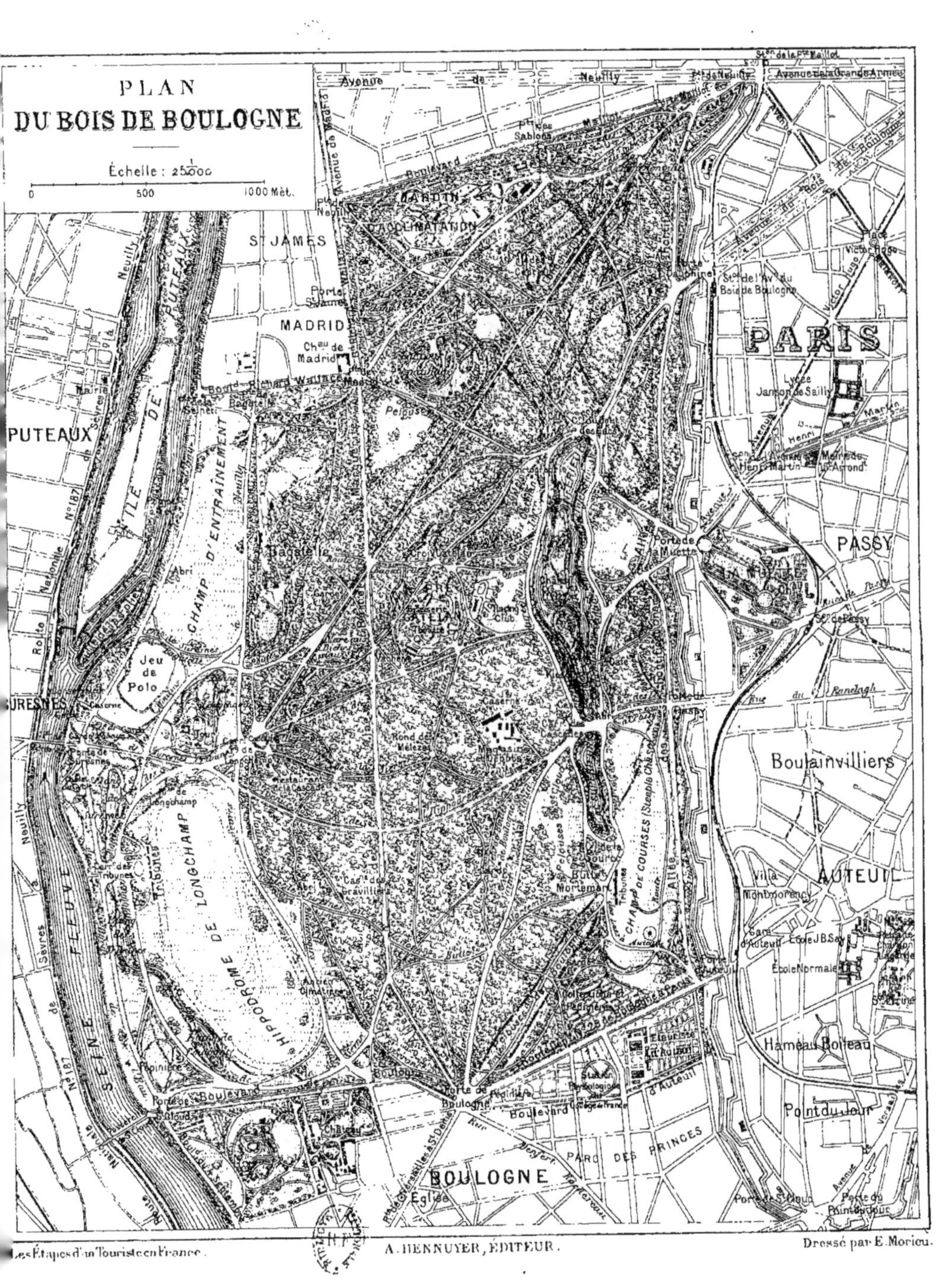

PLAN
DU BOIS DE BOULOGNE
Échelle : 1/25000
0   500   1000 Mèt.
PARIS
PUTEAUX
PASSY
BOULAINVILLIERS
AUTEUIL
BOULOGNE
St JAMES
MADRID
Château de Madrid
Porte St James
JARDIN D'ACCLIMATATION
Avenue de Madrid
Avenue de Neuilly
Avenue de la Grande Armée
Porte Maillot
Les Sablons
Boulevard
Jeu de Polo
CHAMP D'ENTRAINEMENT
ILE DE PUTEAUX
Bagatelle
Pelouse
Rond Richard Wallace
Carrefour de Longchamp
SEINE FLEUVE
HIPPODROME DE LONGCHAMP
Tribunes
Restaurant
Rond de Mélezes
Caserne
Lac Inférieur
CHAMP DE COURSES (Steeple Chase)
Tribunes
Porte de la Muette
Porte d'Auteuil
Porte de Boulogne
Boulevard
PARC DES PRINCES
Pont du Jour
Hameau Boileau
Villa Montmorency
École Normale
École J.B. Say
Porte de St Cloud
Lycée Janson de Sailly
CRESNES
Lac
Longchamp

créé une centaine de routes, d'allées, de carrefours et d'avenues;
il a enrichi son œuvre de rivières, de lacs, d'îles, de cascades,
de rochers artificiels; des restaurants, des cafés, des vacheries-
laiteries se sont installés à l'ombre de ses arbres.

Au nord, le *Jardin d'acclimatation* a groupé ses chenils, ses
volières, ses autruches, ses éléphants, ses otaries et ses serres
pleines de couleurs et de parfums; à l'ouest, l'*Hippodrome de
Longchamp* a édifié de luxueuses tribunes et tracé ses pistes magnifiques. La Ville a choisi le bois de Boulogne pour établir son
Fleuriste et sa *Pépinière d'arbres*; le Collège de France y a placé
sa *Station physiologique;* le *Racing-Club* s'est fixé sur les pelouses
de la Croix Catelan; un grand espace est réservé aux joueurs de
polo près du champ d'entraînement; à l'est, s'étend le *Champ de
courses d'Auteuil*, où les steeple-chases sont suivis par la société
la plus *select*. Enfin, on a respecté tout ce qu'on pouvait rencontrer de souvenirs du passé; un *moulin*, seul reste de l'abbaye de
Longchamp fondée par la sœur de Louis IX; la *croix Catelan*,
rappelant un assassinat commis au quatorzième siècle; *Bagatelle*, une partie de la folie d'Artois, où passèrent toutes les mondaines du siècle dernier; devant le café-restaurant du *Château
de Madrid*, qui occupe l'emplacement d'une maison royale de
plaisance bâtie au seizième siècle, on voit un *chêne* qui, dit-on, a
été planté par François Ier.

Le bois de Boulogne est devenu un parc absolument unique
en Europe, la promenade aristocratique par excellence. Chaque
après-midi, dans la belle saison, ce qu'on est convenu d'appeler
le *tout-Paris* fait en voiture sa promenade au Bois.

La curieuse journée annuelle du bois de Boulogne est celle où
le *Grand Prix de Paris* se dispute sur l'hippodrome de Longchamp. Tout Paris est là, le chef de l'Etat et ses ministres dans
la tribune d'honneur, piétons et cavaliers envahissent le bois,
breacks, landaus, calèches font crier le sable des allées, les toi-
lettes estivales s'exhibent dans tout l'éclat de leur fraîcheur et
la nouveauté de leur coupe, les hourras traversent l'air, les bou-
chons de champagne sautent en éclatant, comme une fusillade.
Les Anglais ont franchi la Manche et les Allemands le Rhin pour
assister à cette solennité hippique. Le nom du vainqueur devient
le nom le plus célèbre du monde... pendant un soir. Le retour
des courses est, à lui seul, un des spectacles dont les Parisiens
se montrent les plus friands. C'est aussi dans la plaine de Long-

champ que se passent les grandes revues, solennités militaires
dont le prestigieux éclat est toujours rehaussé par l'enthousiasme
de la foule.

Tel que vous le voyez, le bois de Boulogne est, nous l'avons
dit, la création d'Alphand; un légitime hommage lui a été rendu.
A la fin de l'année 1899, on lui a élevé sur l'avenue, à la hauteur de la rue Chalgrin, un monument de grande et belle allure.
Le sculpteur Dalou en est l'auteur; il a conçu son œuvre sur un
plan nouveau et l'a exécutée de grande verve. Un hémicycle,
orné de bas-reliefs représentant des ouvriers et des jardiniers se
livrant à leurs travaux, entoure un groupe de personnages paraissant recevoir les ordres ou demander des conseils à Alphand,
dont la statue, debout sur un haut piédestal, domine l'ensemble
de la composition. Le fameux directeur des travaux de Paris est
représenté dans l'attitude simple et familière qui était la sienne.
Ici point de *pose*, rien d'*officiel*, mais un rendu très scrupuleu-
sement exact, très vivant, de la physionomie et de la tournure
du grand travailleur. Ses collaborateurs, parfaitement reconnaissables, sont l'ingénieur Huet, le peintre Roll, l'architecte Bouvard, et enfin, en blouse de travail, sorte de signature de l'œuvre,
Dalou lui-même, son marteau à la main. La partie architecturale
est l'œuvre de Formigé.

Transportons-nous à l'est, au Bois de Vincennes.

Le Bois de Vincennes.

En allant au bois de Boulogne, vous avez admiré une œuvre
de Dalou; en vous rendant à Vincennes, vous ne manquerez pas
d'en contempler une autre due au même artiste. Celle-ci fut, en
1879, jugée trop monumentale pour orner la place de la République, à laquelle elle était destinée; on l'a édifiée sur la place
de la Nation, où elle a été inaugurée le 19 novembre 1899.

C'est une composition symbolique représentant *le Triomphe de
la République;* une figure principale domine l'œuvre, c'est la
République; elle est debout sur une sphère que porte un char
conduit par le Génie de la Liberté, traîné par des lions et accompagné des figures du Travail, de la Justice et de l'Abondance.

Tout cela, magistralement conçu et exécuté, forme un ensemble
aussi imposant que décoratif.

Le bois de Vincennes est, lui aussi, le reste d'une épaisse
forêt; parc de chasse sous Philippe-Auguste, lieu choisi dans le

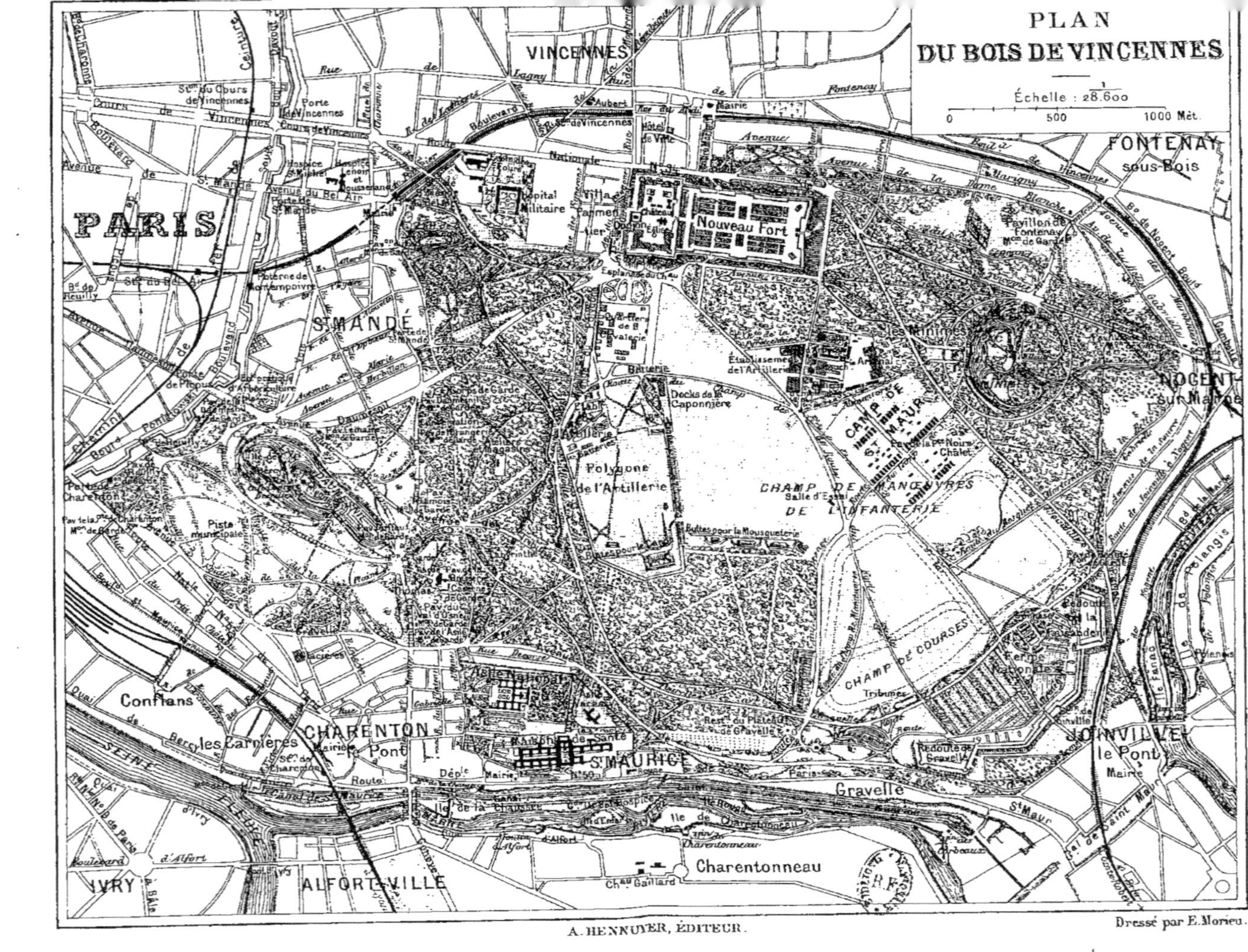

PLAN
DU BOIS DE VINCENNES
Échelle : 1/28.600
0   500   1000 Mèt.
PARIS
VINCENNES
St MANDÉ
FONTENAY sous-Bois
NOGENT sur-Marne
JOINVILLE le Pont
CHARENTON le Pont
St MAURICE
Conflans
Bercy les Carrières
IVRY
ALFORTVILLE
Charentonneau
Nouveau Fort
Polygone de l'Artillerie
CHAMP DE MANŒUVRES DE L'INFANTERIE
CHAMP DE COURSES
CAMP DE St MAUR
Docks du Camp Caponnière
Établissement de l'Artillerie
Hôpital Militaire
Gravelle
SEINE
A. HENNUYER, ÉDITEUR.
Dressé par E. Morieu.

même temps pour bâtir ce *manoir royal* qu'affectionna saint Louis et dont Olivier le Daim obtint la conciergerie sous Louis XI ; il a été remanié au dix-huitième siècle et complètement transformé par Alphand de 1857 à 1860.

L'œuvre accomplie n'est pas moins remarquable ici qu'au bois de Boulogne, mais elle n'a pas obtenu le même succès auprès du grand monde ; le bois de Vincennes n'est pas sillonné de brillants équipages ; son champ de courses jouit d'une faveur moindre que ceux de Longchamp et d'Auteuil ; son lac et ses îles ne s'animent un peu que le dimanche, jour où le bois de Boulogne, *le Bois* — on ne l'appelle guère qu'ainsi — est délaissé par ses habitués. A Boulogne, en semaine, on rencontre une foule de noces bourgeoises un peu gourmées filant vers la cascade en landaus ; à Vincennes, on voit des noces aussi, mais elles entassent leurs invités à la joie bruyante dans des fiacres, dans des chars à bancs, dans des tapissières ; sur les larges avenues, vous rencontrez plus de fervents de la pédale que de cavaliers, dans les sentiers plus d'ouvriers et de soldats que d'artistes ou de financiers. Vincennes, vu le mouvement qui nous pousse vers l'ouest, semble destiné à rester la promenade du peuple, mais son parcours n'en est pas moins fort intéressant pour le public.

D'abord, vous y visiterez le *Château*, ancienne prison d'État célèbre par les détenus qu'elle a renfermés, depuis le duc de Beaufort jusqu'à Latude, depuis le maréchal d'Ornano jusqu'à Diderot, depuis Mirabeau jusqu'au malheureux duc d'Enghien, sans compter des députés arrêtés au 2 décembre 1851. Vous y visiterez aussi la chapelle, un chef-d'œuvre d'architecture (1).

Outre le *Nouveau Fort*, le *Champ de manœuvres*, le *lac Daumesnil* et ses deux îles où l'on a transporté le pavillon des forêts de l'Exposition de 1889 pour installer un *musée forestier*, vous verrez l'*École pratique d'arboriculture de la ville de Paris*, un *Établissement de pisciculture*, l'*Asile national*, réservé aux convalescents sortant de nos hôpitaux ; la *ferme de la Faisanderie*, institut agronomique ; le *lac de Gravelle*, vaste réservoir placé à 40 mètres au-dessus du niveau de la Marne, alimentant toutes les rivières et ruisseaux du bois ; le *lac des Minimes*, le *restaurant de la Porte-Jaune*, et enfin plusieurs redoutes. Tout cela en passant par une succession de belles avenues, de routes ombreuses,

(1) Nous avons donné la description de cette chapelle dans notre ouvrage *Tout autour de Paris.*

de sentiers mystérieux et de clairières ensoleillées où festinent
le dimanche sur l'herbe les habitants du faubourg et aussi quelques familles venues des jolis villages voisins.

Le PARC DE MONCEAU, que nous visiterons dans notre deuxième
promenade, a pour pendant, au nord-est de Paris, le PARC DES
BUTTES-CHAUMONT. Comme les deux grands bois, les deux parcs
diffèrent de caractère.

Les Buttes-Chaumont.

Les Buttes-Chaumont, où la bataille fut ardente le 30 mars 1814,
étaient, avant 1866, un lieu accidenté, pittoresque, herbu ici, là
creusé de carrières à plâtre. En un an, coup de baguette féerique, la montagne a été transformée. Deux ruisseaux artificiels
ont été créés ; une grotte, œuvre d'artistes en rocailles, ornée de
stalactites artificielles, a remplacé l'entrée d'une ancienne carrière ; elle reçoit une cascade qui tombe de plus de 30 mètres de
hauteur. Un lac, d'une superficie de 2 hectares, a été creusé ;
une île, faite de rochers à pic, s'est reliée aux avenues par deux
ponts, l'un d'une seule arche, l'autre suspendu, passerelle dont
le tremblement rappelle celui du pont de Constantine, aujour-
d'hui disparu ; au centre de cette île, on a placé une reproduction du temple de la Sibylle à Tivoli. Derrière la grotte, une
grande balustrade en pierre a été installée ; elle ferme le parc et
permet aux promeneurs de s'accouder pour contempler le splendide panorama que forment ici Paris et ses environs. De ci, de là,
dans le parc, reposant la vue et charmant le regard, vous verrez
de coquettes maisons de garde et aussi des statues et des groupes :
le Gué de Camille Lefebvre, *le Chasseur d'aigles* de Desca, *Sauvé !*
de Rolard, *le Pilleur de mer* d'Ogé, etc., etc.

Ouverte le 1er mai 1867, cette promenade a été un bienfait
pour la population ouvrière de ces quartiers ; elle y a apporté un
peu de gaieté et les salutaires émanations de sa superbe flore.

Une création semblable a été faite au midi de la Ville entre les
années 1875 et 1878, c'est le PARC DE MONTSOURIS.

Le parc de Montsouris.

Malheureusement coupé en deux par le chemin de fer de
Limours, il couvre, à l'extrémité du quatorzième arrondissement, une superficie de 16 hectares. Sa décoration est moins

LE PARC DES BUTTES-CHAUMONT.

DESSIN DE F. HOFFBAUER.

factice que celle du parc des Buttes-Chaumont ; s'il offre de moins attrayants points de vue, il possède en compensation des sites d'un charme plus pénétrant et plus intime. Sur l'une de ses pelouses, au bord de son lac, car Montsouris a son lac et sa cascade, on a reconstruit, en lui donnant un but utile, le *Bardo*, palais du bey de Tunis, qui figurait à l'Exposition de 1867. C'est aujourd'hui un observatoire météorologique, une école d'astronomie nautique, une école pratique de géodésie. Non loin de lui, un pavillon de coquette allure abrite les Sociétés d'apiculture et d'entomologie.

Ceci est le côté scientifique.

Comme curiosité, on y voit une *mire* de l'Observatoire de Paris posée en 1806, la seule après celle de la butte Montmartre, une *pyramide* élevée en 1882 à la mémoire du colonel Flatters et de ses compagnons et, parmi les sculptures, quelques-unes qui méritent d'être signalées, telles *1789*, par Paris, *Bâton de vieillesse*, par Escoula, un groupe de Cain, etc.

Ce parc, malgré sa beauté réelle, mais à cause de son éloignement du centre parisien, n'est fréquenté que par de rares promeneurs et les jeunes mères du quartier qui viennent y faire respirer à leurs enfants un air vivifiant et salubre.

Outre ses boulevards et ses avenues plantés d'arbres et souvent agrémentés de parterres, Paris possède une grande quantité de squares ; nous aurons l'occasion de nous arrêter dans les plus remarquables d'entre eux. Quant aux jardins des Plantes, des Tuileries, du Luxembourg, etc., ils seront parcourus au cours des promenades qui vont suivre.

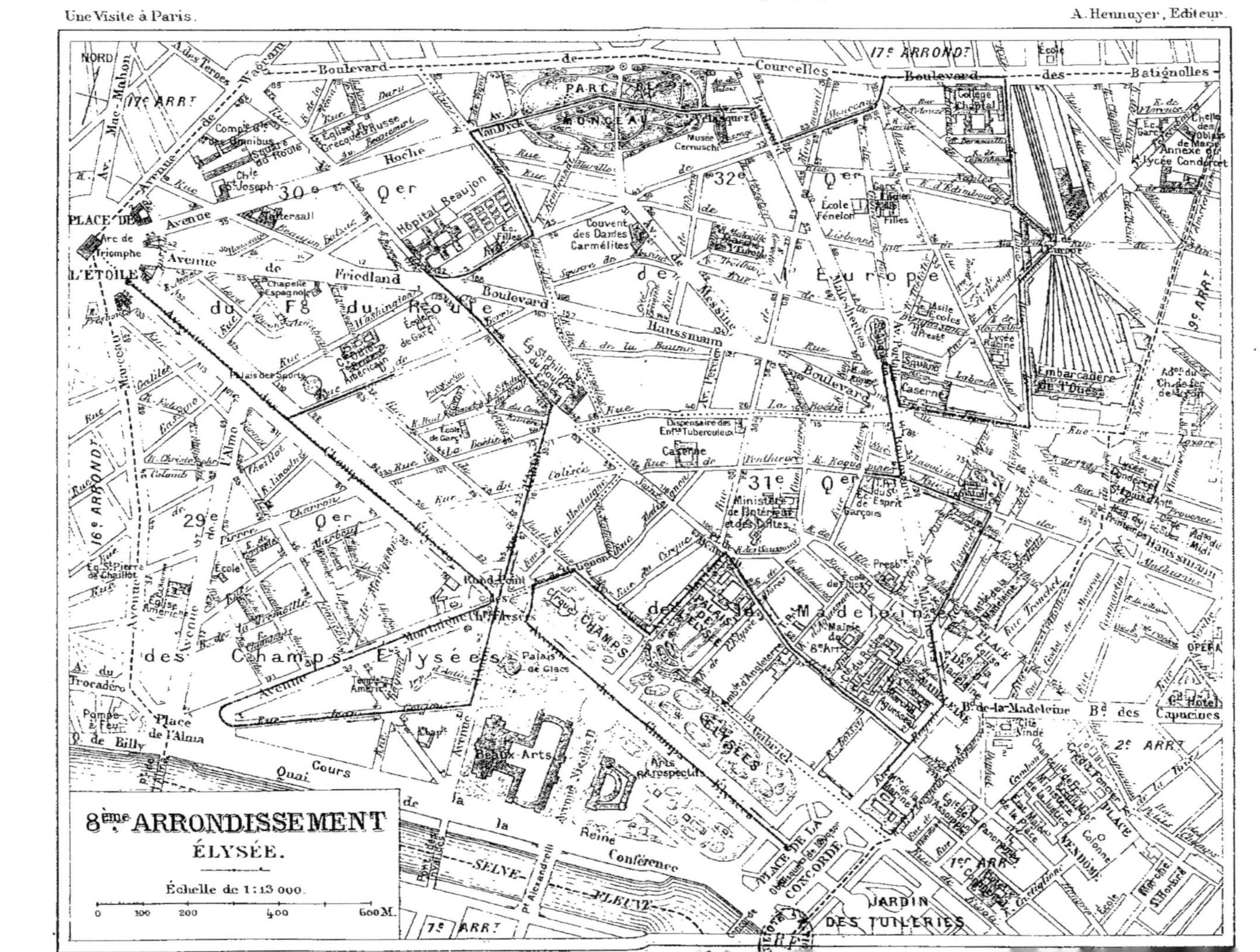
A. Hennuyer, Éditeur.
8ᵉᵐᵉ ARRONDISSEMENT
ÉLYSÉE.
Échelle de 1:13 000.
0   100   200   400   600 M.

DEUXIÈME JOURNÈE

En quelque quartier qu'il soit donné de le voir, le **réveil
de Paris** est un des plus curieux spectacles dont puissent
jouir les admirateurs de la capitale. Si, placé à une haute
altitude, l'œil à la longue vue, il était possible de l'embrasser dans son ensemble et aussi d'en saisir les multiples
détails, on verrait un kaléidoscope, original, pittoresque,
mouvementé, un panorama changeant d'aspect à tous ses
plans. Un peu partout, sautillant de candélabre en candélabre, des hommes armés de perches éteignent les flammes
pâlissantes du gaz ; en même temps, l'armée des balayeurs
et arroseurs s'empare des voies publiques ; la grande ville
fait son ménage. Bientôt les faubourgs s'emplissent d'une
foule houleuse se dirigeant vers les usines et les ateliers.
Ici, les boutiques s'ouvrent et s'encombrent ; là, les fenêtres
et les grandes portes demeurent closes, et l'on n'aperçoit que
le glissement silencieux et discret des fournisseurs frappant
aux entrées de service ; soudain le tableau s'illumine de
toutes les couleurs et s'emplit de tous les bruits, nos regards
se sont arrêtés sur le quartier des Halles ; un moment après,
l'éclat joyeux d'un clairon frappe notre oreille, on sonne la
diane à l'École Militaire ; quelques fumées courent sur la
Seine, les bateaux ont commencé leur va-et-vient d'Auteuil
à Charenton et, comme deux yeux qui s'ouvrent, le dôme
des Invalides et la colonne de Juillet s'enflamment d'un
point d'or.

Dans ce grand ensemble, il est un côté particulièrement
merveilleux ; c'est celui par lequel nous allons commencer
cette promenade.

Tournant le dos à l'arc de triomphe de l'Étoile, nous avons devant nous la longue perspective de **l'avenue des Champs-Élysées**; elle aboutit à la place de la Concorde dont l'obélisque, point d'admiration rose, marque le centre.

L'endroit, peu fréquenté aux premières heures du jour, a toute la grandeur et toute la majesté du calme parfait; à peine le coup de trompe d'un cycliste rapidement disparu trouble-t-il de temps à autre le silence; à peine un cavalier correct ou une élégante amazone passent-ils çà et là se dirigeant vers le bois; quant aux promeneurs, ils sont rares, marchent à pas lents, respirent à pleins poumons un air sain et vivifiant dans des allées larges, bien tracées et ombragées par des arbres magnifiques.

Ici, comme en bien d'autres lieux de la capitale, les Parisiens du seizième siècle ne connurent que des champs en culture. La première promenade créée en ce quartier est celle qui longe la Seine et qu'aujourd'hui encore on appelle le **cours la Reine**, en souvenir de Marie de Médicis qui la fit tracer et planter en 1616.

Quant à l'avenue où nous sommes, elle ne fut créée qu'en 1670, demeura pendant longtemps un lieu désert et même dangereux le soir venu; puis, vers la fin du siècle dernier, quand le village du Roule devint un faubourg de Paris, les premières constructions s'élevèrent; en même temps s'ouvraient les avenues de Marigny, de Matignon et l'allée des Veuves, aujourd'hui avenue Montaigne; l'établissement de la Folie-Beaujon augmenta l'animation du quartier, et les Champs-Élysées devinrent la promenade favorite des Parisiens.

En descendant l'avenue, nous laissons à notre droite l'ancien quartier de Chaillot, et nous ne manquons pas de remarquer à l'angle de la rue Galilée la longue façade de l'*Elysée Palace*, un de ces luxueux hôtels modernes où l'étranger retrouve tout le confort du chez soi. L'architecte, M. Chédame, a répandu là avec prodigalité, mais non sans goût, les frontons, les balcons et les colonnes; des guirlandes courent sur les trumeaux, des cartouches sculptés dans le goût du dix-huitième siècle ornent le sommet des fenêtres du rez-de-chaussée, à travers les vitres desquelles on aperçoit de superbes salons.

En face, à notre gauche, s'étend le quartier du faubourg Saint-Honoré; dans la rue de Berri, qui le traverse, s'élève une **chapelle américaine** de bon style; la rue du **Colisée**, que nous croisons plus loin, nous rappelle le nom d'un lieu de divertissement fondé en 1769, qui ne réussit pas à conquérir la faveur du public et disparut en 1780.

Le **rond-point**, créé comme l'avenue en 1670, est maintenant entouré d'arbres, de jardins et orné de fontaines.

A droite du rond-point, un triangle limité par les avenues Montaigne, d'Antin et le cours la Reine, forme le paisible **quartier François Ier**. Dans la rue Jean-Goujon, on a élevé une **chapelle** sur l'emplacement que le Bazar de la Charité occupait quand le terrible incendie du 4 mai 1897 le réduisit en cendres. Cet édifice a été très rapidement construit sous la direction de M. Guibert, architecte; les sculpteurs Dufeu, Hiolin, Daillon et le peintre Meignan ont concouru à l'ornementation qui, dans son ensemble, symbolise à la fois l'intensité de la douleur et l'inébranlable croyance en la résurrection. Rue Pierre-Charron, sur les dessins de M. Sanson, et aux frais du comte de Castellane, on a construit le **palais de la Charité**.

A travers le quartier du Roule (faubourg Saint-Honoré), la partie nord de l'avenue d'Antin nous conduit devant l'église **Saint-Philippe du Roule**. Construite par Chalgrin en 1784, modifiée par Godde sous Louis-Philippe, agrandie par Baltard en 1853, elle est d'une mince valeur architecturale; mais son fronton est orné d'un bas-relief de Duret représentant *la Religion* et, dans l'intérieur, on peut admirer plusieurs grandes compositions de Louis Boulanger et une *Descente de croix* de Chassériau, qui décore la voûte du chœur.

Tout près de là, au numéro 170 de la rue du Faubourg-Saint-Honoré, vous verrez l'*Hôtel de Saint-Priest*, reconnaissable à sa porte monumentale accostée d'un joli bas-relief du dix-huitième siècle.

C'est là que mourut Mme de Genlis au mois d'octobre 1830, trois mois après l'élévation de son élève, Louis-Philippe, à la dignité de roi des Français.

Si nous remontons la rue du Faubourg-Saint-Honoré, nous ne tarderons pas à atteindre l'endroit où, sous le premier Empire, le **Jardin Beaujon** eut un sort à peu près semblable à celui que le Colisée avait eu sous Louis XVI.

Une partie de l'avenue Friedland, les rues Fortunée (aujourd'hui de Balzac), Beaujon, de Chateaubriand, Washington, etc., ont été tracées sur les terrains où florissaient les jardins Beaujon et où s'élevait aussi la *Chartreuse* du riche financier, maison de plaisance, aussi célèbre en son temps par le luxe de sa décoration que par la fréquence et l'éclat des fêtes qui s'y donnaient.

Le lieu de plaisir public et le théâtre des joies raffinées du grand monde ont disparu ; mais leur contemporain, l'**Hôpital Beaujon**, leur a survécu.

Nicolas Beaujon, né à Bordeaux en 1748, banquier de la cour, receveur des finances, conseiller d'État, avait assez scandaleusement édifié une grande fortune. Vers la fin de sa vie, las peut-être des joies mondaines dont il avait abusé, il fut saisi d'idées philanthropiques et de pensées religieuses ; il fit construire, vous en verrez encore le petit dôme vis-à-vis l'hôpital, une chapelle dédiée à saint Nicolas ; il fonda des écoles dans la paroisse Saint-Philippe, et enfin, fit bâtir en 1785, par l'architecte Gérardin, une maison destinée à recueillir vingt-quatre orphelins et orphelines appartenant aux familles du faubourg. Désaffecté en 1791, l'établissement redevint, quatre ans plus tard, un hôpital ; il passa pendant longtemps, et non sans raison, pour le plus beau qu'il y eut à Paris. Ses jardins, admirablement plantés, forment un vaste rectangle entre les bâtiments et la rue de Courcelles.

Quant à la chapelle Saint-Nicolas, elle est maintenant englobée dans la propriété de la baronne Salomon de Rothschild et transformée en un luxueux vestibule.

Par la rue de Courcelles et l'avenue Van-Dyck, nous gagnons le **Parc de Monceau**.

Cette promenade, une des plus belles de Paris, est agréable et charmante à toute heure. Le matin, dans une solitude à peu près complète, on peut parcourir ses allées un livre à la main et les yeux ravis par la plus pittoresque, la plus variée et la plus artistique des décorations. Tour à tour, on rencontre une source, les ruines factices d'une naumachie, un ruisseau traversé par un pont — Rialto de Venise en miniature — un tombeau caché dans un bois, etc. ; ici, on s'arrête devant le plus bel araucaria de Paris ; là, on admire des massifs de négondas aux feuilles blanches et rosées ; ailleurs, des plantes exotiques d'une rare magnificence ; sur le velours des pelouses, capricieusement taché d'ombres mouvantes par des arbres superbes, se dressent, en bronze ou en marbre, des groupes et des statues d'un beau caractère artistique : *Hylas*, par Morice ; *le Joueur de billes*, par Lenoir; *le Semeur*, de Chapu ; *le Paradis perdu*, de Gautherin; un *Faune*, de Charpentier ; une *Lionne blessée*, de Valton ; *le Faucheur*, de Gumery ; le monument de Guy de Maupassant, dont le sculpteur Raoul Vernet et l'architecte Deglane sont les auteurs, ceux, enfin, d'Ambroise Thomas, de Gounod et de Pailleron. Si vous sortiez du parc par la grille de l'avenue Ruysdaël, vous verriez, à la naissance de l'avenue de Messine, une statue en pied, c'est celle de Shakespeare, œuvre du sculpteur Fournier, offerte à la ville de Paris par M. William Knighton.

L'après-midi, l'aspect se modifie, le parc s'emplit de promeneurs, ses grandes allées sont parcourues par de luxueux équipages ; dans les plus étroites, le peuple enfantin court, gambade et se livre à tous les jeux de son heureux âge ; devant les pelouses, bancs et chaises sont envahis par une foule de spectateurs que réjouit l'animation du tableau et que charme la splendeur du cadre.

Le soir, le calme renaît, et la lumière électrique passant à travers le feuillage donne à tout le jardin l'aspect vainement cherché par les décorateurs pour les féeriques paysages.

Tandis que vous admirez ces merveilles, nous allons résumer en peu de mots l'histoire du parc. C'est l'ancienne *Folie de Chartres*, que le duc d'Orléans, aidé des conseils de Carmontel, créa en 1778, et dont, vous le voyez, il ne jouit que pendant peu d'années. La Révolution fit de ce beau jardin un lieu de divertissement public, qui n'eut qu'un succès médiocre. Napoléon le donna à Cambacérès, celui-ci s'en désintéressa promptement, trouvant les frais d'entretien trop élevés. La famille d'Orléans en redevint propriétaire sous la Restauration, et Louis-Philippe, qui l'affectionnait fort, y plaça un jardinier de son choix, le père Schoène, véritable artiste en son genre. En 1852, la propriété, morcelée, fut partagée entre M. Péreire et la ville de Paris ; de la part qui lui resta, cette dernière fit le jardin que vous voyez ; elle créa, un peu plus tard, les avenues Van-Dyck, Velasquez et Ruysdaël, et fit poser, en 1867, les quatre grilles d'entrée dont l'architecte Davioud a fourni les dessins ; en même temps, M. Combaz installa la cascade, le rocher et la grotte.

Si vous quittez le parc par l'avenue Velasquez, vous pourrez visiter, au numéro 7, la demeure de Cernuschi, le grand explorateur des pays orientaux, et la riche et curieuse collection d'idoles, de statues, d'armes, de dessins, de porcelaines, de bronzes chinois et japonais, qu'il a généreusement léguée à la ville de Paris.

Tout cela bien disposé dans sept salles forme aujourd'hui le **Musée Cernuschi**, qui a été solennellement inauguré le 26 octobre 1898.

Au nord du parc et bordé par le boulevard de Courcelles, fort bourgeoisement habité, s'étend le quartier de la *Plaine-Monceau*. Le temps dont nous disposons ne nous en permettant pas la visite, nous allons nous borner à vous dire en quelques lignes ce qu'on y peut voir.

L'îlot limité par les rues de Prony, Montchanin, de Tocqueville et le boulevard de Courcelles est un des coins les plus charmants et les plus originaux du Paris moderne ; là, pour la construction d'une foule de petits hôtels, d'ingénieux architectes ont employé tous les styles et fait appel à tous les genres de décoration. Cela a produit un ensemble chatoyant et merveilleux ; les toits Louis XIII à pentes vertigineuses voisinent avec les terrasses à l'italienne, les loggia profondes se creusent à côté des balcons ventrus aux rampes en fer forgé, la brique mêle ses teintes rousses à la blancheur crue des pierres neuves, les girouettes piquent l'air au-dessus des faîtages ornés dans le goût de la renaissance, les façades se décorent d'anges souriants ou de masques grimaçants ; ici domine la majesté du grand siècle, là brille l'éclat souriant du style Pompadour, et partout, car tout le monde est artiste ou amateur en ces rues, s'ouvrent de larges baies éclairant de luxueux ateliers.

Sur la **place Malesherbes**, centre de ce beau quartier, on peut voir l'ancien hôtel Gaillard, reproduction de l'aile Louis XII du château de Blois. Cette place est plantée de jardinets ; dans l'un d'eux se dresse **le monument d'Alexandre Dumas père**, œuvre de Gustave Doré. En face, se dresse le **monument d'Alexandre Dumas fils**, par René de Saint-Marceaux, inauguré le 12 juin 1906. L'auteur du *Demi-Monde* est représenté assis dans une attitude méditative. Les autres parterres sont décorés, l'un d'une *Douleur d'Orphée*, de Verlet ; l'autre, d'un *Génie de la musique*, par Bailly (1).

Sur cette même place, on voit l'**École des hautes études commerciales**, une institution de premier ordre ; plus haut, sur le boulevard Malesherbes, le **Lycée Carnot**, ancienne école Monge, bâti en 1869 sur les plans de Demimuid.

(1) On a le projet d'élever ici une troisième statue : celle du général Dumas, père du romancier. La place Malesherbes s'appellerait désormais la place des Trois-Dumas.

Signalons enfin, rue de Tocqueville, la maison mère de l'œuvre de l'**Hospitalité de nuit**, la petite église *Saint-François de Sales*, rue Brémontier, et, pour finir, quelques statues qui décorent diverses places du quartier : celle de l'ingénieur **Eugène Flachat**, boulevard Péreire, à la rencontre des rues Alphonse-de-Neuville et Verniquet, œuvre de Gaston Trélat; celle **d'Alain Chartier**, de Moncel, sur un terre-plein triangulaire rue de Tocqueville; enfin celle du peintre **Alphonse de Neuville**, jolie conception de M. Saint-Vidal, qui orne la place Wagram.

Cela dit, reprenons notre promenade.

Nous sommes sur le **boulevard Malesherbes**. Cette belle voie large de plus de 30 mètres, longue de plus de 2 kilomètres et demi, part de la Madeleine, infléchit légèrement vers l'ouest à la hauteur de la rue de la Pépinière, puis traverse tout le dix-septième arrondissement et finit au boulevard Berthier, au droit de la porte d'Asnières.

« Paris n'a pas été fait en un jour » est un dicton que vous entendrez peut-être répéter plus d'une fois, et que l'histoire de la création d'un grand nombre de ses voies publiques justifie parfaitement.

Le percement du **boulevard Malesherbes**, parlons de lui puisque nous foulons son pavé, a été approuvé par Lucien Bonaparte, alors ministre de l'intérieur, le 19 pluviôse an VIII (8 octobre 1800); un décret impérial du 10 septembre 1808 ordonna son ouverture; sous la Restauration, en 1824 et 1826, le tracé fut approuvé et la dénomination donnée. Néanmoins le second Empire trouva la voie à peine amorcée, ayant 108 mètres de longueur et trois maisons sur chacun de ses côtés. Un décret du 19 mars 1858 ordonna son prolongement jusqu'au boulevard de Courcelles; un autre, du 15 décembre de la même année, décida son ouverture à travers les Batignolles. Entièrement percé, mais non complètement bâti encore, il fut inauguré le 13 août 1861.

Le terrain compris entre le boulevard de Courcelles et la rue de Monceau appartenait alors à M. Péreire, et lui fut acheté en 1861; il avait fait partie du cimetière des *Errancis* (estropiés, en vieux langage), qui, ouvert en février 1793, reçut les restes de Charlotte Corday, d'Adam Lux, de Philippe Égalité, de Danton et des montagnards exécutés le 10 thermidor. Cette nécropole dont l'entrée était à l'angle actuellement formé par les rues du Rocher et de Valois, aujourd'hui rue de Monceau, a été fermée en 1807.

La rue de Monceau nous amènera à l'extrémité de la rue de Constantinople, auprès du boulevard des Batignolles, plus commerçant que le boulevard de Courcelles. A gauche, nous voyons la façade modeste du **théâtre des Batignolles**, fondé sous la Restauration dans un immeuble de la rue Lemercier ; à droite se développe le vaste quadrilatère formé par les bâtiments du **Collège Chaptal**.

Cette institution, une de celles dont Paris est fier à bon droit, a été fondée en 1844 par Prosper Goubaux, et porta d'abord le nom d'école municipale François Ier. Elle était alors installée au bas de la rue Blanche ; l'établissement fut transféré où nous le voyons, en 1875, quand l'architecte Eugène Train eut terminé la luxueuse construction que vous avez devant les yeux.

Descendons la rue de Rome. Nous voici dans le **quartier de l'Europe**.

On sait que Henri IV avait projeté de créer, dans le Marais, un quartier dont la place centrale, dite *place de France*, devait être avoisinée de rues portant les noms des provinces du royaume. La Restauration s'est ressouvenue de cette pensée et a réalisé un projet semblable, mais sur une plus grande échelle, en groupant autour de la place de l'Europe des voies dont les dénominations rappellent toutes les grandes capitales.

La **place de l'Europe** n'est en réalité qu'un pont, mais un pont merveilleux de hardiesse, un véritable chef-d'œuvre de métallurgie ; il a été exécuté sous la direction de l'ingénieur Jullien, ses fermes sortent de la grande usine de Fives-Lille. De son tablier, la vue sur le large évasement de la gare est un spectacle dont les curieux ne se lassent point.

Si vous stationnez ici, ne manquez pas de regarder, au bas de la rue de Saint-Pétersbourg, le grand hangar que *les Messageries* occupent au coin de la rue de Berne ; il vous indiquera la place où, le 27 août 1837, décorée et pavoisée, la modeste gare recevait plusieurs membres de la famille royale qui venaient inaugurer le chemin de fer dont la ligne s'arrêtait alors au Pecq.

LA GARE DE L'OUEST (SAINT-LAZARE) VUE DE LA PLACE DE L'EUROPE.

DESSIN DE P. MERWART.

La foi en l'utilité des chemins de fer avait été médiocre, leur succès fut rapide ; dès le mois d'octobre de cette même année 1837, une ordonnance autorisait la construction d'une gare plus spacieuse, rue Saint-Lazare, au droit de la rue de la Ferme-des-Mathurins, aujourd'hui rue du Havre. C'était, on s'en souvient, une cour étroite à l'entrée, bordée de galeries couvertes sur les côtés et conduisant à un pavillon auquel on accédait par des degrés. Tout ceci disparut en 1888, pour faire place au grand pavillon qui occupe le fond de la cour du Havre et qu'unit à son semblable, sur la cour de Rome, une salle des Pas perdus de magnifiques proportions ; par malheur, la façade de cette longue galerie est cachée aux regards par le haut bâtiment de l'*Hôtel Terminus*.

La rue Saint-Lazare s'achève par une sorte de place de forme irrégulière, toujours sillonnée d'omnibus, de flacres et de tramways, un de ces endroits que le spirituel patois parisien a baptisé du nom de *Carrefour des écrasés*. Traversé par la rue de Rome, il voit naître les rues du Rocher et de la Pépinière. Au bas de la première de ces voies, est installé le **Lycée Racine**, institution de jeunes filles ouverte en 1887, agrandie depuis et ayant, sur la rue de Rome, une coquette entrée édifiée par l'architecte Goust.

La rue de la Pépinière, dont celle de la Boétie faisait autrefois partie, traverse l'emplacement d'un jardin qui dépendait jadis de la pépinière royale ; on y voit une **caserne** d'infanterie ; derrière elle, sur une superficie d'environ 3 950 mètres, verdoie la calme place de Laborde ; c'est l'ancienne voirie des **Grésillons**, maintenant plantée d'arbres et formant un square.

Devant l'église **Saint-Augustin**, la statue de Jeanne d'Arc par Dubois a remplacé, en 1900, un bassin entouré d'un banc de gazon.

L'église, une des plus aristocratiquement fréquentées de Paris, a été construite de 1860 à 1871 par Victor Baltard, sur un terrain dont la forme bizarre a dû fort le gêner pour l'élaboration de ses plans. Le style général rappelle celui de la renaissance italienne, avec un mélange de souvenirs byzantins. A l'extérieur, au-dessus des piliers des arcades, on remarque les quatre figures symboliques des **Évangélistes**, sculptées par Jacquemart. Le dedans est décoré de belles peintures de Signol et de Bouguereau ; on y voit aussi un *Saint Félix*, belle œuvre d'Aimé Millet. Les vitraux sont dus à Maréchal (de Metz) et à Oudinot.

Redescendant le boulevard Malesherbes, nous ne tardons pas à rencontrer à droite, au-dessous du boulevard Haussmann, la rue Roquépine ; elle est éclairée par la blancheur de deux monuments de religieux aspect se faisant vis-à-vis : l'un est le **temple du Saint-Esprit** construit, en 1865, par Ballu ; l'autre, connu sous le nom de **Chapelle Malesherbes**, est consacré au culte méthodiste. A gauche, par l'ouverture de la rue des Mathurins, nous apercevons une touffe de verdure, le renflement hémisphérique d'un chevet d'église et la tache grise de sa couverture affectant la forme d'un dôme. C'est, enfermée dans un jardin de 4 000 mètres de superficie, la **Chapelle expiatoire** élevée à l'endroit où, dans l'ancien cimetière de la Madeleine, on prétend que Louis XVI et Marie-Antoinette ont été enterrés.

Avant le percement du boulevard Haussmann, au temps où la rue Pasquier, alors rue de la Madeleine, ne dépassait pas la rue des Mathurins, cet endroit, aujourd'hui souriant, avait un aspect sinistre. On y pénétrait par la rue de l'Arcade et, pour atteindre le seuil de la chapelle, il fallait suivre une longue et sombre allée bordée de grands arbres ; dans l'enclos, autour des cyprès qui entouraient la chapelle, l'herbe poussait haute et épaisse. Le 21 janvier de chaque année, ce triste lieu se remplissait de royalistes allant assister aux messes commémoratives. Aujourd'hui, les enfants jouent dans les allées sablées et parmi les fleurs ; la chapelle n'a plus d'aumônier ; seuls, quelques curieux en franchissent de temps en temps le seuil.

Au fronton de l'édifice, on lit cette inscription qui en résume l'histoire :

Le roi Louis XVIII a élevé ce monument pour consacrer le lieu où les dépouilles mortelles du roi Louis XVI et de la reine Marie-Antoinette, transférées le 21 janvier 1815 dans la sépulture royale de Saint-Denis, ont reposé pendant 21 ans ; il a été achevé la deuxième année du règne du roi Charles X, l'an de grace 1826.

Ce que l'inscription ne dit pas, c'est que les plans ont été dressés et les travaux conduits par les architectes Percier et Fontaine, et que les recherches qui aboutirent à la découverte des restes plus ou moins authentiques transportés à Saint-Denis ont été faites sur les indications d'un artiste dramatique nommé Sevestre, qui fut récompensé de son zèle, le 10 juin 1817, par une ordonnance lui accordant le privilège d'ouvrir des théâtres dans la banlieue parisienne.

Le chœur de la chapelle est placé à l'endroit où les ossements royaux ont été découverts; il est décoré de deux belles statues en marbre : Louis XVI, par Bosio; Marie-Antoinette, par Cortot.

Descendons la rue Pasquier; elle nous conduira au boulevard Malesherbes, à l'endroit même où il se terminait en 1854. En atteindre le point de départ et se trouver sur la place de la Madeleine est l'affaire d'un instant.

Nous sommes ici sur le territoire du village de la Ville-l'Évêque, annexé à Paris en même temps que celui du Roule, et sur un emplacement autrefois occupé par le **prieuré de Notre-Dame de Grâce.** Catherine d'Orléans-Longueville et Marguerite d'Orléans d'Estoute-ville avaient fondé cette maison en 1613 ; les religieuses y observaient la règle de Saint-Benoît. En 1790, le prieuré devint propriété nationale, ses bâtiments furent vendus; six ans plus tard, en septembre 1808, Napoléon rendit un décret indiquant les proportions d'une place à créer autour du Temple de la Gloire et la création d'une rue dans son axe. Ce décret ne fut pas exécuté; mais la Restauration s'en ressouvint en 1824, quand elle arrêta les proportions et la forme de la place de la Madeleine et l'ouverture de la rue Tronchet.

Sur la place de la Madeleine, au long des deux grands côtés de l'église, se tient, le mardi et le vendredi, un **marché aux fleurs** fort bien approvisionné et très aristocratiquement fréquenté.

Nous vous parlions tout à l'heure du temple de la Gloire, ceci n'est rien autre que l'**église de la Madeleine.**

L'histoire de cette église est un peu mouvementée. Le village de la Ville-l'Évêque avait pour paroisse une église de la Madeleine construite sous Charles VIII, rebâtie en 1659 au coin des rues de Surène et Pasquier, en ce temps rue de la Madeleine; cent ans plus tard, cette église était devenue insuffisante. Son curé, Cathlin, fit à ce sujet de très humbles remontrances au roi Louis XV, et celui-ci, accédant au désir exprimé, ordonna (lettres patentes du 6 février 1763) la construction d'un nouvel édifice ; il approuva les plans dressés par Coutant d'Ivry et posa la première pierre de l'église le 3 avril 1764.

Les décisions avaient été rapidement prises, mais la construction s'effectua fort lentement ; en 1777, quand Coutant d'Ivry mourut et fut remplacé par Couture, les travaux étaient si peu avancés que le nouvel architecte put modifier très sensiblement les plans primitifs ; c'est à lui qu'est due la pensée du magnifique fronton de l'église, remplaçant le portique de petite dimension et sans caractère du premier projet.

Quand la Révolution éclata, les colonnes ne s'élevaient qu'aux deux tiers de leur hauteur. Le chantier fut abandonné, ainsi que divers projets d'affectation nouvelle. Pendant plusieurs années, les plantes des ruines poussèrent entre les pierres neuves.

Le 2 décembre 1806, Napoléon qui pensait toujours à Paris, si éloigné qu'il en fût, data du camp de Posen le décret qui transformait l'église en *temple de la Gloire*, dédié par *l'empereur aux soldats de la Grande Armée*. Les plans furent mis au concours, et bien que ceux de M. de Beaumont eussent été primés, Napoléon leur préféra la conception de Pierre Vignon ; du camp de Finkenstein, le 30 mai 1807, il ordonna que les travaux fussent immédiatement commencés ; ils débutèrent par la démolition de tout ce qui avait été fait, mais furent cette fois activement menés, et l'œuvre était fort avancée quand les désastres de 1814 et 1815 rendirent encore une fois le chantier désert.

Sous la Restauration, l'idée du temple de la Gloire étant naturellement abandonnée, on pensa à grouper là des monuments expiatoires : Louis XVI, Marie-Antoinette, Mme Élisabeth, Louis XVII, le duc d'Enghien, devaient avoir chacun le leur ; on ne tarda pas à se décider à rendre l'édifice à sa destination première, et les travaux reprirent dirigés par Vignon et, après sa mort arrivée en 1828, par Huvé. Le 4 mai 1842, l'église fut consacrée.

Bien que la forme de l'édifice n'ait point le caractère religieux, il n'en est pas moins de grand et imposant aspect. Assis sur un haut soubassement avec son large perron, sa porte de bronze, ses murs creusés de niches abritant des statues, sa colonnade corinthienne, il ressemble plus à un temple romain qu'à une église. Néanmoins, le sentiment chrétien auquel sa forme semble rebelle, se révèle aux yeux du visiteur dès qu'il les arrête sur le fronton orné d'un des chefs-d'œuvre de l'art moderne : *Jésus séparant les bons des méchants au jugement dernier*, du sculpteur Lemaire.

Dans l'intérieur, dont la minutieuse visite est autorisée pendant les heures qui ne sont pas consacrées aux offices ou aux pompeuses cérémonies des mariages ou des funérailles, vous pourrez voir à peu près autant de tableaux, de statues et de groupes qu'il y a eu de grands sculpteurs et de grands peintres en notre siècle. Depuis les *bénitiers*, d'Antonin Moyne, jusqu'à la *Sainte Clotilde*, de Duret; depuis *le Baptême de Jésus*, de Rude, jusqu'au *Saint Augustin*, de Barye; depuis la *Sainte Amélie*, de Seurre, jusqu'à la *Vierge*, de Roggi, tout est à admirer et tout est en bonne place.

Les peintures, fort belles aussi, sont plus difficilement appréciables, l'éclairage étant insuffisant. Vous ne laisserez pas de remarquer cependant *le Repas chez Simon*, de Couder; *Madeleine apprenant la résurrection*, de Léon Cogniet; d'autres *Madeleines*, celle-ci *morte*, celle-là *en prière*, de Signol et d'Abel de Pujol, et enfin, car nous n'avons pas la prétention de tout citer, *l'Histoire du christianisme*, de Ziégler, plafonnant la voûte hémisphérique de l'abside.

La colonnade forme galerie autour de l'édifice, et des statues occupent des niches creusées dans la muraille. Parmi elles, vous en remarquerez qui sont signées de Jouffroy, de Dantan aîné, de Jean Duseigneur, etc. Au mois d'août 1898, la commission des inscriptions parisiennes a fait poser sur les massifs qui contrebutent le grand escalier, deux plaques de marbre dont les inscriptions résument l'histoire du monument.

Derrière l'église, au droit de la rue Tronchet, on a érigé, en 1900, une statue à Lavoisier, œuvre de Barrias.

Dans le voisinage, on peut voir deux curiosités de caractère tout différent, la salle *Petit*, rue de Sèze, où se succèdent presque sans interruption les expositions et les ventes artistiques, et l'Olympia, salle de spectacle, de concerts, de divertissements en tous genres et luxueuse taverne.

La **rue Royale**, large, riche, bordée de hautes maisons et de magasins aux séduisants étalages, ouvre devant la Madeleine une large perspective, aérée au centre par la place de la Concorde et terminée par la façade du Palais législatif, qui forme un heureux pendant à celle de l'église dont nous sortons.

Nous rencontrons, au milieu de son parcours, à gauche, la rue Saint-Honoré ; à droite, la rue du Faubourg-Saint-Honoré. C'est à l'extrémité de la première que s'élevait, construite en pierre et brique, la porte Saint-Honoré, qui, bâtie en 1633, resta debout juste pendant cent ans.

En rentrant dans la rue du Faubourg-Saint-Honoré, en cette partie tout à la fois commerçante et aristocratique, nous jetons successivement les yeux sur de luxueux magasins et sur de princiers hôtels.

Parmi ceux-ci, il faut remarquer l'*hôtel de Montbazon*, bâti par Lassurance ; l'*hôtel de Guébriant;* celui de l'*ambassade d'Angleterre*, construit par Mazin pour le duc de Charost ; l'*hôtel de Pontalba*, œuvre de Visconti, un des plus beaux du Paris moderne, appartenant au baron Edmond de Rothschild.

Nous avons passé devant la rue d'Anjou sans y pénétrer ; à son entrée, la **mairie du huitième arrondissement** est installée de modeste façon dans un immeuble qui fut l'hôtel de Lorraine jusqu'en 1758, puis devint celui de Contades.

Poursuivons notre marche. A notre gauche s'ouvre la jolie **rue de l'Élysée**, bordée, d'un côté, par les constructions et le mur du jardin de l'habitation du chef de l'État; de l'autre, par une suite de ravissants petits hôtels, parmi lesquels, portant le numéro 2, est celui que Lefuel construisit pour la comtesse de Montijo. Au numéro 4, Eugène Rouher, le vice-empereur, mourut en 1884.

Nous voici devant le **palais de l'Élysée**.

Construit en 1718 par Claude Mollet pour le comte d'Évreux, agrandi trois ans plus tard, il fut vendu en 1733 par le prince de Turenne, héritier du comte, à la marquise de Pompadour. Celle-ci appela l'architecte Lassurance et fit augmenter les somptuosités de sa demeure. Le jardin lui paraissant trop exigu, elle s'empara sans façon de terrains appartenant à la Ville, et l'agrandit considérablement. La marquise mourut en 1760, et légua son palais à Louis XV. Plus tard, il devint la propriété de l'abbé Terray, Beaujon le lui acheta en 1774 et le fit embellir encore par l'architecte Boullée; le 12 août 1786, Louis XVI le racheta au célèbre financier, pour en faire à perpétuité, dit l'arrêt du conseil d'État du 3 novembre sui-

vant, « le logement des princes et princesses étrangers que leurs
voyages amenaient dans la capitale, et aussi celui des ambassadeurs
extraordinaires ».

La perpétuité rêvée par Louis XVI dura quatre ans; la duchesse
de Bourbon acheta l'Élysée en 1790, fit construire dans le jardin un
groupe de chalets qui, semblable à celui qu'on voyait chez le prince
de Condé, prit le nom de *hameau de Chantilly*. Peu d'années après,
désignée alors sous le nom d'Élysée Bourbon et devenue propriété
nationale, l'aristocratique demeure fut transformée en une sorte de
Ranelagh ou de Colysée; jeux de hasard et bals s'installèrent dans
les appartements, et le hameau de Chantilly servit de cadre et de
décor à des fêtes champêtres. Murat acheta le domaine en 1803, et
Caroline Bonaparte, sa femme, lui rendit son ancien éclat. Quand,
en 1808, Murat fut devenu roi de Naples, le palais prit le nom
d'Élysée Napoléon; l'empereur en fit sa résidence favorite. C'est là
qu'il se retira après Waterloo et qu'il signa l'abdication du 22 juin 1815.
Wellington et l'empereur de Russie y logèrent à ce moment. Habité
sous la Restauration par le duc et la duchesse de Berry, inoccupé
sous Louis-Philippe, il est devenu, en 1848, le siège de la Commission des récompenses nationales; puis, l'année suivante, la demeure
du président de la République. La comtesse de Téba l'habita pendant
quelques jours avant son mariage avec Napoléon III; pour les deux
époux, l'Élysée a été l'antichambre des Tuileries. L'empereur de
Russie, puis le sultan, y séjournèrent en 1867. On connaît sa destination depuis 1871. En 1889, il a été augmenté d'une salle de fêtes.

La **place Beauvau**, splendide aujourd'hui, cloaque il y a
cent ans, développe sa demi-circonférence devant la haute
grille, la longue avenue, la vaste cour, le péristyle dorique
de l'hôtel où, depuis 1857, est installé le **ministère de l'intérieur.**

Cette construction d'un beau caractère a été élevée vers 1780, par
l'architecte Le Camus de Mézières pour le prince Charles-Just de
Beauvau, maréchal de France, ministre de Louis XVI.

La belle **avenue Marigny**, ouverte en 1767, doit son nom
au marquis de Marigny, frère de Mme de Pompadour, directeur général des bâtiments et jardins du roi Louis XV. Elle
longe le jardin de l'Élysée et nous mène agréablement et
en peu d'instants au centre de cette partie des Champs-
Élysées qui s'étend du rond-point, orné de six jets d'eau, à
la place de la Concorde et qu'on appelle le **Jardin**. D'un côté,

le jardin étend ses massifs entre l'avenue Gabriel et la grande avenue ; de l'autre, entre cette dernière et le cours la Reine.

En sortant de l'avenue, vous rencontrerez quelques groupes causant à voix basse ; parfaitement inoffensifs, au reste, ces groupes sont ceux des amateurs et des marchands de timbres-poste ; ils tiennent là leur *bourse* au grand air.

Ceci vu, passez en souriant devant un *théâtre de Guignol*, cher à la colonie enfantine ; remontez vers la place de la Concorde, saluez la coquette construction de **Marigny-Théâtre**, arrêtez-vous devant le monument d'Alphonse Daudet, par de Saint-Marceaux, asseyez-vous dans un café-concert pour entendre une chansonnette ou sous les arbres pour assister au défilé des promeneurs, spectacle pittoresque, animé, qui, dans les beaux jours, est un des plus curieux que présente la capitale.

Dans l'ancien carré Marigny, où fut autrefois le palais de l'Industrie, vous verrez la large avenue Alexandre III qui conduit au pont du même nom, et, sur ses côtés, les édifices qui abritent, l'un, le *musée de la ville de Paris*, l'autre, les expositions annuelles de peinture et de sculpture, du cycle et l'automobilisme, le concours hippique, etc., le **Grand Palais** et le **Petit Palais**.

La première de ces constructions a été dirigée par MM. Deglane, Louvet et Thomas, la seconde par M. Girault ; elles ont fait disparaître le palais de l'Industrie que Viel avait bâti pour l'Exposition de 1855. Ce sont des édifices de grande et belle allure renfermant des salles vastes et claires, décorés extérieurement de groupes, de figures, de frontons et de colonnades.

Près de l'avenue d'Antin et du Grand Palais, est une construction circulaire édifiée en 1858 par Davioud ; elle abrita pendant longtemps un curieux diorama, où l'on admira successivement les tableaux du colonel Langlois et, en dernier lieu, le *Siège de Paris en 1870*, de Philippoteaux. Le petit édifice est transformé maintenant en piste pour patineurs et fréquenté par une société élégante ; c'est le *Palais de glace*.

Non sans avoir remarqué les luxueux cafés-restaurants

VUE PANORAMIQUE DE L'AVENUE ALEXANDRE III.

DESSIN DE F. BOPPBAUER.

qui vous offrent un agréable abri, et les cafés-concerts
brillamment illuminés le soir, vous atteindrez la partie
ouest de la place de la Concorde, l'endroit où se dressent
les deux beaux marbres de Coustou, connus sous le nom
de *chevaux de Marly,* qui furent placés ici pendant la Révolution, et substitués aux deux chevaux ailés de Coysevox
que nous verrons demain à l'entrée du jardin des Tuileries
et qui, originairement, décoraient aussi l'abreuvoir du château de Marly.

Nous vous laissons regagner votre hôtel et vous donnons
rendez-vous demain matin au même lieu pour commencer
notre troisième promenade.

Les Rues.

Un plan sous les yeux, il est très facile, vous avez dû le remarquer déjà, de se diriger à travers le Paris actuel ; à chaque angle de ses rues, les noms qu'elles portent se détachent en lettres blanches sur le fond bleu d'une plaque en lave de Volvic brillamment émaillée.

La chose est si simple qu'on est disposé à croire qu'elle a existé de tout temps ; il n'en est rien cependant ; les plaques indicatives et les dénominations officielles sont d'origine relativement moderne.

Au treizième siècle, quand Guillot, ce poète certainement crotté et peut-être famélique, enchâssait dans les rimes de son *Dit des rues de Paris* les noms des trois cent dix voies qu'on rencontrait alors dans la *Ville*, la *Cité* et l'*Université* — trois grandes divisions de la métropole qui ne sont pas encore complètement disparues — Guillot, disons-nous, tout en enjambant les ruisseaux fangeux, tout en trébuchant sur les ponceaux qui traversaient les égouts, devait souvent se renseigner aux Parisiens pour savoir comment ils appelaient la rue où il se trouvait.

En ce temps, ce n'était point l'édilité qui dénommait les voies publiques, c'était l'esprit parisien, habile à saisir la physionomie d'une rue et à la peindre en mots affirmant bien son caractère et son originalité. Ici s'étaient logés les enlumineurs de manuscrits et la rue s'appelait rue *des Écrivains ;* là on creusait un puits public, la qualité de l'eau satisfaisait les ménagères, la rue prenait le nom de rue du *Bon-Puits ;* des écoliers venus d'Angleterre se logeaient près de l'Université, le lieu qu'ils habitaient prenait le nom de rue des *Anglais ;* une allée de noyers se bordait de maisons près du clos Bruneau, la rue des *Noyers* était créée ; d'autres voies tiraient leur nom d'une église ou d'un couvent, rue *Saint-André,* rue des *Cordèles* (Cordeliers) ; celle-ci, de conformation bizarre, s'appelait rue *Serpente.* Un riche bourgeois tient une grande boucherie dans une autre, la rue prend son nom et le conserve, c'est la rue *Aubry-le-Boucher.* Quelques-unes mal habitées sont énergiquement flétries de noms qui les déshonorent, d'autres empruntent leur dénomination à une enseigne, comme la rue de l'*Arbre-Sec,* ou à un particulier, riche propriétaire, comme les rues *Simon-le-Franc, Pierre-Sarrazin,* etc., etc. Aujourd'hui, les voies privées portent seules les noms de personnages encore vivants.

Les choses restèrent en cet état jusqu'en 1728; à cette époque, Hénault, lieutenant général de police, fit placer au coin de chaque rue des plaques de tôle d'égale dimension portant les dénominations usitées; dès l'année suivante, une ordonnance régla ce qui concernait l'entretien, et au besoin le remplacement de ces écriteaux, et frappa de 100 livres d'amende par contravention ceux qui les altéreraient ou détruiraient.

En même temps, il fut enjoint aux propriétaires des maisons d'angle de remplacer les plaques tombées ou devenues illisibles par des tables de pierre de liais de 1 pouce et demi d'épaisseur et d'y faire graver les noms des rues et les numéros des quartiers.

Sous la Restauration, des plaques de fonte furent substituées aux inscriptions gravées, puis, en 1844, le comte de Rambuteau détermina par un arrêté la hauteur exacte au-dessus du sol et la distance précise de l'arête des murs d'angle auxquels devaient être fixés les écriteaux en lave émaillée qui sont encore en usage. Vers 1862, on commença à disposer de certaines plaques et aussi les numéros de plusieurs édifices municipaux, de telle sorte qu'ils soient lumineux et, par conséquent, lisibles la nuit.

De nos jours, on compte, à Paris, à peu près 4 300 voies publiques et privées; ces dernières appartiennent à des propriétaires qui restent chargés de leur entretien.

Quant aux dénominations, bien qu'un bon nombre d'anciennes aient été conservées, elles rappellent pour la plupart quelques grands faits de notre histoire ou le souvenir de nos illustrations dans tous les genres.

Le numérotage des maisons fut essayé dès l'an 1415, mais appliqué seulement aux soixante-huit immeubles qui s'élevaient sur le pont Notre-Dame. Le système adopté alors, et qu'on employa encore au dix-huitième siècle, était celui-ci :

Le numérotage montait un côté de la voie et redescendait l'autre pour s'arrêter vis-à-vis du point de départ.

Mais, et jusque vers la fin du dix-huitième siècle, l'enseigne pendant au bout d'une potence en fer, parfois coquettement ouvragée, suppléait au numérotage; on demeurait, quand on était marchand, dans telle rue, à l'*Écu de France* ou au *Cygne de la Croix*; quand on était noble ou magistrat, dans son hôtel; si l'on était bourgeois, les lettres parvenaient portant sur l'adresse première, deuxième ou dixième porte après tel édifice. Tout le monde se trouvait bien de cet état de choses, et quand il fut question de numéroter les immeubles, l'autorité se heurta contre une résistance à peu près générale, l'aristocratie du temps trouvait humiliant ce système égalitaire, le commerce et la bourgeoisie n'en appréciaient pas les avantages. Sur les voies où il fut appliqué, on employa le système que nous avons décrit plus haut.

Sous la Révolution, une nouvelle division administrative amena un procédé nouveau.

Dans chaque section de la ville, une seule série de numéros partait d'un point quelconque, se développait le long des rues ou des portions de rues lui appartenant et revenait au point de départ sans solution de continuité.

Quand les rues traversaient le territoire de plusieurs sections, les numéros appartenant à des séries diverses s'y répétaient souvent. Souvent aussi l'ordre numérique montait pour un tronçon ou un côté de la voie et descendait pour l'autre.

Par un décret du 15 pluviôse an XIII (4 février 1805), le système actuellement en vigueur a été inauguré. Toutes les rues perpendiculaires à la Seine commencent par celle de leurs extrémités qui en est le plus proche; celles qui lui sont parallèles suivent son cours; les numéros pairs sont toujours à droite, les impairs à gauche.

La seule modification apportée au décret de 1805 consiste en la couleur des numéros qui sont uniformément en chiffres blancs sur fond bleu et étaient jadis rouges ou noirs, selon que la rue était perpendiculaire ou parallèle au fleuve.

La seule critique que pourrait soulever ce système, c'est qu'il oblige à faire commencer certaines rues par le point le plus rapproché des barrières de la ville, qui est celui où, logiquement, elles devraient finir. La perfection absolue n'est pas de ce monde.

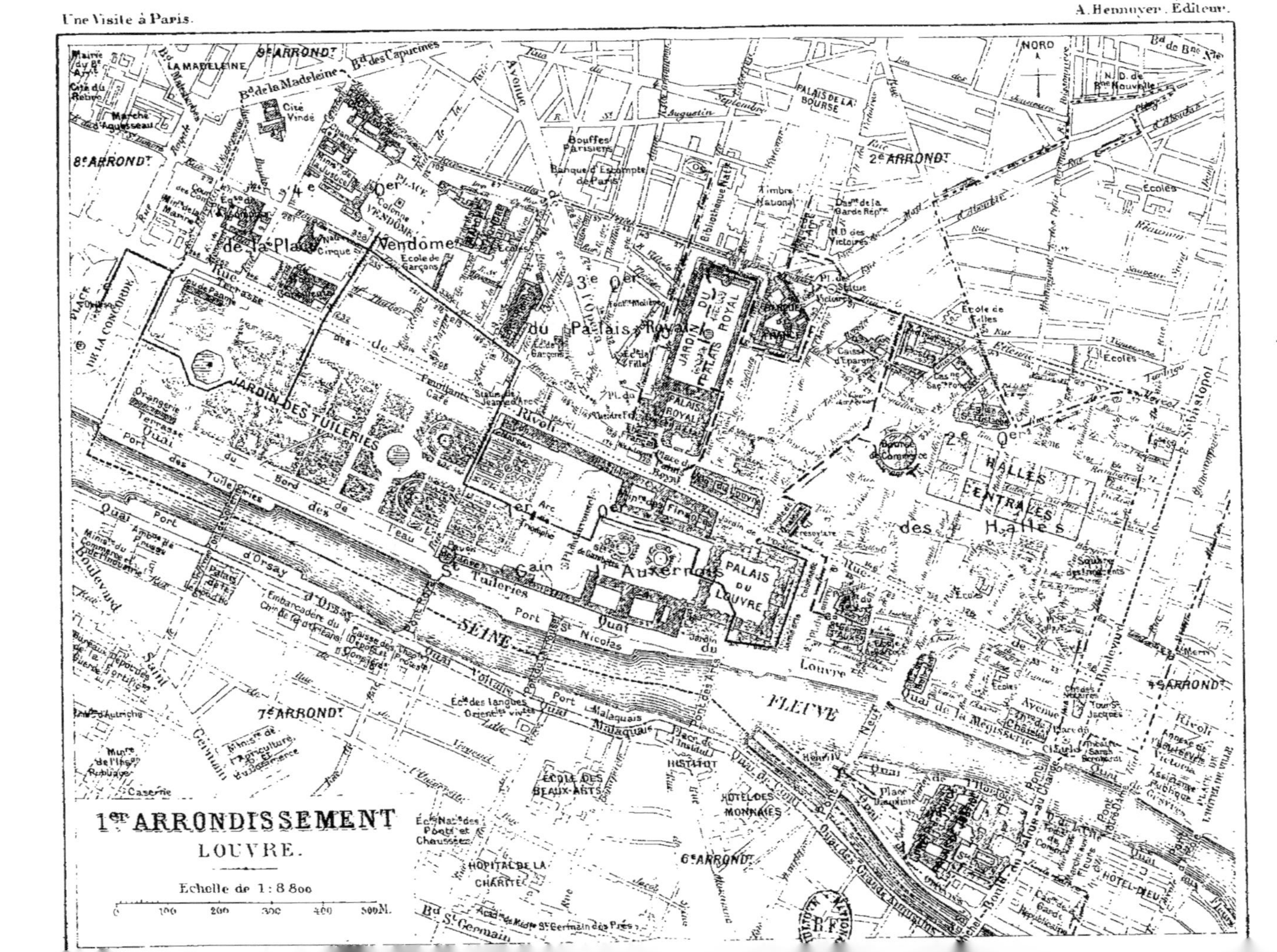
1er ARRONDISSEMENT
LOUVRE.
Echelle de 1:8 800
100   200   300   400   500 M.
JARDIN DES TUILERIES
PALAIS DU LOUVRE
JARDIN DU PALAIS ROYAL
PALAIS ROYAL
Place VENDÔME
de la Place Vendôme
PLACE DE LA CONCORDE
LA MADELEINE
Bd de la Madeleine
Bd des Capucines
PALAIS DE LA BOURSE
Bibliothèque Nat.
HALLES CENTRALES
des Halles
FLEUVE
SEINE
Quai d'Orsay
Quai Voltaire
Quai Malaquais
Port St Nicolas
ÉCOLE DES BEAUX-ARTS
HÔTEL DES MONNAIES
HÔPITAL DE LA CHARITÉ
Bd St Germain
Rivoli
Orangerie
Terrasse
Gare St Lazare
St Germain l'Auxerrois
NORD
8e ARROND.t
9e ARROND.t
7e ARROND.t
6e ARROND.t
2e ARROND.t
3e Q.er
2e Q.er
4e ARROND.t
Caserne

TROISIÈME JOURNÉE

Nous avons laissé le visiteur sur le seuil de la **place de la
Concorde** ; il a pu admirer la beauté de ses proportions, la
richesse de son décor, les perspectives particulièrement intéressantes qu'elle offre aux regards ; il a compris qu'il allait
traverser la plus belle place de Paris.

L'espace occupé par la place de la Concorde, originairement place
Louis XV, était jadis un terrain marécageux, souvent inondé par les
crues de la Seine. En 1748, Louis XV, alors chéri par le peuple,
guérit d'une maladie dangereuse ; la nation, dans sa joie, décerna
au roi le surnom de *Bien-Aimé*, et la ville de Paris s'engagea à lui
ériger une statue équestre.

Pour recevoir ce glorieux hommage, Louis XV, par lettres patentes du 27 juin 1748, abandonna à la Ville le terrain nécessaire
à la création d'une vaste place, et chargea l'architecte Gabriel de la
conduite et de l'inspection des travaux.

Les deux bâtiments aux colonnades corinthiennes, aux
frontons sculptés par Soldtz et Guillaume Coustou, qui
s'élèvent aux angles de la rue Royale, sont l'œuvre de Gabriel ; ils ont été terminés en 1775 et suffisent pour rendre
le nom de l'architecte cher aux admirateurs de Paris.

De ces constructions jumelles, une seule appartient à
l'Etat, c'est celle qui se prolonge jusqu'à la rue Saint-Flo-
rentin ; depuis 1806, elle est occupée par le **ministère de la
marine**, après avoir eu primitivement des destinations diverses : logis d'ambassadeurs, hôtel des Monnaies, caserne
de mousquetaires, etc., et avoir servi de garde-meuble de la
couronne ; l'autre, qui fut l'hôtel de Coislin, puis de Crillon,
abrite maintenant le **Cercle de la rue Royale**.

Les hôtels s'étaient édifiés lentement ; plus lentement encore se confectionna la statue, qui avait donné lieu à la création de la place. Bouchardon l'avait commencée, Pigalle l'acheva ; la collaboration des deux grands artistes ne produisit qu'une œuvre médiocre, dont l'érection eut lieu en 1763 et donna naissance à bon nombre d'épigrammes contre le roi. Il est vrai que Mme de Pompadour était en grande faveur alors, et que le *Bien-Aimé* de 1748 avait perdu l'affection universelle.

Le 30 mai 1770, alors que s'achevait par un feu d'artifice la fête populaire donnée pour le mariage du dauphin, deux courants de foule, l'un venant des boulevards par la rue Royale, l'autre remontant vers eux, se rencontrèrent sur la place Louis XV ; il s'ensuivit un horrible écrasement. L'année suivante, au mois de juillet, la foire Saint-Ovide, qui depuis 1764 se tenait sur la place Vendôme transféra ici ses spectacles variés et bruyants ; un incendie détruisit loges et baraques dans la nuit du 22 au 23 septembre 1777. On ne les reconstruisit pas.

Quinze ans après, la place Louis XV prenait le nom de *place de la Révolution*. Une colossale statue de la Liberté, œuvre de Lemot, remplaçait celle du roi ; non loin d'elle, se dressait, quelques mois plus tard, l'échafaud dont Louis XVI devait monter les degrés.

En 1795, la place prit, pour la première fois, le nom qu'elle porte aujourd'hui (1). En 1800, la statue disparut et l'on posa en son lieu la première pierre d'une de ces colonnes triomphales dont le Consulat avait décrété l'érection dans tous les départements. Ici, pas plus qu'ailleurs, le projet n'eut de suite. Il en fut de même de celui que Charles X avait conçu d'ériger ici une statue à Louis XVI.

La Révolution avait repris à la Ville le terrain que Louis XV lui avait donné ; Charles X, le 28 août 1828, le lui concéda de nouveau à la condition qu'elle y ferait exécuter des embellissements qui devaient coûter 2230000 francs au moins et être terminés dans un délai de cinq années.

Les événements politiques d'abord, l'épidémie de choléra qui terrifia et décima Paris ensuite, retardèrent le commencement des travaux. Hittorff en prit enfin la direction ; sur les huit pavillons construits par Gabriel furent placées les statues symbolisant autant de grandes villes de France (2). Deux fontaines monumentales s'élevè-

(1) En 1814, un *Te Deum* fut chanté sur un autel provisoire dressé au milieu de la place et celle-ci reprit le nom de place Louis XV, puis une ordonnance royale du 27 avril 1826 lui donna celui de place Louis XVI ; elle le quitta en 1830.

(2) Voici les noms des villes représentées et ceux des auteurs de leurs statues dans l'ordre où elles se présentent aux regards quand on entre sur la place par l'avenue des Champs-Élysées et en commençant par la droite :

rent, l'une au nord, l'autre au sud de la place ; la première représente la *Navigation fluviale*, elle est due à Feuchères, Gechter, Husson et Lamo ; la seconde personnifie la *Navigation maritime*, elle est l'œuvre de Brion, Moine, Debay et Vallois ; enfin, le 25 octobre 1836, l'obélisque de Louqsor se dressa sur son piédestal.

L'obélisque fut une des dernières préoccupations du gouvernement de Charles X. Le vaisseau qui devait le ramener d'Égypte fut mis à l'eau en rade de Toulon, le 26 juillet 1830, et le lendemain, tandis que roulaient par les rues les premiers grondements de l'émeute, le ministre de la marine expédiait l'ordre de presser le départ du navire.

L'Obélisque, qui pèse environ 250 000 kilogrammes et mesure près de 23 mètres de hauteur, repose sur un piédestal en granit dont la décoration représente les appareils inventés et employés par l'ingénieur Lebas pour l'abatage, le transport et l'érection du monolithe. Un morceau manque au pyramidion qui le termine ; Lebas l'a donné à son ami le poète Lebrun, auteur de *Marie-Stuart,* qui, en mourant, l'a légué au musée de Provins, où il est encore. Les inscriptions hiéroglyphiques qui couvrent les faces de l'aiguille sont toutes à la gloire des dieux égyptiens et de Rhamsès II, premier roi de la dix-neuvième dynastie de Manethon, qui vivait environ quatorze cents ans avant notre ère.

Autour de ce muet témoin des hauts faits d'un héros oublié, tout ramène notre pensée vers les temps modernes : à notre droite s'ouvre le **pont de la Concorde,** à son extrémité s'élève la façade du *Palais législatif*; le pont a été construit par Perronet de 1787 à 1790 ; pour son achèvement, on a employé des pierres provenant de la Bastille (1).

A gauche, au-dessus des maisons, s'arrondit le dôme de l'église de l'Assomption, chapelle d'un ancien couvent des Haudriettes, construite par Ch. Errard de 1670 à 1676, dont l'entrée est rue Cambon ; le péristyle est orné de huit colonnes corinthiennes aux chapiteaux richement sculptés ; quelques tableaux signés Surée, Carle Van Loo, Boullongne

Nantes et Bordeaux, par Callouet ; Marseille et Lyon, par Petitot ; Strasbourg et Lille, par Pradier ; Brest et Rouen, par Cortot.

(1) La dénomination du pont a subi les mêmes changements que celle de la place.

le Jeune, etc., et une *Assomption de la Vierge* due à Lafosse décore l'intérieur. Dans cette même rue Cambon, vous verrez les bâtiments tout neufs de la **Cour des comptes**, dont la construction, commencée en 1899, est conduite par M. Moyeux.

Pour l'instant, nous allons droit devant nous et nous entrons dans le **jardin des Tuileries** ; cette promenade, dessinée par Le Nôtre, est restée une des plus belles de Paris. A son entrée par la place de la Concorde, on rencontre les chevaux ailés, un *Mercure* et une *Renommée* de Coysevox, apportés de Marly par ordre de Louis XV. Du haut de la terrasse du bord de l'eau, le regard embrasse la place de la Concorde, les Champs-Élysées, la Seine et le faubourg Saint-Germain. C'est une des plus belles vues que la capitale offre à ses admirateurs. Le jardin feuillu, fleuri, orné de sculptures, rafraîchi par des bassins, renferme une orangerie, un jeu de paume construit en 1862, un café, un théâtre de Guignol ; il est un de ceux où l'on est certain de rencontrer toujours non la foule bruyante avec son mélange pittoresque de classes et de costumes, mais l'affluence des gens de bonne compagnie avec leur spirituel caquetage et leurs coquetteries élégantes.

Deux terrasses bordent le jardin sur ses plus grands côtés : la terrasse du bord de l'eau vers la Seine, celle des Feuillants, du côté de la rue de Rivoli. Dans sa largeur, le jardin est traversé par deux rues ; la première commence sur le quai des Tuileries devant le pont de Solférino et finit au droit de la rue de Castiglione ; la seconde, tracée entre les pavillons de Flore et Marsan, forme trait d'union entre le pont Royal et la place de Rivoli.

Nous quitterons le jardin par la rue de Castiglione ; elle continue les arcades et l'architecture des maisons de l'ancienne partie de la rue de Rivoli et conduit à la **place Vendôme**.

Le mérite de la création de la place Vendôme appartient à Louis XIV et semble avoir été l'une des œuvres parisiennes auxquelles il s'est le plus vivement intéressé. Le 6 mai 1686, il en arrêtait l'ouverture et chargeait Louvois, son surintendant des bâtiments, de veiller à l'exécution de ses ordres ; pour diverses causes, dont les principales furent peut-être le manque d'argent et la mort de Louvois arrivée en 1691, les premiers travaux furent exécutés avec une désespérante lenteur et, treize ans après, étaient fort peu avancés. Louis XIV alors, par lettres patentes du 7 avril 1699, céda à la ville de Paris les immeubles et terrains acquis pour la place (hôtel de Vendôme et couvent des Capucines), à la charge, par les prévôts des marchands et échevins, d'achever les constructions sous la direction de Jules Hardouin-Mansart.

Dès le 16 août suivant, la place, alors nommée *place des Conquêtes*, fut en quelque sorte inaugurée par l'érection à son centre d'une statue équestre de Louis XIV, sculptée par Girardon et fondue d'un seul jet par Balthazar Keller.

La place forme un octogone ayant quatre grandes faces et quatre petites (dans le plan primitif, elle devait être carrée; c'est Mansart, qui a abattu les angles). L'architecture régulière, la décoration corinthienne, les grands corps de logis surmontés d'un fronton au tympan orné des armes de France forment un ensemble artistique et majestueux bien fait pour rappeler le goût et la magnificence du grand siècle. Le Ministère de la justice occupe l'un des hôtels; un autre fut longtemps celui de l'état-major de la place de Paris, maintenant installé aux Invalides.

La place fut achevée dans les premières années du dix-huitième siècle. La foire Saint-Ovide s'y tint pendant sept ans, nous l'avons dit plus haut.

Le 16 août 1792, la statue du roi fut détruite; la place, qui s'appelait alors *place Louis-le-Grand*, prit officiellement le nom de *place des Piques*. A l'avènement de Napoléon Ier, elle redevint la place Vendôme, nom que le peuple lui avait toujours donné.

L'empereur la choisit pour faire élever la colonne de la Grande Armée que le Parisien appelle généralement colonne Vendôme.

Ce monument, ce « bronze que jamais ne regardent les mères », a dit Barbier, fut commencé le 25 août 1806 et inauguré le 15 août 1810; sa construction a été dirigée par Denon, Lepère et Gondoin. Ses fondations, profondes de 10 mètres, supportent un piédestal haut de 7 mètres; le fût de la colonne a 4 mètres de diamètre et environ 40 de hauteur; il est couvert d'une suite de tableaux en bronze disposés en spirale et rappelant les faits les plus brillants de la campagne de 1805 (1). A l'intérieur tournoie, dans l'obscurité, un étroit escalier de 176 marches.

Originairement, la colonne était surmontée d'une statue de Napoléon Ier en costume romain dont Chaudet était l'auteur ; c'est elle que les alliés tentèrent sans succès d'arracher de son socle, en 1814 ; c'est elle que la Restauration fit enlever et fondre pour procéder au coulage de la statue de Henri IV. Sous Louis-Philippe, on rétablit, au sommet de la colonne, une image de l'empereur vêtu de la redingote grise et coiffé du petit chapeau ; l'œuvre était de Seurre, et fut trouvée peu décorative ; on la regretta pourtant quand le second Empire, en 1863, chargea le sculpteur Dumont de mettre en son lieu un Napoléon vêtu à la romaine. Ceci, on s'en aperçut alors, ne rappelait plus au peuple le légendaire *Petit Caporal*.

Brisée en trois morceaux, faisant grand bruit et soulevant un nuage de poussière, la colonne tomba sur un lit de fumier, le 16 mai 1871, en exécution d'un arrêté de la Commune du 12 avril précédent. Sa réédification a été terminée en 1875 ; la statuette de la Victoire que Napoléon tient en main est de Mercié.

Laissons derrière nous la rue de la Paix ; ouverte en 1806, sous le nom de *rue Napoléon*, elle a reçu sa dénomination actuelle lors du retour des Bourbons. C'est une des plus belles et des plus riches voies parisiennes ; grands bijoutiers, grands couturiers, modistes fameuses, dentistes célèbres, marchands de tableaux et d'objets d'art, occupent ses luxueux magasins et les beaux appartements de ses immeubles ; elle conduit à l'endroit le plus animé des grands boulevards.

Nous redescendons la rue de Castiglione jusqu'à la rue Saint-Honoré, très commerçante ici et particulièrement animée le soir quand la foule se rend au **Nouveau-Cirque**, dont nous apercevons à l'ouest la façade tapageuse.

Cet établissement remplace une ancienne salle de bal qui, sous le nom de *Salle Valentino*, eut ses années de célébrité ; l'aménagement

(1) Les bas-reliefs de l'entrée, dessinés par Mazois, ont été exécutés par Gérard ; ceux des trois autres côtés, dessinés par Zix, sont dus aux ciseaux réunis de Beauvallet et Renaud ; les bas-reliefs du fût ont été sculptés, d'après les dessins de Bergeret, par Bartholini, Beauvallet, Boichot, Bosio, Callemare, Cardelle, Bridan, Bouillet, etc. Les quatre aigles du piédestal sont de Gelée.

actuel est dû à Charles Garnier, l'architecte de l'Opéra. Le spectacle
est celui de tous les cirques ; mais la piste peut se transformer en
bassin, et le public s'esclaffe alors devant d'inénarrables panto-
mimes nautiques.

Au bout de quelques minutes de marche en nous dirigeant vers l'est, nous nous trouvons devant le large et haut
perron de l'**église Saint-Roch**.

La première pierre de cet édifice fut posée le 23 mars 1653, par
Louis XIV et Anne d'Autriche ; l'architecte Jacques Lemercier
dirigea d'abord les travaux de construction, puis ils furent continués
par Robert de Cotte ; Étienne Boullée y travailla aussi, on lui doit
la chapelle du Calvaire ; Jules Robert de Cotte, fils du précédent,
en édifia le portail en 1736, d'après des dessins laissés par son père,
et termina l'église en 1740.

Corinthienne, dorique, décorée de statues et couronnée
d'un fronton, la façade ne manque pas de caractère ; on ap-
précierait mieux la beauté si la rue était ici moins étroite.
Saint-Roch, dont les théophilanthropes avaient fait le temple
du Génie, devint paroisse royale sous la Restauration.

L'intérieur, établi sur un plan remarquablement bien
compris au point de vue des cérémonies du culte, est enrichi
de monuments et d'objets d'art d'une grande valeur et d'un
haut intérêt historique.

Vous y verrez des statues et des groupes signés J.-B. Le-
moine, Coustou, Falconet, Adam, Anguier, Coysevox,
Préault, etc.

Signalons d'abord deux monuments particulièrement chers
aux Parisiens, ceux de Pierre Corneille et de l'abbé de l'Épée.
Le premier se compose d'une plaque de marbre entourée de
torches, couronnée de lauriers et ornée au centre d'un beau
médaillon du grand poète ; il a été placé dans l'église le
10 août 1821, son érection a été faite par les soins et aux
frais du duc d'Orléans, depuis Louis-Philippe. Corneille, on
le sait, est mort sur la paroisse Saint-Roch, au numéro 6 de
la rue d'Argenteuil. Un autre paroissien illustre fut l'abbé
de l'Épée, mort rue des Moulins. Le tombeau qui lui a été
élevé est une des plus belles œuvres sculpturales de l'église ;
il est signé Préault.

Beaucoup de grands personnages ont reposé jusqu'en 1789 sous les dalles de Saint-Roch ; citons, parmi eux, le cardinal Dubois ; Maupertuis, dont le tombeau, sculpté par d'Huez en 1766, est debout encore ; Le Nôtre, Mignard, les deux grands artistes aimés de Louis XIV, honorés ici par des monuments dus à Coysevox et à Desjardins ; le comte d'Harcourt, qu'une sculpture de Renard nous rappelle ; Mme Lalive de Jully, dont le médaillon est de Falconet et date de 1753, et, enfin, Bossuet, qui mourut rue Sainte-Anne et à qui l'abbé Jaudet a fait ériger un monument en 1856.

Sur les murs, aux voûtes, dans les chapelles, vous verrez un bon nombre de tableaux et de décorations dus à nos plus grands peintres. Ici vous vous arrêterez devant *le Triomphe de Mardochée*, de Jouvenet ; là, devant *la Circoncision*, de Restout ; ailleurs, devant *le Vœu à la Madone*, de Schnetz, ou devant *le Baptême de l'eunuque*, de Chassériau ; à voir encore *la Chapelle du Purgatoire* décorée par Boulanger ; celle de *Sainte-Clotilde*, belle page de Devéria ; celle de *Saint-François de Paule*, due à la collaboration d'Ary Scheffer et de Loyer, etc., etc.

Faisons quelques pas à gauche et nous trouverons la rue des Pyramides, qui nous conduira à la place de Rivoli, juste en face de cette rue des Tuileries, dont nous avons parlé déjà.

La rue des Pyramides et la place où elle naît sont d'architecture semblable à celle de la rue de Rivoli. Au milieu de la place, un piédestal de jolie forme supporte la *statue équestre de Jeanne d'Arc*, gracieuse œuvre de Frémiet où l'héroïne est représentée avec tout le charme de l'âge adolescent qu'elle atteignait quand elle ceignit l'épée (1).

Nous voici de retour rue des Tuileries ; elle s'achève ici au pied du pavillon de Marsan, et, dans son milieu, à la place où s'élevait jadis le pavillon central du château des Tuileries, elle ouvre une large communication avec le jardin qui, depuis 1889, couvre l'espace autrefois occupé par la royale demeure.

(1) La Pucelle a trois autres statues à Paris : une boulevard Saint-Marcel, d'Émile Chatrousse, une autre devant l'église Saint-Augustin, de Paul Dubois, une dernière auprès de l'église Saint-Denis de la Chapelle.

La **place du Carrousel** était, au dix-septième siècle, un vague terrain sur partie duquel on avait créé le *jardin de Mademoiselle*, qui disparut en 1663 (1).

Les 5 et 6 juin 1662, Louis XIV choisit ce lieu pour donner à Mlle de La Vallière une fête magnifique, un *carrousel;* la place garda ce nom jusqu'en 1793. A cette époque, on y planta un arbre de la Fraternité. Les patriotes s'y étant rassemblés pendant les derniers jours du procès de Louis XVI, la place prit le nom de *place de la Réunion*. C'est là que, depuis le 21 août 1792 jusqu'au 10 mai 1793, eurent lieu les exécutions capitales pour crimes politiques. A cette dernière date, la Convention, qui tenait ses séances aux Tuileries, invita la municipalité parisienne à choisir un autre lieu pour dresser la guillotine, et celle-ci fut transportée sur la place de la Révolution (place de la Concorde), à l'endroit où déjà elle avait fonctionné pour Louis XVI.

Mais que viennent faire de sombres souvenirs au milieu de ces parterres verdoyants, fleuris, tachés de blancheurs par un choix heureux de sculptures modernes (2)? Oublions-les; oublions aussi celui de cet *Hôtel de Nantes*, haute bâtisse qui longtemps se dressa solitaire ici et au pied de laquelle on voyait, ornée d'un faisceau de drapeaux tricolores, la tombe de Georges Farcy, tué pendant les journées de 1830.

Reportons nos yeux sur le petit arc de triomphe, si gracieux en sa forme, si doux de ton, qui s'élève au milieu de la promenade.

C'est Napoléon Ier qui conçut, au mois de février 1806, l'idée de son érection; ce sont les architectes Percier et Fontaine qui le construisirent en moins de deux années.

Haut de 15 mètres, large de 17^m,60, profond de 10, il est percé de trois arcades, une grande au centre et deux petites traversées d'ouvertures transversales; ses huit colonnes de marbre rose aux bases et aux chapiteaux de bronze, ses statues personnifiant les divers

(1) Mlle de Montpensier habitait les Tuileries et ce jardin avait été planté pour elle.

(2) Voici la liste des statues et groupes qui décorent ce jardin. PARTERRE NORD : *Pénélope*, par Maniglier; *Judith et Holopherne*, par Lauson; *Agrippine*, par Maillet; *Madeleine*, par Peene; *Faune*, par Becquet. PARTERRE SUD : *Ève après le péché*, par Delaplanche; *les Exilés*, par Moreau; *Flore*, par Soldi; *Velléda*, par Maindron; *Baigneuse*, par Galli. ALLÉE CENTRALE : *Quand même*, par Mercié; *Ganymède*, par Barthélemy; *le Réveil*, par Mayer, *le Secret d'en haut*, par Moulin; *l'Élégie*, par Caillé.

corps des armées impériales, ses bas-reliefs, ses inscriptions en lettres d'or, tout cela compose un ensemble irréprochablement harmonieux.

Vis-à-vis de lui, vous voyez le **monument de Gambetta,** œuvre de **MM.** Boileau et Aubé. La figure principale est de grande allure et de bonne expression ; celles qui l'accompagnent sont habilement groupées. Le tout a néanmoins un aspect un peu funéraire.

Nous passons au milieu des jardinets qui occupent un emplacement que les plans de 1838 appellent *cour du Muséum* ou *place du Musée.*

La construction des bâtiments qui réunissaient le palais du Louvre et celui des Tuileries était projetée dès le temps du premier Empire ; la Restauration n'y songea pas ; Louis-Philippe demanda vainement aux Chambres, en 1833 et 1843, les fonds nécessaires à l'exécution des travaux. C'est seulement le 25 juin 1851 que Visconti commença l'œuvre ; il la dirigea jusqu'à sa mort arrivée subitement le 28 décembre 1852, et fut remplacé par Lefuel qui la termina en quatre années.

Le bâtiment qui s'étend à notre gauche abrite les services du **ministère des finances** ; celui qui se développe à droite a son entrée par le pavillon Denon et renferme une partie des **musées du Louvre.**

On n'espère pas trouver ici une analyse ni même une nomenclature des richesses artistiques et des curiosités groupées dans ces magnifiques collections : peinture, sculpture, dessin, gravure, antiquités grecques, romaines, assyriennes, égyptiennes, américaines, exposition des diamants de la couronne, salles réservées à un musée de marine, vous trouverez tout cela ici, et suivant vos goûts, compte tenu du temps consacré à la visite, vous pourrez passer une sorte de revue de l'art à tous les âges et dans toutes les civilisations.

Il y a, dans les galeries des musées du Louvre, des œuvres maîtresses dont la réputation est universelle, et que toutes les grandes collections européennes nous envient ; il n'est pas une salle, bondée de visiteurs et de copistes, comme le salon carré, ou solitaire comme la salle Judaïque, qui ne contienne son chef-d'œuvre.

Voici la marche que vous pouvez suivre, nous ne disons pas pour tout admirer, mais pour tout voir.

Au rez-de-chaussée, vous entrez, à droite du vestibule, dans la **Galerie Mollien**, dont le sol est pavé d'une grande *mosaïque* rapportée de Tyr, en 1868, par Renan. Vous parcourez ensuite la **Galerie Denon**, qui lui fait pendant à gauche, et vous avez vu dans la première les marbres, et dans la seconde les bronzes. Traversez ensuite la **Salle des Prisonniers barbares**, où vous verrez *l'Impératrice adorante*, curieuse œuvre où le porphyre oriental se mêle au marbre blanc ; passez dans la salle de la **Rotonde**, admirez ses *voussures* ornées de figures en stuc dues à Michel Anguier, et arrêtez-vous à son centre devant la statue grecque bien connue sous le nom de *Mars* ou *Achille Borghèse*. Ensuite, suivant votre droite, vous pourrez parcourir successivement les **Salles de Mécène**, des **Saisons**, de la **Paix**, de **Septime-Sévère**, des **Antonins**, et vous arriverez à la **Salle d'Auguste**. Le buste de *Mécène* est l'une des pièces les plus remarquables de la première de ces salles ; dans les suivantes, on remarque le bas-relief représentant *Mithras sacrifiant un taureau*, premier monument découvert en ce genre ; une *Rome assise*, statue en porphyre et bronze ayant appartenu au cardinal Mazarin ; enfin, les statues de *Pertinax*, de *Marc-Aurèle*, et de *l'orateur romain*, dit *Germanicus*. Nous ne vous avons cité qu'une œuvre par salle, mais vous en admirerez bien d'autres. Revenez sur vos pas par la gauche, visitez la **Salle 7**, dite de **Phidias** ; celles du **Tibre**, du **Gladiateur** ; les **Salles de Pallas**, de **Melpomène** et de la **Vénus de Milo** ; les **Salles de Psyché**, du **Sarcophage d'Adonis**, de l'**Hermaphrodite de Velletri**, du **Sarcophage de Médée**, viennent ensuite, et par le *corridor de Pan*, vous amènent à la **Salle des Cariatides**. Vous avez visité le **Musée des Antiques**.

Sous le dallage de cette salle des Cariatides où Henri IV célébra son mariage avec Marguerite de Valois, il existe de curieux vestiges du Louvre de Philippe-Auguste et de François Ier ; une vaste salle basse, dite *salle de Philippe-Auguste*, une partie du rempart qui défendait la Seine, des fondations de tours correspondant à celles dont on voit le tracé dans la cour du Louvre, des fragments de carrelage remontant au treizième siècle, etc. Muni d'une permission du conservateur du Louvre, on peut visiter ce souterrain tous les lundis de 1 heure à 4 heures.

Vous voici maintenant dans la cour. A gauche du passage qui conduit au quai, vous trouverez le **Musée de sculpture de la renaissance et du moyen âge**, composé de salles portant les noms de **Jean Goujon**, **Michel-Ange**, **Renaissance italienne**, **Michel Colomb**, du moyen âge, d'**André Beauneveu**. Après la dernière, dite des **Antiquités chrétiennes**, vous vous retrouverez dans la cour et, sous la porte du pavillon oriental, vous verrez l'entrée du **Musée égyptien**; quand vous aurez fait le tour de ses deux galeries, vous visiterez le **Musée chaldéo-assyrien**, le **Musée judaïque** et celui des **Antiquités asiatiques**. Cela vu, vous pourrez entrer à la **Chalcographie** (exposition et vente de gravures), puis vous passerez dans le **Musée de la sculpture française**, dont toutes les salles portent un nom illustre dans l'art français : Salles **Rude**, **Chaudet**, **Houdon**, **Coustou**, **Puget**, **Coysevox**.

Nous allons entrer maintenant dans la partie la plus fréquentée des musées. L'escalier du pavillon de Sully, construit sous Henri II, décoré de son chiffre et orné à la voûte de sculptures de Jean Goujon, va nous conduire sur le palier où s'ouvre la **Salle La Caze**.

Louis La Caze, mort en 1869, était un praticien distingué, qui, vers 1852, renonça à l'exercice de la médecine et consacra sa fortune à l'acquisition des œuvres qui garnissent les murs de cette salle. Il y a là des tableaux de toutes les écoles et particulièrement bon nombre de chefs-d'œuvre de ces charmeurs français du dix-huitième siècle, maîtres longtemps dédaignés et que La Caze a puissamment contribué à replacer à leur rang.

Parmi les œuvres capitales, il faut citer tout d'abord le *Gilles*, de Watteau; le beau groupe de Largillière représentant ce *peintre, sa femme et sa fille*; le *Bénédicité* et le *Château de cartes*, de Chardin; la *Dame au manchon*, de Boucher; le *portrait de l'infante Marie-Louise*, de Velasquez; la *Conversation*, de Lancret; une *tête de jeune fille*, de Greuze; puis des œuvres de Nattier, de Fragonard, de Tocqué, de Le Nain, de Rigaud, de Le Moyne, etc. Des tableaux hollandais et flamands, qui faisaient partie de la collection La Caze, ont, lors du remaniement opéré au mois de mars 1900, été transportés dans les salles nouvellement créées.

Traversons la **Salle Henri II,** on y voit *le Tepidarium,* de Chassériau ; *l'Enterrement à Ornans,* de Courbet ; *l'Exécution à Grenade,* de Henri Regnault, et des œuvres de Decamps, Daubigny, Th. Rousseau, Chintreuil, Brascassat, etc. De cette salle, nous passons dans le **Salon carré ou Salle des Sept Cheminées.** Là triomphe l'École française, là toutes les toiles seraient à citer, depuis la *Justice poursuivant le crime,* de Prudhon, jusqu'à l'*Enterrement d'Atala,* de Girodet ; depuis les *Pestiférés de Jaffa,* de Gros, jusqu'au *Radeau de la Méduse,* de Géricault. Ici encore vous vous arrêterez devant *les Sabines, le Sacre de Napoléon I*er, de David ; devant *l'Enlèvement de Psyché,* de Prudhon ; devant *les Officiers de chasseurs,* de Géricault ; devant des tableaux d'histoire, de Guérin ; des mythologies, de Gérard ; devant le *Bonaparte à Arcole,* de Gros ; et enfin devant une foule de portraits signés Ingres, Prudhon, David, Gérard, Mauzaisse, etc., etc.

C'est à ce dernier artiste qu'est due la décoration de la **Salle des Bijoux,** un plafond représentant *le Temps montrant les ruines qu'il amène et les trésors qu'il laisse découvrir.* Une grande partie des précieux objets exposés ici provient de la collection Campana. Vous y verrez des couronnes magnifiques, des colliers parfois très simples, parfois d'une richesse inouïe, selon leur provenance, des casques, des carquois, des masques, des bagues, des pendants d'oreilles, des épingles à cheveux, des pierres gravées, tout cela d'une haute curiosité soit par la forme, soit par l'origine, soit par la valeur artistique.

La Galerie d'Apollon continue l'éblouissement, mais avec moins de profusion et une gravité plus accentuée. Construite sous Henri IV, incendiée en 1661, refaite alors d'après les dessins de Lebrun, à qui sont dus aussi les cartouches restaurés par Muller, symbolisant *Diane, Morphée,* et *l'Aurore* et *le Triomphe de Neptune,* qu'on voit au-dessus de la fenêtre qui regarde la Seine, cette vaste salle a été en notre siècle décorée par Eugène Delacroix d'un plafond représentant *Apollon vainqueur du serpent Pithon*, qui passe, à juste titre, pour une merveille de l'art moderne, et enrichie des portraits des principaux artistes qui ont travaillé au Louvre, exécutés en tapisseries à la manufacture des Gobelins. De beaux meubles s'appuient aux parois et, dans les vitrines, sont exposées des curiosités provenant de l'ancien mobilier de la couronne et du musée des Souverains.

Après avoir vu, placée sur une table de marbre qui provient du château de Richelieu, *la Chásse de saint Potentien*, un chef-d'œuvre d'orfèvrerie allemande, vous vous arrêterez devant la grande vitrine centrale. Elle contient l'*épée* dite *de Charlemagne*, travail français du douzième siècle qui appartenait autrefois au trésor de l'abbaye de Saint-Denis; la *bague* dite de *saint Louis*, la *couronne* dite de *Charlemagne*, qui servit au sacre de Napoléon Ier; le *miroir* et le *bougeoir* de Marie de Médicis, des éperons, des montres, des broches, l'*épée de Charles X*; et enfin *le Régent*, ce diamant d'une irréprochable pureté pesant 136 carats et estimé 12 millions de francs.

Le **Salon carré** fait suite à la galerie d'Apollon. On a réuni là des chefs-d'œuvre de toutes les écoles et de tous les grands maîtres. Voici les *Noces de Cana*, de Paul Véronèse; l'*Antiope*, du Corrège; la *Mise au tombeau*, du Titien; *Sainte Anne, la Vierge et Saint Jean*, et *la Joconde*, de Léonard de Vinci; l'*Assomption de la Vierge*, de Murillo; *le Ménage du menuisier*, de Rembrandt; *l'Enlèvement de Déjanire*, du Guide; *le Maître d'école*, de Van Ostade : une *tête de vieillard*, d'Albert Durer; un *Saint Basile*, de Herrera; une *Vierge*, du Pérugin, et cent autres qui, tout comme ceux que nous venons de citer, ont une réputation universelle, et nous sont enviés par tous les musées de l'Europe.

A droite s'ouvre la **Salle Duchâtel**, où vous remarquerez de très curieuses fresques de l'école de Luini, achetées à la famille Litta, de Milan, en 1867, et où vous vous arrêterez certainement devant *la Source*, un chef-d'œuvre d'Ingres.

La **Salle des Sept Mètres** est consacrée aux peintres italiens qui furent les précurseurs ou les contemporains de la renaissance ; c'est un assemblage d'œuvres très habilement choisies pour faciliter et rendre intéressante l'étude de l'histoire de l'art. Là triomphent avec des compositions généralement religieuses, rayonnantes de foi sincère, exécutées avec une naïveté pleine de charme et parfois savante déjà, Cimabue, Fra Angelico, Le Pérugin, Andréa Solari, Francesco Bianchi, Giotto, Filippo Lippi, Mantegna, Bellini, Botticelli, etc.

Nous venons de voir la peinture à ses débuts, en entrant dans la **Grande Galerie**, nous allons la contempler dans toute la splendeur de son éclosion. C'est ici que nous saluerons tour à tour *l'Homme au gant, les Disciples d'Emmaüs* et *la Sainte Famille*, du Titien ; *la Belle Ferronnière* et *la Vierge aux rochers*, de Léonard de Vinci ; *l'Homme à la fraise*, de Van Dyck ; le *Jeune Mendiant, le Christ à la colonne, le Miracle de Saint Diégo*, de Murillo ; *l'Adoration des bergers* et *le Christ au tombeau*, de Ribera ; *le Sommeil de l'enfant Jésus*, d'Annibal Carrache ; le *Portrait de jeune homme, la Belle Jardinière*, le *Saint Jean-Baptiste*, de Raphaël ; puis des Caravage, des Guido Reni, des Jules Romain, des Velasquez, des Guardi, des Canaletto ; la *Suzanne au bain*, de Tintoret ; l'*Annonce aux bergers*, de Palma le Vieux ; enfin des tableaux des écoles anglaise et allemande.

A l'extrémité de la grande galerie, sur l'emplacement de la **Salle des États**, créée sous Napoléon III, on a pratiqué, au commencement de 1900, une galerie centrale éclairée par le haut et de chaque côté d'elle huit petites pièces.

Dans la **Galerie centrale**, on a placé les grandes compositions de Rubens, représentant mythologiquement la *Vie de Marie de Médicis*. L'éloge de cette œuvre gigantesque n'est plus à faire ; ce que nous pouvons constater, c'est qu'elle est ici parfaitement éclairée et, par conséquent, appréciable dans toute sa beauté grandiose.

Les salles contiguës renferment des tableaux flamands et hollandais dont quelques-uns, nous l'avons dit, proviennent du legs La Caze. Vous rencontrerez là des Jean Mabuse, des Quentin Matsys, des Holbein ; des *cabarets*, de Téniers ; des *fumeurs*, de Van Ostade ; le *portrait de Charles Ier*, de Van

Dyck ; des *paysages*, de Ruysdaël et de Karel du Jardin ; des *chasses*, de Wouverman ; *la Femme hydropique*, de Gérard Dow ; des Cuyp, des Metzu, des Breughel, des Flinck, des Van de Velde, enfin des œuvres de tous les artistes qui firent la gloire de ces deux grandes écoles.

Les quatre salles suivantes sont les premières réservées à l'Exposition des œuvres de l'École française ; l'une d'elles contient la suite de tableaux représentant la *Vie de saint Bruno*, d'Eustache Lesueur ; une autre des *Vues des ports de France*, par Joseph Vernet ; une dernière, les œuvres des peintres français du dix-septième siècle : Claude Lorrain, Poussin, Rigaud, Lebrun, Sébastien Bourdon, Bon Boullongne, Coypel, etc. La **Salle des portraits des peintres français**, située au centre du pavillon Denon, donne accès à la **Grande Salle française du dix-neuvième siècle**, à l'entrée de laquelle on voit le portrait équestre de *Juan Prim*, de Henri Regnault. Les tableaux exposés ici sont pour la plupart célèbres. Delacroix est représenté par *Dante et Virgile aux Enfers, la Barque de don Juan, les Massacres de Scio, l'Entrée des croisés à Constantinople;* Ingres, par *Homère* et le *Portrait de Chérubini ;* David, par le *Portrait de Mme Récamier;* Gros, par *la Bataille d'Eylau ;* Léopold Robert, par *les Moissonneurs;* Delaroche, par *la Mort d'Élisabeth;* Horace Vernet, par *la Barrière de Clichy ;* Couture, par *les Romains de la décadence ;* puis ce sont, de-ci de-là, des Gleyre, des Ary Scheffer, des Fromentin, des Flandrin, des Couder, et, pour finir par un chef-d'œuvre, un Millet, *les Glaneuses*.

Traversant une fois encore la **Salle des portraits**, nous entrons dans la **Galerie Daru**. Ici nous sommes transportés dans cet élégant dix-huitième siècle où tout est souriant et gracieux, où les peintres s'appellent Watteau, Boucher, Tocqué, Van Loo, Natoire, Lagrenée, Greuze, etc.

Outre le **Musée des dessins** qui occupe quatorze salles, vous pourrez, mais ceci intéresse les spécialistes, visiter les **Musées des céramiques antiques**, puis celui des *Antiquités égyptiennes, du moyen âge et de la renaissance*, la riche collection *His de la Salle* et enfin le *Musée Thiers*, dont les plus remarquables pièces sont deux bas-reliefs en terre cuite représentant des figures d'anges dues au Verrocchio.

Au second étage est le **Musée de la marine**, où l'on conserve de curieuses épaves du naufrage de *la Pérouse* et des modèles de bâtiments français et étrangers de toutes les époques.

Tout en faisant cette longue excursion au pays de l'art, vos yeux ont plongé souvent sur la cour du Louvre; vous avez remarqué sur son sol le tracé qui indique la conformation de l'ancien château.

S'il faut en croire les annalistes, un rendez-vous de chasse connu sous le nom de *Castellum de Lupara* existait en cet endroit, alors qu'il n'était encore qu'un bois voisin du Paris naissant; quand l'enceinte de Philippe-Auguste se construisit, le château, se trouvant sur sa limite, devint forteresse; une grosse et puissante tour s'éleva, elle renferma le Trésor royal et celui des chartes, puis reçut aussi des prisonniers d'État. Ferrand, comte de Flandre, vaincu à Bouvines, y fut incarcéré.

Quand, au quatorzième siècle, Paris s'agrandit de nouveau; quand Charles V et sa femme résidèrent souvent au Louvre, celui-ci, sans cesser d'être forteresse, devint palais. Les tours de l'Horloge, de la Librairie, une dizaine d'autres encore, se groupèrent autour de la grosse tour et piquèrent l'air de leurs toits aigus surmontés de girouettes dorées; dans les étages qui s'ajoutèrent aux constructions existantes, on créa de magnifiques appartements. Un des salons, dit *salon des Joyaux*, était une sorte de fastueuse exposition où l'on pouvait voir 56 émeraudes, 79 saphirs, plus de 1 200 grosses perles, environ 180 rubis, 226 diamants et plus de 700 kilogrammes d'or ouvré.

Bien que François Ier ait logé Charles-Quint au Louvre, il avait peu d'admiration pour ce logis féodal et massif; le constructeur de Chambord voulait que Paris possédât un palais élégant, il fit démolir les vieux bâtiments et, en 1529, l'Italien Sébastien Serlic en commença de nouveaux d'après les plans de Pierre Lescot. Le grand architecte n'a pas achevé son œuvre; mais, si vous voulez en apprécier le beau caractère, si vous voulez voir avec quelle intelligence le grand sculpteur Jean Goujon a collaboré avec lui, vous n'avez, étant dans la cour, qu'à jeter les yeux sur sa partie sud-ouest, c'est un des plus purs et des plus beaux spécimens de l'art de bâtir au temps de la renaissance française. Henri II fit élever une aile nouvelle, celle qui regarde la Seine et qui fut nommée le *logis de la Reine*, Catherine de Médicis en ayant fait son habitation. François II, Charles IX, Henri III et Henri IV logèrent au Louvre; ce dernier fut rapporté mourant dans cette salle des Cariatides où son premier mariage avait été célébré. Louis XIII fit presque achever la cour par Lemercier. Ce grand artiste en doubla les dimensions et, respectant l'œuvre de Pierre Lescot, il la répéta et créa les quatre pavillons qui occupent le centre de chaque aile ; il ne termina complètement que le pavillon de l'Horloge. Louis XIV posa, le 17 octobre 1665, la première pierre de la façade orientale. Une heureuse inspiration avait alors transformé le médecin Claude Perrault en architecte et il avait donné les plans de la colonnade, œuvre fort belle réellement ; elle a immortalisé son nom et fut terminée en cinq années. Par malheur, en ce temps Louis XIV, tout occupé de Versailles, ne trouva plus d'argent pour le Louvre, et Perrault mourut en 1688, sans avoir pu achever le raccordement de son œuvre avec celles de ses prédécesseurs.

Pendant de longues années alors, les travaux furent abandonnés ; des constructions particulières s'élevèrent sur les espaces vides, des écuries et des remises envahirent les rez-de-chaussée, des gens de cour et des artistes se logèrent dans les appartements.

En 1754, Gabriel reprit les travaux sur l'ordre de Marigny, intendant des beaux-arts ; puis, plus tard, Louis XVI fit élever par Brébion le vestibule qui regarde la Seine ; mais bientôt le temps ne fut plus aux travaux d'art, et le Louvre fut une fois encore abandonné aux parasites.

La création des Musées nationaux mit fin à ce déplorable état de choses. Raymond, Percier et Fontaine furent chargés de l'aménagement des salles, et l'Empire enfin termina le Louvre proprement dit ; plus tard, il fut soudé au château des Tuileries, brûlé en 1871.

Au pied du Louvre s'étendent des parterres gazonnés et fleuris. L'un est le jardin de la Colonnade ; l'autre, séparé en deux parties par l'entrée qui fait face au pont des Arts, est le jardin de l'Infante (1). Vous y verrez la statue équestre de Velasquez, œuvre de Frémiet, de gracieux monuments élevés à la mémoire de Boucher et de Raffet, ayant pour auteurs, l'un, Frémiet, l'autre, Boucher, et enfin la statue du peintre Meissonier, mort à Paris en 1891, par Mercié.

(1) Il porte ce nom en mémoire de Marie-Anne-Victoire d'Espagne, fiancée en 1721 à Louis XV, qui, pendant son séjour à Paris, habita les appartements occupés par le Musée des Antiques.

LA CITÉ VUE DE LA BERGE DU PONT DES ARTS.

DESSIN DE N. GŒNEUTTE,

L'Eau.

Vous avez eu le temps de vous en convaincre déjà, l'eau ne manque pas à Paris ; vous avez pu remarquer quelques-unes des fontaines monumentales et des bassins ornés de jets d'eau qui décorent ses places et les égayent. Dans des quartiers moins élégants, vous verrez des fontaines de plus modeste aspect, mais non moins utiles, qui facilitent les approvisionnements des ménagères et offrent constamment au passant altéré un filet de frais liquide. Vous avez vu l'eau jaillir aussi des tonneaux d'arrosage, abattant la poussière, lavant les ruisseaux et courant rapide vers les égouts.

Élément indispensable d'hygiène et de propreté concourant puissamment à la décoration de la ville, l'eau, comme toute chose à Paris, a son histoire, et les progrès que le temps a su faire accomplir à sa distribution sont assez intéressants à connaître.

Les premiers travaux accomplis pour alimenter la Ville sont, sur la rive gauche, l'aqueduc d'Arcueil, construit entre les années 355 et 360 après Jésus-Christ, détruit par les Normands au neuvième siècle et rebâti au milieu du seizième ; sur la rive droite, les aqueducs des Prés-Saint-Gervais et de Belleville, créés, le premier par les moines de Saint-Laurent, le second par ceux de Saint-Martin et qui, aux douzième et treizième siècles, alimentaient dans Paris quelques rares fontaines publiques, notamment la fontaine Maubuée et celle des Innocents, dont la fondation remonte pour la première à l'an 1180, et pour la seconde à l'an 1222.

En ce temps, les concessions d'eau n'existaient pas encore ; la première dont il soit fait mention a été accordée par Louis IX à la communauté des Filles-Dieu en 1265, mais elle fut suivie d'un si grand nombre d'autres, et tant de tuyaux se branchèrent sur les principales conduites, que l'eau cessa d'arriver aux fontaines publiques. Charles VI, ému par la *grant clameur* que cet état de choses excita, rendit, le 9 octobre 1392, un édit, malheureusement trop long pour être transcrit ici, qui témoigne que le roi avait très réel souci du bien-être des Parisiens (1) et tenait à ce que les eaux qui leur étaient soustraites leur fussent restituées.

Malheureusement, les événements, les guerres civiles et l'occupation anglaise, rendirent à peu près nul le bon vouloir du roi ; un demi-siècle s'écoula sans que de sensibles améliorations s'accomplissent, mais de 1461 à 1515, sous Louis XI et Louis XII, les progrès furent appréciables ; les fontaines Sainte-Avoye, de la Barre du Bec, Baudoyer, Saint-Julien, de la rue Salle-au-Comte ou de Marle, nom du chancelier de France qui la fit construire, s'alimentèrent à l'aqueduc des Prés-Saint-Gervais, celles des cultures Saint-Martin, des Filles-Dieu, de Saint-Lazare et du Temple puisèrent leurs eaux à l'aqueduc de Belleville.

Au seizième siècle, deux fontaines publiques furent érigées à Paris, l'une en 1529 à la croix du Trahoir (c'est aujourd'hui la fontaine de l'Arbre-Sec), l'autre en 1576 rue Saint-Antoine, en face Sainte-Catherine du Val-des-Écoliers (c'est la fontaine de Birague). Dès ce temps, la question de l'eau préoccupait fort les édiles parisiens. Pierre Lescot, Antoine Le Visle et Guillaume Budé, prévôts des marchands de 1518 à 1523, préconisèrent et poursuivirent sans succès immédiat l'idée d'amener les eaux de l'Ourcq à Paris.

Sous Henri III, les concessions particulières ayant recommencé à être accordées, le Béarnais, quand il entra dans sa bonne ville, la trouva mal fournie d'eau ; il songea bien un peu, dit-on, au projet des anciens prévôts, mais son exécution lui parut difficile et coûteuse ; néanmoins, le service des eaux lui doit de grandes améliorations. Dès l'an 1602, toutes les conduites étaient réparées ; en 1606, François Myron dota l'île de la Cité de sa première fontaine. Elle s'élevait sur l'emplacement de la pyramide commémorative de l'attentat de Jean Chastel et s'appela d'abord *fontaine du Palais;* transférée peu après dans la cour méridionale du Palais de Justice, elle prit le nom de *fontaine Sainte-Anne*. Elle était alimentée par l'aqueduc des prés Saint-Gervais et ses conduites passaient sous le pavé du pont au Change.

C'est vers cette époque aussi (de 1603 à 1608) que le Flamand Jean Lintlaer construisit les pompes de la Samaritaine.

Les quartiers de la rive gauche, jusqu'alors privés de fontaines,

(1) Les frères Lazare, *Dictionnaire des rues et des monuments de Paris*, ont donné le texte complet de cet édit.

doivent à Marie de Médicis d'en être abondamment pourvues. Elle fit amener à Paris les eaux de Rungis, utilisa le vieil aqueduc d'Arcueil, et quand ces grands travaux furent achevés, Paris posséda trente fontaines publiques (1). La fontaine dite *de Médicis*, construite sur les dessins de Salomon Debrosse, est de ce temps.

Louis XIV, qui fit commencer les travaux de l'Ourcq et édifier une pompe sur le pont Notre-Dame, multiplia les fontaines dans tous les quartiers de la ville.

Passons rapidement sur les temps qui suivirent et constatons la création des fontaines des Haudriettes en 1656, Louis-le-Grand (d'Antin) en 1707, Desmarets (carrefour des rues Feydeau et Montmartre) en 1713, Palatine en 1716, Chaudron en 1718, et enfin, en 1746, de la belle fontaine de la rue de Grenelle, chef-d'œuvre de Bouchardon, etc., etc.

Au premier Empire, Paris doit les fontaines du Palmier (place du Châtelet), Desaix (place Dauphine), de l'Egyptien (rue de Sèvres). La Restauration n'a guère à son actif que la fontaine du Château-d'Eau, maintenant transportée aux abattoirs de la Villette. Le règne de Louis-Philippe fut plus productif; on lui doit le forage du puits artésien de Grenelle, l'érection des fontaines de la place de la Concorde (1837), Cuvier (1840), Notre-Dame (1843), Louvois (1844), Molière, remplaçant la fontaine Richelieu (1844), Saint-Sulpice (réédification, 1847), et enfin d'un grand nombre de ces *bornes-fontaines*, qui pour la plupart sont aujourd'hui disparues.

La République de 1848 vit édifier, par une association d'ouvriers en bronze, les fontaines qui décorent la rue du Faubourg-Saint-Martin dans toute sa longueur.

Quand, sous le second Empire, la réorganisation du service des eaux fut résolue par le baron Haussmann, l'ingénieur Belgrand, placé à la tête des travaux, préconisa et réussit à faire adopter le système de la double canalisation; il affecta les anciennes eaux au service public et les eaux de la Dhuys et de la Vanne au service privé.

La dérivation de la première de ces rivières fut exécutée de 1863 à 1865; celle de la Vanne, commencée en 1868, ne fut entièrement achevée qu'en 1874; les événements avaient interrompu les travaux. Mais, pendant ce temps, on construisit les

____

(1) Chiffre constaté en un état dressé en 1650 par Antoine Le Febvre, prévôt des marchands.

réservoirs de Ménilmontant, de Montsouris, de Gentilly, de Charonne, ou installa les usines d'Austerlitz, de Saint-Maur et de
Trilbardou (Seine-et-Marne), enfin le puits artésien de Passy fut
creusé.

En 1872, sir Richard Wallace fit don à la Ville d'une centaine
de fontaines. Ces petits édicules sont placés dans les endroits les
plus passants de Paris ; ils laissent constamment couler un filet
d'eau claire et les services qu'ils rendent sont très appréciés par
la population pauvre.

Belgrand mourut en 1878 ; il eut Alphand pour successeur.
On fit alors l'acquisition de nouvelles sources, l'aqueduc de l'Avre
fut construit, un autre aqueduc nous amène les eaux du Lu-
nain ; un autre amènera encore, plus tard, celles de la Voulzie,
la jolie rivière provinoise.

L'eau potable provenant des sources nous arrive par des conduites où le jour ne pénètre pas et où la température demeure à
peu près invariable.

Dans ces dernières années, on a construit le réservoir de
Montmartre et l'usine de la place Saint-Pierre, on a foré le puits
Hébert, à la Chapelle, et celui de la Butte-aux-Cailles, à la Gla-
cière. Paris reçoit journellement 718 000 mètres cubes d'eau,
soit, pour une population qui dépasse 2 millions et demi d'habitants, 287 litres par personne, dont un tiers environ d'eau
potable.

QUATRIÈME JOURNÉE

En regard de la colonnade, au fond de la place du Louvre,
une haute tour s'élève entre deux monuments aux façades
à peu près semblables, cette tour est le beffroi de Saint-
Germain l'Auxerrois; le bâtiment de gauche est la mairie
du premier arrondissement; l'édifice de droite, la jolie
église Saint-Germain l'Auxerrois, une de celles que les Parisiens affectionnent le plus.

Bon nombre d'historiens font remonter l'origine de l'église Saint-
Germain-l'Auxerrois au cinquième siècle, d'autres la rajeunissent
d'une centaine d'années et attribuent sa fondation au roi Chilpéric I⁰ʳ.
Ce qui demeure certain, c'est qu'elle existait au temps de Charlemagne. Bâtie alors en forme de rotonde, on l'appelait Saint-Germain
le Rond; elle était enfermée dans un cloître où se tenait une école
(c'est à cette circonstance qu'une place voisine doit son nom). Pillée
par les Normands en 886, ainsi que le bourg groupé près d'elle, elle
leur servit de cantonnement et fut par eux entourée de fossés; plus
tard, elle fut rebâtie sous Robert le Pieux.

Rien ne subsiste des constructions de ce temps; les plus anciennes parties de l'édifice ne remontent pas au delà du treizième
siècle. Si l'ensemble demeure remarquable par son beau caractère,
les détails sont de ceux devant lesquels aucun appréciateur d'œuvres
architecturales ne saurait passer indifférent. La façade avec son
comble aigu, ses galeries, sa rose, son avant-porche d'une si gracieuse originalité, est d'un aspect fort séduisant; cet avant-porche
a été construit de 1435 à 1439 par Jean Gaussel, un de ces merveilleux artistes qui, en ce temps, ne prenaient d'autre titre que celui
de *massons* ou *tailleurs de pierre*. Le chœur fut reconstruit au milieu du quinzième siècle, et les dernières chapelles de la nef et du
chevet environ cent ans plus tard. A cette dernière époque encore,

Pierre Lescot et Jean Goujon enrichirent le chœur d'un magnifique jubé, qui disparut vers 1750, quand Baccarit mutila l'église sous le prétexte de la mettre au *goût du jour*.

Saint-Germain l'Auxerrois fut paroisse royale depuis le temps de Philippe-Auguste jusqu'à 1792 et, en ce siècle, sous le règne de Louis-Philippe. On y célébrait, en février 1831, une messe pour le repos de l'âme du duc de Berry ; une bande de vandales envahit l'église et la saccagea. Sa restauration, habilement accomplie, fut confiée aux architectes Lassus et Baltard et terminée en 1838. Quant aux belles fresques du porche, que l'humidité dégrade de si déplorable façon, elles sont l'œuvre de M. Mottez.

A l'intérieur, vous remarquerez les belles proportions de la nef lumineuse et vous vous arrêterez devant le banc d'œuvre ; c'est un des plus beaux qu'on puisse voir à Paris ; le dessin en a été fourni par Le Brun en 1684 et exécuté par un menuisier nommé François Mercier. La grille du chœur, chef-d'œuvre de serrurerie, a été forgée, en 1767, par Dumiez.

Plusieurs chapelles méritent d'être visitées ; celle des Catéchismes, celle de la Vierge, celle du Tombeau ; la première pour son retable en pierre, peint et doré, dessiné par Lassus, dans le goût du seizième siècle ; la seconde pour son autel et aussi pour *la Vierge adorée par les anges*, beau tableau de Landelle ; la troisième pour sa décoration originale due à M. Couderc.

A droite, auprès de la porte qui débouche sur la rue des Prêtres, vous verrez un bénitier à trois faces surmonté d'un groupe d'enfants de poses et de physionomies infiniment gracieuses ; il a été sculpté par Jouffroy d'après les dessins de Mme de Lamartine.

Parmi les autres œuvres d'art que l'église renferme, nous vous signalerons une *Cérémonie d'investiture*, de Sébastien Bourdon, chapelle Sainte-Clotilde ; la décoration de la chapelle Sainte-Geneviève, de Jean Gigoux ; *le Christ remettant les clefs à saint Pierre*, œuvre de l'école italienne, etc.

De belles verrières garnissent les fenêtres de l'église ; celles des roses du transept sont des quinzième et seizième siècles.

Visitez aussi la salle du Trésor (au-dessus de la travée latérale droite du porche); elle a conservé son pavage et son mobilier du vieux temps.

Le **beffroi**, assez élégant mais d'une contestable utilité, qui s'élève à gauche de l'église, a été construit par Ballu en 1860; il a 40 mètres de hauteur, sa partie supérieure, décorée extérieurement de statues, renferme un carillon qui joue trois airs et a été installé au mois de mai 1898.

Pourquoi Hittorff, un artiste qui ne manquait pas d'imagination, a-t-il imité le style de l'église en construisant près d'elle la **mairie du premier arrondissement**? Le parallélisme des deux monuments n'en imposait pas la ressemblance et l'on comprend peu qu'un édifice municipal affecte l'aspect d'un monument religieux; cela dit, nous ne manquerons pas de constater que la mairie est ornée de belles œuvres. Millet, Travoux et Crauk ont signé les statues de *la Justice*, de *la Bienfaisance* et de *la Loi* qui décorent l'extérieur. Au dedans, la salle des mariages, éclairée par la rose de la façade, est décorée de belles cariatides de Klagmann et de vibrantes peintures de Besnard symbolisant *le Printemps*, *l'Été* et *l'Hiver de la vie*.

Dirigeons-nous vers le nord et montons la rue du Louvre.

A gauche, en traversant la rue de Rivoli, nous apercevons le **temple de l'Oratoire** et, à son chevet, sous les arcades, le **monument de Coligny**. Ce dernier, conçu dans le goût de la renaissance, est une œuvre élégante et de belle allure autour de laquelle on souhaiterait plus d'espace. Son auteur, M. Crauk, a représenté l'amiral debout entre les figures de *la Patrie* et de *la Religion*, l'une tenant une couronne d'immortelles, l'autre la palme du martyre. La partie architecturale est de M. Scellier.

Le temple de l'Oratoire, auquel s'appuie le monument, est affecté depuis 1811 au culte protestant; sa principale entrée est rue Saint-Honoré.

Le temple était originairement l'église d'un couvent d'oratoriens, que M. de Bérulle fonda en 1611 dans l'hôtel du Petit-Bourbon, au faubourg Saint-Jacques (sur une partie de l'emplacement maintenant occupé par le Val-de-Grâce). Quelques années plus tard, la congrégation acheta, à la duchesse de Guise, l'hôtel du Bouchage qui, bâti

par le duc de Joyeuse, avait appartenu à la belle Gabrielle, et, le
22 septembre 1621, fit solennellement poser la première pierre de
l'église. Métezeau, Jacques Lemercier et Caquier conduisirent les
travaux, qui furent terminés en 1630.

Si vous visitez l'église, froide et nue au dedans comme
tous les temples protestants, mais de majestueux aspect
quand même, ne manquez pas de vous faire ouvrir la sacristie des mariages, ancienne salle capitulaire ; elle a été
construite au dix-septième siècle et les inscriptions murales
qui la décorent sont très curieuses au point de vue de l'histoire religieuse.

Suivez la rue Jean-Jacques-Rousseau, qui fait face à l'Oratoire ; laissez à votre gauche le passage Véro-Dodat, galerie
construite en 1826, très animée jadis, à peu près délaissée
aujourd'hui, comme la plupart de nos passages, et vous arriverez promptement à une sorte de carrefour au fond duquel
vous verrez la blanche construction circulaire de la **Bourse
du commerce**.

La porte principale, qui donne sur la rue du Louvre, est
surmontée d'un beau groupe de Croisy représentant *la Ville
de Paris protégeant les arts et l'industrie.* Franchissez cette
porte, et, par les deux baies en tiers-point qui terminent le
vestibule, vous apercevrez le hall circulaire dallé en mosaïque qui n'a pas moins de 1300 mètres de superficie. Deux
étages de fenêtres donnent à l'intérieur et sont surmontés
par la coupole vitrée d'un effet très original. La calotte qui
soutient cette coupole est décorée de peintures signées
Mazerolle, Clairin, Laugée, Lucas et Luminais.

La Bourse du commerce s'élève sur l'emplacement de l'hôtel de
Soissons, que Catherine de Médicis fit bâtir en 1572 et qui, en 1763,
fut converti en Halle aux blés. M. Blondel, architecte du nouvel
édifice, a conservé la rotonde du précédent, en la surmontant d'un
attique avec couronnement de balustres et d'une toiture en mansardes avec lucarnes en pierre.

La **colonne astronomique** de Jean Bullant, classée au
nombre des monuments historiques, reste debout sur le flanc
de l'édifice ; elle est décorée à son sommet d'un cadran so-

laire dont l'installation présentait de grandes difficultés vu la forme cylindrique de la colonne ; le chanoine Pingré, astronome, sut les vaincre toutes. Le cadran indique l'heure précise à chaque instant du jour et dans toute saison. Une fontaine publique est placée au bas de la colonne.

Plus loin, à gauche, vous verrez la **Caisse d'épargne**, installée dans un bel hôtel que Thoinard de Vougy, fermier général, avait fait construire en 1730, et, vis-à-vis d'elle, le coquet **hôtel des Téléphones**, construction due à l'architecte Boussard et dont l'originalité consiste principalement dans l'emploi de la céramique pour la décoration des façades ; celles-ci sont appareillées en briques bleuâtres et vernissées, les baies sont encadrées de terre cuite.

Nous voici maintenant devant l'**hôtel des Postes**, construit par Jules Guadet et inauguré en 1888. Il occupe tout l'espace compris entre les rues du Louvre, Étienne-Marcel, Jean-Jacques-Rousseau et Gutenberg (cette dernière, déclassée, n'est plus en quelque sorte qu'une cour de service).

Le grand hall de l'hôtel des Postes, pièce immense, lumineuse, où, grâce à la suppression des grillages, employés et public sont en communication directe, est le type parfait de la salle administrative où tout, achat de timbres, affranchissement, chargement, confection de mandats et même correspondance, peut se faire vite et commodément.

Sur l'emplacement de l'hôtel des Postes, du côté de la rue Jean-Jacques-Rousseau, s'élevait jadis l'hôtel d'Hervart où mourut, le 13 avril 1665, notre grand fabuliste Jean de La Fontaine.

Jetant nos yeux vers la gauche, nous apercevrons jaillissant dans l'air, au milieu d'un vaste espace circulaire, la silhouette noire d'une statue équestre. C'est la **statue de Louis XIV**. L'œuvre est de Bosio. On peut regretter que les proportions du cheval soient exagérées et ses formes lourdes, on peut critiquer le costume d'empereur romain coiffé d'une perruque porté par le cavalier, mais on doit reconnaître que, vue de loin — et la place termine plusieurs perspectives — la statue est d'un effet très décoratif. La place dont elle occupe le centre est la **place des Victoires**.

L'histoire de l'une est intimement mêlée à celle de l'autre ; nous allons les esquisser toutes deux. La place était occupée autrefois par l'hôtel de la Ferté-Sénectère, qui fut démoli en 1685 et sur le terrain duquel le vicomte d'Aubusson, duc de La Feuillade, grand admirateur de Louis XIV, fit tracer cette circonférence ; d'après les dessins de Mansart, l'architecte Prédot entoura la place de ces constructions similaires dont la belle ordonnance et l'aristocratique allure disparaissent aujourd'hui sous la multiplicité des enseignes commerciales.

Au milieu, dès le 18 mars 1686, La Feuillade inaugura une statue du roi en costume du sacre et couronné par la Victoire ; ce groupe lourd, entièrement doré, était supporté par un piédestal aux angles duquel quatre esclaves en bronze gémissaient enchaînés ; ils sont maintenant à l'hôtel des Invalides. La statue fut démolie en septembre 1792, et la place devint *place de la Victoire Nationale*. A son centre se succédèrent plusieurs monuments dont la durée fut éphémère : une pyramide élevée à la gloire des victimes de la journée du 10 août 1792, un monument dédié à Kléber et à Desaix, une statue de ce dernier par Dejoux et, enfin, en 1815, la statue équestre que nous voyons.

Si de grandes rues commencent ou finissent à la place des Victoires, si celle-ci demeure de magistral aspect, il est probable qu'au dix-septième siècle ses abords laissaient quelque peu à désirer sous le rapport de la sécurité ; car voici à l'est une petite voie qui porte le nom peu rassurant de *Vide-Gousset*. Entrez-y sans crainte néanmoins ; elle vous conduira à la place des Petits-Pères, dont l'irrégularité et le rustique caractère forment un frappant contraste avec celle que vous quittez. C'est là cour de l'ancien couvent des augustins déchaussés, qui, grâce à une boutade de Henri IV, sont plus connus sous le nom de *petits pères ;* la communauté s'établit en 1609 et fit, vingt ans plus tard, construire l'église dont vous avez devant les yeux la jolie façade et que Louis XIII, en en posant la première pierre, plaça sous l'invocation de Notre-Dame des Victoires. Les travaux marchèrent lentement et ne furent achevés qu'en 1740 par l'édification du portail exécuté sur les dessins de Cartaud (1).

(1) Les constructions primitives sont de Galipin ; des modifications importantes ont été apportées au plan primitif, vers 1656, par Le Muet et Libéral Bruant.

L'**église Notre-Dame des Victoires**, avec son vaste chœur et sa nef exiguë, est le type parfait des monuments réservés au service unique d'une congrégation ; elle est aujourd'hui le centre de la dévotion à l'Immaculée Conception ; aussi ses parois et ses piliers sont-ils littéralement couverts de plaques de marbre blanc portant des inscriptions en lettres rouges ; ces *ex-voto* lui donnent un caractère original que vous ne rencontrerez ailleurs que dans quelques chapelles *privilégiées*.

Faites le tour de l'église et vous reconnaîtrez qu'elle est riche en œuvres d'art. Voici d'abord dans la chapelle de Saint-Jean l'Évangéliste, le *tombeau de Lulli*, œuvre bien conçue de Michel Cotton, que surmonte le buste du musicien sculpté par Coysevox ; dans la chapelle Saint-Joseph, voici la sépulture, très remarquable, de Jean Vassal, secrétaire de Louis XIV ; c'est une œuvre de Gois. La chapelle Saint-Augustin, que ferme une belle grille en cuivre et fer forgé, est ornée de tableaux de Pascalini. Celle de la Vierge contient deux compositions de Muller, et parmi les quinze lampes de vermeil et d'argent qui l'éclairent, il en est une qui fut donnée par l'impératrice Eugénie. Le chœur est garni d'une boiserie curieuse faite au dix-huitième siècle par Bardou. Plusieurs tableaux de Carle Van Loo, et non des moindres dans l'œuvre du maître, reproduisent les principaux épisodes de la vie de saint Augustin.

Le **couvent des Petits Pères**, fort grand, s'étendait jusque vers la place de la Bourse actuelle ; les rues de la Banque et Paul-Lelong ont été tracées sur son territoire. Dans la première de ces voies que vous pourrez atteindre par le passage des Petits-Pères, vous verrez la **mairie du deuxième arrondissement** ; construite à la fin du règne de Louis-Philippe par Alph. Girard, elle est, au point de vue architectural, peu digne des beaux quartiers qu'elle dessert. La salle des mariages mérite pourtant une visite, grâce aux peintures de Moreau de Tours qui la décorent.

Auprès de la mairie, et l'écrasant de son aspect à la fois élégant et sévère, s'élève la **caserne de la Banque** ; commencée en 1846 par Paul Lelong, achevée en 1850 par Grisart, elle est conçue dans le style Louis XIII. La pierre et la brique alternent sur sa façade décorée de statues symbolisant *la Prudence, la Force, la Vigilance et l'Ordre public*; elle présente un corps de logis central percé de larges portes et flanqué d'avant-corps. Au fond de la cour, un escalier monumental conduit aux logis propres et sains réservés aux gardes de Paris qui l'habitent.

Vis-à-vis de ces deux bâtiments, **l'hôtel de l'Enregistrement et du Timbre** développe sa large façade; sa construction a été commencée par Paul Lelong et terminée par Baltard. Le tympan de la porte est orné de sculptures de Jacquemard; au-dessous, deux médaillons signés Oudiné représentent *la Loi et la Sécurité*.

La direction de l'enregistrement et du timbre occupe les bâtiments du nord; celle des domaines, ceux du sud.

La rue de la Banque nous ramène à celle des Petits-Champs, vis-à-vis l'angle nord de **l'hôtel de la Banque de France**.

Ce grand établissement, constitué par les lois des 14 avril 1803 et 22 avril 1806, couvre, entre les rues de la Vrillière, Croix-des-Petits-Champs, Baillif et Radziwill, une superficie d'environ 10 000 mètres. Sa plus ancienne partie, celle dont l'entrée est en regard de la rue Catinat, celle où les services, quittant l'hôtel Massiac (place des Victoires, à l'angle de la rue d'Aboukir), s'installèrent en 1812, est un hôtel bâti en 1620 par François Mansart pour le conseiller d'État Raymond Phélipeaux de la Vrillière. Vendu en 1701 à M. Rouillé, il devint, douze ans plus tard, la propriété du comte de Toulouse. Avant la Révolution, il fut habité par le duc de Penthièvre et la duchesse de Lamballe. Quand il fut devenu propriété nationale, on y installa les ateliers de l'*Imprimerie de la République;* ils y restèrent depuis le mois d'octobre 1794 jusqu'au mois de mars 1808.

Les terrains sur lesquels s'élève le bâtiment de la rue Croix-des-Petits-Champs ne faisaient point partie de l'hôtel de Toulouse. La Banque, qui les avait acquis dès 1812, les laissa sans emploi jusqu'en 1818; à cette époque, elle y installa la Caisse d'épargne et fit les frais de son premier établissement. Celle-ci s'était, depuis longtemps, transportée rue Coq-Héron quand, en 1853, sous la direction de Gabriel Crétin, les monumentales constructions que vous voyez furent élevées.

Outre les nombreux bureaux nécessaires à ses multiples services, la Banque possède les appartements de son régent, un atelier de gravure, l'imprimerie où se tirent ses billets et des caves magnifiques faciles à inonder instantanément en cas d'incendie.

La rue Baillif débouche dans la paisible rue de Valois, où abondent, d'un côté, les restaurants à prix modestes et où s'ouvrent, de l'autre, une foule de couloirs conduisant à la galerie de Valois qui borde un côté du **jardin du Palais-Royal.**

Galeries et jardin sont bien déchus de leur vogue et de leur splendeur passées, la solitude s'est faite où régna longtemps l'animation; le silence a succédé au bruit. Une des galeries, la plus belle, la galerie d'Orléans, est devenue déserte; le jardin, jadis fréquenté par les oisifs, n'est plus que traversé par les indifférents.

Cette tranquillité n'est pas faite pour nous déplaire, elle nous permet de goûter tout le charme de ce jardin rectangulaire, bien tracé, bien planté, orné au centre d'un large bassin. En paix, nous pouvons admirer à l'aise les statues et les groupes qui décorent ses parterres, tout en voyant à travers les arcades rutiler les pierreries et briller l'or dans les étalages de ses bijoutiers.

Dans le parterre qui s'étend devant nous, nous remarquons *le Pâtre et la Chèvre*, beau groupe de marbre signé Lemoyne; un *Jeune Baigneur*, d'Esparcieux, et une statue de *Diane* d'après l'antique.

Avant de continuer notre promenade, nous allons vous signaler, à l'angle des galeries de Montpensier et de Beaujolais, le **théâtre du Palais-Royal.** Ce n'est pas un monument curieux, mais une petite scène à qui le succès est depuis longtemps resté fidèle et dont le foyer mérite d'être vu pour les peintures à fresques, d'Émile Bayard, dont ses murs sont ornés.

L'éminent artiste a réuni en deux groupes, pittoresquement composés, l'ancienne et la nouvelle troupe du théâtre, depuis la grotesque Thierret jusqu'à la fine Déjazet, depuis le gros Lhéritier jusqu'au mince Levassor, depuis Mlle Mars dans *les Époux mécontents* (1789), jusqu'à Céline Montaland dans *la Fille mal gardée* (1850), depuis... mais il y en a cinquante autres!...

Rentrant dans le jardin, nous jetons un coup d'œil sur le parterre sud ; il est décoré du *Messager d'amour*, marbre de Thabard, d'une *Eurydice mourante*, bronze de Nanteuil, derrière laquelle est placée la petite borne qui supporte le canon qui part à midi quand il fait beau soleil.

Nous avons trouvé un théâtre bouffon au nord de la galerie Montpensier, nous trouvons la première de nos scènes au midi : la **Comédie française**. Ceci est mieux qu'un théâtre, c'est une institution et l'une de celles dont Paris et la France sont le plus justement fiers ; nous en parlerons tout à l'heure.

Pour l'instant, nous traversons la galerie d'Orléans, la cour intérieure où sont installées en sous-sol et cachées par des touffes de verdure les machines qui fournissent l'électricité aux deux théâtres et à quelques établissements particuliers, et nous nous trouvons dans la grande cour devant la façade du palais.

C'est de 1629 à 1636 et pour le cardinal de Richelieu que l'architecte Lemercier construisit, sur l'emplacement des hôtels de Mercœur et de Rambouillet, ce palais qui tout d'abord s'appela *palais Cardinal* et que son possesseur, en mourant, légua au roi Louis XIII. Louis XIV enfant l'habita avec sa mère et le cardinal Mazarin, et, en 1661, le donna à son frère le duc d'Orléans. Vers la même époque, Molière et sa troupe s'installèrent dans la salle de spectacle que Richelieu avait fait construire et dont, rue Saint-Honoré, l'angle de la rue de Valois occupe la place. Cette salle, où Lulli transporta l'Opéra quatre mois après la mort du grand comique, fut incendiée en 1763, et le sinistre compromit assez le palais pour qu'une reconstruction s'imposât. L'architecte Moreau fut chargé de ce travail et, vous le voyez, l'exécuta en artiste de grand goût. C'est à lui qu'on doit cette belle entrée à trois portes, reliée, par des arcades à jour, aux pavillons terminant les ailes, la décoration dorique et ionique de la première cour et le beau vestibule à trois arcades qui la met en communication avec la cour d'honneur. La salle de l'Opéra qu'il avait reconstruite brûla de nouveau, en 1781, Quant aux remaniements intérieurs, ils se faisaient en même temps sous la direction de Content d'Ivry qui, entre autres choses, dotait le palais du magnifique escalier d'honneur à double rampe, inscrit dans une cage ovale, qui mène aux appartements du premier étage.

En 1780, le duc de Chartres (depuis Philippe-Égalité) conçut le projet d'isoler le jardin en créant des rues latérales et de l'encadrer dans une suite de constructions uniformes. Louis, que la construction du grand théâtre de Bordeaux avait déjà rendu célèbre, édifia alors ces maisons, ces arcades, ces galeries, dont l'ensemble décoratif et parfaitement compris pour son usage constitue non seulement une chose unique en son genre, mais encore l'une des plus originales de Paris.

En ce temps aussi, une statue de Henri IV, œuvre de Houdon, décorait le jardin, un cirque s'élevait à son centre ; la statue fut enlevée pendant la Révolution, le feu détruisit le cirque en 1799. C'est du jardin du Palais-Royal que partit, en 1789, le signal du soulèvement qui se termina par la prise de la Bastille ; c'est au palais que se dénoua la Révolution de 1830 qui, du duc d'Orléans, fit le roi des Français, Louis-Philippe.

Réuni au domaine national en 1793, après l'exécution de son propriétaire, le Palais-Royal devint sous Napoléon celui du Tribunal ; il servit, plus tard, de Bourse et de tribunal de commerce, puis la Restauration le rendit à la famille d'Orléans ; ses salons devinrent alors le centre d'une opposition sourde, que les fautes de Charles X rendirent puissante et qui, si elle ne prépara les journées de Juillet, mit le duc d'Orléans en bonne position pour profiter de leur résultat.

Mais ne nous égarons pas sur le terrain de l'histoire, constatons que le palais fut embelli et enrichi par le duc d'Orléans ; on lui doit la création de la belle galerie qui porte son nom et divers autres travaux ; de plus, il avait réuni dans les salons une collection de bons tableaux qui, par malheur, a été pillée en février 1848.

Sous le dernier Empire, le Palais-Royal fut la résidence du prince Jérôme, ancien roi de Westphalie, puis de son fils, le prince Napoléon. Incendié en mai 1871, il a été réparé par Chabrol et abrite maintenant le conseil d'État, la direction des beaux-arts et la Cour des comptes, qui sera transférée rue Cambon.

On ne visite pas facilement l'intérieur du palais ; nous avons donné dans notre ouvrage : *Paris, promenades dans les vingt arrondissements*, un aperçu des curiosités qu'il renferme ; nous prenons la liberté d'y renvoyer nos lecteurs.

La place du Palais-Royal est un des endroits les plus animés de Paris ; les fiacres y stationnent, les omnibus s'y croisent, le public y afflue attiré par les grands **Magasins du Louvre** qui sont à l'est, le **Ministère des finances** qui est au sud et le **Théâtre-Français**, dont, à l'ouest, les constructions enclavées dans celles du Palais-Royal font retour sur la rue de Richelieu.

Nous ne referons pas ici l'histoire de la **Comédie française**, qui, constituée en 1680, prit, en 1799, possession de la salle des Variétés amusantes, construite par Louis de 1786 à 1790. D'importantes restaurations et augmentations ont été apportées de 1860 à 1864, sous la direction de Chabrol (1).

C'est ici le premier théâtre de France, une sorte de temple où toutes les traditions se transmettent d'âge en âge et sont pieusement respectées; c'est la *maison de Molière*, mais c'est aussi, ne l'oublions pas, celle de Corneille et de Racine, celle où tous nos grands auteurs modernes : Hugo, Augier, les deux Dumas, pour ne parler que des morts, ont remporté leurs plus éclatants succès.

Mais nous n'avons pas la prétention de faire un cours de littérature dramatique, nous voulons vous faire remarquer seulement que vous êtes dans un véritable musée qui est en quelque sorte pour l'histoire du théâtre ce que le musée Carnavalet est pour l'histoire de la ville de Paris. Tout est à voir, tout peut être vu, car la Comédie, comme les grandes dames du temps passé, est amène et accueillante.

Profitons donc de ce bon vouloir, jetons un coup d'œil en passant à la belle statue d'Alfred de Musset, par Rodin, et entrons à l'administration par la porte qui s'ouvre sous la galerie du Théâtre-Français, où se trouvent quatre médaillons de Puech : Corneille, Molière, Racine et Victor Hugo.

L'escalier, garni d'épais tapis, peut passer pour une des salles du musée dont nous vous avons parlé ; en en gravissant les degrés, votre regard ira du portrait de Lekain, peint par Lenoir en 1777, à celui de Rachel signé Gérôme. La Fontaine, Quinault, Mlle Mars, Talma, bien d'autres encore ont là leur buste; toute une série de tableaux forme une sorte d'album grand ouvert dont chaque page rappelle les traits d'un sociétaire, dont chaque signature est celle d'un grand artiste, depuis Abraham Bosse jusqu'à Largillière, depuis Lancret jusqu'à Robert Fleury.

Dans le foyer des artistes, véritable salon où l'on cause et où l'on cause très spirituellement, la décoration est par-

(1) M. Guadet, après l'incendie du 8 mars 1900, nous a rendu l'ancienne salle de Louis, dans laquelle on retrouve presque toutes les richesses artistiques qu'elle renfermait.

ticulièrement riche ; un portrait de Molière, d'après Mignard, en occupe le centre ; une autre toile, signée Ingres, représente le grand comique à table avec Louis XIV ; un comédien qui fut un peintre de talent, Geoffroy, a laissé ici deux toiles : sur l'une sont groupés les sociétaires de la Comédie en 1840 ; sur l'autre, ceux qui composaient la troupe en 1864.

Des miniatures et divers portraits, bustes et vues de maisons natales de grands auteurs, décorent les antichambres de l'administration et de la *Salle du Comité*.

Celle-ci, vaste, haute, meublée d'une large table et de confortables fauteuils, est décorée de portraits d'auteurs, parmi lesquels ceux des deux Corneille, de Racine, de Crébillon, de Regnard, de Ducis, de Voltaire. Trois toiles de Boilly représentent Alexandre Duval, Picard et Pigault-Lebrun ; un dessin de Landelle, Alfred de Musset ; une grande composition de Geoffroy occupe le centre d'un panneau : elle renferme soixante portraits d'artistes, rappelant les gloires du théâtre et fournissant de précieux renseignements sur les modes de tous les temps.

Les bustes reparaissent en grand nombre dans la galerie qui conduit aux différents foyers des artistes ; ils sont signés de Lemoyne, de Garraud, des deux Dantan, de Feuchères, etc.; un tableau de Gros représente Mlle *Raucourt*, un autre de Delacroix nous montre *Talma* dans le rôle d'*Orosmane*.

Dans le foyer des travestissements, une collection de gravures, de dessins, de pastels et quelques toiles peintes, forme une décoration particulièrement charmante, un défilé de personnages et, parmi eux, les principaux acteurs de la Comédie française à l'époque de sa fondation. Ajoutons que la Comédie française possède de très curieuses archives et une riche bibliothèque.

Nous pourrions prolonger la visite et multiplier les citations, mais il faut bien vous laisser le plaisir de faire quelque découverte; quittons donc cette partie du théâtre et entrons dans celle qui appartient tout entière au public.

Dès son seuil, on retrouve l'impression de solennité qui fait le caractère de la maison et aussi la haute valeur artistique d'une ornementation de haut goût.

Quand on entre, le *Voltaire* de Houdon, d'une si vivante expression, semble vous souhaiter la bienvenue, non toutefois sans qu'un fin et railleur sourire plisse ses lèvres minces. *La Tragédie* et *la Comédie* dressent devant vous leurs symboliques statues; reines de ce palais, elles vous en font les honneurs. Près d'elles, celles de *Talma* et de *Rachel* rappellent à votre souvenir deux des plus grandes gloires de l'art dramatique au dix-neuvième siècle. Dans le grand escalier, les angles de la voussure sont ornés de cariatides dues à Carrier-Belleuse et représentant les quatre grands maîtres de la scène française : *Molière, Corneille, Racine* et *Voltaire;* sur les paliers, soutenus par des gaînes, et dans la galerie qui mène au grand foyer, sont les bustes des auteurs modernes et ceux des illustrations dramatiques du dix-huitième siècle.

Dans le grand foyer qu'orne une magnifique statue de *George Sand,* signée Clésinger, douze médaillons peints sur fond d'or en camaïeu bleu représentent des scènes empruntées à nos chefs-d'œuvre classiques; les bustes de Rotrou, des deux Corneille, de Voltaire, de Molière, etc., ornent les côtés; deux monumentales cheminées se dressent aux extrémités de la salle.

La scène, haute, large de 15 mètres, est une des plus belles de Paris; son lourd rideau rouge se lève devant une salle qui peut contenir 1400 personnes commodément assises, entendant bien ce qui se dit et voyant bien ce qui se passe.

La **place du Théâtre-Français,** créée sous le dernier Empire, est plantée d'arbres et ornée de deux fontaines, dessinées par Davioud, et dont les figures ont été sculptées par Eudes, Gauthier, Mathurin Moreau et Carrier-Belleuse.

Cette place forme un gai carrefour d'où partent la rue de Richelieu et l'**avenue de l'Opéra.**

Ouverte en exécution des décrets des 15 novembre 1853 et 3 mai 1854, cette avenue, longue d'environ 700 mètres, large de 30 mètres, s'est d'abord, et jusqu'au 10 novembre 1873, appelée *avenue Napoléon;* elle encadre admirablement, pour la vue, la façade de notre Académie nationale de musique; elle est bordée de belles constructions; des magasins

luxueux, de grandes maisons artistiques et industrielles y
sont établies. Néanmoins, contrairement à ce qu'on espé-
rait en la créant, elle est relativement peu fréquentée et les
Parisiens ne se sont point accoutumés à en faire un lieu de
promenade. A quoi cela tient-il ? Simplement, selon nous,
à ce qu'elle n'est point bordée d'arbres. Le citadin, quand il
va droit devant lui, sans but, mains en poche et nez au
vent, aime voir de la verdure.

Nous imiterons le Parisien et ne suivrons cette belle voie
que jusqu'à son point de rencontre avec la rue Molière, qui
nous conduira à la rue de Richelieu, à l'endroit précis où,
depuis 1844, s'élève la **fontaine Molière.**

La fontaine Molière a été construite avec les fonds réunis par une
souscription nationale dont le Théâtre-Français prit l'initiative et
à laquelle la famille royale, le préfet de la Seine, M. de Rambuteau, les auteurs et les artistes dramatiques et bon nombre d'amis
des lettres apportèrent avec empressement leur obole.

Au sommet du monument en marbre blanc, conçu dans
le goût du dix-septième siècle et exécuté d'après les dessins
de Visconti, Molière est représenté assis et méditant; cette
statue, un bronze de Seurre, paraît un peu lourde, surtout
si on la compare aux deux élégantes figures symbolisant la
Comédie sérieuse et la *Comédie légère*, que le grand statuaire
Pradier a placées aux côtés du piédestal.

L'endroit a été judicieusement choisi pour placer ce monument, Molière étant mort presque vis-à-vis, dans la maison de la rue de Richelieu qui porte le numéro 40.

Un peu plus haut, un vaste immeuble limité par les rues
de Richelieu, des Petits-Champs, Vivienne et Colbert, renferme la **Bibliothèque nationale.**

La librairie de Charles V, établie dans une tour du Louvre, a été
notre premier groupement de livres d'une réelle importance ; mais il a
fallu des siècles pour que cette partie du trésor royal devînt ce qu'elle
est aujourd'hui, la bibliothèque alimentée par tous les producteurs,
le cabinet de travail ouvert à tous les chercheurs.

Errant du Louvre à Blois, de Blois à Fontainebleau, de Fontainebleau en divers locaux parisiens, la Bibliothèque royale, en 1686 et
grâce à Colbert qui lui céda deux maisons de la rue Vivienne dont

il était propriétaire, fut enfin installée dans un logis digne d'elle. En 1724, elle fut déplacée pour la dernière fois et prit possession de l'immeuble où nous la voyons et qui, cela va sans dire, a, depuis, subi de nombreuses modifications.

Il y a là, rue des Petits-Champs, des bâtiments construits par Le Muet en 1633; ceux qui bordent la grande cour, au fond et à gauche, ont été élevés de 1724 à 1735 par Robert de Cotte; la partie qui s'élève en bordure de la rue de Richelieu, le pavillon d'angle de la rue des Petits-Champs et la grande salle de travail ont été construits par Labrouste, de 1855 à 1867. Pascal a, de 1877 à 1888, refait le bâtiment de la rue Colbert, qui maintenant se prolonge en retour sur la rue Vivienne.

La bibliothèque, ouverte tous les jours aux travailleurs, excepté pendant quinze jours à Pâques chaque année, peut être visitée par les curieux tous les mardis et vendredis. Elle est divisée en quatre départements : les *Imprimés*, les *Manuscrits*, les *Médailles* et les *Estampes*.

Le département des Imprimés, enrichi par des dons nombreux, contient plus de 2 millions et demi de volumes; c'est la plus riche collection européenne; la *Réserve*, réunion d'ouvrages de haute curiosité, de grands prix, de toute rareté, ne comprend pas moins de 60 000 volumes. On entre dans la grande salle de travail par un large vestibule orné d'un beau vase exécuté à Sèvres en 1879 sur les dessins du sculpteur Chéret. La salle, qui couvre une superficie de plus de 1 100 mètres, est garnie de tables, de pupitres, de rayons, et peut contenir 344 personnes commodément assises et les pieds posés sur des tuyaux distribuant une douce chaleur; elle est de forme carrée, terminée par un hémicycle où le bureau des bibliothécaires est placé; elle est couverte par neuf coupoles en faïence dure, reposant sur des arcatures en fer supportées par des colonnes; les grands arceaux qui règnent tout autour sont, sur leur fond blanc, ornés d'arabesques d'or; sur les piliers, des médaillons représentent les grands écrivains; de grandes peintures murales, dues à Alexandre Desgoffe, complètent la décoration. Au fond de l'hémicycle, entre deux cariatides en pierre de J.-J. Perraud, s'ouvre une grande porte cintrée qui donne accès au magasin central, vaste cour éclairée par un plafond vitré, comprenant cinq étages de salles communiquant entre elles par des galeries et renfermant environ 1 200 000 volumes. Le reste des richesses occupe 327 salles dans les étages supérieurs.

Le département des Estampes, que vous pouvez visiter en quittant la salle de travail, a été créé par Colbert en 1667, par l'acquisition du cabinet de l'abbé de Marolles qui contenait 125 000 pièces. Louis XIV, Louis XV et les temps modernes l'ont considérablement enrichi ; on y compte aujourd'hui plus de 2 200 000 pièces contenues dans environ 20 000 volumes, cartons et cadres.

La section des Cartes et Collections géographiques est d'origine récente ; c'est Jomard qui l'a fondée en 1828 ; depuis 1854, elle est réunie au département des Imprimés ; sa salle de travail est au premier étage ; elle renferme environ 300 000 cartes françaises et étrangères.

Mieux qu'une description qu'il serait impossible de faire complète, quelques chiffres donneront approximativement une idée de la richesse du département des Manuscrits : le *fonds français* comprend plus de 28 000 volumes et plus de 12 000 dans les collections qui concernent l'histoire des provinces ; le *fonds latin* en possède près de 20 000 ; le *fonds oriental*, environ 18 700 ; le *fonds grec*, 4 500 ; le *fonds en diverses langues européennes*, 2 800. La salle de travail de ce département est au premier étage, à droite ; les arcs surbaissés qui en marquent les différentes parties sont décorés de cartels rappelant les noms des grands imprimeurs : *Nicolas Jenson*, *Ulrich Gering*, *Antoine Vérard*, les *Estienne*, les *Didot*.

La section des Chartes contient des documents d'un prix inestimable : papyrus égyptiens et latins, instructions données par Charlemagne à des députés qu'il envoyait en Italie, des *portulans* d'origines diverses, etc.

La salle dite *de Voltaire*, remplie des œuvres du grand écrivain et ornée d'une reproduction de la statue de Houdon que nous avons vue au Théâtre-Français, contient, entre

autres curiosités, le moule de la face et de la main de
M. Thiers.

Les plus grandes raretés des départements des Imprimés
et des Manuscrits sont exposées dans les vitrines et les
armoires qui, avec des bustes de bibliographes et d'historiens, garnissent la *galerie Mazarine*. Celle-ci fut construite
par Mansart vers 1649; elle est décorée d'un magnifique
plafond peint par Romanelli et représentant diverses scènes
mythologiques.

Le département des Médailles a son entrée particulière
rue de Richelieu; le vestibule qui précède les salles d'exposition est lui-même un petit musée contenant des inscriptions et des curiosités de grand prix. Quant à la collection
dont l'origine remonte à Louis XIV, c'est une des plus riches
du monde entier; mais la description des trésors qu'il contient et dont la véritable valeur ne peut être appréciée que
par des spécialistes est une de celles qui nous entraîneraient
trop loin.

En regard de la grande entrée de la bibliothèque se développe le **square Louvois**; planté en 1850, il occupe l'emplacement de la salle de l'Opéra, au sortir de laquelle le
duc de Berry fut assassiné, en 1820. A la suite de cet événement, le théâtre fut démoli pour faire place à une chapelle expiatoire dont la construction fut abandonnée après
la révolution de 1830. Une des plus jolies fontaines de Paris
occupe le centre de ce jardin; elle a été construite en 1844,
sur les dessins de Visconti. Les statues remarquablement
gracieuses qui représentent *la Seine*, *la Loire*, *la Garonne* et
la Saône, ainsi que les ornements et attributs qui complètent la décoration, sont du sculpteur Klagmann.

Un des plus beaux arbres de ce joli jardin est un peuplier
qui fut, en 1848, un arbre de la liberté.

L'Éclairage.

Au propre comme au figuré, Paris a bien mérité son surnom de *Ville-Lumière* ; centre intellectuel, foyer artistique, atelier de production constante, pionnier du progrès, Paris est tout cela, mais c'est aussi, grâce aux larges percées qui le sillonnent, grâce à ses vastes places inondées de soleil, grâce à ses nombreux arbres zébrant le sol d'ombres mouvantes, la ville la plus gaie et la plus lumineuse du monde. Le soir venu, elle devient le noyau d'un puissant rayonnement. Vous l'avez remarqué, si vous êtes arrivé par un train de nuit, bien avant d'atteindre la gare, roulant dans la campagne encore, vous avez vu le ciel se remplir d'une vaste lueur rose ; ce reflet lumineux, cette sorte de grande haleine chaude que les Parisiens saluent avec joie, les étrangers avec émotion, c'est ce qu'on a poétiquement et justement appelé l'*auréole de Paris*. Cette irradiation est produite par la profusion de l'éclairage dans la grande cité.

Il ne faudrait pas supposer que Paris a été toujours aussi favorisé sous ce rapport ; cette abondance de lumière est chose absolument moderne ; nos grands-pères ne l'ont pas connue et les leurs, quand ils étaient fortunés, ne sortaient le soir qu'accompagnés de laquais porteurs de fanaux.

La question a pourtant de bonne heure préoccupé nos rois ; Charles VII, en 1442, rendit une ordonnance prescrivant aux *lanterniers* de faire des lanternes qui puissent être mises en *rues*. Ceci était plus un vœu qu'une réglementation, et Paris était encore obscur. Sous François Ier, le parlement rendit, en 1524, un arrêt qui mettait en quelque sorte l'éclairage public à la charge des bourgeois en leur ordonnant de placer « à neuf heures du soir, une lanterne garnie d'une chandelle allumée, à leurs fenêtres correspondantes sur la rue ».

Ce système fut-il mis en pratique ? La chose est douteuse. Ce qui demeure certain, c'est qu'il fut perfectionné par Henri II. En octobre 1588, un arrêt de la Chambre du conseil réglemente de nouveau l'éclairage. Il y aura, dit cet arrêt, au coin de chaque rue, au milieu et plus « selon la longueur de la voie, un falot ardent depuis dix heures du soir jusqu'à quatre heures du matin ».

Henri IV s'occupa aussi de la question ; en 1594, il fit réparer et replacer les lanternes abîmées ou détruites au temps de guerres et chargea les Parisiens des frais de réfection et d'*entretenement*. Malgré cela, l'éclairage de la Ville ne cessa pas d'être plus qu'insuffisant pour assurer la sécurité des rues.

Sous Louis XIV, en 1662, apparaît, avec privilège perpétuel accordé par le roi au sieur Laudati Caraffe, une entreprise de porte-flambeaux et porte-lanternes autorisée, moyennant louage, à « mener et éclairer de nuit ceux qui parcourent Paris et les autres villes ». Le Parlement réduisit ce privilège à vingt années, fixa à une livre et demie le poids des flambeaux, dit qu'ils seront de bonne cire, achetés chez les épiciers de la ville, divisés en dix portions, dit que ceux qui s'en serviront payeront 5 sols par portion, même entamée. Les porte-lanternes étaient répartis par postes, chacun de « 100 toises » (1 949 mètres). Les gens qui se faisaient éclairer dans leurs carrosses payaient 5 sols par quart d'heure. A la ceinture des porte-flambeaux était pendu un sablier d'un quart d'heure, marqué aux armes de la ville.

Le bureau, établi rue Saint-Honoré, près les piliers des Halles, ouvrit le 14 octobre 1662 ; mais l'entreprise n'obtint qu'un mince succès.

Cinq ans après, le lieutenant de police La Reynie prit, au point de vue de l'éclairage, les premières mesures efficaces. Chaque angle de rue, chaque milieu, quand la voie était longue, furent pourvus d'une lanterne garnie d'une chandelle. L'innovation eut un grand et durable succès ; la *Gazette* de Robinet la chante dans ses rimes ; six ans plus tard (4 décembre 1673), Mme de Sévigné en parle avec enthousiasme dans une de ses lettres. Louis XIV, charmé, fit, en l'honneur de ce progrès, frapper une médaille avec cette légende : *Securitas, nitor*. Que dirait le grand roi s'il pouvait, un soir, revoir sa capitale ?...

A la fin du dix-septième siècle, les lanternes fixées dans les rues s'étaient multipliées, quelques faubourgs en avaient été pourvus ; leurs dimensions réglementaires étaient de 20 pouces en hauteur, de 12 en largeur, elles étaient suspendues, également élevées à 5 ou 6 toises l'une de l'autre. Leur allumage et leur entretien étaient faits par des bourgeois nommés à l'élection et qui portaient le titre de *commis-allumeurs*. En 1729, la taxe qui, pour la ville, était de 300 000 livres fut portée à 450 000.

Le dix-huitième siècle substitua, dès 1745, les *lampes à réver-bères* à la chandelle. Les inventeurs de ce procédé nouveau étaient l'abbé Matherot de Preignat et Bourgeois de Châteauneuf. En 1769, Tourtille-Saugrain obtint le privilège exclusif de l'éclairage parisien qui employait alors 3 500 réverbères, l'antique lanterne avait pris ce nom.

L'éclairage au gaz fait une timide apparition sous Louis XVIII. Une usine royale est fondée en 1819 et, dès l'année suivante, fournit la lumière à plusieurs théâtres et établissements publics. Le 1er janvier 1829, la flamme nouvelle fait son apparition dans la rue de la Paix, un peu plus tard celle de Castiglione, la rue et la place de l'Odéon, ainsi que les galeries du Palais-Royal en sont dotées à leur tour.

Sous le règne de Louis-Philippe, l'éclairage au gaz prend une grande extension ; six compagnies ayant leur périmètre délimité éclairent la plus grande partie des voies publiques et un grand nombre de maisons de commerce ; l'usage du compteur, imposé plus tard aux abonnés, n'est encore qu'à son enfance ; ce sont les employés des compagnies qui, à dix heures, onze heures ou minuit, ferment les robinets extérieurs des boutiques.

L'éclairage à l'huile n'est pourtant pas encore complètement disparu ; sur les 5 527 réverbères qui éclairaient Paris en 1830, 2 560 se balançaient encore dans les rues en 1848. Ces réverbères — le Parisien seul sait trouver de ces dénominations pittoresques — ces réverbères, disons-nous, on les appelait alors *pendus lumineux*. Quant aux commis-allumeurs du temps passé, chargés du renouvellement des mèches et de l'allumage, le peuple ne les connaissait que sous le nom de *gras d'huile*.

Les six compagnies dont nous avons parlé fusionnèrent sous l'Empire et n'en forment plus qu'une seule, la Compagnie parisienne (1). Mais, comme la chandelle absolument abandonnée, comme le réverbère dont on ne voit plus que quelques rares spé-

---

(1) Voici, pour les curieux de souvenirs, quelques renseignements sur les compagnies qui se partageaient autrefois l'éclairage parisien :

1° *Française :* Brunton, Pilté et Cie, éclairant parties des deuxième, troisième, quatrième, septième, dixième et onzième arrondissements de l'ancien Paris. Cette Compagnie avait deux usines, l'une au faubourg Poissonnière, l'autre à Vaugirard.

2° *Anglaise :* Manby, Marguerilte et Cie ; elle éclairait le premier arrondissement et certaines parties des deuxième, troisième et quatrième. Elle avait

cimens sur les berges de la Seine et dans les ruelles des quartiers excentriques, le gaz tend à disparaître et à céder la place à l'électricité, dont la lumière, fournie par diverses compagnies, dont les canalisations feront retour à la Ville de Paris à l'expiration de leurs concessions, resplendit déjà sur bon nombre de grandes voies publiques, de vastes places, de beaux jardins, de gares et d'établissements particuliers. L'électricité, conquête du dix-neuvième siècle, c'est l'éclairage de l'avenir.

deux usines aussi, la première sur l'avenue Trudaine, la seconde à la barrière de Courcelles.

3° *Lacarrière :* Lacarrière et C° ; elle éclairait pour parties les quatrième, cinquième, sixième, septième, huitième et neuvième arrondissements. Son usine était rue Delatour, aujourd'hui rue Rampon.

4° *Parisienne :* Dubochet, Pauwels et C° : elle éclairait pour parties les septième, huitième, dixième et onzième arrondissements. Son usine était à la barrière d'Italie.

5° *De Belleville :* Payn et C°. Son usine, située à Belleville, alimentait l'éclairage de diverses parties des cinquième, septième, huitième et neuvième arrondissements.

6° *De l'Ouest :* C. Gosselin et C°. Ses usines de Neuilly et de Passy fournissaient la lumière au quartier des Champs-Elysées.

Ajoutons que l'hôpital Saint-Louis et la prison Mazas avaient leurs usines particulières.

Le tout alimentait, pour le service public, 13 950 becs qui, ensemble, consommaient chaque jour 15 470 mètres cubes de gaz. Le service particulier, au 1er janvier 1853, était assuré par 43 100 becs consommant 58 570 mètres cubes de gaz.

Ces chiffres se sont considérablement augmentés ; il y a maintenant sur les voies publiques plus de 52 000 becs.

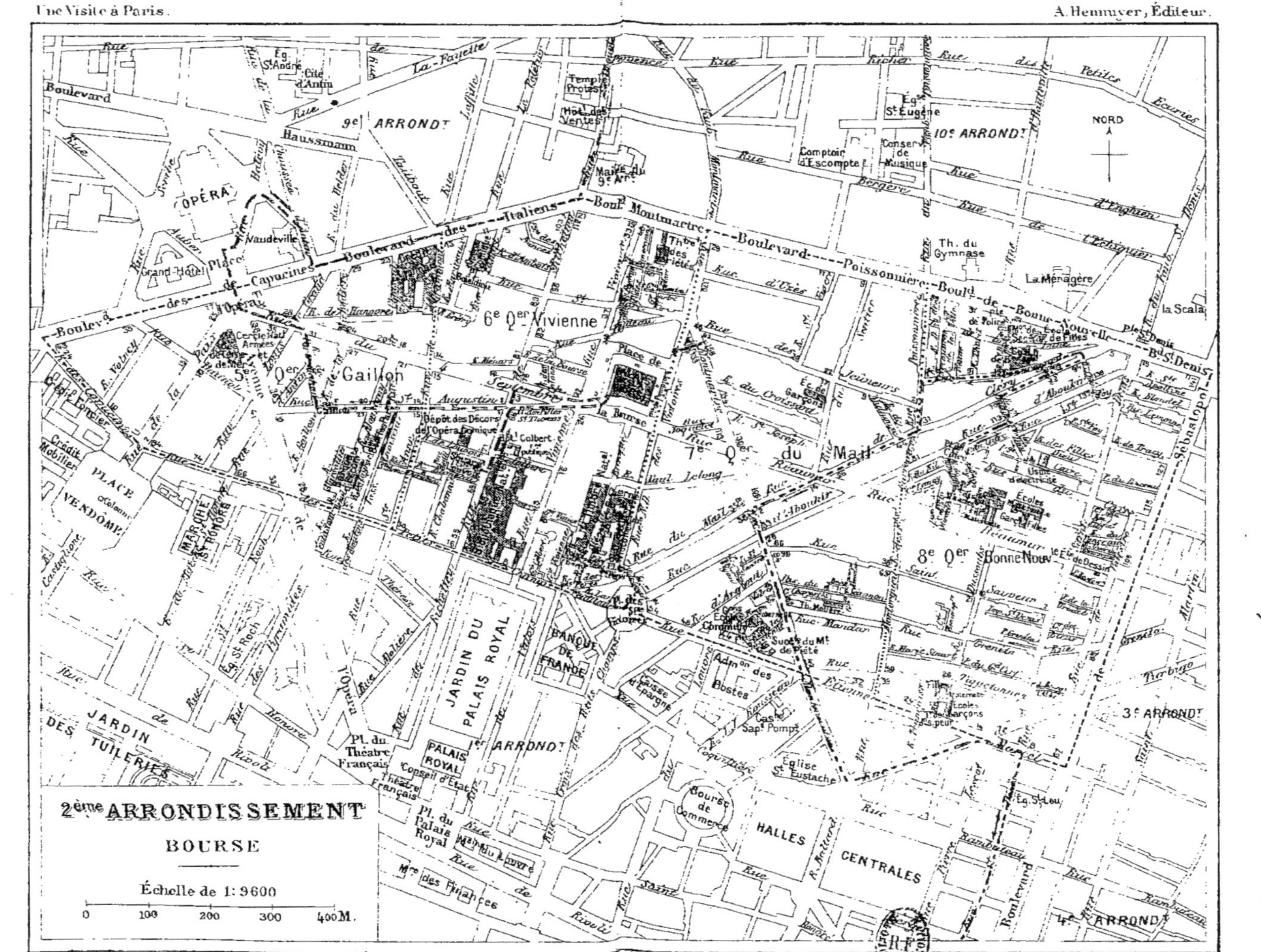

Une Visite à Paris.
A. Hennuyer, Éditeur.
2ème ARRONDISSEMENT
BOURSE
Échelle de 1:9600
0   100   200   300   400 M.
NORD
JARDIN DES TUILERIES
JARDIN DU PALAIS ROYAL
PALAIS ROYAL
1er ARROND.t
BANQUE DE FRANCE
PLACE VENDOME
MARCHÉ ST HONORÉ
OPÉRA
6e Q.er Vivienne
7e Q.er du Mail
8e Q.er Bonne Nouvelle
9e ARROND.t
10e ARROND.t
3e ARROND.t
4e ARROND.t
HALLES CENTRALES
Bourse de Commerce
Église St Eustache
Boulevard des Capucines
Boulevard des Italiens
Boulevard Montmartre
Boulevard Poissonnière
Boulevard de Bonne Nouvelle
Rue de Rivoli
Rue St Honoré
Rue de Richelieu
Rue Vivienne
Rue Montmartre
Rue du Mail
Rue Réaumur
Rue de Sébastopol
Rue St Denis
Rue Lafayette
Rue Laffitte
Rue Haussmann
Théâtre Français
Pl. du Théâtre Français
Conseil d'État
Crédit Mobilier
Th. du Gymnase
Conservatoire de Musique
St Eugène

CINQUIÈME JOURNÉE

Reprenant notre marche au point où nous nous sommes précédemment arrêté, nous monterons, pendant quelques instants, la rue de Richelieu, et nous ne la quitterons qu'à son point de rencontre avec la rue du Quatre-Septembre; c'est une belle voie, bordée de hauts immeubles habités par de riches particuliers et de grands commerçants. Ses rez-de-chaussée abritent de luxueux magasins en tout genre. Longue de 520 mètres, large de 20, elle a été ouverte en 1864 sous le nom de rue du Dix-Décembre; elle forme un trait d'union entre la place de l'Opéra à l'ouest et celle de la Bourse à l'est. A quelques pas de nous, mais de côté, la perspective se prolonge à perte de vue entre les deux rangées d'immeubles qui bordent la **rue Réaumur**.

La création de cette dernière est une des belles œuvres de l'édilité moderne; elle a pour premier tronçon et a absorbé une rue Royale-Saint-Martin, qui avait été ouverte en 1765; sa prolongation jusqu'à la rue d'Aboukir, en 1895, a fait disparaître tout un côté de la rue Thévenot; son achèvement, l'année suivante (elle a été inaugurée au mois de février 1897), l'a amenée jusqu'à la place de la Bourse. Elle a cette originalité de mettre en communication directe le quartier d'affaires où nous sommes avec le quartier des Enfants-Rouges, à peu près exclusivement occupé par des industriels.

Mais un assourdissant brouhaha frappe notre oreille; des cris rauques, des interjections éclatantes se croisent dans l'air. Tout cela part d'une foule grouillante et gesticulante qui encombre le perron d'une sorte de temple grec d'aspect architectural assez imposant et entouré d'une colonnade élégante, ceci est le **palais de la Bourse**, le *temple de l'agio*, dirait M. Prudhomme.

L'existence légale de la Bourse ne remonte pas au delà de l'année 1724 ; mais, pendant bien longtemps, elle n'eut pas de logis spécialement affecté à son service. On la vit à l'hôtel de Soissons, à l'hôtel de Nevers, à Notre-Dame des Victoires, sous la Révolution ; au Palais-Royal, sous l'Empire ; rue Feydeau, sous Louis XVIII.

Napoléon avait néanmoins songé à lui donner un logis digne d'elle : par un décret du 16 mars 1808, il avait ordonné sa construction, désigné pour l'élever l'emplacement de l'ancien couvent des Filles de Saint-Thomas et décidé que le Tribunal de commerce, alors fort mal logé derrière Saint-Merri, aurait sa salle d'audience et ses services dans le nouveau palais.

La première pierre de l'édifice fut posée le 24 mars 1808 ; Brongniart commença les travaux et les dirigea jusqu'à sa mort (juin 1813) ; Labarre lui succéda. De néfastes années vinrent, la construction ne fut activement reprise qu'en 1821, et la Bourse ainsi que le Tribunal de commerce prirent possession du palais le 6 novembre 1826. Depuis 1865, le tribunal a été transporté dans la Cité. Sur la sollicitation des agents de change, elle a été modifiée dans son même plan par l'adjonction de deux ailes en 1903.

L'ensemble de l'édifice repose sur un haut soubassement au-dessus duquel une suite de colonnes d'ordre corinthien supportent l'entablement et l'attique, et forment galerie couverte. Aux angles du soubassement sont assises des statues ; sur la place, celles de la *Justice consulaire* et du *Commerce*, par Duret et Dumont. Sur la partie postérieure, *l'Agriculture*, par Seurre, et *l'Industrie*, par Pradier.

L'intérieur se compose d'un hall central large de 18 mètres, long de 32, dont la *Corbeille* occupe le centre. Il est éclairé par le haut, entouré de portiques à deux étages, dont le second supporte un attique percé d'ouvertures. Si le bruit vous assourdit, si vous ne comprenez pas ce que veulent dire ou faire ces gens armés de crayons, criant de brèves phrases, déchirant des bouts de papier, prenant des notes et paraissant s'invectiver, dirigez vos regards vers les voussures, elles vous parleront cette langue de l'art, claire, universelle, compréhensible pour tous. Vous pourrez admirer sans restriction des grisailles imitant le bas-relief à s'y méprendre. Les deux principales, dues au grand artiste que fut Abel de Pujol, représentent, l'une, *la Ville de Paris présentant les clefs de la Bourse à la Justice;* l'autre, *la France accueillant les produits des quatre parties du monde.* Viennent ensuite les personnifications de plusieurs importantes villes françaises, *Lille, Nantes* et *Rouen,* et enfin une grande composition de Charles Meynier : *l'Union du commerce, des arts et des sciences.*

Au sud-ouest du monument, en bas et sur les escaliers, on fait le commerce des valeurs dépréciées. On vend là pour 3 francs, et parfois moins, des paquets de titres qui valaient dix ou quinze louis lors de leur émission. C'est ce que les Parisiens appellent la *Bourse des pieds humides.*

Toute voisine de la Bourse, la **Chambre de commerce** occupe l'immeuble construit par F.-E. Callet, qui fut autrefois l'Hôtel des ventes mobilières. Sa bibliothèque, reconstruite par Lisch en 1892, fut incendiée dans la nuit du 13 au 14 mai 1899; elle est actuellement reconstruite et forme, comme par le passé, une riche collection de documents commerciaux et statistiques (1).

Faisons, par la rue Saint-Augustin, une courte promenade dans le quartier Gaillon, nous rencontrerons bientôt le **passage Choiseul,** ouvert en 1827 et dont l'élégante construction a été dirigée par l'architecte Tavernier; c'est une des rares galeries parisiennes que la faveur du public n'a pas encore abandonnée. C'est là que M. Comte avait établi son *Théâtre des jeunes élèves,* devenu, depuis 1857, le **théâtre des Bouffes-Parisiens.** Une sortie de cette salle donne rue Monsigny, tout auprès d'un vaste immeuble de forme rectangulaire qui fut autrefois, sous le nom de **Salle Ventadour,** un des plus beaux théâtres de Paris.

Cette salle avait été construite, en 1826, par Huvé et Guerchy; elle fut Opéra-Comique, Théâtre-Nautique, théâtre de la Renaissance et Théâtre-Italien. Désaffectée, elle appartient maintenant à la Banque de France; le dépôt des titres y est établi.

Faisons quelques pas encore et nous atteindrons le carre-

<hr>

(1) Le public est admis à cette bibliothèque tous les jours ouvrables de 11 heures à 3 heures, et, le soir, de 7 heures et demie à 10 heures.

four Gaillon, au fond duquel nous verrons la gracieuse **fontaine d'Antin.**

La fontaine d'Antin a été construite, en 1828, par Visconti et remplace la fontaine Saint-Louis, que Michel de Chamillard avait fait bâtir en 1707. Elle est placée dans une niche encadrée de colonnes d'ordre composite ; deux vasques cylindriques s'appuient sur des piédestaux à pans coupés ; un jeune triton, armé d'un trident et monté sur un dauphin, décore la vasque supérieure ; l'attique, aux pilastres surmontés de vases décoratifs, est orné de dauphins et de cornes d'abondance. La principale figure est du sculpteur Jacquot ; les accessoires, de Combette et de Verre.

La **rue du Port-Mahon** nous amène à l'extrémité de celle du **Quatre-Septembre.** Devant nous se développe une vaste place ; à notre gauche, fuit, vers le sud, l'avenue de l'Opéra. Dans sa dernière maison, côté des numéros impairs, est installé le **Cercle militaire** ; nous laissons derrière nous la rue de la Paix, et, traversant le boulevard, nous nous dirigeons vers l'**Opéra**, dont, depuis un moment déjà, nous embrassons la façade du regard.

Né à Issy en 1659, l'Opéra, ainsi que nous l'avons conté ailleurs (1), a habité douze salles à Paris avant le 5 janvier 1875, jour où il prit possession du palais qu'il occupe et dont l'architecte Charles Garnier, mort en 1898, avait commencé l'édification au mois d'août 1861.

La **façade**, avec son perron orné de groupes au rez-de-chaussée, ses larges ouvertures, sa loggia lumineuse, ses pavillons aux frontons cintrés, son attique décoré de bustes, son grand toit aux angles ornés des hardis Pégases de Lequesne, sa puissante coupole bronzée, dorée, supportant *le Génie lyrique*, superbe œuvre de Millet, est bien celle d'un temple élevé à ce grand art musical dont les séductions, comprises de tous, ont fait la langue universelle.

Si la façade émerveille par sa magnificence, l'ensemble de l'édifice ne charme pas moins par son ingénieuse et logique disposition, qui, du dehors, permet de comprendre comment est divisé l'intérieur ; comme dans nos magnifiques cathédrales on devine la nef, les collatéraux, le chœur

____

(1) *Paris, promenades dans les vingt arrondissements.*

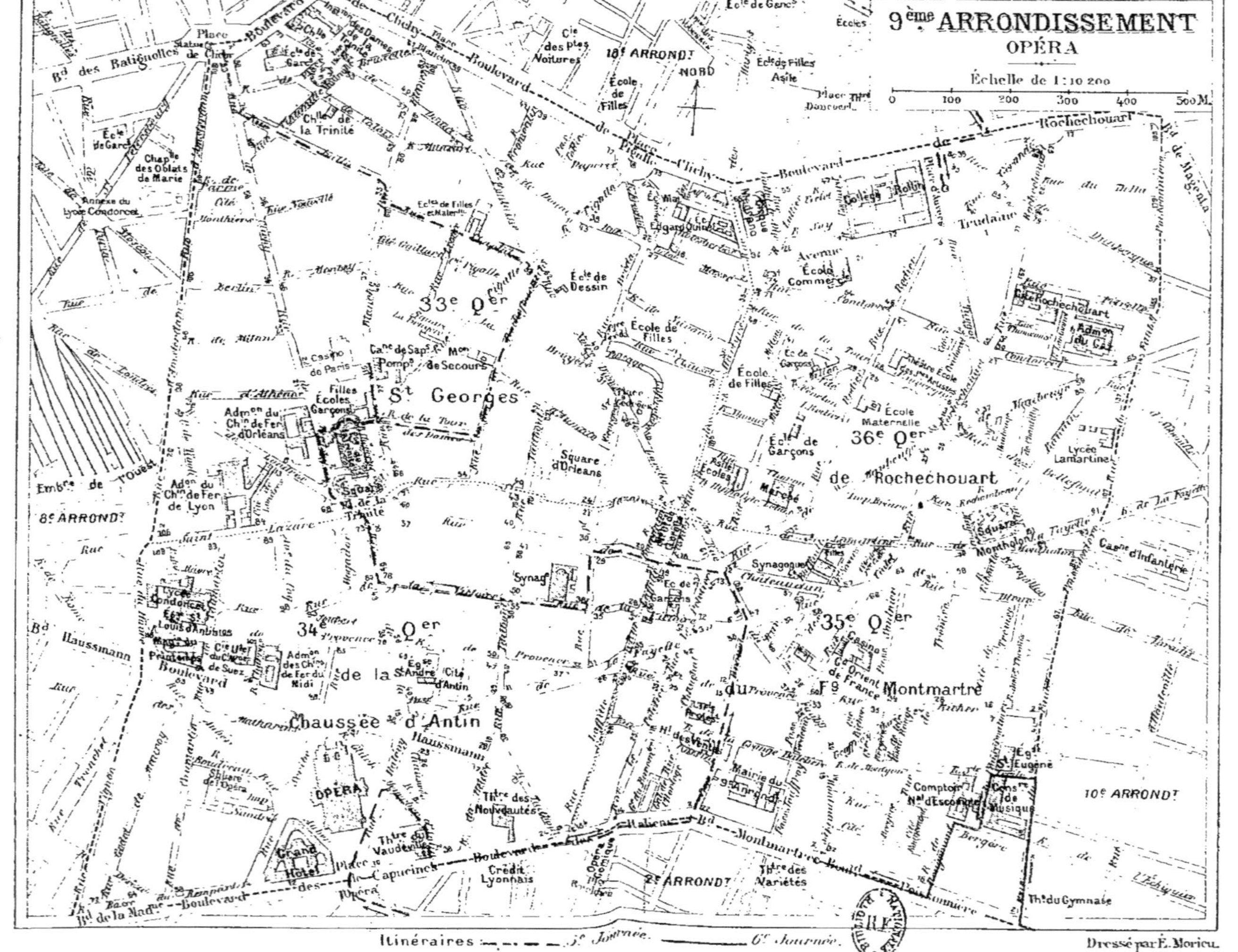

9ème ARRONDISSEMENT
OPÉRA
Échelle de 1:10.200
0 100 200 300 400 500 M.
NORD
8e ARROND?
10e ARROND?
2e ARROND?
33e Q?er
34e Q?er
35e Q?er
36e Q?er
St Georges
de Rochechouart
Chaussée d'Antin
Montmartre
OPÉRA
Grand Hotel
Crédit Lyonnais
Th?re des Variétés
Th?re des Nouveautés
Th?re du Vaudeville
Th? du Gymnase
Cons?re de Musique
St Eugène
Comptoir N?al d'Escompte
Mairie du 9e Arrond?
Collège Rollin
Lycée Lamartine?
Lycée Condorcet
Annexe du Lycée Condorcet
Chap?le des Oblats de Marie
Chap?le de la Trinité
École de Dessin
École Commerc?e
École Maternelle
Square d'Orléans
Square de la Trinité
Square d'Opéra
Synag?e
Synagogue
Casino de Paris
Casino
Bd des Batignolles
Boulevard de Clichy
Boulevard Haussmann
Boulevard des Capucines
Boulevard des Italiens
Boulevard Montmartre
Bd de Magenta
Bd de la Madel?
Embre de l'Ouest
Admon du Ch?n de Fer d'Orléans
Admon du Ch?n de Fer de Lyon
Admon des Ch?ns de Fer du Midi
Cie U?le du Canal de Suez
Printemps
Itinéraires — · — · — 5e Journée. ———— 6e Journée.
Dressé par E. Moricu.

et l'abside, on voit exactement ici où sont placés les vestibules, les foyers, la salle, la scène. Où conduit cette rampe
élégante, si ce n'est au pavillon réservé au chef de l'État ?
Sur quoi s'ouvre la porte monumentale du boulevard Haussmann, si ce n'est sur la cour de l'administration ?

Vous n'attendez pas de nous un détail complet des merveilles artistiques que l'extérieur du monument permet de
voir, ni de celles qu'il renferme. Nous allons simplement
vous en citer quelques-unes et vous dire le nom de leurs
auteurs. Au-dessus du perron, trois groupes représentent
la Poésie lyrique, la Musique, le Drame lyrique. Ils sont de
Guillaume, Jouffroy et Perraud. Un quatrième, *la Danse,* de
Carpeaux, semble, par son entrain et sa hardiesse, protester
contre la dignité académique de ses voisins. Cette œuvre,
autour de laquelle beaucoup de bruit s'est fait jadis, est
incontestablement fort belle, mais elle ne symbolise point
la poésie, la légèreté. ni la grâce de l'art chorégraphique.

A gauche se développe le pavillon du chef de l'État ; il
forme un tout encadré avec art dans le grand ensemble. il
est d'allure imposante, des cariatides monumentales se dressent à son entrée ; deux *Gloires,* d'Elias Robert et Mathurin
Moreau, et divers attributs de Pollet, Ottin, Paul Cabet, etc.,
en complètent la somptueuse décoration.

Cette richesse, bien en rapport avec la destination de cette
partie de l'édifice, disparaît pour faire place à la simplicité
sévère dans celle qui est réservée à l'administration. De ce
côté, au fond de la cour dont nous avons parlé, on peut
apprécier la hauteur de l'édifice, en compter ses douze
étages, apprécier l'importance du vaisseau réservé à la scène,
dont la clef est ornée d'une tête de *Minerve,* œuvre colossale
en son genre. Cette tête a plus de 5 mètres de hauteur, ce
qui ne l'empêche pas d'être en harmonie parfaite avec ce
qui l'entoure.

Du côté de la rue Halévy, le pavillon des abonnés ouvre
ses hautes arcades aux voitures qui peuvent commodément
évoluer sous ses voûtes ; puis il offre aux arrivants l'abri
d'un vaste salon d'attente richement décoré de marbres
variés. Dans la rosace qui s'inscrit au centre de son plafond,

des lettres entrelacées forment les mots suivants : *Jean-Louis-Charles Garnier, 1861-1875.*

Dirigez-vous vers le grand vestibule dallé en marbre d'Italie ; arrêtez-vous au contrôle assis sur dix marches en marbre vert de Suède et entouré des statues assises de Lulli, de Rameau, de Gluck et d'Hændel, par Schoeneverk, Alasseur, Cavelier et Salmson ; puis gravissez les marches en marbre blanc du grand escalier. Le marbre, avec ses natures et ses couleurs variées, savamment choisies pour le charme des yeux et la richesse de l'ensemble, est ici le grand luxe ; la plinthe est en marbre vert, les balustres en marbre rouge, la rampe courante en onyx d'Algérie ; à travers les colonnes accouplées, vous apercevez le plafond en mosaïque de l'avant-foyer. Si vos yeux s'égarent vers les tympans, ils découvrent des sculptures ; s'ils se dirigent vers le plafond, ils s'arrêtent sur des peintures.

La coupole, que supportent trente colonnes, est, dans sa voûte, ornée de grandes compositions de Pils, de têtes d'Apollon de Carrier-Belleuse, de pots à feu de Romain. Dans ses tympans, Sollier a peint sur l'arc une suite d'instruments de musique de tous les pays ; Chabaud a sculpté des têtes décoratives.

Sur le deuxième palier, une porte monumentale, flanquée de cariatides et surmontée d'un fronton orné des armes de la Ville, donne accès à la salle. Là encore les marbres les plus rares et les plus beaux ont été artistement distribués ; là encore la pensée de l'artiste s'est puissamment affirmée. Il a voulu faire imposant et riche, il a parfaitement réussi.

La salle, de belle forme et de distribution heureuse, contient 2200 places ; elle est d'un ton d'or jaune et vert rehaussé de points rouges très doux à l'œil, son ornementation est d'une grande richesse et d'une infinie variété. Le plafond, peint par Lenepveu, nous raconte, en une suite de groupes admirablement composés, toute l'histoire du drame lyrique ; les voussures des quatrièmes loges ont été décorées par Rubé et Chaperon, deux maîtres. Au-dessus de la scène, encadrée de cariatides en marbre, on lit cette devise bien appropriée à ce palais de l'art :

Musæ stat honos et gratia vivax. La muse garde éternelle-
ment sa gloire et sa jeunesse.

L'avant-foyer, revêtu de pilastres en brèche violette, est
un couloir terminé par des coupoles ; des médaillons de
Cormon, des sculptures de Guitton, Mathieu Meusnier, Delaplanche, Barrias, etc., en composent la décoration.

Le grand foyer qui précède la loggia est une pièce magnifique, longue de 34 mètres, haute de 18, large de 13 ; c'est
le salon du palais, l'or y rutile, les ornements y chatoient,
la lumière l'inonde, reflétée par d'immenses glaces de
Saint-Gobain, les statues s'y dressent, les Muses y sourient,
les grandes nations sont représentées par leurs instruments
musicaux, et une œuvre magistrale, les peintures de Baudry,
couronne le tout et rayonne sur l'ensemble.

Les peintures de Baudry, à notre Opéra, ont maintenant
une réputation universelle, nul ne conteste la puissance et
la fécondité de l'imagination de leur auteur ; sans défail-
lance, sans faiblesse, sans perdre un instant de vue la haute
portée de son travail, le peintre en a conçu toutes les parties et les a exécutées avec la même verve et le même bonheur, la même finesse de coloris.

L'œuvre se compose d'un grand plafond central long de
13 mètres, large de 5, de deux petits plafonds mesurant
5 mètres sur 3^m,50, de dix médaillons ovales formant dessus
de portes, de douze grandes voussures et de huit caissons.

Le grand plafond représente *la Mélodie* et *l'Harmonie ;* les
deux sœurs s'élèvent vers la nue, l'une chante, l'autre l'accompagne sur un violon ; à droite, *la Poésie* est emportée par
Pégase ; à gauche, *la Gloire* embouche sa trompette ; autour,
de petits génies jouent gracieusement dans les fleurs. Les
petits plafonds sont occupés par *la Tragédie* et *la Comédie*,
l'une assise sur le trépied sacré, l'autre dépouillant un faune
d'une peau de lion ; des figures représentant *l'Épouvante, la
Pitié, la Fureur,* accompagnent la première ; *l'Esprit,* vêtu
de rouge, une flamme au front, sourit à la seconde. Diverses
scènes sont représentées dans les voussures ; les *Muses,* celle
de l'Architecture exceptée, occupent les caissons ; les instruments de musique, les médaillons.

7

On entre dans la loggia par des portes de bronze encadrées de marbre bleu ; on voit de là le spectacle brillant et
mouvementé de la place et la longue perspective de l'avenue
de l'Opéra, terminés par les toits bleutés du palais du
Louvre.

Passons derrière le rideau, traversons la vaste scène,
entrons au foyer de la danse qui lui fait suite et peut au
besoin lui être réuni. Il est orné de médaillons représentant les plus célèbres danseuses de l'Opéra, de lyres, d'une
vingtaine de statues d'enfants, d'un plafond plein d'air, de
soleil, d'oiseaux et de papillons, signé Boulanger, et d'une
immense glace sortie des fabriques de Saint-Gobain, dont
les trois morceaux ont été si habilement rapprochés, qu'on
la dirait d'une seule coulée.

Si vous voulez que votre visite soit complète, demandez la
permission d'entrer à la bibliothèque et aux archives, l'une
et les autres sont riches en documents curieux pour l'histoire de l'Opéra en particulier, et de l'art en général.

Par la rue Meyerbeer, qui fait face à l'entrée des abonnés,
nous gagnons en un instant la rue de la Chaussée-d'Antin,
et à sa naissance, à l'angle du boulevard des Capucines, nous
trouvons le **théâtre du Vaudeville**. L'immeuble que le théâtre
occupait depuis vingt-huit ans sur la place de la Bourse ayant
été exproprié en 1868 pour faire place à la rue du Dix-
Décembre (aujourd'hui rue du Quatre-Septembre), a été
immédiatement reconstruite sur les plans et sous la direction de M. Magne, et put être inaugurée le 22 avril 1869.
La salle, bien distribuée, peut recevoir 1 100 spectateurs ; la
rotonde qui lui sert d'entrée est de coquette allure ; des
cariatides, des groupes et des bustes, lui font une ornementation sobre, mais de bon goût ; *le Génie de la comédie* qui
couronne heureusement l'édifice est l'œuvre de M. Chevalier.

Nous voici sur le **boulevard des Italiens**, vieux centre de la
vie parisienne, ancien boulevard de Gand, lieu où parviennent les nouvelles politiques, où elles sont commentées,
discutées, appréciées. C'est là que l'opinion s'oriente et s'affirme, c'est le pouls de la grande ville. Grands hôtels, cafés
luxueux, établissements financiers, magasins aux attirantes

vitrines, salles de spectacles, bureaux de grands journaux, vous y trouverez tout cela.

Voici, au numéro 28, le **théâtre des Nouveautés**, qui, depuis 1878, remplace les *folies Oller*. A l'angle de la rue Laffitte le bel immeuble occupé par la Maison Dorée, à l'angle de la rue Le Peletier le café Riche est réinstallé dans une haute construction édifiée en 1899 par la compagnie d'assurance la New-York. Sur l'autre rive, entre les rues de Choiseul et de Grammont, se développe la façade du vaste hôtel renfermant les bureaux et les caisses du **Crédit lyonnais**. Traversons la chaussée, entrons dans la rue Favart et nous nous trouverons sur la place Boieldieu, devant le **théâtre de l'Opéra-Comique**, reconstruit par l'architecte Louis Bernier, sur l'emplacement d'une salle qu'un terrible incendie consuma le 25 mai 1887.

L'extérieur, pour nous qui venons d'admirer les splendeurs de l'Opéra, n'est pas de ceux qui nous retiendront longtemps. L'intérieur, surtout au point de vue de la sécurité des spectateurs, de la prompte évacuation de la salle, a été l'objet de soins tout particuliers. Il y a quarante-cinq postes d'incendie, un grand secours qui peut noyer la scène en quelques minutes, un lanternon vitré qui jouerait le rôle de cheminée en cas de sinistre, de nombreux escaliers desservant toutes les places, et seize portes au rez-de-chaussée.

L'électricité joue ici un grand rôle, elle est employée pour l'éclairage — il n'y a pas de lustre, mais une couronne lumineuse — pour le monte-charge qui amène les décors sur la scène, pour l'ascenseur qui conduit aux loges d'artistes-dames.

Le perron franchi, on se trouve dans un vestibule orné de statues de Falguière et de Mercié ; l'une représente *le Drame lyrique* ; l'autre, *l'Opéra-Comique au dix-huitième siècle*. Un grand escalier conduit au premier palier, six autres à l'avant-foyer et aux fauteuils d'orchestre. Les murailles sont décorées de peintures de François Flameng et de Luc Olivier Merson. Dans l'avant-foyer s'encadrent, dans les marbres, quatre grandes compositions de Joseph Blanc : *la Musique*, *le Chant*, *la Tragédie* et *la Danse*.

Dans le grand foyer on admire avec raison un plafond à trois divisions signé Maignan. Au centre, une farandole de figures gracieuses s'échappe des sept cordes d'or d'une portée ; ce sont les sept notes, il était impossible de les mieux personnifier. Les peintures des panneaux reproduisent diverses scènes d'opéras-comiques célèbres ; deux petits salons en rotonde sont aux extrémités du foyer, l'un d'eux a été décoré par Toudouze, l'autre par Raphaël Collin. La salle est blanc et or, les loges, tendues de satin brodé d'une teinte jaune pâle.

Benjamin Constant en a peint le plafond.

Transportons-nous de nouveau sur l'autre côté du boulevard, nous y trouverons le **théâtre de Robert-Houdin**, salle de prestidigitation dont les soirées et les matinées sont fort récréatives et très suivies. Tout auprès nous voyons les passages de l'Opéra, galerie du Baromètre et galerie de l'Horloge ; au fond de la première est une petite salle de spectacle, reste de l'ancien théâtre du Gymnase enfantin, incendié en 1845 et dont les emplois sont maintenant divers.

Les galeries de l'Opéra ont été ouvertes en 1823, sur la propriété de Morel de Vindé ; elles communiquent entre elles, et celle du Baromètre nous conduit à l'entrée de la *rue Chauchat*, bordée ici de beaux immeubles habités par des établissements financiers, et l'hôtel de la Société des anciens élèves des écoles d'arts et métiers.

On voit rue Chauchat, mais nous n'irons pas jusque-là, **le temple de la Rédemption**, lourde bâtisse édifiée en 1843 par les soins de la duchesse d'Orléans sur les restes d'un entrepôt appartenant à l'octroi de Paris.

Ce qui nous arrête en route, c'est l'**Hôtel des ventes mobilières**.

Commencé en 1851 par Levasseur et Lejeune, terminé en 1858 par Paillard, agrandi en 1892 et alors doté d'un bureau télégraphique et téléphonique, cet établissement est celui où se vendent aux enchères non seulement les mobiliers et les marchandises saisis chez de pauvres gens, mais encore, et c'est ce qui fait son attrait, toutes les grandes collections artistiques. Ces dernières ventes, dès qu'elles ont une certaine importance, sont faites dans les salles vastes et propres du premier étage et généralement précédées d'un ou deux jours d'exposition, pendant lesquels marchands et amateurs défilent, apprécient les œuvres, font leur choix, guidés et conseillés par l'expert, et finalement, le jour de la vente arrivé, ne parviennent pas toujours à lutter avec des enchères imprévues — l'hôtel des ventes, nous parlons au figuré, est comme un théâtre plein de chausse-trapes inconnues et de dessous inexplorés — il faut être *de la maison* pour y pouvoir opérer avec bonheur.

Presque en face le flanc est de l'hôtel, rue Drouot, la **mairie du neuvième arrondissement**, est installée dans un immeuble qui appartint jadis à Aguado. Une statue de Voltaire à vingt-cinq ans orne la cour ; elle a été donnée à la ville de Paris par son auteur, Emile Lambert.

En remontant la rue, nous passons devant l'**hôtel du Figaro**, décoré à son entrée d'une jolie statue du fameux barbier, sculptée par Aubé.

Le Figaro est, de tous nos journaux parisiens, le premier qui a créé une salle de dépêches, hall public où l'on peut prendre connaissances de toutes les nouvelles fraîches, voir les portraits de tous les personnages que le remous politique amène au pouvoir, qu'un succès d'art désigne à l'attention ou que la mort frappe.

Nous arrivons ensuite à un endroit assez étroit, très commerçant et fort encombré de la rue du Faubourg-Montmartre ; un détour à gauche, quand nous rencontrons celle de Châteaudun, nous conduit devant le portail de l'**église Notre-Dame de Lorette**. Cette église, imitation d'une basilique romaine, remontant aux premiers siècles de la chrétienté, a été bâtie entre les années 1823 et 1836 par l'architecte Hippolyte Lebas (une rue voisine porte son nom). Vue du boulevard, elle termine assez heureusement la perspective de la rue Laffitte ; vue de près, elle est froide d'aspect, sa partie absidale est écrasée, son clocher sans caractère.

Mais si l'œuvre architecturale laisse à désirer, la partie artistique est de celles qui forment un intéressant groupement. Le tympan du fronton est décoré d'un bas-relief de Lebœuf-Nanteuil et ses angles des statues de *la Foi*, de *l'Espérance* et de *la Charité*, par Foyatier, Lemaire et Laitié. L'intérieur renferme une nef centrale terminée par un chœur en hémicycle et de deux bas côtés bordés de cha-

pelles. Il est très richement orné et contient un bon nombre
d'œuvres fort remarquables ; telles sont à gauche, dans la
nef centrale, les fresques de Dejuine, de Granger, de Hesse,
de Dubois ; à droite, celles de Mouvoisin, Vinchon, Langlois
et Dubois. Nous ne vous donnons pas les titres de ces compositions, ils sont tous faciles à deviner. La décoration du
chœur est due à Delorme, Drolling et Hesse ; celle de l'hémicycle, un *Couronnement de la Vierge*, sur fond d'or, est de
Picot ; dans les chapelles, vous verrez, de Devéria, *Sainte
Geneviève rendant la vue à sa mère*, et aussi son *Apothéose ;
Saint Hyacinthe guérissant un noyé*, d'Alfred Johannot ; *le
Martyre de saint Hippolyte* par Hesse, et ses *Funérailles* par
Coutan.

Tout cela est fort beau, certes, mais difficile à voir et à
juger, l'église étant petite, les œuvres d'art entassées, la lumière insuffisante.

La rue de **Châteaudun**, originairement rue du Cardinal-
Fesch, est une droite et large voie bordée de hauts immeubles ; ceux-ci sont habités par des compagnies d'assurances,
de grands manufacturiers, de gros propriétaires. Les boutiques sont occupées par des marchands de meubles, de
curiosités, de faïenceries, de gravures et de livres. Tout en
regardant les étalages, nous sommes arrivés à la rue Saint-
Georges, descendons-la jusqu'à sa rencontre avec la rue de
la Victoire ; à notre gauche, dans cette dernière, nous verrons l'entrée d'une école israélite, elle dépend du **Temple
consistorial** dont la façade est rue de la Victoire. Ce temple
est non seulement le plus important de ceux que l'on peut
voir à Paris, mais aussi le plus grand qu'il y ait en France (1).

Commencée en 1865, interrompue par les événements, la
construction de cette synagogue fut achevée en 1876. L'architecte Aldrophe, qui en a fourni les plans, a dû regretter
souvent que la façade imposante qu'il a conçue ne s'élevât
pas au fond d'un parvis ou devant la percée de quelque large
rue ; avec son vaste fronton plein cintre, laissant deviner la

(1) Les autres temples israélites sont ceux de la rue des Tournelles, de la
rue Notre-Dame de Nazareth et enfin celui de la rue Buffault affecté au rite
portugais.

voûte en berceau de la grande nef, ses deux puissants pylônes, ses roses magnifiques, ses trois larges baies aux piliers sévères, elle ferait certainement un splendide décor. Enfoncée dans l'étroite rue de la Victoire, elle demeure quand même un de nos beaux monuments parisiens.

L'intérieur correspond au dehors, sa division est des plus intelligemment comprises, son ornementation des plus riches et d'un goût irréprochable. Un orgue puissant sortant des ateliers Merklin, accompagne les chants liturgiques ; des vitraux de Lusson, Lefèvre et Oudinot, donnent à la lumière ces tons chatoyants et mystérieux qui conviennent si bien aux lieux de recueillement.

La rue de la Victoire est croisée par celle de la **Chaussée-d'Antin.**

La rue de la Chaussée-d'Antin, une des plus animées du Paris moderne, n'était, au début du dix-huitième siècle, qu'un chemin tortueux où l'égout Gaillon coulait à ciel ouvert. Le tracé de la voie fut redressé en 1729 et, quand éclata la Révolution, elle était à peu près entièrement construite. Nommée rue Mirabeau après la mort du grand tribun qui l'habitait, elle devint rue du Mont-Blanc en 1793 et prit, en 1816, sa dénomination actuelle.

A son extrémité, la rencontre des rues de Châteaudun et Saint-Lazare forme un vaste espace au fond duquel, au-dessus des verdeurs d'un square et des blancheurs de rampes élégantes, se dresse la façade de l'église de la Trinité.

Plus heureux que la synagogue voisine, cet édifice se voit de loin en partie, et quand on s'en approche, on jouit d'un recul suffisant pour l'apprécier dans son ensemble.

Le **square** qui se développe à ses pieds est orné d'une fontaine formant cascade surmontée d'un groupe dessiné par Duret et exécuté par Lequesne, représentant les vertus théologales. Le porche, auquel on accède par des rampes carrossables, est formé de trois arcades appuyées sur des piliers que décorent des statues de saints sculptées par Guillaume. Au premier étage, éclairé par une rose et deux grandes fenêtres, quatre figures représentent *la Force, la Justice, la Tempérance* et *la Prudence;* ces allégories ne sont peut-être pas précisément celles qu'on s'attend à voir sur la façade d'une église, mais nul ne songe à le remarquer en présence de leur bonne exécution ; elles sont dues aux sculpteurs Maillet, Cavelier, Carpeaux et Crauk. Le clocher, carré à sa base, octogonal en ses parties supérieures s'achève par deux dômes superposés, dont le second, à 65 mètres au-dessus du sol, forme lanterne ; des clochetons, terminés en coupoles, s'élèvent en arrière du porche sur les saillies formées par les chapelles des bas côtés.

L'intérieur, vaste et d'une bonne disposition pour le développement des cortèges, est divisé en trois nefs par des piliers massifs ornés de statues d'apôtres ; le sanctuaire est surélevé, flanqué de collatéraux ; le maître-autel, en cuivre doré, est d'un fort beau travail. Toutes les chapelles sont ornées de peintures signées Brisset, Lecomte du Nouy, Barrias, Laugée, etc.

Commencée en 1863, la construction de cette belle église a été rapidement menée par l'architecte Ballu. Sa consécration a eu lieu le 8 novembre 1867.

Si nous faisons une promenade autour de l'église, nous pourrons voir, rue de Clichy, le bel établissement connu sous le nom de **casino de Paris**. Une salle de spectacle qui lui fait suite et change souvent de propriétaire et de genre, a son entrée rue Blanche, tout auprès du bel hôtel où s'abrite la **Société des ingénieurs civils**.

Si nous passons par la rue La Rochefoucauld, nous y verrons, à côté de la *Galerie Sedelmeyer*, le *Musée Gustave-Moreau*, installé dans l'hôtel où l'artiste est né et a passé sa vie entière.

Continuant à gravir la montagne par les rues Chaptal et Ballu, nous arriverons à la place de Clichy, aujourd'hui point de départ et de ralliement de nombreux omnibus et tramways, où fut cette barrière de Clichy que la défense de Paris, le 30 mars 1814, a rendue célèbre. Un monument de belle allure, couronné d'un groupe en bronze dont le maréchal Moncey occupe le centre, rappelle aux Parisiens ce souvenir à la fois triste et glorieux de leur histoire.

Le dessin du monument est dû à Guillaume, l'œuvre sculpturale à Doublemard.

Nous voici sur le **boulevard de Clichy**; boulevard extérieur autrefois, il est, ainsi que ceux qui le prolongent à l'est et à l'ouest, une simple ligne de démarcation entre l'ancien Paris et les communes qui lui ont été annexées le 1er janvier 1860. Inutile de vous dire que les chemins de ronde qui occupaient sa partie méridionale ont été remplacées par des immeubles.

A l'angle que forme le boulevard avec le **pont Caulaincourt**, hardiment jeté sur le cimetière Montmartre et inauguré le 17 juillet 1892, nous voyons la coquette façade du nouvel **Hippodrome**, construit par M. Cambon et ouvert en avril 1900.

Ce spectacle, qui fut originairement au pied de l'arc de triomphe de l'Étoile et, plus tard, avenue de l'Alma, est un de ceux qui restent toujours en faveur auprès des Parisiens; là triomphent les écuyères, les acrobates, les équilibristes, les clowns bouffons; là, les divertissements sont toujours à peu près les mêmes, mais cela amuse les yeux et ne fatigue pas l'esprit.

Devant ce lieu de divertissement facile on voit la **statue de Charles Fourier**, philosophe, chef de l'école phalanstérienne, bronze d'aspect un peu triste du sculpteur Derré.

Nous traversons le pont, surplombé d'un côté par les sépultures, les dominant de l'autre (1).

Suivant la rue Lepic, montant toujours la côte, nous passons devant les derniers des moulins qui tournaient jadis sur la butte. Ils sont enfermés dans un vaste établissement chorégraphique connu sous le nom de **moulin de la Galette**; plus loin, au sommet de la rue Ravignan, nous rencontrons, indiquant la place jadis occupée par le moulin dit *du Palais* et devant la maison où le docteur Blanche fonda son établissement en 1821, un petit réservoir bâti en 1835.

L'étroite rue Saint-Rustique, une voie qui n'a pas perdu son vieux caractère, nous amène auprès de l'église paroissiale de **Saint-Pierre de Montmartre**, monument historique, seul reste de la puissante abbaye que la femme de Louis le Gros avait fondée et qui fut démolie en 1793.

(1) Nous ne vous faisons pas visiter le cimetière Montmartre, notre intention étant de consacrer un chapitre spécial à nos nécropoles.

Il est probable que cet édifice chrétien a été bâti sur l'emplacement d'un temple païen et avec quelques-uns de ses matériaux; on y voit, sous la tribune des orgues et dans la partie absidale dite le *Chœur des dames*, des colonnes de marbre auxquelles on attribue cette vieille origine.

Le chœur des dames, partie de l'église autrefois réservée aux religieuses, est un morceau d'architecture des plus précieux. L'église, qui a beaucoup souffert pendant la Révolution ayant été employée à divers usages, menaçait ruine en 1898. Le Conseil municipal de Paris a voté les fonds nécessaires à sa réfection. M. Sauvageot la dirige.

Le petit cimetière dont vous voyez l'entrée à gauche de l'église est l'ancien cimetière paroissial.

Jetez un coup d'œil dans un jardin, au sud, vous y verrez le **calvaire** que l'abbé Ottin fit édifier en 1833; il est composé d'une grotte rappelant le saint sépulcre, et de bas-reliefs sculptés par Courtin, sorte de chemin de croix dont quelques stations ont été supprimées quand on a rétréci le jardin pour la construction du Sacré-Cœur.

Vous voici maintenant auprès de la **basilique du Sacré-Cœur**. Cette immense construction commencée en 1874, bien qu'inachevée encore, est le but de pèlerinages dont la fréquence a complètement transformé la physionomie du sommet de la butte Montmartre : hôtels, restaurants, abris pour les visiteurs étrangers, débitants d'objets religieux, se sont groupés autour de la basilique; l'animation y demeure constante et les affaires y sont actives.

D'abord dirigés par Abadie, les travaux, après sa mort, ont été successivement conduits par les architectes Daumet, Laisné et Rauline; néanmoins, les plans primitifs n'ont pas été sensiblement modifiés.

L'édifice, conçu dans le style roman-byzantin, a 100 mètres de longueur sur 50 de largeur; une crypte renfermant dix-sept chapelles règne à 10 mètres au-dessous du pavé de l'église. La première messe a été dite en cette partie au mois d'avril 1887; la consécration solennelle du monument a eu lieu au mois de juin 1891. Une cloche gigantesque, *Marguerite-Françoise* de son vrai nom, *la Savoyarde* pour les Parisiens, lui a été offerte en 1895 par le diocèse d'Annecy.

Bien que certaines parties de l'édifice soient d'un beau

LA BASILIQUE DU SACRÉ-CŒUR ET LA PLACE SAINT-PIERRE.

DESSIN DE P. MERWART.

caractère, il en est d'autres dont la lourdeur ne satisfait pas l'œil. Quant à l'intérieur, il a dans ses grandioses proportions la froide majesté des églises primitives.

Si vous vous arrêtez un instant devant le porche, vous planerez sur ce magnifique panorama de Paris dont vous avez déjà parcouru une partie; c'est un spectacle qu'on peut voir plusieurs fois du haut de la butte, mais dont on ne se lasse jamais.

A droite, à quelques pas, vous verrez une rotonde décorée d'arcs florentins, flanquée de tourelles et ornée des armes de la Ville. Cette construction, si grande dans sa simplicité, si bien comprise dans ses proportions, est un *réservoir* construit par M. Diet; il renferme cinq bassins, dont deux alimentés par la Seine et trois par la Dhuys. Vous voyez d'ici la cheminée de l'usine renfermant la machine qui amène les eaux aux réservoirs; cette usine est située sur la place Saint-Pierre, à l'angle de la rue Seveste.

Descendez les dix étages de la rue Foyatier, vous vous trouverez sur la place Saint-Pierre, auprès d'un square créé en 1881, et très fréquenté par l'enfance du quartier.

Mais nous voici à deux pas du boulevard Rochechouart; nous l'atteignons par la rue Seveste et nous nous trouvons devant le grand rectangle formé par les bâtiments du collège Rollin, seule institution de ce genre appartenant à la Ville. Fondé en 1822 dans la rue des Postes (aujourd'hui rue Lhomond), il a été transporté en 1876 dans les spacieux bâtiments que vous voyez et qui ont été construits sous la direction de M. Napoléon Roger. L'entrée principale de l'établissement est sur l'avenue Trudaine, vis-à-vis celle de l'Ecole commerciale que la Chambre du commerce a créée en 1863.

A l'est du collège verdoie le square d'Anvers, orné d'une statue de la *Paix armée* due à M. Coutan, et de celles de Diderot et de Sedaine, dont M. Lecointe est l'auteur.

Nous sommes ici au centre du Montmartre chanteur, danseur, diseur de vers, improvisateur de croquis et de pochades, du Montmartre tavernier et cabaretier, du Montmartre qui s'amuse et amuse tous les oisifs de Paris. Ce que nous vous en dirons fera le sujet des lignes qui vont suivre.

Montmartre et ses divertissements.

Si la promenade que nous venons de faire nous a conduits jusqu'à cette heure qu'à Paris on appelle l'*heure de l'apéritif,* nous nous trouverons à Montmartre, juste à l'instant où le quartier s'éveille. A ce moment le gaz s'allume, certains établissements, clos tout le jour, ouvrent leurs portes, les terrasses des cafés et des tavernes se remplissent de consommateurs, dans les cabarets aux dénominations bizarres commencent les séances de musique et de déclamation. Les *guinguettes* des Porcherons où nos grands-pères chantaient sous la tonnelle en buvant du vin clairet sont devenues, sous Louis-Philippe, les *goguettes,* sortes de sociétés chantantes ; fréquentées surtout par la classe ouvrière, elles se réunissaient le soir dans une salle de marchand de vin et chaque assistant lançait son couplet tour à tour: Béranger, Debraux, Festeau, Ch. Colmance furent les dieux des goguettes, comme Vadé, Panard, Gallet avaient été ceux des guinguettes. Survinrent les cafés-concerts ; bien modestes à l'origine, ils offraient pourtant plus de confort que les entresols des marchands de vin, leur succès fut rapide, les *beuglants* devinrent des salles luxueuses, les chanteuses qui passaient parmi les spectateurs quêtant leur obole, une soucoupe en main, furent remplacées par des artistes dont le succès fut souvent exagéré, mais il n'importe.

A Montmartre, en ce temps, on dansait plus qu'on ne chantait. Outre le bal du *Moulin de la Galette,* on y voyait celui du *Château Rouge,* celui de *Roger,* ceux de *Robert,* de l'*Elysée-Montmartre,* de la *Boule Noire,* de la *Reine Blanche,* etc. Seul, le Moulin de la Galette existe encore, mais il a perdu son champêtre aspect. L'Élysée-Montmartre est devenu *Trianon ;* on y chante et on y joue la comédie. La Boule Noire, reconstruite en 1894, s'est transformée en concert de la *Cigale ;* on y joue des vaudevilles et des revues. De son entrée, sur l'autre côté du boulevard, on voit le *cirque Médrano* (originairement cirque Fernando) et, rue des Martyrs, la façade du *Divan Japonais,* coquette salle construite sur l'emplacement d'un café. Quant à la Reine Blanche, c'est aujourd'hui le *Moulin Rouge,* dont vous

LE VIEUX MONTMARTRE, LES DERNIERS MOULINS.

DESSIN DE F. HOFFBAUER.

voyez tourner les ailes illuminées sur la place Blanche, le joyeux Moulin Rouge, disent ses réclames, lieu de plaisirs divers, fréquemment renouvelés ; on y danse et on y chante tout autrement qu'à l'Opéra, on y exhibe des spectacles excentriques, on y boit en compagnie joyeuse, des *redoutes* y attirent la foule en tout temps et des bals masqués la cohue en carnaval.

Entre ces grands établissements, sur les boulevards, dans le voisinage, dans tout ce qui fut Montmartre autrefois, il s'est créé une foule de cabarets visant à l'originalité et l'atteignant parfois. Quelques-uns sont décorés à la mode du dix-huitième siècle, d'autres ont leurs murs entièrement couverts de panneaux peints par les artistes du quartier. L'*Ane Rouge*, le *Clou*, sont les plus anciens ; le plus célèbre fut le *Chat Noir*, fondé par Rodolphe Salis ; il fut d'abord sur le boulevard Rochechouart, à l'endroit où le chansonnier Aristide Bruant est maintenant établi, puis il se transporta rue Victor-Massé, où ses garçons s'affublèrent d'un uniforme d'académicien. Salis est mort en 1898 ; Willette avait enrichi les murs du *Chat Noir* de compositions savoureuses, Caran d'Ache y créa son *théâtre d'ombres*, plusieurs chansonniers, Jules Jouy entre autres, y connurent les premières joies du succès. Un nouveau groupe d'artistes fantaisistes a pris possession de l'hôtel, il est connu maintenant sous le nom de *la Boîte à Fursy* ; on y chante, on y fait de la musique et le programme s'enrichit parfois de petites pièces inédites.

Salis eut de nombreux imitateurs ; chaque cabaret, chaque taverne a maintenant son piano, sa troupe d'artistes ou son groupe d'amateurs, et, dès la fin du jour, s'emplit de trilles et de refrains. Ici, c'est le *Conservatoire de Montmartre*, le *cabaret des 4'z'Arts*, ailleurs le *cabaret Bruyant*, concurrence faite par Alexandre à Bruant. Lisbonne a laissé son souvenir dans le quartier, c'est lui qui créa, sur un terrain à vendre, dans une baraque en planches, cette *taverne du Bagne*, où les garçons étaient vêtus en forçats et en gardes-chiourme. C'était horrible et ça ne désemplissait pas.

Cette excentricité en a fait naître d'autres. Voyez cette boutique noire, que surmonte une lanterne aux vitres vertes, et qui n'ouvre ses portes qu'à huit heures du soir, lisez son enseigne peinte en lettres blanches — larmes d'argent sur un drap morluaire — c'est le *cabaret du Néant*. On y boit essentiellement de la *bière* qui est servie sur des *cercueils* par de maigres garçons habillés en *croque-morts*, on paye son bock *treize sous*, nombre fatidique. N'en donnez pas quinze, le garçon vous dirait d'une voix creuse : *Le pourboire est payé par la famille !*

En sortant de là, vous pouvez, à votre choix, repaître vos yeux de « visions suaves » au *cabaret du Ciel*, dont une blanche statue d'ange garde l'entrée bleue. Si vous voulez revenir aux impressions macabres, vous pénétrerez par une rouge gueule ouverte dans le *cabaret de l'Enfer* ; si vous en préférez de plus gaies, vous entrerez à *Lilliput* ; enfin, si vous avez quelques goûts littéraires ou artistiques, vous pourrez passer agréablement votre soirée soit au *Conservatoire de Montmartre*, soit à la *Côte d'azur*, soit aux *Tréteaux de Tabarin*, rue Pigalle, soit au *Carillon*, rue de La Tour-d'Auvergne, soit au *Grand Guignol*, rue Chaptal, ou encore au *concert Européen*, rue Biot, si vous êtes allé vers l'ouest, ou, dans le cas contraire, à la *Gaîté-Rochechouart*, à l'*Alouette* ou à la *Fourmi*, près de la place du Delta.

Quand la soirée est finie, quand toutes ces salles ont fermé leurs portes, quand l'*Hippodrome*, le *théâtre de Montmartre* et le *théâtre Maguéra* ont terminé leur représentation, les noctambules trouvent encore un abri dans les restaurants de nuit et l'éternelle kermesse continue jusqu'à l'aube.

Si vous passez alors dans le quartier silencieux, vous ne voyez plus que de longues files de pauvres gens faisant queue devant l'*abbaye de Thélème* ou le *Rat Mort* et recevant des garçons de cuisine les dessertes des soupers dont ils feront le premier et peut-être, hélas, l'unique repas de leur journée. Fête et misère, c'est l'éternelle antithèse à Paris.

Non loin de ces malheureux, debout autour de la grille qui entoure la fontaine de la place Pigalle, pittoresques sous leurs vêtements rapiécés, beaux malgré le peu de soin qu'ils prennent d'eux-mêmes, vous verrez des hommes et des femmes, Italiens pour la plupart, ou feignant de l'être, piétinant sur place en causant. Ce sont des *modèles* pour peintres et sculpteurs qui viennent attendre ici qu'un artiste les loue pour la journée.

Nous pensons en avoir dit assez sur ce quartier original et unique à Paris pour vous prouver qu'il mérite une visite.

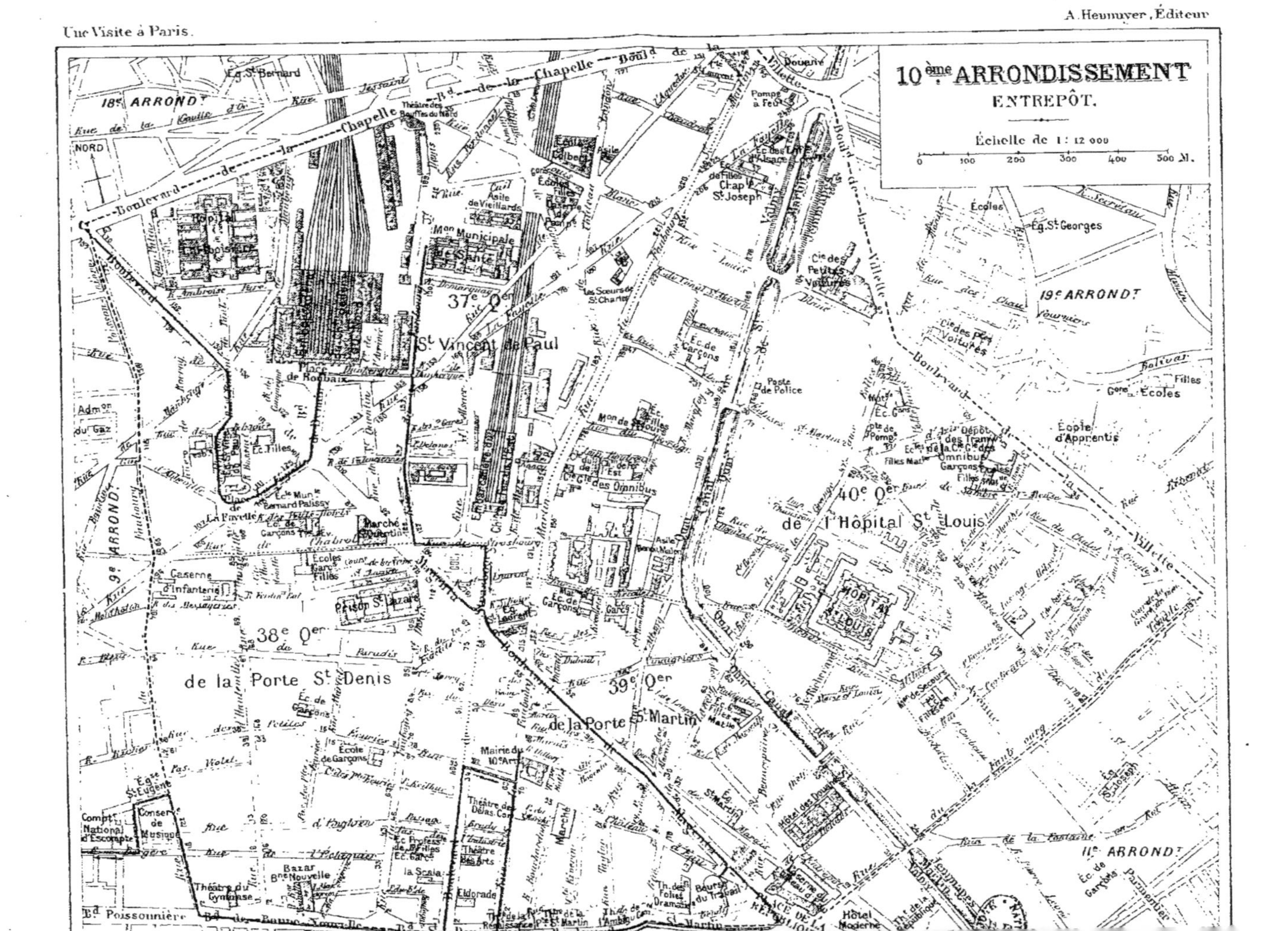
A. Heumuyer, Éditeur
10ème ARRONDISSEMENT
ENTREPÔT.
Échelle de 1:12 000
0   100   200   300   400   500 M.
18e ARROND.t
NORD
Eg. St Bernard
Boulevard de la Chapelle
Théâtre des Bouffes du Nord
Hôpital Lariboisière
37e Q.er
St Vincent de Paul
Place de Roubaix
Admon du Gaz
Mon Municipale de Santé
Ecole Colbert
Chap. St Joseph
19e ARROND.t
Eg. St Georges
Cie des Petites Voitures
Cie des Pet.s Voitures
Poste de Police
Ecole d'Apprentis
Gare. Ecoles
Filles
9e ARROND.t
Caserne d'Infanterie
Prison St Lazare
Ec. Filles
Ec. de Garçons
Marché St Quentin
40e Q.er
de l'Hôpital St Louis
HOPITAL St LOUIS
Cie des Omnibus
38e Q.er
de la Porte St Denis
Ec. de Garçons
Mairie du 10e Art
39e Q.er
de la Porte St Martin
Quai Canal
Eg. St Eugène
Conserve de Musique
Compt.r National d'Escompte
Bazar Bne Nouvelle
la Scala
Théâtre du Gymnase
Théâtre des Délas. Com.
Marché
Théâtre des Arts
Eldorado
Hôtel des Douanes
Hôtel Moderne
11e ARROND.t
Ec. de Garçons Parmentier
Bd Poissonnière
Bd de Bonne Nouvelle

SIXIÈME JOURNÉE

Boulevard de Magenta. — *Églises Saint-Vincent-de-Paul, Saint-Laurent.* — *Portes Saint-Martin et Saint-Denis.* — Place de la République. — *Cirque d'hiver.* — Théâtres. — Boulevards. Esquisses parisiennes. — *Les Foires.*

Pour leur plus grande partie, les quartiers que nous allons parcourir n'appartiennent à la capitale que depuis un peu plus de cent ans ; ils lui furent annexés quand, de 1784 à 1788, Louis XVI fit bâtir le mur d'enceinte que Napoléon III supprima en 1860.

Néanmoins ils sont bien parisiens maintenant ; l'air y circule sain et pur, le soleil les inonde, la verdure les égaye. Ils touchent par un point à ce joyeux Montmartre que nous avons visité hier ; les grands boulevards les bordent au midi, le riche arrondissement de l'Opéra à l'ouest. Usiniers et commerçants, ils sont actifs et populeux, les théâtres et les spectacles-concerts y sont nombreux ; on y rencontre deux gares importantes, deux grands hôpitaux, deux églises diversement curieuses, une rue unique à Paris, la rue de Paradis-Poissonnière, musée de céramique et de cristallerie dont chaque magasin est une vitrine ; une longue voie, la rue La Fayette, les beaux boulevards de Strasbourg et de Magenta, les bassins du canal Saint-Martin, la plus grande maison de Paris, rue du Faubourg-du-Temple, la plus petite, rue du Château-d'Eau, des jardinets, des squares, le Conservatoire de musique et de déclamation. On n'y voit plus l'antique gibet de Montfaucon, mais on y trouve une prison. C'est une ville complète dans la grande ville, entrons-y avec confiance, nous la quitterons avec regret.

Le boulevard de Magenta, long de près de 2 kilomètres, achevé sous le dernier Empire, est planté d'arbres, bordé de hautes maisons, et encadre dans sa perspective la statue de la République au sud-est et, au nord-est, un dôme assez décoratif que vous serez tenté de prendre pour celui d'un monument.

« De loin, c'est quelque chose et, de près, ce n'est rien, » a dit notre vieux et cher La Fontaine. Ce dôme est tout simplement celui qui surmonte les magasins Dufayel. Établis de luxueuse façon sur le boulevard Barbès, ayant une monumentale entrée rue Clignancourt, fort artistiquement décorés à l'intérieur, ces magasins, où l'on peut se procurer aussi bien les plus gros meubles que les plus petits ustensiles, sont ceux d'une maison de vente à tempérament. Le dix-huitième siècle a inventé les caisses d'épargne ; le nôtre en a inventé l'envers, la vente à tempérament. Est-ce un progrès ? Malgré l'incontestable succès obtenu, nous ne le croyons pas.

Mais nous avons tourné le dos à cet établissement, nous descendons le boulevard jusqu'à l'endroit où, en le traversant, la rue Saint-Vincent-de-Paul nous permet d'apercevoir à gauche la porte principale de l'hôpital de Lariboisière, et à droite le chevet de l'église **Saint-Vincent de Paul.**

Nous dirigeant vers cette dernière par les rues Saint-Vincent-de-Paul et Fénelon, nous arrivons promptement à la place La Fayette.

Cette place, créée sous la Restauration, porta jusqu'en 1830 le nom de *place Charles X :* elle est de belles dimensions et sert de débouché à la rue d'Hauteville, qui monte en ligne droite du boulevard de Bonne-Nouvelle. La jolie construction ornée d'un campanile que vous voyez sur l'un de ses côtés, à l'angle de la rue des Petits-Hôtels, et qui abrite maintenant des établissements financiers, était originairement occupée par le facteur de pianos Debain.

De larges escaliers et des rampes de formes infiniment gracieuses occupent le fond de la place ; véritable parvis, elles mènent au seuil de l'église.

L'église Saint-Vincent de Paul est construite sur l'emplacement d'un belvédère, que les religieux de Saint-Lazare avaient fait élever et que Vincent de Paul choisissait souvent pour lieu de promenade. Sa première pierre a été posée le 25 août 1824. La construction, dirigée par Lepère et Hittorff, subit un assez long temps d'arrêt, puis fut activement reprise en 1831. Le 24 octobre 1844, l'édifice fut consacré et livré au culte.

Le portique, composé de douze colonnes d'ordre ionique, est surmonté d'un fronton triangulaire dont le tympan est orné des figures de *Saint Vincent de Paul*, de *la Foi* et de *la Charité*, sculptées en ronde bosse dans le goût antique ; Nanteuil, auteur de cette décoration, a su lui donner un très beau caractère et une saisissante expression.

Deux tours carrées aux baies malheureusement aveuglées par des treillis, se dressent aux extrémités de la façade ; l'une d'elles renferme les cloches, l'autre l'horloge. Les cadrans qui les décorent indiquent, l'un les mois et les jours, l'autre les heures. Sur l'attique qui règne entre ces tours, sont placées les statues de *Saint Pierre*, de *Saint Paul* et des *quatre évangélistes* ; les premières sont de Ramey fils, les autres des sculpteurs Valois, Foyatier, Brion et Barre.

Ne franchissons pas sans l'admirer la grande porte de bronze, elle est divisée en compartiments renfermant les statuettes des apôtres, une grande figure du Christ décore l'imposte ; le tout est l'œuvre bien comprise et habilement exécutée de Farochon.

L'intérieur, très orné, est divisé en trois nefs avec chapelles dans les bas côtés et tribunes régnant au-dessus de la partie centrale ; le chœur, surélevé, est séparé de cette dernière par une grille en fer d'un beau travail. L'hémicycle qui l'achève renferme la chapelle de la Vierge.

Les œuvres d'art sont nombreuses ici, mais distribuées avec une excellente entente décorative. Dans la chapelle de la Vierge, vous verrez un groupe et deux statues de Carrier-Belleuse ; dans le sanctuaire et dans la coupole, des peintures de Picot ; le maître-autel, que surmonte un groupe en bronze de Rude, est décoré de bas-reliefs en bois sculptés par Bosio. L'ornementation des stalles est une œuvre gracieuse et délicate d'Aimé Millet. Les portraits d'évêques qui se détachent sur fond d'or dans l'entablement supérieur, sont signés Glayre, Lestang-Parade, Laure, Berlet, etc.

Mais ce qui demeure la merveille artistique de l'église, c'est la suite de magistrales décorations dont Flandrin a orné les frises de la grande nef. On dit à Paris, avec le même ton de légitime orgueil, *les Frises de Saint-Vincent de Paul*,

comme on dit *le Plafond de la galerie d'Apollon.* Peintes sur
fond d'or, conçues dans un sentiment chrétien très pur, ces
frises, dans leur ensemble, signifient ceci : *l'Évangile prêché
aux nations leur ouvre les portes du ciel.*

Si vous voulez suivre la pensée du peintre dans tout son
développement, vous regarderez d'abord au-dessus de l'orgue
Saint Pierre et Saint Paul prêchant au milieu de personnages
représentant les peuples appelés à entendre la parole nouvelle. Sur la frise de gauche, vous verrez, s'acheminant pro-
cessionnellement vers le sanctuaire, les vierges, les martyres,
les saintes femmes et les saints ménages ; sur celle de droite
défilent les apôtres, les martyrs, les docteurs, les évêques
et les confesseurs. Tous ces personnages sont divers de costumes et de physionomies, tous ils portent des attributs qui
révèlent leurs personnalités, mais tous ils sont semblables
dans leur expression de foi et de béatitude.

Cette œuvre gigantesque (1) est sans conteste une des plus
belles de la peinture religieuse moderne ; elle passe pour le
chef-d'œuvre du grand artiste qui l'a exécutée.

Faisons quelques pas dans la rue La Fayette, nous arriverons à la rue de Denain ; elle s'évase à son extrémité et forme
la place de Roubaix, au fond de laquelle se développe la
façade de la **gare du Nord.**

Une première gare, peu remarquable au point de vue architectural, fut construite ici en 1846, sous la direction de Léonce Reynaud ; elle a été transportée à Lille et remplacée, de 1861 à 1865,
par celle que vous avez devant les yeux et dont les plans ont été
fournis par Hittorff.

L'architecte a su donner grande allure à son œuvre tout
en lui conservant le caractère imposé par sa destination.
C'est une gare, tout le révèle, la largeur des baies, la hauteur des combles, la hardiesse de leurs pentes, la sobriété
et l'appropriation du décor consistant seulement en quelques colonnes hardies et une dizaine de statues personnifiant autant de nos grandes villes du Nord.

(1) Sur 2^m,70 de hauteur, les grandes frises ont 42 mètres de longueur et
celles de l'orgue, 11 mètres.

La destination du monument ne faisant pas doute, on comprend ce qu'en est la disposition intérieure, on devine la large et claire salle des Pas perdus qui règne dans toute la largeur de la façade; derrière les grands arcs lumineux de celle-ci, on pressent qu'un hall superbe doit donner accès aux quais de départ et d'arrivée.

Ici, comme en cent lieux à Paris, l'année terrible a laissé une trace. C'est de la gare du Nord que, le 27 janvier 1871, un brave marin, Jean Lacaze, montant le ballon *Richard-Wallace*, partit, avec 200 kilogrammes de dépêches, pour passer au-dessus de la région occupée par les Prussiens; l'aéronaute gagna les hautes altitudes, un courant le surprit, l'emporta vers le sud-ouest, le ballon disparut. Jamais on ne le revit, jamais on ne sut ce qu'étaient devenus Lacaze et le pilote qui l'accompagnait. Une plaque de marbre apposée dans la salle des Pas perdus rappelle ce souvenir.

Vis-à-vis les **bâtiments annexes de la gare du Nord** qui s'élèvent en bordure de la rue du Faubourg-Saint-Denis, vous verrez la **Maison municipale de santé**, plus connue sous le nom de *maison Dubois* (ainsi s'appelait le docteur qui l'a fondée en 1802).

Expropriée de l'ancien couvent des sœurs grises qu'elle occupait dans le faubourg depuis 1816, lors de l'ouverture du boulevard de Strasbourg, elle s'est réinstallée ici dans de superbes bâtiments édifiés pour elle par Labrouste; sa chapelle a été bénite par l'archevêque de Paris, le 22 février 1859.

Plus favorisée que la gare du Nord, la **gare de l'Est** forme point de vue à l'extrémité du long boulevard de Strasbourg. Son pavillon central, au comble de forme hardie et légère tout à la fois, occupe le fond d'une vaste cour; il est flanqué d'ailes qui se relient à lui par une plate-forme ornée d'une balustrade au centre de laquelle un cadran d'horloge est soutenu par des figures allégoriques représentant *la Seine et le Rhin;* les arcades extérieures sont supportées par des colonnes et décorées d'écussons aux armes des principales villes desservies par la ligne de l'Est. Au sommet dominant l'édifice et la grande baie cintrée qui en occupe le milieu, détachant sa silhouette blanche sur le fond du ciel, *Strasbourg*, statue assise, semble regarder Paris et protester contre les événements qui l'ont arrachée au sol français.

Telle est, à peu de chose près, la gare que Duquesnay a

construite de 1847 à 1850. Les temps modernes l'ont agrandie de tout le long bâtiment qui s'élève en bordure de la rue du Faubourg-Saint-Martin, et qui, en 1898, a été construit, ainsi que les nouveaux corps de logis de la rue d'Alsace, sur les plans et sous la direction des architectes Gouny et Baudry (1).

La rue de Strasbourg, élargie au même moment par le recul des petits pavillons qui marquent l'entrée de la cour, aboutit au boulevard de Magenta, à l'endroit où il rencontre le faubourg Saint-Denis et vis-à-vis la **prison de Saint-Lazare.**

Rien à voir derrière ces murs rongés par le temps et qui cependant ne datent, pour la plupart, que de la fin du dix-septième siècle. C'est là que fut une antique léproserie; c'est là qu'en 1515 s'établirent les chanoines réguliers de Saint-Victor; ils firent, en 1636, don de leur maison à Vincent de Paul, qui y plaça son institution des prêtres de la Mission; c'est là que le saint homme mourut et fut enterré, en 1660 (2). Une partie du couvent servait déjà de maison de détention avant 1789; le tout, en 1793, fut affecté à la même destination. C'est de la prison de Saint-Lazare qu'André Chénier sortit pour aller à l'échafaud.

Saint-Lazare est spécialement affecté à la détention préventive des femmes arrêtées pour crimes ou délits; là aussi sont enfermées les filles de mauvaise vie, quand elles contreviennent aux règlements qui régissent leur triste métier. La démolition de cette prison est résolue depuis longtemps; il est probable qu'elle disparaîtra bientôt.

Nous voici devant l'église Saint-Laurent. C'est un souvenir d'une abbaye qui existait au temps de Grégoire de Tours et que les invasions normandes détruisirent sans doute.

Érigée en paroisse en 1280, l'église fut rebâtie au commencement du quinzième siècle; c'est de cette époque que datent l'abside et le chœur; la nef et le transept ont été construits plus tard, de 1548 à 1595; en 1622, Lepautre la restaura et lui bâtit un portail au goût de son temps. Désaffectée sous la Révolution, elle devint, pour les théophilanthropes, le temple de l'Hymen et de la Fidélité. De 1865

(1) C'est par la gare de Strasbourg que la reine d'Angleterre et le prince Albert sont entrés à Paris le 18 août 1855.

(2) Sous Charles X, les cendres de saint Vincent de Paul ont été transportées au couvent des lazaristes, rue de Sèvres.

à 1867, Constant Dufeux a augmenté sa nef de deux travées et remplacé le portail du dix-septième siècle par un portail gracieux et en rapport avec le style de l'édifice.

Le tympan de la grande porte est décoré d'une très remarquable peinture sur lave émaillée, œuvre de Balze, représentant les principaux épisodes de la vie de saint Laurent. Les statues de saints qui ornent les ébrasures ont été sculptées par Dantan aîné, Courtet, Falconis et Mme Bertaux.

Dans l'intérieur vous remarquerez les vitraux de Galimard qui garnissent les hautes fenêtres du chœur, et deux tableaux : *le Baptême du Christ*, par Édouard Dubufe, dans la chapelle des fonts baptismaux, et un *Saint Laurent*, de Louis Boulanger, dans le bras gauche du transept.

Sur le flanc de l'église on a ouvert, le 1er novembre 1896, un jardinet qui porte le nom un peu prétentieux de **square Saint-Laurent**; il couvre à peu près 740 mètres de superficie, et, à son centre, est décoré d'un joli groupe en pierre de Lefeuvre, intitulé *Frère et Sœur*.

Évitant la chaussée où les tramways et les voitures se croisent incessamment, marchant sur les trottoirs à l'ombre des arbres, ne nous arrêtant pas devant les étalages qui n'ont ici rien de particulier, nous descendons le boulevard jusqu'à sa rencontre avec la rue du Château-d'Eau; là nous nous trouverons devant la façade sobrement ornée de pilastres corinthiens de la **Bourse du travail**.

Cet établissement, reconnu d'utilité publique, a été inauguré au mois de mai 1891; il sert d'abri aux réunions ouvrières et contient les bureaux des corporations syndiquées. Sa construction, qui a coûté près de 3 millions, a été dirigée par M. Bouvard.

Devant nous, se développe maintenant le vaste rectangle de la **place de la République**.

C'est l'ancienne place du Château-d'Eau modifiée et agrandie en 1859 et 1865. Elle est plantée d'arbres, décorée de jardinets entourant des bassins et de mâts vénitiens à ses angles. Un marché aux fleurs l'égaye et la parfume les mercredis et samedis.

A son centre se dresse la **statue de la République**; elle est debout sur un haut piédestal orné de lions, de bas-reliefs rappelantles grandes journées de la Révolution et des figures de *la Liberté*, de *l'Égalité* et de *la Fraternité*. L'œuvre, très décorative, est de Charles Morice pour l'architecture, et de son frère Louis pour la partie sculpturale.

Derrière la statue, vous voyez une immense construction, froide et régulière, bastille moderne : c'est la caserne du Château-d'Eau, bâtie en 1854 par Legroin.

L'avenue de la République, ouverte ici en 1857 et prolongée depuis, va nous mener en un moment au boulevard Richard-Lenoir, à l'endroit où le **canal Saint-Martin** disparaît, sous une longue suite de jardinets qui font, pour le quartier, d'agréables promenades (1).

La pensée de la création du canal Saint-Martin appartient à Napoléon et remonte à l'année 1810 ; néanmoins les travaux ne furent commencés qu'en 1822 ; les ingénieurs Devilliers, Tarbé et Brémontier les conduisirent rapidement, et son inauguration put avoir lieu le 4 novembre 1825, mais il ne fut livré au commerce que le 15 novembre de l'année suivante. Traversé de passerelles, coupé d'écluses, il passe à ciel ouvert depuis sa naissance jusqu'au point où nous sommes, entre les quais de Jemmapes et de Valmy ; et, ici, il atteint souterrainement la Bastille et se termine par la gare de l'Arsenal, longue de 586 mètres, large de 58, bordée d'un côté par le boulevard Bourdon, de l'autre par celui de la Bastille (autrefois boulevard de la Contrescarpe) : tout en laissant, à son centre, un large espace à la navigation, elle peut contenir de 70 à 80 bateaux.

Si vous voulez vous rendre compte de l'incessante animation qui règne sur le canal et les quais qui le bordent, il vous faudra nécessairement gagner l'un de ceux-ci, cela vous demandera quelques moments, mais vous ne regretterez pas de les avoir employés à contempler ce spectacle pittoresque, mouvementé, image inoubliable de toute une population exécutant sans faiblir, et soutenue par la conscience de leur utilité, les travaux les plus lassants et les plus dangereux. Ceci vous permettra de voir, dans la rue qui porte son nom, **l'hôtel de la Douane** et son vaste hall.

(1) L'un de ces jardinets est décoré d'un buste de Frédérick Lemaître.

La douane, en 1840, était encore installée fort à l'étroit et de difficile abord dans la rue d'Enghien; l'État, la Ville et la Chambre de commerce chargèrent Thomas d'édifier l'hôtel actuel, qui couvre une superficie d'environ 7000 mètres et répond parfaitement à sa destination.

Vis-à-vis d'elle, nous ne le signalons que pour mémoire, vous verrez le **Tivoli Vauxhall**, salle de danse qui sert souvent à des réunions publiques parfois orageuses.

A votre retour, poussez une pointe jusqu'à la rencontre des boulevards Richard-Lenoir et Voltaire, vous verrez là la tapageuse façade d'un café-concert fameux dans le quartier: **Ba-ta-Clan**, ainsi nommé sans doute parce que Duval, l'architecte qui l'a construit, lui a donné le caractère chinois. Près d'elle, la **fonderie du Val-d'Osne**, avec sa cour pleine de bronzes gigantesques, et enfin la **statue du sergent Bobillot**, œuvre d'Auguste Paris érigée en 1888. Bobillot, un des héros de la guerre du Tonkin, était un enfant du quartier.

Par les rues Saint-Sébastien et Amelot, où l'on fait le commerce des meubles et des marbres, vous regagnerez le boulevard des Filles-du-Calvaire et vous vous trouverez bientôt devant l'artistique façade du **Cirque d'Hiver**, originairement *Cirque Napoléon*.

Cette salle, coquette à l'intérieur et bien distribuée, a été construite en 1852 par Hittorff; le grand architecte a voulu qu'elle soit décorée par des artistes de premier ordre. L'amazone en bronze, si coquette en son allure, si hardie en son mouvement, que vous voyez à gauche de la principale entrée, est de Pradier; un guerrier lui fait pendant, il est de Duret; les bas-reliefs qui courent sur la frise sont d'ingénieuses compositions dues à Dantan aîné, Husson, Lequesne et Guillaume.

Nous voici sur le **boulevard Saint-Martin**, il se dirige en ligne droite vers l'ouest; il est commerçant, animé, et grâce à la présence de plusieurs théâtres, ses cafés sont fréquentés par les comédiens et ceux, types bien amusants que nous regrettons de ne point avoir le temps de dépeindre ici, qui aiment à se mêler à eux.

Le premier théâtre que nous rencontrons est celui des **Folies-Dramatiques**.

Le nom de cette salle est un souvenir du boulevard du Temple
disparu, et fut celui que Mouriez donna à l'établissement qu'il fonda
en 1834 ; on jouait là des vaudevilles gais et sans prétention. Transféré en 1865 dans l'immeuble où nous le voyons, il a adopté le
genre opérette.

On rit aux **Folies-Dramatiques**, on pleure à l'**Ambigu-Co-
mique**, où l'on joue à peu près exclusivement le drame populaire.

Il n'en fut pas ainsi toujours et le titre du spectacle était mieux
justifié quand, en 1759, Audinot le fonda à la foire Saint-Germain
et, en directeur économe, composa sa troupe de peu coûteuses marionnettes. Aux bonshommes de bois succédèrent des enfants, puis
le drame s'empara de la scène dès la fin du siècle dernier, et Guil-
bert de Pixérécourt y remporta d'éclatants succès. La salle était
alors sur le boulevard du Temple ; un incendie la détruisit, en 1827.
Hittorf et Lecointe la rebâtirent où vous la voyez, en dix mois ;
elle ouvrit ses portes le 8 juin 1828. Après Pixérécourt, Ducange,
Dumas et Maquet, Frédéric Soulié, Anicet Bourgeois et Michel
Masson, Crisafulli, Pierre Decourcelle, etc., triomphèrent tour à
tour sur cette scène que la faveur du public n'a jamais abandonnée.

La façade, malheureusement sans couronnement, se dresse
au fond d'un terre-plein ; toscane en bas, ionique au premier, corinthienne en haut, elle est ornée de statues et n'a
pas mauvaise grâce en son ensemble. La salle peut contenir
1 600 personnes, mais en reçoit souvent davantage. Plus on
est serré dans un théâtre, plus les émotions sont intenses.

Plus loin, nous nous trouvons devant le luxueux édifice
que M. de la Charbonnière a construit en 1873 pour remplacer l'ancien **théâtre de la Porte-Saint-Martin**, brûlé au
temps de la Commune.

Cette salle, qui vit les grands succès de Frédérick Lemaître, de
Bocage, de Mélingue, de Taillade, de Mmes Dorval, Georges, Marie
Laurent et des maîtres de l'école romantique, avait été bâtie — on
pourrait dire improvisée — du 2 août au 26 octobre 1781, par l'architecte Lenoir, pour loger l'Opéra, chassé du Palais-Royal par
l'incendie du 8 juin précédent.

De plus monumental aspect que l'ancien théâtre, le nouveau est, en ce qui concerne la salle, de proportions plus

exiguës; il ne contient que 1 500 places, mais elles sont confortables, d'accès facile, et de nombreux dégagements assurent la sécurité des spectateurs.

Au théâtre de la Porte-Saint-Martin s'appuie, élégant, coquet, richement orné, le **théâtre de la Renaissance**, deuxième du nom (1). Il a été construit en 1872 par M. Ch. de Lalande.

Le dedans répond au dehors, la salle est jolie et bien distribuée, 1 200 personnes y tiennent à l'aise. Depuis sa création, il a souvent changé de directeurs et de genre.

En regard de sa façade latérale, nous voyons le flanc de la **porte Saint-Martin**, arc de triomphe élevé en 1674 à la gloire du grand roi et en souvenir de la conquête de la Franche-Comté; les dessins en ont été fournis par Pierre Bullet. Elle est percée de trois ouvertures, une grande et deux petites, et forme en façade un carré parfait de 18 mètres en élévation et autant en largeur. Des bas-reliefs remplissent sur les deux faces les espaces compris entre les pieds-droits, le bandeau de la grande arcade et l'entablement. Du côté du boulevard, on voit, à droite, Louis XIV assis sur son trône, et recevant des mains d'une nation agenouillée le traité de la triple alliance. A gauche, nu, massue en main, couronné de lauriers par une Victoire ailée, le roi Soleil reparaît sous la figure d'Hercule. Desjardins a signé la première de ces allégories, Marsy la seconde. Celles qui décorent la face regardant le faubourg sont de Le Hongre et de Legros; l'une représente la prise de Limbourg, l'autre la défaite des Allemands.

Nous retournant après avoir vu ce côté du monument, nous apercevons à droite, dans l'air, de fines aiguilles, de grands toits, un campanile élancé, tout cela nous révèle la présence d'un monument curieux. Montons le faubourg pendant deux ou trois minutes et nous serons devant lui, c'est la **mairie du dixième arrondissement**.

Cet arrondissement eut, pendant de longues années, le plus modeste édifice municipal de Paris, une ancienne caserne de pompiers;

(1) Le premier théâtre qui porta ce titre fut ouvert en 1838 sous la direction d'Anténor Joly; il occupait la salle Ventadour.

il possède aujourd'hui l'un des plus beaux, un véritable bijou architectural.

Le 10 janvier 1892, M. Rouyer, architecte, fit poser la première pierre de la construction nouvelle, le 26 février 1896 on inaugura solennellement la mairie. Comme sa devancière, elle fait l'angle des rues du Faubourg-Saint-Martin et du Château-d'Eau. Sa façade principale est en bordure de la première de ces voies; elle se compose d'un large corps de logis précédé d'un perron percé de cinq grandes ouvertures cintrées à rez-de-chaussée et flanqué de pavillons d'angle. Les fenêtres à meneaux du premier étage s'ouvrent entre des colonnes et au-dessous de plaques de marbre tachant de douces teintes roses la blancheur de la pierre; une élégante balustrade règne au second étage devant de petites fenêtres que surmontent aux angles du monument de hautes mansardes, et, au milieu, la lucarne encadrant le cadran de l'horloge. Le comble, hardi, ardoisé, orné de festons légers à son faîte, part de là laissant naître et s'élancer vers la nue les trois étages ajourés du campanile que nous avons vu de loin; toutes les mansardes sont ornées de riches couronnements : des flèches, des fleurons, des pinacles, partent de tous les angles comme des fusées joyeuses et complètent un ensemble charmant à l'œil et rappelant les coquettes constructions du beau temps de la renaissance.

Si vous voulez visiter l'intérieur, vous atteindrez les belles salles qu'il renferme par un magnifique escalier à double rampe, qui prend naissance au fond du grand hall.

Deux curiosités avoisinent la mairie : la première, rue Pierre-Bullet, est un petit **hôtel Louis XVI** décoré de sculptures d'une exquise délicatesse.

Cette maison fut, à la fin du siècle dernier, habitée par le grand ciseleur Gouthières; à l'intérieur, il reste encore de belles cheminées en bronze et de splendides cuisines. Ce détail permet d'accepter l'hypothèse de Lefeuve, qui voit, en cet hôtel, une *petite maison* de l'ancien régime.

Rue du Château-d'Eau, n° 39, vous verrez la **plus petite maison de Paris**; elle a 1 mètre de façade, l'étage qui surmonte la minuscule boutique qu'un cordonnier occupe, appartient à l'immeuble voisin (1).

La rue du Château-d'Eau nous conduit au boulevard de Strasbourg ; en le descendant pour gagner les grands boulevards, nous passons devant le **théâtre Antoine**, autrefois théâtre des Menus-Plaisirs, devant l'**Eldorado** et la **Scala**, grandes salles de concert. Non loin de ce dernier, au numéro 23, est une maison où le père du président de la République Félix Faure avait son établissement de tapissier (2).

Sur le **boulevard Saint-Denis**, la circulation et le commerce sont remarquablement actifs ; c'est un endroit que les promeneurs abandonnent exclusivement aux gens pressés, nul n'y *flâne*, nul n'y *badaude*, nul ne s'arrête aux étalages, chacun court à ses affaires. Quant à nous, que la curiosité seule pousse, au risque d'être heurté par l'un ou bousculé par l'autre, nous stationnerons un moment devant un nouvel arc de triomphe, frère aîné de celui que nous avons vu tout à l'heure. Celui-ci est la **porte Saint-Denis**.

D'aspect moins lourd, un peu plus haute que la porte Saint-Martin, elle est comme elle parfaitement carrée et percée de trois ouvertures dont la principale seule affecte la forme d'une arcade. Du côté du boulevard, elle est décorée de hauts obélisques engagés dans le mur, sur lesquels sont sculptés des trophées et des armes bien groupés et d'un fort beau style. A leurs pieds, deux grandes figures dont Le Brun a fourni les dessins, représentent, à droite, *la Hollande*, à gauche, *le Rhin*. Au-dessus de l'arcade, un bas-relief nous montre Louis XIV, coiffé d'une perruque, vêtu à la mode grecque, assistant impassible à nous ne savons quelle scène de brutal égorgement. La décoration est de même ordonnance sur la face qui regarde le faubourg, mais au-dessus

(1) Nous avons dit précédemment que le quartier renfermait *la plus grande maison* de la capitale ; celle-ci est située au numéro 129 de la rue du Faubourg du Temple et connue sous le nom de *Maison de la grâce de Dieu*, parce qu'elle a été bâtie par un directeur de la Gaîté enrichi par le succès du drame qui porte ce titre. On y compte dix corps de logis, quatre cours dix-huit escaliers ; plus de deux cents familles l'habitent.

(2) Félix Faure était un enfant du quartier ; sa maison natale porte le numéro 65 de la rue du Faubourg-Saint-Denis.

de l'arcade, un bas-relief représente *la prise de Maëstricht*, et sous les obélisques des lions remplacent les grandes figures.

La porte Saint-Denis a été érigée, en 1671, aux frais de la ville de Paris, à qui elle a coûté 500 122 livres. Blondel, architecte officiel du temps et directeur de l'École d'architecture, en a fourni les dessins; Michel Anguier en a exécuté les sculptures.

Les promeneurs reparaissent sur le **boulevard de Bonne-Nouvelle** et même l'envahissent un peu; à de certaines heures, le large trottoir de gauche semble ne plus appartenir qu'aux jeunes mères qui causent, assises sur les chaises, aux nourrices et bonnes qui envahissent les bancs, aux enfants qui chassent leurs cerceaux ou poussent les voitures de leurs poupées. Au milieu de tout cela passent lentement, heureux d'être reconnus et de percevoir des chuchotements parmi la foule, quelques artistes du théâtre du **Gymnase dramatique**, dont, depuis quelques moments déjà, nous apercevons la blanche façade et le large perron.

Construit, en 1820, par Rougevin et de Guerchy, ce théâtre fut d'abord, sous la direction La Roseraie, une modeste scène où les élèves du Conservatoire faisaient connaissance avec le public en jouant des comédies et des opéras-comiques réduits en un acte. En 1824, Delestre Poirson et Cerfbeer succédèrent à La Roseraie, et ayant été assez habiles pour obtenir le patronage de la duchesse de Berry, le théâtre prit le nom de *Théâtre de Madame*. Eugène Scribe devint son principal auteur, l'ère de son succès commença.

En passant devant la rue d'Hauteville, nous revoyons, au bout de sa ligne droite, la façade de l'église Saint-Vincent de Paul, puis nous gagnons la rue du Faubourg-Poissonnière, et après avoir remarqué quelques beaux hôtels du temps passé, nous arrivons, à l'angle de la rue Bergère, devant le **Conservatoire de musique et de déclamation**. Ceci n'est point un monument, mais une institution nationale.

La fondation du Conservatoire est due au baron de Breteuil et remonte au 3 janvier 1784. C'était alors, sous la direction de Gossec, l'*École royale de chant et de déclamation*. Bernard Sarrette remplaça Gossec en 1789, et l'École royale devint *le Conservatoire*. Fermée en 1814, l'institution rouvrit ses portes deux ans plus tard :

et Pierne la dirigea jusqu'en 1822. Le cabinet directorial a été occupé depuis par les plus éminents de nos musiciens : Cherubini, Auber, Ambroise Thomas, etc. On y peut visiter avec plaisir la *salle des Concerts* (1), avec intérêt la *bibliothèque* et les *collections d'instruments*. A la bibliothèque, très riche, on met à la disposition du public toutes les partitions d'opéras et d'opéras-comiques représentés depuis la création des genres jusqu'à nos jours.

Clapisson a réuni la première collection d'instruments; l'État a acquis celle du docteur Fau, composée de pièces vénitiennes des seizième et dix-septième siècles; enfin, Victor Schœlcher a fait don de la sienne et aussi d'une réunion très complète des œuvres de Hændel.

Tout auprès du Conservatoire, vous pourrez visiter l'**église Saint-Eugène**. Cet édifice a été construit en 1854 par Nicolas Boileau, dans le style gothique rayonnant; particularité remarquable en une église, l'architecte a substitué, partout où cela a été possible, la fonte et le fer à la pierre.

Revenant à la rue Bergère, nous y voyons, élevée de 1878 à 1882, sur l'emplacement de l'ancien hôtel de Rougemont, la vaste construction occupée par le hall lumineux et les services du **Comptoir d'Escompte**. La façade monumentale assise sur perron, décorée avec un grand goût et surmontée d'un campanile de belle forme, fait le plus grand honneur à Corroyer, l'architecte qui a fourni les plans et dirigé les travaux.

La rue de Rougemont nous amène au **boulevard Poissonnière**; il forme trait d'union entre ceux de Bonne-Nouvelle et Montmartre; il est plus animé que le premier et moins tumultueux que le second. On s'y arrête avec plaisir devant la vitrine de la **maison Barbedienne** et les beaux bronzes qu'elle permet de contempler, et l'on y trouve aussi une jolie petite salle de spectacle : **Parisiana**.

Sur le **boulevard Montmartre**, où la foule se presse à toute heure, abondent les cafés luxueux, les restaurants à tous les prix, les lieux de divertissement. Près **du passage Jouffroy**, une galerie ouverte en 1845, et qui, contrairement à ses

(1) Les concerts du Conservatoire, dont la réputation est européenne, ont lieu de quinzaine en quinzaine, depuis le deuxième dimanche de janvier jusqu'au mois d'avril.

sœurs de la capitale, continue à être très fréquentée, voici
l'entrée coquette du **musée Grévin**, cabinet de figures de cire
où l'art décoratif, l'heureux arrangement des groupes, la
ressemblance des personnages représentés, corrige autant
qu'il est possible l'inévitable froideur de ce genre de spectacle. Vis-à-vis, de l'autre côté du boulevard, voici le **théâtre
des Variétés**, c'est une jolie salle construite en 1807 par Cé-
lérier ; sur sa scène se sont succédé des dynasties d'artistes
aimés du public ; la troupe actuelle n'a, sous ce rapport,
rien à envier à ses aînées. Le théâtre a l'entrée de ses cou-
lisses dans une galerie qui fait partie des **passages des Pano-
ramas**, construits de 1800 à 1801, et dont la voie principale,
celle qui, du boulevard, mène à la rue Saint-Marc, offre aux
regards l'attrait des jolis étalages de ses éventaillistes, de
ses graveurs héraldiques, de ses librairies de luxe, etc. Une
autre galerie débouche dans la rue Montmartre et nous
amène au quartier du Mail, d'où nous partirons pour notre
prochaine promenade.

Les Foires.

C'est au roi Dagobert Ier qu'on attribue la fondation de la première foire parisienne ; elle était connue sous le nom bien justifié, vous allez le voir, de *foire de Saint-Denis*, et se tenait pendant quatre semaines chaque année au lieudit *le Petit Pont de
Saint-Martin*, c'est-à-dire à peu près à la rencontre des rues du
Château-d'Eau et du Faubourg-Saint-Martin. Les marchands y
venaient de Saxe, de Lombardie, d'Espagne, de Provence, de
Normandie et de bien d'autres régions encore. On y vendait des
bijoux, des ornements, des armes, des baudriers, des ceintures
ornées d'or et de pierreries, et aussi des étoffes, des vêtements,
de la garance, du miel, de l'huile, du vin, etc., etc. On payait
des droits de navigation, de débarquement, de stationnement
de bateaux sur les rivages et de passage par la cité ; celui-ci
payait pour conduire lui-même sa voiture et s'en servir pour
débiter ses marchandises, celui-là payait pour faire porter les
siennes par des bêtes de somme, cet autre pour annoncer publiquement ce qu'il mettait en vente et en proclamer la bonne
qualité ; une charretée de miel, une mesure de garance étaient
taxées deux sous pour les marchands français, douze deniers
pour les étrangers. Le bon roi Dagobert, il faut le reconnaître,
s'entendait en impôts, mais il n'était point avare, car il abandonnait le produit de ceux-ci à l'abbaye de Saint-Denis.

C'est cette foire qui, transférée à Saint-Denis, devint au moyen
âge la fameuse foire du Landit, dont le 11 juin de chaque année
l'ouverture était solennellement célébrée par la population ; les
écrivains, les enlumineurs, les écoles et l'Université en tête, tous
allant s'approvisionner de parchemin.

Dagobert avait laissé le profit de la foire de Saint-Denis à la
grande abbaye qu'il protégeait. Louis VI, quand il fonda la *foire
de Saint-Labre*, ne se montra pas moins généreux ; ce fut la
léproserie de Saint-Lazare qui perçut les droits et redevances
des marchands. Cette foire se tenait sur la route de Saint-Denis,
elle commençait le lendemain de la Toussaint et, après avoir
duré huit jours originairement, en dura quinze sous Louis VII.

En 1183, Philippe-Auguste la racheta aux lazaristes et la transporta au lieu dit *Champeaux* (emplacement voisin des Halles centrales), puis, pour en augmenter les revenus, il contraignit les marchands parisiens à fermer leurs boutiques pendant le temps de sa durée ou à racheter le droit de les tenir ouvertes.

Cette foire était fort animée, tous les genres de métier et de commerce y envoyaient leurs représentants; autour des comptoirs des changeurs, les pelletiers, les ciriers, les selliers, les marchands d'étoffes rivalisaient d'ingéniosité pour rendre leurs étalages attrayants ; auprès des bouchers montrant leurs viandes appétissantes, les maraîchers échelonnaient en pyramides leurs fruits savoureux. Il est probable que les bateleurs, les danseurs, les faiseurs de tours s'y donnaient aussi rendez-vous et que les cabarets étaient parfois un peu plus bruyants qu'il n'eût fallu. Mais, néanmoins, il ne semble pas que les lieux de divertissements y fussent établis en permanence comme ils le furent plus tard aux foires Saint-Laurent, Saint-Germain et Saint-Ovide, dont nous allons parler.

La *foire Saint-Laurent* était déjà bien vieille quand elle se transforma et devint célèbre, car, en réalité, Philippe-Auguste peut être considéré comme son fondateur. C'est lors du rachat de la foire de Saint-Labre qu'il autorisa les lazaristes à en tenir une autre chaque année pendant la journée du 11 août. Le 11 août est le lendemain de la fête de Saint-Laurent, à qui l'église, toute voisine de la maison des lazaristes, était dédiée ; une vaste plaine s'étendait au nord de cette église, c'est là que la foire s'installa, pendant un jour originairement, comme l'avait ordonné Philippe-Auguste, et plus tard pendant une semaine, puis deux.

En 1661, les prêtres de la Mission, qui avaient succédé aux lazaristes, renfermèrent la foire dans un enclos de cinq arpents, entouré de murs, percé de rues, planté d'arbres, garni de loges et de boutiques où l'on vendait de la pâtisserie, des rafraîchissements, des jouets d'enfants, des ustensiles de ménage, et où l'on rencontrait aussi des théâtres de marionnettes, des cabarets, et si nous en croyons le poème burlesque de Colletet, écrit en 1666, force baladins, et une grande quantité de batailleurs et de filous.

La foire Saint-Laurent durait trois mois, depuis le 1er juillet jusqu'au 30 septembre, sa situation était plus gaie que celle de la foire Saint-Germain, son public moins tumultueux ; elle jouit longtemps de la faveur populaire, puis, sans doute parce que tout lasse, elle fut peu à peu abandonnée et si complètement délaissée en 1775, qu'on dut se résigner à en fermer les portes. On les rouvrit trois ans plus tard, les attraits avaient été multipliés, on y trouvait des cafés, des salles de billard, une redoute chinoise qui renfermait toutes sortes de jeux, des salles de spectacle où l'on jouait l'opéra-comique et des bouffonneries du genre poissard. Elle jouit alors d'un regain de succès qui dura peu et qui n'était plus qu'un souvenir, quand elle fut définitivement fermée en 1789. La gare du chemin de fer de Strasbourg est bâtie sur une partie de l'emplacement qu'elle occupait.

La rive gauche eut sa foire célèbre aussi, la *foire Saint-Germain*. L'autorisation de l'ouvrir avait été accordée par Louis XI, en 1482, aux religieux de l'abbaye de Saint-Germain des Prés, en considération des pertes et dommages qu'ils avaient subis pendant les règnes de Charles VI et de Charles VII ; néanmoins, les religieux de Saint-Denis ayant soulevé des difficultés qui enfantèrent de longs débats, la première tenue s'ouvrit seulement le 3 février 1486 ; elle devait originairement durer huit jours ; mais, de prolongation en prolongation, elle arriva à rester ouverte pendant tout le carnaval et une partie du carême et à ne prendre fin que la veille des Rameaux.

Pour l'abriter, les religieux avaient fait construire cent quarante loges qui, rebâties en 1511 par l'abbé Guillaume Briçonnet, passèrent à ce moment pour un chef-d'œuvre de charpenterie. Un incendie dévora ces loges au mois de mars 1763 ; on les reconstruisit l'année suivante sur un plan plus simple. La foire occupait, entre la rue de Seine et l'église Saint-Sulpice, un vaste espace dans lequel huit rues bordées de boutiques se coupaient à angle droit. On y rencontrait aussi des maisons de jeu, des loteries, des spectacles forains, des cafés luxueux, des cabarets pour le peuple et enfin un *Vauxhall d'hiver*, quelque chose comme les *Folies-Bergère* du temps.

Rixes entre pages et valets, rencontres entre grands seigneurs décavés dans les académies, batailles entre écoliers et gens d'épée, tout cela était fréquent et, sans troubler le négoce des marchands, ajoutait au plaisir des visiteurs.

L'établissement des galeries du Palais-Royal, en 1786, porta à la foire Saint-Germain un coup dont elle ne se releva point. Comme celle de Saint-Laurent, elle fut supprimée en 1789.

La *foire Saint-Ovide*, créée sur la place Vendôme en 1764, transportée sur la place Louis XV en 1771, incendiée dans la nuit du 22 au 23 septembre 1777, s'ouvrait le 31 août et durait un mois. Elle était surtout fréquentée le soir; les bateleurs, les marionnettes et de petits spectacles en formaient les principaux attraits. Quant au commerce, il se bornait à la vente de jouets d'enfants, de bonbons, de pâtisseries, etc.

Après l'incendie de 1777, la foire Saint-Ovide ne rouvrit plus.

Mais c'est assez parler du passé, entretenons-nous du présent.

Paris a maintenant deux grandes foires, la *foire aux Jambons* et la *foire au Pain d'épice*.

L'origine de la première se perd dans les brumes du moyen âge, au temps où les droits payés sur la viande de porc appartenaient à l'évêché de Paris et au chapitre de Notre-Dame. Aussi, est-ce sur le parvis de la cathédrale qu'elle s'installa originairement pendant la semaine sainte, époque à laquelle elle est restée fidèle. En 1823, elle fut transférée sur le quai des Augustins; vingt ans plus tard, elle se transporta dans le faubourg Saint-Martin; elle se tint ensuite pendant quelques années sur le boulevard Bourdon. Elle remplit maintenant pendant trois jours de montagnes de jambon, de guirlandes de saucissons, de boudin, de crépinettes, de mortadelles, de hures, de pieds, etc., etc., tout le boulevard Richard-Lenoir.

Quant à ses alentours, ils sont envahis par les installations sommaires, mais très pittoresques, de débitants de tous genres. La ferraille et les vieux livres étalés sur le pavé font bon voisinage avec les chapeaux aux couleurs criardes qu'une modiste expose sur une planche supportée par deux tréteaux, le marchand de nouveautés ambulant fait avec ses étoffes des oriflammes claquant joyeusement dans le vent au-dessus de l'échoppe d'un négociant en objets d'art qui vend des bronzes (en zinc), des plâtres dorés et aussi des tableaux à 6 francs la paire, cadres compris. Avez-vous faim? les pommes de terre crépitent ici dans la graisse frémissante. Avez-vous soif? le marchand de limonade va diriger vers vous sa voiture, son tonneau et les lauriers qui l'enguirlandent. Le vent a-t-il emporté votre chapeau? les cailloux ont-ils troué votre chaussure? vous ne ferez point cent pas sans rencontrer un chapelier et un cordonnier, et si vous voulez glisser un chronomètre dans votre gousset, vous trouverez certainement un Bréguet ou un Detouche pour vous le céder à bon marché.

Tout cela est amusant par sa variété, son entrain, son caractère de chose improvisée; on se presse d'autant plus sur le champ de foire, qu'on sait que tout ce qui en fait l'attrait disparaîtra bientôt : on n'a pas le temps de se blaser sur le plaisir éprouvé, on en emporte un bon souvenir, et l'on revient l'an suivant en redemander une réédition aux mêmes lieux.

La *foire au Pain d'épice*, qui commence le lundi de Pâques et se prolonge parfois pendant plus d'un mois, est le rendez-vous général de tous les saltimbanques, faiseurs de tours, dompteurs d'animaux féroces, éducateurs de chiens, de chèvres ou d'oiseaux, directeurs de cirques, de montagnes russes, ou de chemins de fer minuscules, acrobates, somnambules extra-lucides, physiciens élèves de Robert-Houdin, danseuses imitatrices de la Loïe Fuller, phénomènes humains et animaux, manèges de chevaux de bois et vélocipèdes, arracheurs de dents, guérisseurs de cors, inventeurs de pommades à faire pousser les cheveux, tellement occupés qu'ils n'ont point le temps de guérir leur calvitie personnelle, et enfin tenanciers de loteries et marchands de pain d'épice.

C'est maintenant la plus courue de nos foires, et les élégants qui fréquentaient jadis la foire de Neuilly, aujourd'hui disparue, ne dédaignent pas d'y faire de longues visites; elle est jeune encore et n'apparaît dans l'histoire de Paris que vers 1830; elle était loin d'avoir alors l'importance, l'étendue et la durée qu'elle a acquises; quelques marchands de pain d'épice et quelques joueurs de gobelets en furent originairement tout le personnel et n'occupaient que l'espace compris entre la place de la Nation, alors place du Trône, et la rue de Reuilly. En 1846, M. de Rambuteau qui, le premier, songea à faire payer un droit de stationnement aux forains, l'appelait *foire du petit Landit*. La taxe fut abandonnée, puis rétablie en 1861, malgré d'énergiques protestations et même quelques voies de fait contre les agents du fisc. Cette résistance cessa peu à peu et, comme les affaires y sont brillantes maintenant, le lutteur qui offre 100 francs à l'amateur qui le *tombera* aussi bien que l'humble marchande de pain d'épice qui vend des bonshommes d'un sou, chacun paye le prix de sa place sans murmurer.

Chaque année, l'affluence est plus grande et le périmètre

accordé à la foire s'augmente en proportion de son succès ; elle
emplit à présent de ses étalages, de ses tentes, de ses baraques,
de ses roulottes, une partie du cours de Vincennes, tout le faubourg Saint-Antoine, et déborde parfois dans les rues adjacentes.

Nous ne parlerons pas des foires de quartiers, toutes à peu
près semblables, réunissant le même personnel et ayant le même
caractère de cohue bruyante. Les forains, à vrai dire, tournent
autour de la capitale, montant et démontant leurs théâtres ; s'ils
ne sont à Montmartre, ils sont à Montrouge ; s'ils ont quitté Charonne, c'est qu'ils se sont transportés vers l'École militaire ;
vous les avez vus hier à la Chapelle, demain ils seront à Montparnasse. Les foires, leur bruit, leur éclat, leur excentricité sont
une joie dont le Parisien ne se lasse jamais et qui n'est pas nouvelle pour eux, car les fêtes publiques ont été de tous les temps.
C'est sur un champ de foire établi en 1768 auprès de la porte
Montmartre que parut le premier mât de cocagne. L'inventeur
de ce divertissement, dont le succès fut grand, était un nommé
Terre, artificier de son état et devenu entrepreneur de fêtes
foraines.

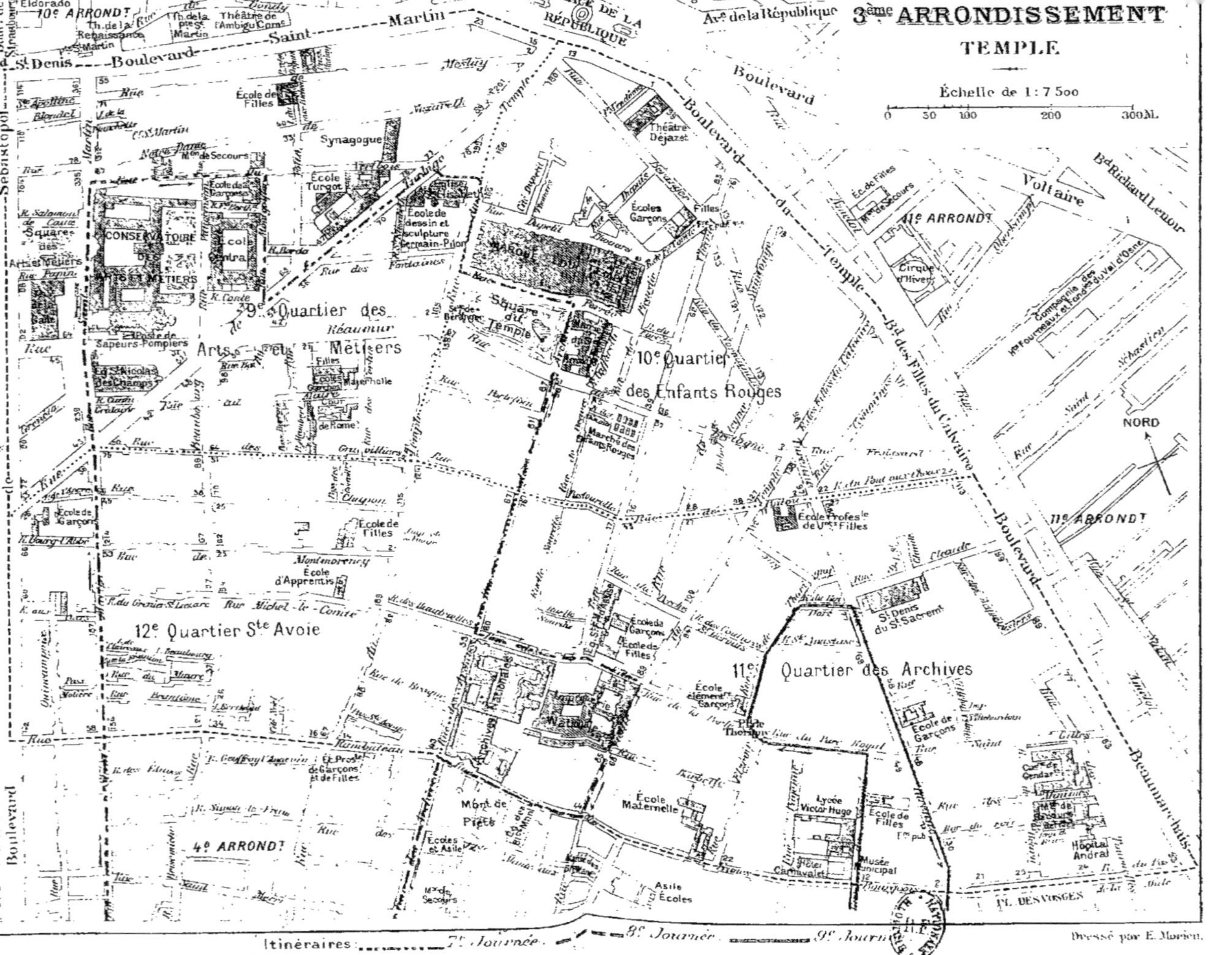

3ème ARRONDISSEMENT
TEMPLE
Échelle de 1:7 500
0 50 100 200 300 M.
NORD
Boulevard de Sébastopol
Boulevard Saint-Martin
Boulevard de Strasbourg
Bd St Denis
Boulevard du Temple
Boulevard Beaumarchais
Avᵉ de la République
70ᵉ ARRONDᵗ
4ᵉ ARRONDᵗ
11ᵉ ARRONDᵗ
10ᵉ ARRONDᵗ
12ᵉ Quartier Ste Avoie
9ᵉ Quartier des Arts et Métiers
10ᵉ Quartier des Enfants Rouges
11ᵉ Quartier des Archives
Quincampoix
Archives Nationales
Conservatoire des Arts et Métiers
Square du Temple
Synagogue
Théâtre Déjazet
Eldorado
Itinéraires
Dressé par E. Marin

SEPTIÈME JOURNÉE

Nous nous sommes arrêté sur le seuil du **quartier du
Mail**; il est, ainsi que son voisin le **quartier de Bonne-Nouvelle**, essentiellement commerçant. Dans le premier, vous
rencontrerez les grandes maisons d'étoffes, de lingeries, de
tulles, de soieries et de dentelles; dans le second, des plu-
massiers, des fleuristes, des modistes. A ce dernier appartient la **place du Caire**, un triangle dont tout un côté est
occupé par les cardeuses de matelas attendant la pratique,
assises sur un pliant, *le Petit Journal* sous les yeux. Au fond
de cette place, vous verrez le **passage du Caire**, composé de
trois galeries étroites vitrées et peuplées de graveurs industriels, de fabricants de cartonnages et d'imprimeurs de fac-
tures, de prospectus, de billets de faire part et de cartes de
visite. Ne soyez pas surpris du style soi-disant égyptien de
la façade du passage; il a été construit en 1799, la mode
était à l'Égypte alors.

Au nord du quartier, sans plus vous y entraîner que vers
les lieux que nous venons de citer, nous vous signalons la
présence de l'église **Notre-Dame de Bonne-Nouvelle**.

Ce modeste édifice avait été originairement construit sur l'emplacement d'une ancienne chapelle dédiée à saint Louis, puis Godde
la rebâtit et l'agrandit en 1822. Au cours de ses travaux, il re-
trouva, et l'église la conserve, la première pierre de l'édifice démoli:
elle avait été posée par Anne d'Autriche, en 1628.

Cela dit, mettons-nous en chemin. Descendons la rue Montmartre, trop étroite pour les piétons qui se croisent sur ses trottoirs et les voitures qui circulent sur sa chaussée. Atteignons le lieu dit la *pointe Saint-Eustache*. Nous avons alors devant nous les vastes pavillons des Halles centrales, les grandes rues qui les séparent et les larges trottoirs qui les précèdent, et, à notre droite, l'église Saint-Eustache, un des plus beaux monuments religieux de Paris.

A l'endroit où elle est bâtie, on voyait, dès le douzième siècle, une chapelle dédiée à sainte Agnès; une église la remplaça dès l'an 1223, puis, en 1530, Dominique de Cortone, dit *le Boccador*, commença la construction de l'édifice actuel. Les travaux s'exécutèrent lentement, car le fils de l'architecte Nicolas Lemercier et Pierre David, gendre de ce dernier, les dirigèrent tour à tour; l'église ne fut achevée qu'en 1642. Cent dix ans plus tard, Mansart de Jouy édifia le lourd portail que vous voyez à l'entrée de la rue du Jour et dont le style est si peu en rapport avec celui du monument.

L'intérieur est un vaisseau à trois nefs de belles proportions, très majestueux dans son ensemble; c'est un cadre magnifique pour les cérémonies pompeuses et les solennités musicales. Vous savez tous de quelle réputation bien méritée jouissent les messes dites *de Sainte-Cécile*, qu'on célèbre à Saint-Eustache le 22 novembre de chaque année.

L'église est riche en objets d'art anciens et modernes, en tombeaux et en souvenirs. En face d'un banc d'œuvre dont Carteaux a fourni les dessins sous la Régence et dont l'ornementation représente *le Triomphe de sainte Agnès*, on voit une chaire exécutée en 1850 par Pyanet, d'après des cartons de Baltard : à ces deux artistes est dû aussi le maître-autel. Les vitraux du chœur, datés 1631, sont du verrier Soulignac et ont été, à ce qu'on assure, exécutés d'après les dessins de Ph. de Champaigne; d'autres ont été placés de nos jours et sont signés Laurent-Gsell, Thévenot, Lafaye, Champigneules, etc.

Toutes les chapelles sont richement décorées d'armoiries, de fresques, de tableaux, de sculptures; celle de la Vierge, reconstruite à la fin du Consulat et consacrée par Pie VII le 28 décembre 1804, possède une Vierge de Pigalle et trois

UNE CÉRÉMONIE A SAINT-EUSTACHE.

DESSIN DE P. MERWART.

compositions de Couture : *Marie consolatrice, Marie étoile de la mer, Marie mère du Sauveur*. Lazerges a décoré la chapelle Sainte-Anne ; Pils, celle des Saints-Anges ; Damoye et Biennoury, celle de la Miséricorde ; Signol, celle des catéchismes. Le tombeau de Colbert, œuvre magistrale de Coysevox, est placé dans la chapelle de Saint-Louis de Gonzague ; dans les autres, vous verrez des peintures de Barrias, de Glaize, de Riesener, etc.

Saint-Eustache, outre les restes de Colbert, a reçu ceux d'un grand nombre de personnages diversement illustres : Benserade, Rameau, le duc de La Feuillade, les d'Armenonville, le comte de Fiesque, le duc de La Vrillière, le surintendant des finances Bullion, notre grand fabuliste La Fontaine et bien d'autres encore ont reposé sous ses dalles ; enfin, dernier souvenir de ce genre, le corps de Mirabeau fut déposé dans cette église le 3 avril 1791, avant d'être transporté au Panthéon, et son oraison funèbre y fut prononcée par Cerutti.

Ceci nous amène au temps de la Révolution et nous remet en mémoire la scandaleuse fête de la Raison qui fut célébrée là, en 1793. Ce jour-là, l'église devint un immense cabaret. Vers la même époque, les femmes y tinrent un club que Robespierre fit dissoudre. Quant aux théophilanthropes, ils firent de l'église le temple de l'Agriculture.

Un violent incendie éclata à Saint-Eustache le 16 décembre 1844 ; il détruisit la chaire et les orgues. Ces dernières, rétablies par Merklin et inaugurées le 26 mai 1854, sont magnifiques ; le buffet est l'œuvre de Victor Baltard.

Au sortir de l'église, les **Halles centrales** développent devant nous leur suite de larges et hauts pavillons. Construites par Baltard en 1854, elles remplacent un amas d'auvents humides et obscurs groupés sur un sol fangeux, et connu sous le nom de *Marché des Innocents*.

Type généralement adopté pour la construction des marchés modernes, les Halles sont assises sur des fondations en pierre, bâties en fer et briques. Aérées, vitrées, elles sont saines pour les marchands et, grâce aux larges voies qui les traversent, d'un abord et d'un parcours facile pour le public. Si vous voulez les visiter à l'heure où elles ne sont point encombrées, entrez-y dans l'après-midi ; si vous préférez les voir dans toute leur fiévreuse activité, alors que la vente en gros a lieu à l'intérieur, alors que les *marchands au petit tas* et les *vendeurs de soupe* envahissent les rues voisines, parcourez-les de 6 à 8 heures du matin.

Par la **rue de Turbigo**, nous gagnons la rue Étienne-Marcel et, au milieu des immeubles neufs de ces deux voies, nous rencontrons un souvenir du moyen âge : la **tour Jean-sans-Peur.**

Ce donjon, construit au quinzième siècle, est le seul reste de l'hôtel de Bourgogne ; il est de forme carrée, éclairé par des baies ogivales et couronné de mâchicoulis. On atteint son sommet par un escalier à vis tournant autour d'un pilier au chapiteau surmonté d'une caisse d'où s'élancent, pour courir vers la voûte, une foule de nervures affectant la forme de branches de chêne et dont le feuillage se mêle très pittoresquement à celui d'autres rameaux s'échappant des murs.

Nous allons maintenant descendre la **rue Saint-Denis.** Cette voie paraît étroite et triste comparée aux voies modernes qui l'avoisinent ou la traversent : nous revoyons là les habitations de nos pères et quelques-unes de ces boutiques basses, étroites et profondes où ils faisaient leur commerce. Au milieu d'elles, à notre gauche, se dressent la façade et les deux tours aiguës de l'église Saint-Leu-Saint-**Gilles.**

Chapelle au treizième siècle, église au quatorzième, paroisse en 1647, réparée en 1727, puis une seconde fois en 1780, par Charles de Wailly, ce petit édifice a été amoindri de trois chapelles à son chevet, lors du percement du boulevard de Sébastopol, en 1858.

Parmi les tableaux qui décorent l'église, on remarque *les Disciples d'Emmaüs*, de Restout, et un saint *François de Sales mourant*, attribué à Philippe de Champaigne.

A droite, en descendant, nous remarquons, à l'angle de la rue des Prêcheurs, l'unique *poteau cornier* qu'on puisse encore voir à Paris. C'est un arbre couronné par une figure de la Vierge et dont les rameaux sont terminés par des tulipes servant de chaire à des frères prêcheurs ; une compagnie de ces religieux appartenant à l'ordre de Saint-Dominique était établie en ce lieu, au treizième siècle.

Un peu plus bas, le **square des Innocents**, contemporain des Halles, verdoie sur une partie de l'emplacement de l'antique cimetière du même nom, supprimé en 1786. A son centre s'élève la **fontaine des Nymphes**.

Cette fontaine est une des plus anciennes de Paris ; elle existait au temps de saint Louis, mais non telle que nous la voyons ; elle fut reconstruite en 1550, par Pierre Lescot ; elle s'adossait alors à l'église des Saints-Innocents et affectait la forme d'une *loggia* ouverte, avec trois arcades encadrées de pilastres corinthiens, une frise et un attique à fronton triangulaire. C'est pour ce petit monument que Jean Goujon sculpta les gracieuses naïades, les tritons et les écussons qui décorent les côtés nord, ouest et est. Quand, après la disparition du cimetière et de l'église, la fontaine fut transportée au milieu du marché, une quatrième face, qu'Antoine Pajou orna, lui fut ajoutée. Elle subit, en 1860, un nouveau déplacement et quelques modifications exécutées avec goût par l'architecte Davioud.

La rue Saint-Denis aboutit à la **place du Châtelet**; elle occupe en partie l'emplacement d'un ancien édifice du même nom, qui renfermait un tribunal, une prison et, jusqu'en 1804, la Morgue. Si vous désirez vous rendre compte de ce qu'était ce monument, regardez au nord de la place, vous en verrez le plan tracé sur une plaque de marbre scellée sur la façade de l'hôtel de la **Chambre des notaires**, par les soins de son architecte Rohant de Fleury.

Deux théâtres se font vis-à-vis sur la place ; tous deux ont été construits, de 1860 à 1862, par Davioud, qui, pour leurs façades, a adopté le style élégant de la renaissance italienne. L'un, à l'ouest, est le **théâtre du Châtelet**; c'est l'un des plus grands de la capitale. Sa salle contient 3 600 places ; sa vaste scène, haute, claire et profonde, se prête admirablement aux défilés des cortèges, aux évolutions des ballets, aux groupements exigés par les apothéoses ; on y joue des féeries et des pièces à grand spectacle. Plus petit, le **théâtre Sarah-Bernhardt** a été ouvert sous le nom de Théâtre-Lyrique ; après l'incendie de 1887 et jusqu'à l'achèvement de sa nouvelle salle, l'Opéra-Comique y donna ses représentations. Depuis la fin de l'année 1898, il a pris le nom de la grande artiste qui le dirige; on y joue des drames et des comédies.

Au milieu de la place, au point où de tous côtés le regard est charmé par de ravissantes perspectives, se dresse la **fontaine du Palmier.**

Elle a été construite en 1806, sur les dessins de Bralle; la statue de la Victoire qui la surmonte et les figures allégoriques qui l'ornent sont de Boizot. En 1858, elle a été exhaussée et déplacée, sans être démolie, par Davioud.

A l'est de la place, l'avenue Victoria, longue de 400 mètres, large de 30, plantée d'arbres, conduit à la place de l'Hôtel-de-Ville.

Cette avenue, ouverte en 1854, a reçu le nom qu'elle porte en mémoire de la réception que la municipalité parisienne fit à la reine d'Angleterre, le 23 août 1855.

A gauche, en regard du théâtre Sarah-Bernhardt, les allées sablées du **square Saint-Jacques** tracent leurs lacets autour de parterres fleuris et à l'ombre de beaux arbres. Si quelque ami des arts y passe, il y peut admirer de beaux groupes et figures en bronze : *la Porteuse de pain*, de Jules Coutan; *le Ricochet*, de Vital-Cornu, etc.

Ouvert en exécution d'une loi du 4 août 1850, le square occupe à peu près l'emplacement où l'on voyait, avant la Révolution, l'église Saint-Jacques la Boucherie, édifice que Gérard de Montaigu, évêque de Turin, consacra le 24 mars 1414 et dont le fameux Nicolas Flamel fut l'un des bienfaiteurs. A l'église démolie s'était substitué, sous la Restauration, un marché aux objets de rebut, noir et nauséabond. La **Tour Saint-Jacques,** occupée alors par une fabrique de plomb de chasse, se dressait, sombre et triste, sur le pavé fangeux, au milieu de plusieurs rangées d'auvents abritant des loques sordides; auprès de sa grande porte, aux ais vermoulus, pendait le tuyau de cuir d'une fontaine, les porteurs d'eau du quartier y venaient remplir leurs tonneaux; à son flanc s'appuyait l'échoppe d'un écrivain public. Porteurs d'eau, écrivains publics, où s'égarent nos souvenirs? De quelles industries disparues nous avisons-nous de parler? Dans les premières années du dernier Empire, un vigoureux coup de pioche fit disparaître le marché et les ruelles, toutes horribles,

quelques-unes sinistres, qui l'environnaient. La tour, trois fois centenaire (elle fut construite entre les années 1518 et 1522), fut restaurée
avec un soin scrupuleux et un goût parfait, par les architectes Ballu
et Roguet; sous son porche, on plaça la *statue de Blaise Pascal*,
œuvre de Cavelier; au sommet, sur un gracieux clocheton, celle de
saint Jacques le Majeur, de Chevillon; le même artiste reproduisit
fidèlement, pour les autres angles, les symboles évangéliques :
bœuf, *lion*, *aigle*; les originaux, effrités, abîmés, rongés par le
temps, sont conservés dans le jardin du Musée de Cluny; enfin, des
statues ont été placées dans les niches, les grandes baies ont été
garnies de verrières signées Oudinot. La fabrique de plomb de
chasse est remplacée par un observatoire municipal.

Laissant à notre gauche le **boulevard de Sébastopol**, dont,
en 1854, la large percée a transformé ces quartiers et qui,
à son profit, a absorbé l'ancienne animation des rues Saint-
Denis et Saint-Martin, nous entrons dans cette dernière voie
par sa partie neuve qui remplace l'ancienne rue des Arcis.
A la hauteur de la rue de la Verrerie, la rue redevient plus
étroite, les maisons plus sombres, les boutiques moins
luxueuses; nous sommes dans un coin du vieux Paris et,
pour nous le prouver, apparaît à nos yeux, encaissée dans
de vieilles constructions, la jolie **église Saint-Merri**.

Une chapelle dédiée à saint Pierre existait en ce lieu dès le septième siècle; saint Médéric fut enterré sous ses dalles, au mois
d'août de l'an 700. La chapelle fut reconstruite à la fin du neuvième
siècle, par Eudes le Fauconnier, un des héros de la défense de Paris
en 886. C'est à cette construction qu'en 1525 on commença à sub-
stituer l'édifice actuel, qui ne fut achevé qu'en 1612.

Si peu facile que cela soit dans cet espace étroit, ne manquez pas de regarder la façade et ses trois portes couronnées de crossettes et de fleurons ; admirez avec quelle prodigalité l'architecte a jeté partout des corniches délicatement
feuillagées, des clochetons gracieux, de fins pinacles. Les
constructeurs, malgré la lenteur des travaux, n'ont point
abandonné le style du seizième siècle. Dans les dernières
années seulement, et comme pour signer l'œuvre et en dater
l'achèvement, ils ont cintré les fenêtres du dernier étage
de la tour.

Vous passerez, sans avoir à le regretter, quelques instants

dans l'intérieur de l'église. Le vaisseau est de belle forme ; ses clefs de voûte, parfois armoriées, sont d'un fort remarquable travail ; ses hautes colonnes s'achevant en fusées de nervures anguleuses sont d'un effet très séduisant.

Quant aux œuvres d'art, elles sont ici nombreuses et généralement de haute valeur. La chaire est l'œuvre de Michel Slodtz, un grand artiste du dix-huitième siècle ; la magistrale décoration du maître-autel, placée en 1863, un grand *Christ en marbre entouré d'anges*, est de Paul Dubois. Dans la première chapelle, à droite, vous verrez un tableau de Coypel : *les Pèlerins d'Emmaüs ;* dans le transept, un *Saint Pierre*, de Vien, et *Jésus et la Samaritaine*, de Hallé. Nous pourrions citer encore bien d'autres œuvres : fresques ou tableaux de Van Loo, de Glaize, d'Amaury Duval, de Sébastien Cornu, de Lehmann ; restes de vitraux du seizième siècle ; joli bénitier à la cuve armoriée ; mais nous tenons à attirer surtout votre attention sur la chapelle de Marie l'Égyptienne (quatrième à gauche) ; les peintures murales qui la décorent et représentent divers épisodes de l'existence de la sainte forment un magnifique ensemble et permettent d'apprécier le grand talent de leur auteur, Théodore Chassériau.

Nous vous l'avons dit, l'église est encaissée dans les constructions ; si vous en voulez voir la façade méridionale, vous entrerez dans une maison que décore un très élégant fronton cintré et qui porte le numéro 76 de la rue de la Verrerie. Quant à l'abside, elle est visible de la cour d'un immeuble où l'on pénètre par un beau portail Louis XIV, au numéro 3 de la rue des Juges-Consuls.

Saint-Merri fut, sous la Révolution, le *temple du Commerce ;* autour de l'église se localisa la sanglante émeute de juin 1832.

Continuons à monter la rue Saint-Martin, en cueillant et notant les souvenirs et les impressions au fur et à mesure qu'ils se présenteront à nous.

Vis-à-vis l'église, au numéro 81, dans une maison où l'on prétend que le poète Chapelain a demeuré, s'installa au dix-septième siècle, à l'enseigne de *Saint-Fiacre*, Nicolas

Sauvage, qui fut le premier loueur de voitures publiques de Paris. La maison portant le numéro 89 est décorée d'un bas-relief du même temps, qui est d'une fort jolie exécution ; au 105 demeura, dit-on, Jean Bart ; au 108 débouche le passage Jabach ; il porte le nom d'un financier dont il traverse l'hôtel ; la cour est ornée de pilastres doriques ; le 116 est la *maison des Goths ;* levez les yeux jusqu'à son deuxième étage, vous y verrez un magnifique bas-relief représentant plusieurs scènes de l'histoire de ce peuple. Un peu plus loin, voici la *fontaine Maubuée* dont l'existence est constatée dès la fin du quatorzième siècle, et qui a été reconstruite en 1734. A quelques pas de là est l'étroite et sombre rue de Venise. Elle ne rappelle nullement la cité des Doges, devant son nom à une enseigne ; mais, si vous vous y aventurez, elle vous donnera une idée de ce qu'étaient un grand nombre des rues de Paris au moyen âge.

A gauche, au numéro 159, voici le passage Molière ; la tradition prétend que la belle Gabrielle a logé là ; l'histoire rappelle que le conventionnel Boursault, descendant du poète, y fonda le *théâtre Molière*, qui fut plus tard celui des *Sans-Culottes*, puis celui des *Troubadours*, et devint, de nos jours, une salle de bal et de réunions publiques.

Regardez encore les jolies façades dix-huitième siècle des numéros 160 et 194, les curieuses enseignes des numéros 193, 202 et 215, les lucarnes originales des 232 et 234, les jolis mascarons du 236. Tout cela aura occupé votre esprit et charmé vos yeux, et, sans fatigue, vous serez arrivé devant l'église Saint-Nicolas des Champs.

Simple chapelle autrefois, l'église était le lieu de prière de la domesticité du prieuré royal de Saint-Martin ; elle devint paroisse en 1176, fut rebâtie en 1420 et agrandie vers la fin du seizième siècle ; c'est de cette dernière époque que date le joli portail méridional de la rue Cunin-Gridaine.

L'intérieur est d'aspect imposant ; les œuvres qui l'ornent méritent de fixer l'attention. Nous signalerons, dans la chapelle Saint-Nicolas, un tableau d'Albert Maignan : *le Christ appelant à lui les affligés ;* dans la chapelle Saint-Martin, un bas-relief fort curieux représentant le saint guérissant un lépreux ; ailleurs, une *Sainte Cécile*, de Landelle ; un *Saint Vincent de Paul rachetant des galériens*, œuvre maîtresse de Bonnat ; *Saint Étienne visitant les malades*, de Coignet ; *Saint Bruno refusant les présents du comte Roger*, page magistrale de J.-P. Laurens ; une *Adoration des bergers*, de Coypel ; un *Repos de la Sainte Famille*, de Caminade, et enfin, dans le chœur, quatre beaux *Anges adorateurs*, dus au ciseau de Sarrazin, et un retable orné de peintures, de Simon Vouet.

Plusieurs grands personnages ont été inhumés à Saint-Nicolas : Guillaume Budé, qui mourut dans une maison de la rue Saint-Martin, dont l'immeuble portant le numéro 203 occupe la place ; les historiographes Henri et Adrien de Valois ; Mlle de Scudéry, aussi fameuse en son temps qu'oubliée aujourd'hui ; d'autres encore. Enfin, le 15 janvier 1763, le grand tragédien Joseph Talma y fut baptisé ; il était né rue des Ménétriers (actuellement rue de Rambuteau).

Devant nous, à gauche, en bordure des rues Saint-Martin et Réaumur, se développent les divers bâtiments du Conservatoire des arts et métiers ; nous le visiterons tout à l'heure. A droite, vis-à-vis de sa principale entrée, une trouée se fait dans la rangée des maisons, une senteur de verdure s'en échappe, des cris d'enfants joyeux arrivent jusqu'à nous ; cette oasis inattendue, mais bien placée, en ce quartier de travailleurs, c'est le **square des Arts-et-Métiers**.

C'est un jardin de forme carrée, ouvert en 1858 et couvrant plus de 4 000 mètres de terrain de ses allées soigneusement ratissées et de ses marronniers feuillus ; au centre, une colonne dont l'architecte Davioud a fourni le dessin, supporte une figure de la Victoire, sculptée par Crauk ; c'est un monument commémoratif de la campagne de Crimée ; sur les côtés murmurent deux fontaines, ornées de statues dues à Gumery et à Ottin ; au fond, la vue s'égare sur les hauts immeubles du boulevard de Sébastopol.

A gauche du square, nous voyons la façade du **théâtre de la Gaîté**, aujourd'hui théâtre lyrique municipal.

La Gaîté fut autrefois l'une des plus importantes scènes dramatiques du boulevard du Temple ; ici, elle a modifié son genre ; l'opéra et l'opéra comique triomphent sur sa scène. Construit en 1862 par Cuzin, entièrement encaissé

LE CONSERVATOIRE DES ARTS ET MÉTIERS.

DESSIN DE P. MERWART.

dans les maisons voisines, le théâtre ne nous montre que son élégante façade haute de trois étages, percée de larges ouvertures, ornée d'un balcon à balustre et des statues du *Drame* sous les traits d'Hamlet, de *la Comédie* sous ceux de Scapin et d'un groupe d'une belle ordonnance représentant *l'Art, la Poésie* et *la Comédie;* le groupe est de Dubray; l'Hamlet, de Godin; le Scapin, de Doublemard.

La salle, de belle forme, a trois galeries et un amphithéâtre au-dessus de son rez-de-chaussée, et contient 2 000 personnes; elle est, ainsi que le foyer, décorées de compositions signées Jobbé-Duval.

Passons du « plaisant au sévère », du théâtre frivole à cette glorieuse institution que le général Morin, l'un de ses directeurs, nommait une *Sorbonne industrielle*. Entrons au **Conservatoire des arts et métiers.**

Le Conservatoire occupe ce qui est resté debout des anciens bâtiments du prieuré de Saint-Martin des Champs, fondé en 1060 et supprimé en 1790. Parmi ces constructions remarquables à divers titres, il faut citer l'église, bâtie aux douzième et treizième siècles, restaurée de nos jours par Léon Vaudoyer et consacrée maintenant à l'exposition des machines en mouvement. C'est elle dont vous voyez le toit aux tuiles multicolores, à l'angle de la rue Réaumur; c'est elle dont vous voyez la façade au sud des constructions, au fond d'une cour que décore, depuis le 7 juillet 1895, le monument élevé à la mémoire du chimiste Boussingault. Le buste du savant est placé sur une haute stèle; un homme debout, à droite, représente *l'Agriculture;* une femme assise, à gauche, personnifie *la Science*. Cette composition de belle allure est du sculpteur Dalou.

Le réfectoire, qui renferme maintenant une bibliothèque publique contenant environ 32 000 volumes, a été construit par Pierre de Montreuil, restauré par Vaudoyer et décoré par Gérôme dans le goût du treizième siècle.

Les bâtiments conventuels, réédifiés au commencement du dix-huitième siècle par Le Tellier, renferment les galeries d'exposition.

L'entrée principale est de grand style; elle ouvre sa large

baie cintrée sous un majestueux fronton triangulaire, entre les figures de *l'Art* et de *la Science*, du statuaire Robert. Dans la cour se dressent deux autres statues : celle de Nicolas Leblanc, par Hiolle ; celle de Denis Papin, par Aimé Millet.

Tandis que vous gravissez, tout en l'admirant, le magnifique escalier à double rampe qui conduit aux salles où sont exposés les modèles, nous allons brièvement vous rappeler les origines et l'histoire de l'institution.

Dans son hôtel de Mortagne, rue de Charonne, Vaucanson avait réuni une collection de machines, d'outils et d'instruments, qu'en mourant il légua au gouvernement. Louis XVI accepta le legs, le 2 août 1783, mais n'en détermina point l'emploi ; au mois d'octobre 1794, sur la proposition de l'abbé Grégoire, on décréta la création du Conservatoire, on lui donna Vandermonde pour directeur, sans toutefois lui assigner un domicile. Grégoire, qui tenait à son idée, proposa au conseil des Cinq-Cents, le 15 avril 1798, d'affecter à l'établissement nouveau les locaux de l'ancien prieuré de Saint-Martin des Champs, alors occupés par une fabrique d'armes.

A partir de ce moment, l'institution eut une existence officielle ; à sa tête furent successivement placés Conté, Joseph Montgolfier, l'ingénieur C.-P. Mollard, le physicien Pouillet, le général Morin, Hervé Mangon, et enfin M. Laussedat, avec l'érudit M. L. Masson comme directeur adjoint.

Il va sans dire, et vous vous en apercevrez à première vue, que la collection de Vaucanson s'est considérablement augmentée. Parmi ce qu'il a laissé, on remarque pourtant le métier qu'il inventa pour la fabrication des étoffes façonnées ; certes, il n'atteint pas la perfection du métier Jacquard, mais il faut reconnaître qu'il en est en quelque sorte la première pensée. Vous verrez encore, objets de haute curiosité, la machine arithmétique de Pascal, l'appareil inventé par Lavoisier pour établir la composition de l'eau, la première machine locomotive construite par Cugnot en 1770, la soupape du ballon de Charles, les miroirs ardents de Buffon, le tour du roi Louis XVI, le cabinet d'horlogerie formé par Berthoud et, dans ce même ordre d'idées, des pièces magnifiques de Leroy, de Bréguet et de Houdin. Vous pourrez admirer aussi, dans la grande galerie du pre-

mier étage, la série de réductions de machines modernes
que Pouillet a commencé à réunir et qui s'augmente et se
complète de jour en jour.

Le Conservatoire des arts et métiers n'est pas seulement un musée, mais encore une école. Le soir et le dimanche, afin qu'ils puissent être suivis par les travailleurs, on fait dans ses amphithéâtres,
sous la direction d'excellents professeurs, des cours de géométrie,
de mécanique, de physique, de teinture, de filature, de tissage, de
droit commercial, etc.

Au nord des bâtiments, à l'angle des rues du Vert-Bois et
Saint-Martin, une tour ronde, qui fut la prison du prieuré
au temps où il avait droit de justice, est décorée d'une petite fontaine dont une inscription vous dira l'histoire (1).

La rue du Vert-Bois, si nous la suivons, nous permettra
d'atteindre la rue Montgolfier et nous verrons, sur l'emplacement où fut jadis le marché Saint-Martin, l'**École centrale des arts et manufactures,** un bâtiment de forme rectangulaire, en pierre et brique, dont la construction,
commencée en 1878 sur les plans de René Demimuid, a été
achevée en 1885 par J. Denfer (2).

Fondée en 1829 par Olivier, Péclet, Dumas et Lavallée, dont les
bustes décorent le grand escalier, l'École centrale, reconnue d'utilité publique en 1857, occupa d'abord l'hôtel de Juigné, rue de Thorigny. Moins scientifique que l'École polytechnique, elle forme des
directeurs d'usine, des professeurs de sciences appliquées à l'industrie; c'est une pépinière d'ingénieurs civils.

Nous voici maintenant dans cette rue de Turbigo que nous
avons aperçue déjà; nous y trouvons une école encore, l'**École
Turgot.**

Ouverte en 1839, sous le nom d'*École primaire supérieure de la
ville de Paris,* cette institution était installée rue Neuve-Saint-
Laurent (aujourd'hui rue du Vert-Bois); en octobre 1847, on la plaça

(1) Une autre tour, provenant de l'enceinte du prieuré, est debout encore
et sert de cage à l'escalier d'une maison qui porte le numéro 7 de la rue
Bailly.

(2) Dans la cour, les architectes ont laissé une fontaine dite *du carré de
Saint-Martin,* qui décorait le centre du marché.

sous le patronage du ministre de Louis XVI. En 1886, sans démolir le modeste bâtiment qui fut son berceau, M. Chat, architecte, construisit le bel et confortable immeuble qui l'abrite maintenant. La durée des études, à Turgot, est de trois années. Ses élèves, tous externes, sont, en quittant les bancs, capables de remplir avec succès, toutes les fonctions pour lesquelles les brevets de bacheliers ne sont pas demandés.

La rue de Turbigo finit à quelques pas de la place de la République que nous avons déjà visitée ; nous allons nous diriger vers le sud. Nous sommes dans la plus large et la plus moderne partie de la vieille rue du Temple ; à notre droite, une église va nous rappeler les temps anciens ; à notre gauche, un square, un marché et une mairie, les temps présents.

L'église Sainte-Élisabeth, de Hongrie, est un souvenir de Marie de Médicis ; c'est elle qui en posa la première pierre, le 14 avril 1628.

Consacrée par le coadjuteur Paul de Gondi, le 14 juillet 1646, elle desservit jusqu'en 1790 un couvent de femmes appartenant à l'ordre de Saint-François. Pendant la Révolution, elle devint un magasin à farine. Elle fut rendue au culte en 1802 et restaurée à la fin du règne de Charles X ; quand on perça la rue de Turbigo, on l'amputa de sa chapelle de la Vierge.

L'intérieur a conservé le caractère de simplicité sévère des églises conventuelles, mais notre temps l'a enrichi d'œuvres artistiques. Voyez, sous la coupole du chœur, *l'Apothéose de sainte Élisabeth*, d'Alaux ; dans la chapelle des catéchismes, *le Sermon sur la montagne*, de Hesse ; dans celle particulièrement curieuse des fonts baptismaux, *le Baptême du Christ*, de Pérignon, une des belles pages de la peinture religieuse moderne ; enfin, dans la chapelle de Sainte-Élisabeth, *les Vertus théologales*, d'Abel de Pujol, et aussi une magnifique statue de *Saint François d'Assise*, chef-d'œuvre de ce délicat artiste que fut Jean Duseigneur.

Dans les boiseries du chœur, dont l'architecte Baltard a fourni les dessins, on a encastré cent panneaux flamands très intéressants à examiner et qui proviennent de la fameuse abbaye de Saint-Vaast d'Arras.

Le marché du Temple, dont la partie en façade, rue des Archives, a été seule conservée, a été construit, de 1863 à 1865, par Mérindol ; il remplaçait fort heureusement les auvents obscurs qui s'étaient groupés autour d'une lourde rotonde, bâtie en 1781 par Pérard de Montreuil.

L'aspect a changé, mais le marché du Temple est resté ce qu'il était, une sorte de *braderie* permanente, diraient les bonnes gens de Flandre.

Tout le déchet de l'habillement parisien vient échouer là, y subir, quand l'objet en vaut la peine, une réparation suprême et se vendre, *retapé*, nous ne disons pas remis à neuf, dans les boutiques, ou, s'il est réduit à l'état de loque, sur le *carreau*. Cela ne veut pas dire qu'on ne saurait y rencontrer des marchandises neuves ; on en trouve, au contraire, en bon nombre et de toutes sortes ; ce sont des vêtements, des chaussures, des chapeaux, des robes, des malles, que des tailleurs, des cordonniers, des modistes, des couturières, des coffretiers, fabriquent hâtivement pour les marchands du Temple et dont la vente, toujours effectuée au comptant, leur permet de franchir sans sombrer les saisons de chômage.

Le prix modeste des objets vendus ici — quand on sait *marchander* — est la raison de la popularité du marché. Pour le peindre en un mot, nous vous dirons que le Temple est à la Belle Jardinière ce que celle-ci est à Dusautoy ou à Renard.

Échappons aux sollicitations pressantes et intéressées des marchandes et, pour changer d'air, entrons au square voisin.

Le square du Temple, ouvert en 1857 sur l'emplacement des derniers bâtiments du fameux couvent, est un des plus beaux de Paris : ormes, platanes, pins, marronniers, ombragent ses pelouses fleuries ; un saule âgé de plus de trois cents ans, dit-on, frémit au-dessus d'un bassin, non loin d'un gros tilleul à l'ombre duquel Louis XVI prisonnier venait souvent s'asseoir avec son fils. Au centre de la promenade, sur un piédestal dont Maurice Yvon a fourni le dessin, se dresse la statue en bronze de Béranger (1), œuvre de Doublemard ; elle a été érigée en 1886, par souscription nationale. Les autres décorations sculpturales sont de Schœnewerk, Antony Noël et Félix Richard.

(1) Béranger est mort en 1857, au numéro 3 de la rue voisine qui porte son nom et qui s'appelait alors rue de Vendôme.

Derrière le square, sous la direction de Calliat au début, sous celle de Chat plus tard, on a construit, de 1864 à 1867, la mairie du troisième arrondissement. Elle est extérieurement d'aspect élégant et décorée des statues du *Commerce* et de *l'Industrie*, de Pascal ; au dedans, elle est artistement ornée : dans l'escalier, de bas-reliefs de Lagrange ; dans la salle des mariages, d'une monumentale cheminée en pierre et de fort belles toiles marouflées : *la Loi*, de Sirouy ; *la Charité*, de Barrias.

Mais l'heure du repos est venue, notre journée a été bien employée ; nous repartirons demain et nous gagnerons l'Hôtel de ville par un chemin qui nous permettra de nous arrêter fréquemment devant des monuments curieux ou des institutions intéressantes.

Les Voitures.

Vous avez eu le temps de le constater déjà, les moyens de transport sont nombreux à Paris et les systèmes de locomotion bien divers; omnibus, tramways, breacks, chars à bancs, tapissières, automobiles, landaus, coupés, fiacres, cycles, se croisent en tous sens sur le pavé de la capitale; le cheval, la vapeur, l'électricité, la mécanique, l'adresse personnelle sont mis en réquisition par la fiévreuse activité de la foule. A Paris, si agréable pourtant à parcourir pédestrement, on ne marche plus, on roule; l'enfant a son petit chariot que la nourrice, longuement enrubannée, pousse devant elle; l'employé se rend à son bureau juché sur sa bicyclette; le vieillard se promène au soleil dans un fauteuil monté sur roues et, jusque dans les salons de peinture, des machines de même sorte sont mises à la disposition des personnes qu'un piétinement prolongé effraye.

En fut-il toujours ainsi? Oh non! Au treizième siècle, les hommes se servaient de chevaux et de mules et quelques dames de litières; celles-ci se multiplièrent sans doute et avec le temps prirent des proportions encombrantes, car, en 1294, Philippe le Bel, rendant une ordonnance contre le *superfluitez*, dit à son début : *Nulle bourgeoise n'aura char.*

Les premiers carrosses apparaissent sous François Ier, mais le roi et Diane de Poitiers s'en servent seuls. La reine Marguerite emploie la *chaise à porteurs* et les dames de la cour suivent son exemple. Sous Louis XIII, son usage se généralise et plusieurs particuliers sont autorisés (1617-1619) à établir des dépôts de chaises à porteurs et à louer celles-ci aux personnes qui désirent se faire transporter.

Ceci est, vous le voyez, le commencement d'un service public, mais il n'est encore mis à la portée que des hautes classes. En 1637, un progrès s'accomplit ; les bourgeois commencent à pouvoir monter en carrosse; Jacques Sauvage a établi des remises à l'hôtel Saint-Fiacre, rue Saint-Martin, et loue ses voitures à qui veut en user. L'idée était bonne, l'innovateur fut imité; dès 1650, et moyennant une somme de 150 000 livres, le sieur

Villerme obtenait un nouveau privilège pour louage de *carrioles*, *litières* et *brancards*. Sept ans après, de Givry, autre entrepreneur, obtint la permission de faire stationner depuis 7 heures du matin jusqu'à 7 heures du soir, dans les carrefours et lieux commodes, *carrosses*, *calèches* et *chariots* pour les louer à la journée, à l'heure, à la demi-heure. La voiture de place est créée, *l'omnibus* ne va pas tarder à apparaître sous la forme de *carrosses à cinq sols*. Contenant d'abord six places et bientôt huit, ces carrosses étaient écussonnés aux armes de la ville de Paris, leurs cochers portaient une casaque bleue aux armes du roi.

Ces détails sont constatés par une ordonnance de police relative à quelques troubles causés par des laquais mécontents de n'être pas admis à monter dans ces carrosses. Cette interdiction s'étendait aux soldats, pages, manœuvres et gens de bras. L'institution était essentiellement bourgeoise.

Cinq itinéraires furent établis du 18 mars au 5 juillet 1662 : 1° du Luxembourg à la porte Saint-Antoine ; 2° de la rue Saint-Antoine à la rue Saint-Honoré (près l'église Saint-Roch); 3° de Saint-Eustache au Luxembourg ; 4° un tour de Paris ayant la rue Neuve-Saint-Paul pour point de départ et d'arrivée ; 5° et enfin une autre ligne allant de la rue de Poitou au Luxembourg.

Le privilège de ce genre de voitures avait été accordé à une société formée par le duc de Rouannès et les marquis de Sourches et de Crenan ; leur succès fut assez vif d'abord et le prix des places rapidement porté à 6 sols. Mais, au dire de Sauval, la vogue des carrosses ne dura que pendant trois ou quatre années ; pourtant, il est certain que le service se prolongea bien au delà, car, en 1691 seulement, l'entreprise fusionna avec celle des voitures de place.

Les règlements qui régissaient celles-ci, tombés en oubli pendant la Révolution, furent remis en vigueur en 1800 et leur prix fixé à 1 fr. 50 par course, 2 francs pour la première heure, 1 fr. 30 pour les suivantes.

Arrivons à la création des omnibus. Pendant toute la durée de la Restauration, leur établissement fut plusieurs fois sollicité en vain par divers particuliers. Ce n'est qu'en 1828 qu'un entrepreneur nommé Baudry, qui avait déjà organisé avec succès des services d'omnibus à Nantes et à Bordeaux, obtint, jusqu'à concurrence de cent voitures, la permission d'établir dans Paris dix-huit lignes de voitures ressuscitant les anciens carrosses à 5 sols. La première de ces lignes fut celle des boulevards ; deux voitures partaient quatre fois par heure de la rue de Lancry, l'une pour la Bastille, l'autre pour la Madeleine.

Traînés par trois chevaux, divisés en trois compartiments et pouvant recevoir quatorze personnes, les premiers omnibus différaient peu des antiques diligences. Le prix des places était alors de 25 centimes, mais le service du contrôle était mal organisé, l'argent reçu ne parvenait pas régulièrement à la caisse ; Baudry, prévoyant la ruine, se suicida ; ses associés, Boitard et Saint-Céran, vendirent leur privilège à Feuillant et Moreau-Chaslon. Ceux-ci mirent en circulation de nouvelles voitures traînées par deux chevaux et contenant seize voyageurs, ils firent payer la place 30 centimes et l'entreprise devint prospère.

Le succès engendra naturellement la concurrence ; les compagnies se multiplièrent, adoptant toutes pour leurs voitures et leurs cochers des formes, des dénominations, des costumes divers.

Les *Dames blanches* avaient leur caisse ornée de sculptures et de paysages, leur intérieur garni de stores et de glaces ; leur cocher était coiffé d'un chapeau blanc, une fanfare mécanique composée de quatre trompettes éclatait sous la pression de son pied, au-dessous de la tête empanachée des chevaux, quand il le croyait utile. Les *Écossaises* qui, de la rue des Fossés-Saint-Victor, allaient au faubourg Montmartre, en passant par le quartier Saint-Avoye, étaient peintes en couleurs vives formant carreaux ; les conducteurs des *Béarnaises* portaient le costume basque ; les *Tricycles* étaient montés sur trois roues seulement et cahotaient si fort leurs voyageurs sur le pavé rugueux du temps, qu'elles durent se résigner à avoir quatre roues comme les autres, mais ne changèrent pas leur dénomination. Quelques-unes de ces voitures avaient des noms gracieux : les *Sylphides*, les *Dames réunies*, les *Gazelles ;* d'autres s'appelaient les *Orléanaises*, les *Citadines*, les *Diligentes ;* celles-ci portaient un nom indiquant leur direction, c'étaient les *Batignollaises ;* celles-là s'inspirant des succès récents de nos armes s'appelaient les *Constantines* ou les *Algériennes ;* il y avait encore les *Joséphines*, les *Carolines* et aussi, c'était inévitable, les *Parisiennes*.

En 1836, à l'époque où fut introduit l'usage de la correspondance gratuite, il y avait dans Paris quarante lignes d'omnibus et ces voitures transportaient environ 100 000 personnes chaque jour.

Avec le temps, des améliorations furent apportées au service et à la construction des voitures. En 1853, on dota celles-ci de ces impériales inaccessibles aux dames, qu'on voyait tout dernièrement encore sur la ligne Montmartre-Barrière Saint-Jacques. Quelques compagnies avaient alors fusionné, une entente survint en 1854 entre toutes celles qui existaient encore et elles se fondirent en une seule, la Compagnie générale des Omnibus, qui commença à fonctionner au mois de février 1855.

Voilà pour le passé ; le présent, vous l'avez sous les yeux. Dès 1868, les tramways sont venus s'ajouter aux omnibus ; les lignes qu'ils desservent sont nombreuses maintenant. Il en est, comme ceux d'Arpajon, qui forment de véritables convois ; la traction s'opère, pour les uns, par les chevaux ; pour d'autres, par la vapeur, l'air comprimé ou l'électricité. Quant aux voitures de place, on en trouve qui sont chauffées, éclairées intérieurement ; d'autres, aux roues garnies de caoutchouc, comme celles des vélos, courent sans bruit ainsi que ceux-ci ; d'autres sont de véritables automobiles. Ici, le *funiculaire* fait rapidement l'ascension de la côte de Belleville ; là, le chemin de fer de Ceinture trace autour de la capitale son réseau de voix ferrées ; enfin, le *Métropolitain* court sous le sol de l'est à l'ouest de Paris. Nous en reparlerons dans les *Dessous de Paris*. A ces moyens de transport nombreux et prompts s'ajoutent, les jours de courses par exemple, une foule de chars à bancs, de tapissières, de breacks, emportant des milliers de Parisiens plus ou moins commodément entassés. Vous rencontrerez encore des véhicules garnis de verres dépolis devant lesquels flotte le guidon blanc à croix rouge, ce sont les voitures des Ambulances urbaines transportant, accompagnés d'infirmiers, les malades aux hôpitaux. Enfin, si vous remarquez de hautes voitures de deuil derrière les grands enterrements, vous verrez à la suite de plus modestes de véritables omnibus de couleur brune conduits par des cochers vêtus de noir ; c'est une récente innovation nécessitée par l'éloignement de certaines nécropoles : cela s'appelle *Omnibus funéraires*. On finit toujours par y causer de toute autre chose que du défunt, qu'on accompagne sans fatigue.

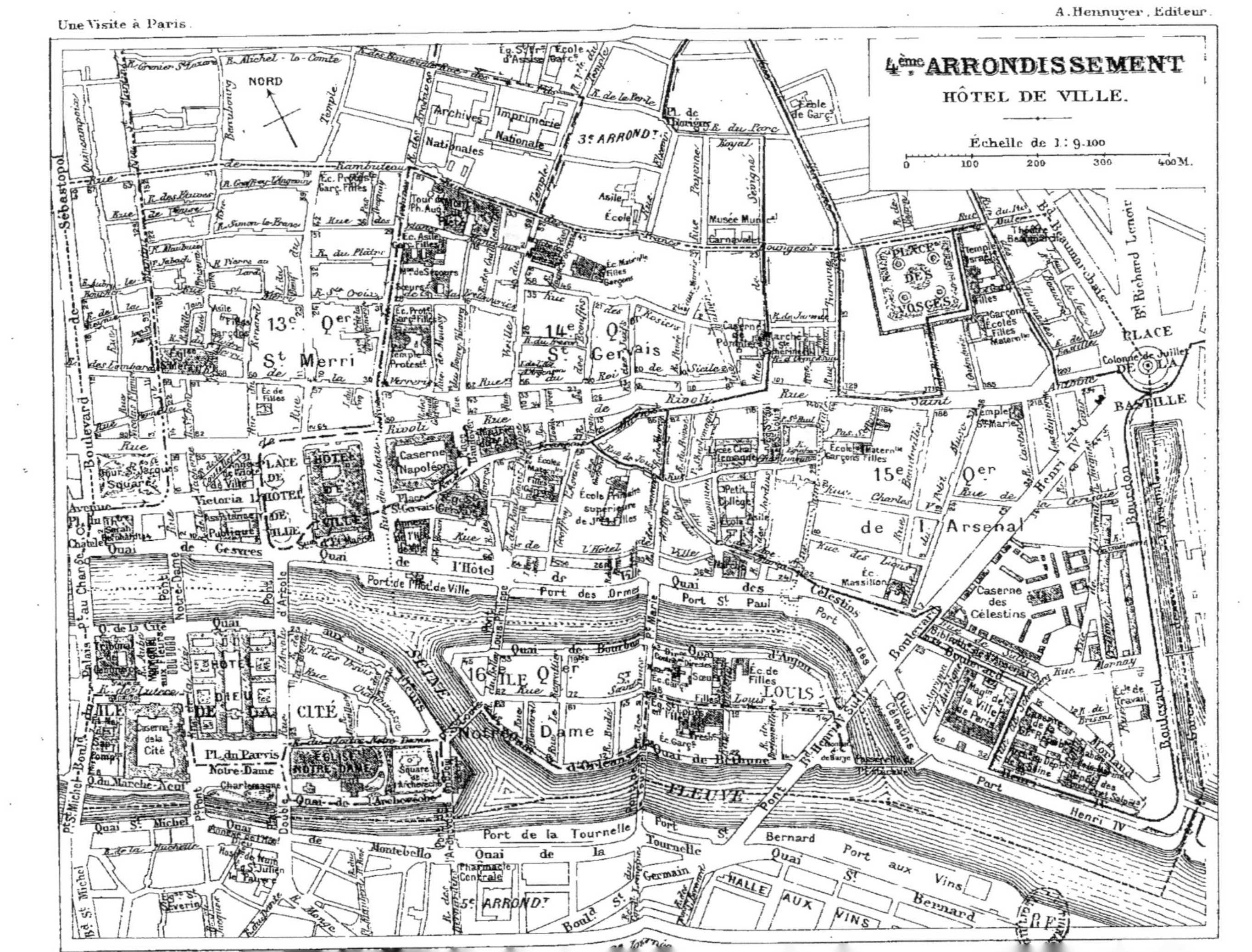
Une Visite à Paris.
A. Hennuyer, Éditeur.
4ème ARRONDISSEMENT
HÔTEL DE VILLE.
Échelle de 1:9.100
0   100   200   300   400 M.
NORD
3e ARROND.T
5e ARROND.T
13e Q.er St Merri
14e Q.t St Gervais
15e Q.er de l'Arsenal
16e ILE Q.er
PLACE DES VOSGES
PLACE DE LA BASTILLE
Colonne de Juillet DE LA
Bd Richard Lenoir
Boulevard
Sébastopol
Rue de Rivoli
Rue Saint Antoine
Archives Nationales
Imprimerie Nationale
Musée Municipal Carnavalet
Caserne Napoléon
Caserne des Célestins
Caserne de la Cité
HOTEL DE VILLE
PLACE DE L'HOTEL DE VILLE
Assistance Publique
Tribunal de Commerce
Tour St Jacques Square
Bourse de Commerce
ÉGLISE NOTRE-DAME
Pl. du Parvis Notre-Dame
CITÉ
ILE DE LA CITÉ
HOTEL DIEU
Square de l'Archevêché
SEINE
FLEUVE
Quai de Gesvres
Port de l'Hôt. de Ville
Port des Ormes
Port St Paul
Quai des Célestins
Quai de Bourbon
Quai d'Anjou
Quai de Béthune
Quai d'Orléans
Port de la Tournelle
Quai de la Tournelle
Port aux Vins
Quai St Bernard
HALLE AUX VINS
Quai de Montebello
Bd St Michel
Pt St Michel Bd.ld
Palais Pt au Change
Pont Notre-Dame
Pont d'Arcole
Pont Louis-Philippe
Pont Marie
Pont St Louis
Pont Henri IV
Pont de la Tournelle
Bd Beaumarchais
Boulevard Henri IV
Bourdon
St Germain
ÎLE ST LOUIS
ÉCOLE NOTRE-DAME
Bibliothèque de l'Arsenal
Magasins de la Ville de Paris

HUITIÈME JOURNÉE

Assez large, très calme, bordée de constructions aux portes monumentales, aux vastes cours, aux étages élevés, la rue des Archives, qui passe devant la mairie que nous venons de voir et descend vers le sud, était aristocratiquement habitée jadis ; aujourd'hui, ses maisons abritent les ateliers d'une foule d'industriels dont le travail touche de fort près à l'art ; ceux-ci sont fabricants et vendeurs de bronzes, c'est de chez eux que sortent les pendules, les flambeaux, les candélabres, qui ornent, à Paris, les cheminées des ménages bourgeois ; chez d'autres s'inventent et se confectionnent, en grande quantité, ces jouets d'enfants dont l'ingéniosité et la coquetterie n'ont pas d'égales. Il y a là, vous le remarquerez, il porte le numéro 78, un hôtel construit par Pierre Bullet et Le Muet, qui passait, au dix-septième siècle, pour un des plus beaux de Paris ; il a, plus tard, été habité par le maréchal de Tallard. Voyez encore les belles constructions portant les numéros 72, 90, 62 et 68. Descendez jusqu'à la rue des Quatre-Fils, longez le mur postérieur de l'hôtel des Archives nationales que nous visiterons tout à l'heure ; puis, parvenu à la rue Vieille-du-Temple, vous serez en face d'une maison dont une plaque de marbre blanc décore la façade ; lisez l'inscription qu'elle porte et vous apprendrez que cet immeuble occupe l'emplacement du *théâtre du Marais ;* c'est sur sa scène que *le Cid* du grand Corneille fut représenté pour la première fois, en 1636. Tournez à droite et vous vous trouverez devant la demi-lune au fond de laquelle s'ouvre la large porte de l'**Imprimerie nationale,** qui sera transportée rue de la Convention.

Cette grande institution est installée, depuis 1808, dans le vaste hôtel connu, au dix-huitième siècle, sous le nom de *Palais-Cardinal*, parce qu'il a été construit en 1702 par Armand Gaston, cardinal de Rohan.

L'Imprimerie royale fut instituée par Louis XIII, en 1640 ; d'abord établie au Louvre, elle fut très protégée par Richelieu, qui se servit de ses presses pour l'impression de son *Introduction à la vie dévote*, de ses *Principaux points de la foi de l'Église catholique* et de son *Instruction du chrestien* (1641, 1644) ; ajoutez à cela une *Imitation* (1640), un *Virgile* (1641), un *Horace*, un *Ancien Testament*, une *Bible* en huit volumes, etc., etc., et vous comprendrez que l'Imprimerie ait coûté au roi environ 300.000 francs pendant les sept premières années de son existence. Mais, s'il vous est possible de comparer ces livres avec ceux qui les ont précédés, vous reconnaîtrez aussi qu'on fut juste en ce temps quand on reconnut l'Imprimerie royale pour la première du monde.

Dès sa fondation, on réunit à l'Imprimerie les caractères grecs que François Ier avait fait graver par Garamond, ainsi que des caractères arabes, persans et turcs, dont Savary de Brêves avait surveillé la confection pendant son ambassade à Constantinople, de 1589 à 1611. Louis XIV enrichit l'Imprimerie de poinçons arméniens gravés à ses frais par Jacques de Sanlecque, de caractères syriaques et grecs, et fit aussi, en 1692, graver et fondre par Grandjean, Alexandre et Louis Luce, une trentaine de types de caractères dont l'emploi fut exclusivement réservé à la grande institution qui nous occupe. De magnifiques éditions furent alors exécutées, et l'Imprimerie continua, sous Louis XV, à prospérer et à augmenter son fonds de beaux caractères. De 1715 à 1742, l'orientaliste Fourmont dirigea la gravure des premiers caractères chinois qu'on ait vus en Europe ; Villeneuve grava plusieurs séries de types hébraïques ; Luce enrichit l'outillage de vignettes, d'ornements et de pièces de rapport qui n'avaient point été employés encore, et Papillon y joignit une riche collection de culs-de-lampe gravés sur bois. A partir de ce moment, les travaux se multiplièrent et atteignirent un degré jusqu'alors inconnu de luxe et de perfection ; en 1775, les imprimeries des ministères des affaires étrangères, de la guerre et de la marine furent réunies à l'Imprimerie royale.

L'adjectif qui qualifie l'institution se modifia à chaque changement de gouvernement, et tous les systèmes ne lui furent pas également favorables ; la première République se borna à la transporter à l'hôtel de Penthièvre (Banque de France). Napoléon lui donna de nombreuses preuves de sa sollicitude; c'est lui qui la mit, en 1808, en possession de son local actuel; c'est lui qui la dota d'une nouvelle typographie composée de treize sortes de caractères dont Firmin Didot dirigea, de 1812 à 1815, la gravure et la fonte; c'est lui enfin qui, sous la direction de Sylvestre de Sacy, y fit imprimer des ouvrages orientaux et y fonda une école spécialement destinée à former des ouvriers capables d'exécuter les travaux de ce genre. La Restauration, mal inspirée, désorganisa, puis réorganisa l'Imprimerie qui, sous Louis-Philippe, heureusement, reprit, dans la voie du progrès, sa marche ascensionnelle et continue. C'est dans le premier établissement typographique du monde qu'ainsi que nous l'eussions fait sous Louis XIV, nous allons vous faire entrer aujourd'hui, après nous être muni d'une permission du directeur (1).

Au centre de la cour d'honneur, et vous le voyez parfaitement en son lieu, sur un piédestal dont Destailleux a fourni le dessin, on a placé la statue de Gutenberg; c'est une copie de celle que David d'Angers exécuta, en 1832, pour la ville de Strasbourg.

Les côtés de cette cour sont entourés de bâtiments d'une allure sévère; la façade qui donne sur le jardin est plus richement décorée : les colonnes toscanes et ioniques, les balcons, le fronton, tout cela forme un ensemble riche et élégant. Mais ce n'est point d'architecture, ni d'art proprement dit, qu'il s'agit ici. La demeure, en recevant sa destination actuelle, a dû subir des changements qui ont fait disparaître en grande partie son ornementation originale. Nous ne retrouverons, au cours de notre visite, que deux ou trois pièces susceptibles de nous donner une idée des splendeurs de l'hôtel au dix-huitième siècle. Tel est, par exemple, le *cabinet des poinçons*, qui fut l'ancien salon de musique et où l'on peut admirer la richesse des moulures dorées qui ornent le plafond et deux dessus de porte peints par Boucher.

C'est dans cette pièce que sont méthodiquement rangées les matrices de tous les caractères connus. Ce que nous vous avons dit tout à l'heure peut vous donner une idée de l'importance et de la variété de cette collection. Ajoutons que

(1) Cette permission s'accorde plus particulièrement pour le jeudi de chaque semaine à deux heures.

l'Imprimerie nationale prête aux typographes français les caractères étrangers qu'ils ne possèdent pas.

La bibliothèque ou *salle des singes*, ancienne chambre à coucher, doit son surnom à la présence, sur ses boiseries, d'une suite de scènes dont tous les acteurs appartiennent à la race simiesque et qui ont été peintes, de 1745 à 1750, par Boucher et Ch. Huet.

On visite les ateliers sous la conduite de contremaîtres complaisants et toujours prêts à fournir toutes les explications désirables. Vous pourrez parcourir successivement les salles de composition, la fonderie, le clichage, les ateliers d'impression typographique, lithographique et en taille-douce ; les magasins où les formes sont rangées, le séchage, le satinage, le réglage des registres destinés à l'État ; le brochage et la reliure ; ici, vous le voyez, le livre se fait tout entier.

Si, avant de sortir, nous entrons dans le cabinet du directeur pour le saluer, nous y verrons plusieurs tableaux de Pierre et une magnifique horloge de Boule.

Dans la rue des Francs-Bourgeois où nous ne tardons pas à arriver, les vieux souvenirs parisiens se réveillent en foule.

Au treizième siècle, cette rue s'appelait rue des *Viez Poulies*, parce qu'un jeu de poulies y était installé. L'établissement consacré à cet exercice produisait annuellement 20 sols parisis de rente, qu'en 1271 Jean Gennis et sa femme abandonnèrent aux Templiers. Quatre-vingts ans plus tard, un autre bourgeois nommé Roussel fit bâtir une maison pour hospitaliser vingt-quatre bourgeois pauvres. Son gendre Pierre le Mazurier donna, en 1415, la maison et 70 livres de rente au grand prieur de France, à la condition que le nombre des hospitalisés serait doublé, c'est-à-dire qu'on en logerait deux dans chaque chambre. Le contrat fut exécuté et, à partir de ce moment, la rue prit le nom qu'elle porte parce que ces pauvres bourgeois étaient *francs*, c'est-à-dire exempts de tous impôts (1).

A l'angle de la rue des Guillemites, nous apercevons l'entrée postérieure de l'église **Notre-Dame des Blancs-Manteaux.**

(1) Cette dénomination ne s'appliqua jusqu'en 1868 qu'à la partie de cette voie comprise entre les rues Payenne et Pavée et la rue Vieille-du-Temple ; les autres parties s'appelaient, à l'ouest, rue de Paradis ; à l'est, rues Neuve-Sainte-Catherine et de l'Écharpe.

Ce nom de *blancs manteaux* est encore une qualification que le peuple donna, à cause de leur costume, aux *serfs de la Vierge Marie*, moines mendiants à qui Louis IX permit de s'établir en ce lieu. Les *ermites de Saint-Guillaume* ou *guillemites* remplacèrent les serfs à la fin du treizième siècle; mais, bien que les nouveaux venus fussent vêtus de noir, on leur conserva le sobriquet de leurs prédécesseurs. En 1648, les guillemites se réunirent à la congrégation des bénédictins de Saint-Maur, le monastère devint un foyer de travail et d'étude; les beaux ouvrages d'histoire qui ont illustré la congrégation ont été commencés sous son toit.

Quand le couvent devint propriété nationale, la chapelle, dont le chancelier Le Tellier avait posé la première pierre en 1685, ne fut pas démolie; elle a été rendue au culte en 1807.

Bien que l'église ne soit pas de celles dont l'aspect captive, elle mérite une visite, car elle possède, depuis 1864, une des plus belles chaires de Paris. Cette chaire est un fort curieux, fort riche et fort beau travail flamand, exécuté en 1749. La balustrade, en bois sculpté, du chœur, les boiseries de l'orgue, qui proviennent de l'église Saint-Germain des Prés, et quelques vitraux de Laurent Gsell pourront, tour à tour, retenir votre attention pendant quelques moments. Le portail de la rue des Blancs-Manteaux est celui de l'ancienne église des Barnabites de la rue Saint-Éloi, en la Cité; il a été rapporté ici pierre à pierre, en 1863.

Mais revenons à la rue des Francs-Bourgeois; parmi les hôtels qui la bordent, nous remarquons, au numéro 31, l'*hôtel d'Albret*, construit vers 1650 par François Mansart; puis nous nous arrêterons au numéro 30, type parfait des aristocratiques habitations de la fin du seizième siècle et, comme son voisin, monument historique. Sa porte est richement ornée, sa cour vaste; sur ses constructions se marient agréablement les tons doux de la pierre, de la brique et de l'ardoise; au sommet du principal corps de logis, vous apercevrez le buste de Henri IV. N'en soyez pas surpris, vous êtes ici dans un hôtel que le Béarnais donna à Gabrielle d'Estrées.

Vis-à-vis cette demeure quasi royale s'ouvre la porte du **Mont-de-piété**, immense bureau de prêts sur gages, que Louis XVI fonda en 1777, et qui, s'il en faut croire Lefeuve,

est installé dans des maisons acquises, lors de sa création,
au marquis de Lagrange et à son beau-frère Louis Joly de
Fleury.

Vous n'avez certainement rien à faire dans les bureaux et magasins de l'établissement, franchissez-en le seuil pourtant et, à droite
dans la cour, vous pourrez voir, malheureusement assez mal restaurée, une tour ronde qui fit partie de l'enceinte parisienne de
Philippe-Auguste.

Notre séjour, nécessairement fort court ici, pourra se prolonger plus longtemps au **palais des Archives nationales**,
dont la grille s'ouvre à notre droite.

Il occupe plusieurs bâtiments construits à diverses époques ; le principal, celui dans lequel nous allons pénétrer,
est l'*hôtel de Soubise* (un monument historique encore). De
sa porte, décorée dans le tympan d'une figure de *l'Histoire*
dont Eugène Delacroix a fourni le dessin, on embrasse du
regard une magnifique cour d'honneur, la colonnade en
terrasse qui l'entoure et la façade de l'hôtel. Celle-ci, reconstruite en 1706 par Delemaire, est décorée de colonnes
corinthiennes et composites, d'un fronton triangulaire au
tympan peuplé de figures allégoriques ; à ses extrémités,
sur des colonnes, reposent les statues des quatre saisons.

Les Archives nationales ont été fondées en exécution d'un décret
de l'Assemblée constituante du 7 septembre 1789, et originairement
groupées à Versailles. Lorsque l'Assemblée vint à Paris, elles furent
d'abord placées dans la bibliothèque des Feuillants, puis au couvent
des Capucins de la rue Saint-Honoré ; après le 10 août 1792, on les
transporta aux Tuileries ; enfin, en 1808, Napoléon les fit transporter
à l'hôtel de Soubise.

L'inappréciable collection de documents réunis et classés dans les
diverses sections des Archives contient, dans son ensemble, tout ce
qui provient de l'ancienne secrétairerie d'État, du cabinet de Napoléon Ier et de l'armoire de fer ; sceaux, chartes, ordonnances royales,
lettres patentes, états de la Chambre des comptes, arrêts du conseil
d'État, plans, cartes, mémoires de statistique, lois, décrets, procès-
verbaux des assemblées, tout cela — et bien d'autres choses encore —
est ici classé et conservé pour la plus grande joie des curieux et
des historiens. Une bibliothèque vient en aide aux travaux des
chercheurs.

Au public, les Archives permettent la visite de leur *Musée*, et, dans les salles qu'il occupe, on retrouve de nombreux restes des splendides décorations qui faisaient de l'hôtel de Soubise un véritable palais.

Ici, vous verrez des pièces remontant à l'époque mérovingienne, des diplômes accordés par Charlemagne, les testaments de Philippe-Auguste et de Louis IX; là, l'acte d'adhésion à la Sainte Ligue et toute une collection d'autographes; dans une pièce aux dessus de porte peints par Boucher et Van Loo, on a réuni les sceaux des villes et des communes, les marques de papier timbré, les coins de la monnaie de Paris, etc.; dans l'ancienne salle à manger garnie encore de ses jolies boiseries sculptées, on peut voir un grand nombre de traités de paix et d'alliance et le texte du Concordat.

Un escalier, dont le plafond a été décoré par Jobbé-Duval, conduit aux salles du premier étage. Il y a là, dans l'ancienne chambre à coucher de la princesse de Soubise, des peintures de Trémollière et de Boucher, et les testaments de Marie Leczinska et de Louis XVI. Les deux salons voisins sont ornés, l'un d'une suite de tableaux peints par Natoire et représentant les *Aventures de Psyché*, l'autre, de dessus de porte par Restout, Trémollière et Boucher. On voit des pièces relatives à la Révolution, notamment la Déclaration des droits de l'homme et une foule d'autographes des principaux personnages de l'époque. La dernière salle est consacrée aux pièces relatives au temps du Consulat et de l'Empire; de gracieuses compositions de Van Loo et de Boucher y sourient au-dessus de la table où Robespierre blessé fut déposé, le 9 thermidor.

Nous l'avons dit, les Archives occupent plusieurs hôtels; très curieux, après celui que nous venons de voir, est le reste de l'hôtel de Clisson. Remontez pendant quelques instants la rue des Archives et, vis-à-vis la rue de Braque, vous verrez une porte ogivale accostée de tourelles aux toits en poivrière; dans le tympan sont peints, sur un manteau d'hermine, les écussons de Guise et de Joyeuse; cette décoration remonte à l'an 1553, époque à laquelle les Guise acquirent l'hôtel de Clisson ; quant à celui-ci, il avait été bâti en 1380. La porte que nous avons devant les yeux est à peu près l'unique spécimen de l'architecture civile de ce temps qui soit debout à Paris (1).

Un peu plus bas, en nous dirigeant vers l'hôtel de ville, nous voyons à notre droite quelques restes du couvent des Pères de la Merci ou de Notre-Dame de la Rédemption des captifs.

Après avoir habité environ cent quinze ans une maison de la rue des Sept-Voies, les pères s'étaient installés ici en 1631 ; leur monastère, une inscription l'indique, fut rebâti au siècle suivant, par Godeau. Vendu à la Révolution, le couvent fut, pendant quelque temps, un théâtre. Des industriels l'occupent aujourd'hui.

Poursuivant notre marche vers le sud, nous nous trouvons dans la partie de la rue qui, depuis 1890, a absorbé et parfois élargi les rues du Chaume, de l'Homme-Armé, des Billettes et des Deux-Portes.

Au milieu d'une de ces anciennes voies, celle qui allait de la rue de la Verrerie à la rue Sainte-Croix-de-la-Bretonnerie, vous verrez le **temple luthérien**, généralement connu sous le nom d'*église des Billettes*.

Ce mot, comme celui de *blancs manteaux* dont nous parlions tout à l'heure, est encore une désignation trouvée par le peuple et appliquée, dès le treizième siècle, aux *religieux hospitaliers de la Charité de Notre-Dame*, qui portaient, sur leurs habits, de petits scapulaires nommés *billettes*. Ces religieux, qui s'étaient établis dans la chapelle des *Miracles* (2), n'appartenaient à aucun ordre ; dans le courant de l'année 1346, le pape Clément VI leur imposa la règle de Saint-Augustin. De nouveaux bâtiments furent édifiés au com-

(1) Les C et les H enlacés sont les initiales de Charles de Lorraine, fils du Balafré, et de sa femme Henriette de Joyeuse. La devise : *Pour ce qui me plet*, est celle du connétable de Clisson. La porte a été restaurée en 1847 par Letronne.

(2) A propos de cette chapelle, voici ce que l'on raconte. Le 12 avril 1290, un juif nommé Jonathas, se fit en payement d'une dette, livrer par une femme une hostie consacrée ; il transperça cette hostie avec un poinçon, il la jeta dans une cuve d'eau bouillante, l'eau devint rouge. Le bruit de ces miracles se répandit, le juif fut jugé et brûlé vif, et, sur l'emplacement de sa maison rasée, on construisit une chapelle. La rue prit le nom de rue *Où-Dieu-fut-bouilli*.

mencement du quinzième siècle; puis, en 1631, les religieux furent remplacés par les carmes réformés de l'observance de Rennes. En 1683, le cœur de l'historien Mézeray fut déposé dans la chapelle; vers le milieu du siècle suivant (1754), on rebâtit l'église d'après les plans du frère Claude, dominicain.

Les luthériens en prirent possession en 1809. Plus orné que ne le sont généralement les temples protestants, celui-ci contient quelques tableaux et statues; mais le véritable intérêt qu'il offre est la visite du cloître qui l'avoisine, une jolie et élégante construction du quinzième siècle.

Nous arrivons, rue de Rivoli, dans la section qui, depuis la rue du Louvre jusqu'ici, a été ouverte en 1850-1851. Les arcades n'y sont plus obligatoires; toutes les maisons, à droite, sont hautes, à demi bourgeoises, à demi commerçantes, et regardent le flanc gauche de l'Hôtel de ville. En un instant, nous gagnons la vaste place rectangulaire qui s'étend devant le monument municipal. En regard de celui-ci, en bordure de l'avenue Victoria, on voit deux grands immeubles; le premier sert d'annexe à l'Hôtel de ville, le second renferme les services de l'**Assistance publique**.

Nous sommes ici sur l'emplacement agrandi et régularisé de ce qui fut, pendant les temps anciens et jusqu'en 1806, la **place de Grève**.

La place de Grève, c'était le *forum* des Parisiens, le cœur de la ville; lieu de réunion de ses habitants en temps de joie, ainsi qu'en temps d'agitation populaire, de solennités ou de chômage. Elle a vu, au moyen âge, les *feux de la Saint-Jean*, que les souverains daignaient parfois allumer de leurs mains royales. Les truands et les ribauds s'y sont donné rendez-vous pour explorer les poches des bourgeois et celles, peu garnies pourtant, des ouvriers sans travail qui usaient le temps et leurs semelles sur son pavé rugueux. Toutes les journées tumultueuses de l'histoire de Paris l'ont eue pour point de départ ou pour point d'arrivée. Elle a été marché au vin et au charbon, sur le bord de la Seine; *place aux Canons*, plus haut, quand on y remisait l'artillerie de la ville; à l'est s'élevait l'église Saint-Jean-en-Grève, à qui la cure de Saint-Gervais disputa longtemps le titre de paroisse; enfin, chose sinistre, un gibet, signe de la haute, moyenne et basse justice du Bureau de la ville, s'est, pendant longtemps, dressé à son centre et, jusqu'au commencement du règne de Louis-Philippe, elle demeura la place des exécutions capitales. Là,

en 1310, Marguerite de Hainaut et Guyard de Cressonnessart furent
brûlés vifs pour crime d'hérésie ; là, Louis XI fit décapiter le connétable de Saint-Pol, le 27 octobre 1572 ; là, Coligny fut pendu en
effigie ; là, deux ans plus tard, Montgomery fut décapité ; Ravaillac,
Damiens, la maréchale d'Ancre, la marquise de Brinvilliers, Car-
touche, Lally-Tollendal, y subirent le dernier supplice ; Flesselles,
Foulon, Berthier, y furent mis à la lanterne par le peuple, en 1789 ;
là, le 25 avril 1792, la guillotine fonctionna pour la première fois ;
sous la Restauration, la place de Grève vit l'exécution quadruple
des sergents de la Rochelle et celle de Louvel. C'est là, enfin, que
triompha la révolution en 1830, en 1848, en 1870.

Le côté sinistre de la place de Grève, sombre et irrégulière, n'était pas inutile à rappeler en entrant sur la place
de l'Hôtel-de-Ville ouvrant devant nous son large et clair
rectangle. C'est l'évocation du passé en présence des temps
actuels, la résurrection de ces maisons aux façades étroites,
aux rez-de-chaussée assombris par des encorbellements,
aux grands combles, aux toits pointus ornés d'un épi (1),
serrées les unes contre les autres comme les bourgeois
d'une foule autour d'un vendeur d'orviétan et, comme eux
de tous leurs yeux, regardant de toutes leurs fenêtres, cette
vieille *maison aux Piliers*, qui fut notre hôtel de ville de
1357 à 1533.

En cette année 1533, le 15 juillet, maître Pierre Violle,
seigneur d'Athis, prévôt des marchands, entouré de ses
échevins, posa la première pierre du monument que le Boccador devait construire, et qui fut réduit en cendres en 1871.

Trois ans après, dès que Paris se fut ressaisi, un concours
pour la reconstruction de l'Hôtel de ville fut ouvert. Théodore
Ballu et Deperthes obtinrent le prix et se mirent à l'œuvre ;
le nouvel édifice put être inauguré en 1882.

C'est un vaste parallélogramme couvrant une superficie
d'environ 13500 mètres ; la façade principale, qui se développe à l'est de la place, reproduit, à fort peu de chose
près, celle du Boccador ; elle est précédée d'une balustrade

(1) Il n'y a plus à Paris qu'une seule décoration de ce genre ; elle est au
faîte d'une maison qui fait l'angle de la place de l'École et de la rue des
Prêtres-Saint-Germain-l'Auxerrois.]

ornée de statues et d'un large et profond saut de loup duquel les sous-sols tirent leur jour.

Un parvis s'arrondit devant la partie centrale ; il est limité par une balustrade à jour portant des lampadaires et deux figures assises, de Blanchard et Marqueste, représentant *la Science* et *l'Art ;* cette partie, plus élevée qu'elle ne l'était jadis, est accostée de pavillons ornés de jolies tourelles en encorbellement ; les portes cintrées de ces pavillons donnent accès aux cours intérieures. Les fenêtres du rez-de-chaussée sont séparées par des colonnes ; entre celles du premier étage, des statues de Parisiens célèbres ont été placées ; le fronton est richement orné d'une figure symbolique de Paris due à Gautherin, de deux belles statues de femmes, de Gauthier, qui, gracieuses en leur pose, soutiennent, en l'enguirlandant, un écusson aux armes de la ville ; *le Travail* et *l'Étude*, groupes de Hiolle, s'appuient aux pilastres avoisinant l'horloge et complètent cette décoration admirablement comprise et fort harmonieuse en son ensemble. Du faîte de l'édifice s'élance hardiment un coquet campanile ; en sentinelle, à ses côtés, sur le faîtage se dressent dix grandes statues de preux aux armures dorées.

Nous avons vu la façade nord, plus simple, qui s'élève en bordure de la rue de Rivoli ; celle du midi, assez coquette, regarde le quai du fond d'un jardin verdoyant, derrière la statue équestre d'Étienne Marcel ; celle-ci est une œuvre bien venue signée Idrac et Marqueste. Sur la rue Lobau, les deux portes d'entrée sont gardées par deux lions en bronze, de Cain et de Jacquemart ; l'attique est percé d'œils-de-bœuf, de frontons sculptés, de caissons renfermant les armes de grandes villes françaises. De côté, au rez-de-chaussée, est la salle Saint-Jean (1). On y remarque quatre cariatides sculptées par Gautherin et Charles Gauthier.

Entrons dans l'intérieur et arrêtons-nous dans les cours. La cour d'honneur, digne vestibule du superbe édifice, nous donnera un avant-goût de toutes les magnificences qu'il renferme. Entourée de galeries vitrées, elle est décorée, au

(1) Cette salle doit son nom à l'église Saint-Jean-en-Grève dont elle occupe l'emplacement.

centre, du beau groupe en bronze de Mercié, *Gloria victis*, et, devant la salle des Pas perdus, d'un autre groupe en marbre de E. Barrias, *les Premières Funérailles*. Dans les cours voisines, vous remarquerez de gracieuses tourelles rappelant un peu celle qui supporte la lanterne du château de Chambord, et le grand héraut d'armes de Frémiet, qui, vêtu à la mode du quinzième siècle, à cheval, un falot en main, éclaire la cage du grand escalier. Celui-ci est monumental; groupes et statues charment le regard tandis qu'on en monte les degrés; toutes ces œuvres sont signées de noms chers aux amis des arts : ici, Mathurin Moreau; là, Schœnewerk; ailleurs, E. Barrias, etc., etc.

L'escalier d'honneur est décoré d'un plafond et de quinze compositions d'Élie Delaunay; c'est un poème en couleur, chantant *la Gloire de Paris*. Les autres escaliers dits *des fêtes* sont ornés de panneaux à caissons, d'arcs doubleaux, de coupoles, de pendentifs; le tout dû à Luc-Olivier Merson, Schommer et Joseph Blanc.

La grande salle des fêtes, qu'il faudrait voir quand tous ses lustres sont allumés, quand les fleurs la parfument, quand les aigrettes de diamants et les colliers de perles y scintillent, quand la foule y tournoie, entraînée par les ondes sonores d'un brillant orchestre, est, au point de vue architectural, une véritable merveille. Si l'on se distrait un instant de la féerie du bal, on ne peut qu'admirer sans réserve ce vaisseau immense aux perspectives infinies, la magistrale ordonnance de son ornementation artistique, la richesse sans lourdeur de son décor. Ici triomphent Benjamin Constant, Gervex et Morot; le premier, avec son plafond représentant *Paris conviant le monde à ses fêtes*, les autres, avec les leurs glorifiant *la Musique* et *la Danse*, sans oublier *les Fleurs* et *les Bijoux*, petits plafonds où Gabriel Ferrier a répandu toute la grâce d'un dessin ravissant, tout le charme d'une chaude et brillante couleur.

Et cela vu, croyant peut-être n'avoir plus rien à admirer, errez dans l'Hôtel de ville, de bien agréables surprises vous attendent encore. Dans les trois grands salons à arcades, vous verrez des plafonds de Bonnat, de Jules Lefebvre et

LE PETIT SALON DES FÊTES A L'HÔTEL-DE-VILLE.

DESSIN DE P. MERWART.

de Besnard : le premier symbolise *les Arts;* le deuxième, *les Lettres;* le dernier, *les Sciences.* Jetez les yeux vers les frises, vous reconnaîtrez qu'elles sont peintes par Glaize, Commerre et Lerolle ; regardez les paysages qui garnissent une douzaine de panneaux, vous y reconnaîtrez les signatures des plus justement aimés de nos artistes en ce genre ; Lansyer, Guillemet, Luigi Loir, Saintin, Lapostolet, Colin, Français, etc.; sur d'autres panneaux, des figures sont peintes par Dagnan-Bouveret, Henner, T.-R. Fleury, Layrand, Breton, Thirion, etc. Partout où vous irez, enfin, vos regards pourront se reposer sur des manifestations artistiques de haute valeur : ici des pages magistrales signées J.-P. Laurens, l'*Histoire de Paris et de ses libertés municipales;* là, de Galland, ce grand et modeste artiste que la foule ignora, *les Métiers de Paris;* ailleurs, des décorations dues à Puvis de Chavannes ou à Roll ; des paysages de L'Hermitte et de Tattegrain ; des dessus de portes peints par Bourgeois, Duez, Quost, Monginot et bien d'autres encore. Enfin, vous le constaterez, notre édifice municipal contient un véritable musée réunissant, en tous les genres, les maîtres qui font la gloire de l'école française au dix-neuvième siècle.

Sortons par la rue Lobau ; elle a été ouverte en 1854 sur l'emplacement de plusieurs ruelles étroites aux maisons chenues, aux bornes faisant saillie sur la chaussée envahie au centre par un ruisseau fangeux ; les amis du pittoresque les ont sincèrement regrettées. Ce cloaque est remplacé par une voie ayant 40 mètres de largeur et formant un trait d'union entre le quai de l'Hôtel-de-Ville et la rue de Rivoli ; par une placé qui se trouve à peu près à son centre, elle laisse voir le portail de l'église Saint-Gervais. Il y a là de l'air et de l'espace, et pourtant l'un et l'autre semblent nous manquer. A quoi cela tient-il ? Est-ce à la froideur — inévitable vu leur destination première — des deux grands bâtiments qui font face à l'Hôtel de ville ? Est-ce au peu de longueu: et à la solitude de la rue ? Non. Cela tient simplement à ce que nous avons les yeux tout pleins encore des chatoiements de la couleur, du ruissellement de l'or et des perspectives magnifiques que l'art a ouvertes devant nous.

Deux bâtiments, nous l'avons dit, bordent la rue ; l'un, celui qui fait retour sur le quai, est l'ancienne **caserne Lobau**, une annexe de l'Hôtel de ville ; le service de l'instruction publique y est installé ; il fut construit par un capitaine du génie nommé Janvier, de 1856 à 1861. Son voisin, beaucoup plus grand et dont la façade latérale nord règne en bordure de la rue de Rivoli, est la **caserne Napoléon**, édifiée de 1852 à 1854, par Guillemaut, capitaine du génie. Bientôt, comme sa voisine, elle sera désaffectée et deviendra une dépendance de l'Hôtel de ville.

Passons entre les deux bâtiments et, traversant la place dont nous vous avons parlé, gagnons l'église **Saint-Gervais-Saint-Protais**. C'est un édifice commencé au quinzième siècle ; Salomon de Brosse a achevé, en 1621, le portail et le perron qui se présentent tout d'abord à nos regards et dont Louis XIII avait posé la première pierre, le 24 juillet 1616.

Saint-Gervais est, vous le savez, une des plus vieilles paroisses parisiennes ; dès le sixième siècle, il y avait là une chapelle où, au dire de Fortunat, saint Germain, évêque de Paris, venait parfois s'agenouiller. Au onzième siècle, l'église, qui avait dû être à peu près démolie lors des invasions normandes, avait été rebâtie et appartenait aux comtes de Meulan. Une reconstruction fut commencée en 1212 ; mais il est probable qu'elle ne fut pas achevée ou que son caractère fut modifié, car, dans cette église ogivale, nous ne trouvons rien qui puisse être attribué à une époque antérieure au quinzième siècle. Elle fut dédiée en 1420, huit jours avant la Saint-Jude, dit une inscription scellée à l'intérieur ; mais tout porte à croire que cette inscription provient d'un édifice antérieur, car toute l'église est bien des quinzième et seizième siècles.

Le portail est d'une si belle ordonnance, que, contrairement à ce qui arrive à Saint-Eustache, la différence de son style avec celui de l'église ne produit pas un effet choquant. Il est composé de trois ordres : dorique, ionique et corinthien ; les deux premiers ont huit colonnes ; le dernier, quatre. Les colonnes doriques sont engagées d'un tiers dans le massif ; unies à la base, cannelées dans leur partie supérieure, elles encadrent un portail central surmonté d'un fronton triangulaire, et deux petits correspondant aux bas côtés intérieurs. Les portes ont été faites au dix-septième

siècle par un maître menuisier nommé Antoine de Hancy.
Au premier étage, les colonnes accostent, au centre, une
grande fenêtre à deux divisions et, sur les côtés, des niches
renfermant les statues des patrons de l'église (1) ; au-dessus, deux grandes figures sont assises aux extrémités du
monument ; au centre, entre les colonnes corinthiennes,
derrière une balustrade, s'ouvre une large baie que surmonte un fronton circulaire décoré de statues à ses angles (2) et, au milieu, d'une sphère supportant une croix.
Tout cet ensemble se recommande par l'harmonie générale, la pureté de lignes, la sobriété d'une décoration bien
entendue ; cela n'éblouit pas comme le gothique flamboyant,
mais impressionne fortement par la majesté de l'allure.

A l'intérieur, on se trouve dans un beau vaisseau à la
large nef centrale accostée de collatéraux bordés de chapelles communiquant entre elles ; il est fort riche en œuvres
d'art et souvenirs précieux. Parmi ceux-ci, nous citerons
les belles statues sculptées du chœur, œuvre du seizième
siècle, provenant de Port-Royal-des-Champs ; les six magnifiques chandeliers et la croix en bronze doré du maître-
autel, qui ont appartenu à l'église abbatiale de Sainte-Geneviève ; le banc d'œuvre, exécuté sur les dessins de Le Brun,
est décoré d'un médaillon du Pérugin, représentant le Père
éternel entouré de têtes d'anges.

Si nous faisons le tour de l'église en nous engageant dans
le bas côté méridional et en allant de chapelle en chapelle,
nous verrons successivement un *Christ en croix*, de Philippe
de Champaigne ; des *fresques*, de Jobbé Duval et de Gendron ; un tableau de Couder, *Saint Ambroise et Théodose ;* un
Ecce Homo, de Rouget ; des *Scènes de la vie de sainte Geneviève*, par Glaize ; le tombeau du chancelier Le Tellier, mort
en 1685. Ce monument a été exécuté par Mazeline et Hu-

(1) Ces statues sont modernes, l'une, saint Gervais, est de Préault, l'autre,
saint Protais, de Moyne ; elles remplacent celles que Bourdin avait sculptées et qui disparurent quand l'église, concédée aux théophilanthropes,
devint le temple de la Jeunesse.

(2) On voyait là jadis des groupes de Guérin ; ceux qui les remplacent sont
de Dantan et de Jouffroy. Le premier représente *Moïse écrivant le Penta-
teuque ;* le second, *saint Jean écrivant l'Apocalypse.*

telle, d'après un dessin fourni par Philippe de Champaigne.
Aux pieds du défunt à demi-couché sanglote un Génie ; les
figures de *la Prudence* et de *la Justice* décorent l'archivolte,
celles de *la Force* et de *la Religion* sont au bas des pilastres.

Dans la chapelle de la Vierge, l'art des constructeurs du
seizième siècle apparaît avec toute son ingénieuse hardiesse,
sa sûreté de main, sa force, si savamment jointe à la grâce
et à la légèreté. Levez les yeux vers la voûte et dites-nous
si l'on peut rencontrer souvent une décoration à la fois
plus audacieuse et plus charmante que la clef pendante
qui la décore. Cette œuvre, exécutée en 1517, est due aux
frères Jacquet, *maçons* très réputés en ce temps.

Redescendons le bas côté gauche, nous verrons d'abord
un *Christ en croix*, de Préault ; une *Pieta*, statue de Nanteuil
et Cortot ; des fresques de Norblin, *les Œuvres de miséricorde*.

Nous passons devant la grande sacristie. Notre guide
nous donne à peine le temps de regarder l'inscription dont
nous vous avons parlé plus haut, à peine le temps de jeter
un coup d'œil sur les fresques de Heim, représentant *le
Martyre de saint Cyr et de sainte Juliette*, qui sont pourtant
fort belles ; on sent que le brave homme a hâte de vous
montrer ce qu'on lui a appris à considérer comme la merveille de l'église ; il tire un rideau et vous avez devant les
yeux, peintes sur trois volets, les principales scènes de *la
Passion*. « Ce tableau est du grand Albert Durer, » ne manquera pas de vous dire le cicérone ; il est vrai qu'il a été,
pendant fort longtemps, attribué à ce maître ; mais, s'il
faut en croire M. Henri Michaux (*Richesses d'art de la France*,
Paris, Monuments religieux, t. III), il serait l'œuvre de Henri
Aldegrerer. Quoi qu'il en soit, c'est une page d'un très haut
intérêt artistique. La chapelle dite *de Scarron*, parce qu'on
attribue, sans preuve aucune, sa construction à Mᵐᵉ de Main-
tenon et qu'on prétend que le poète fut inhumé sous ses
dalles, est un coquet oratoire ; les armes qui surmontent
le retable de l'autel autorisent à attribuer sa fondation à
Jacques Béthauld de Chénauld, mort en 1684, ou à quelque
membre de sa famille. Il ne nous reste plus à voir qu'une

Vierge, de Rude ; des *fresques*, de Gigoux et de Caminade ; puis, nous redescendrons les marches du perron et nous nous retrouverons au grand air.

Faisons quelques pas en longeant le flanc nord de l'église et nous arriverons à la **place Baudoyer** ; c'est une des plus vieilles de Paris, une de celles que les bourgeois du moyen âge avaient adoptée pour s'y rassembler, causer affaires, pleurer sur la misère des temps et critiquer à l'occasion la conduite ou les actes des prévôts et des échevins. C'est aujourd'hui un rectangle long de 56 mètres, large de 40, égayé d'arbres et dont le fond est occupé par la **mairie du quatrième arrondissement.**

Bâtie de 1862 à 1867 par Bailly, incendiée en partie au mois de mai 1871, à peu près immédiatement restaurée, ses corps de logis forment, autour d'une grande et belle cour centrale, un quadrilatère irrégulier, et renferment des locaux bien distribués au point de vue des services municipaux. Là, comme partout à Paris, l'art a revendiqué ses droits ; Léon Commerre a décoré la salle des fêtes d'allégories relatives aux éléments et aux saisons. Dans la salle des mariages, Cormon a peint, en grisaille et camaïeu, *la Bienfaisance* et *l'Éducation*, et, au plafond, *la Naissance, la Guerre, le Mariage* et *la Mort.*

Mais l'heure s'avance ; remettons à demain la suite de l'exploration de ce quartier dont nous n'avons pas encore vu toutes les merveilles.

Agrandissements et enceintes.

Nous vous avons fait entrer dans la cour du Mont-de-Piété pour vous montrer un reste de la muraille dont Philippe-Auguste entoura Paris ; le temps nous manquait alors pour vous entretenir de cette enceinte, ainsi que de celles qui l'ont précédée et suivie ; nous allons faire ici ce que nous n'avons pu faire alors et tenter de vous donner une idée des agrandissements successifs de la capitale et vous dire ce que furent ses enceintes à diverses époques.

Ouvrez un plan de la ville actuelle, arrêtez vos regards sur le milieu de cette immensité ; vous verrez, entourée par l'eau du fleuve, une tache grise traversée par deux grandes voies et ayant à peu près la forme d'un vaisseau : c'est l'*île de la Cité*, le berceau de notre grand Paris, la Lutèce gallo-romaine que Julien l'Apostat et Ammien Marcellin connurent ; elle était alors entourée d'une enceinte bâtie avec des matériaux de démolition provenant en partie des arènes dont on a retrouvé, sous le dernier Empire, des restes dans la rue Monge. Cette enceinte, qui suivait à peu près la conformation de l'île en ce temps-là, n'avait pas plus de 850 mètres de tour (1).

On attribue à Louis le Gros la construction de la deuxième enceinte ; la ville avait alors franchi la Seine. Sur la rive droite, elle couvrait tout le rectangle qui s'étend entre le fleuve et les rues actuelles du Temple, de Rivoli et du Louvre. Sur la rive gauche, déjà quartier des Écoles, l'enceinte décrivait une demi-ellipse irrégulière dont une base était à peu près à la hauteur de la rue des Bernardins, l'autre à celle de la rue des Grands-Augustins, et le sommet près du palais des Thermes.

La troisième enceinte est celle que Philippe-Auguste fit élever sur la rive droite de 1180 à 1210, sur la rive gauche de 1201 à 1220. Elle est demeurée la plus célèbre ; on en voit encore assez de vestiges dans Paris pour qu'il soit facile de la reconstituer par la pensée.

(1) La partie de l'île où s'élève la place Dauphine était et fut, jusqu'au dix-septième siècle, séparée de la masse par un bras de rivière.

Si vous voulez vous rendre compte de ce qu'était alors la ville, tracez sur la rive gauche une ligne qui, partant de l'est du palais de l'Institut, décrira une courbe passant entre les rues de Seine et Mazarine ; cette ligne traversant la rue Dauphine et le passage du Commerce, gagnera le numéro 9 de la rue Soufflot ; là se trouvait la porte Saint-Jacques ; faites-la tourner ensuite derrière le Panthéon, conduisez-la jusqu'à la porte Saint-Marcel (n° 30, rue Descartes), puis continuez-la directement en inclinant un peu vers l'est, jusqu'à la Seine ; elle en rencontrera la coulée à peu près à la hauteur du pont de la Tournelle.

Sur la rive droite, la ville s'est plus sensiblement étendue ; sa muraille forme un demi-cercle un peu écrasé au nord et s'achevant à l'ouest par une ligne droite à peu près semblable à celle que nous avons vue sur la rive gauche.

La muraille passe derrière les numéros impairs de la rue des Jardins-Saint-Paul, traverse le passage qui, rue Saint-Antoine, donne accès au lycée Charlemagne, gagne la rue des Francs-Bourgeois (la cour du Mont-de-Piété), et atteint la rue de Rambuteau à la hauteur du numéro 20 ; par la rue du Grenier-Saint-Lazare, elle arrive à la rue Saint-Denis où la porte aux Peintres s'ouvre à la hauteur du numéro 135, elle poursuit sa route vers l'ouest et touche la rue Montmartre à peu près à l'endroit où la croise maintenant la rue Étienne-Marcel ; glissant ensuite entre les rues Jean-Jacques-Rousseau et Coquillière, elle laissait sortir de Paris par la porte de *Bahaigne*, dite aussi porte Coquillière, et enfin arrivait à la Seine non loin de l'endroit où depuis fut bâti le pont des Arts, et rencontrait en cet endroit la grosse tour ronde que pendant plusieurs centaines d'années on désigna sous le nom de *la tour qui fait le coin*. Renfermé dans cette muraille, Paris couvrait alors une superficie de 252^h,87.

Sur cette même rive, car elle ne toucha pas au quartier de l'Université, l'enceinte dite d'*Étienne Marcel*, construite de 1356 à 1383, fit entrer dans Paris les Célestins, alors tout nouvellement installés, gagna la place de la Bastille actuelle jusqu'à son centre, passa derrière le Temple, le prieuré de Saint-Martin des Champs et le territoire des modernes quartiers Bonne-Nouvelle, du Mail et du Palais-Royal.

Sous Louis XII et ses successeurs jusqu'à Louis XIII, l'agrandissement continua sur la rive droite, l'enceinte fut reculée à l'ouest jusqu'à la place de la Concorde ; elle engloba le bourg

Saint-Honoré, le versant nord de la butte des Moulins, les quartiers devenus ceux de la place Vendôme et Vivienne.

D'autres agrandissements eurent lieu sous Louis XIV et Louis XV, d'autres encore sous Louis XVI ; c'est sous ce dernier règne que fut construit le mur d'enceinte dit *des Fermiers généraux*, qui disparut en 1860. Voici la liste des quartiers absorbés par la ville en cette période : sur la rive gauche, le pré aux Clercs, le bourg Saint-Germain, le bourg Saint-Victor et le quartier de l'Observatoire ; sur la rive droite, les Champs-Élysées, la Ville-l'Évêque, la Grange-Batelière, l'enclos Saint-Lazare, les quartiers de l'hôpital Saint-Louis, du Marais, du Temple et de l'abbaye de Saint-Antoine.

C'est cet espace d'une superficie de 3370^h,45 que Louis XVI fit entourer d'une muraille ; c'est cette ville ainsi limitée que Louis XVIII augmenta du quartier de la Salpêtrière, que Louis-Philippe fit entourer de l'enceinte fortifiée jusqu'à laquelle ses bornes ont été reculées en 1860 (1).

Paris a maintenant 7892 hectares de superficie et 34350 mètres de tour ; on y compte près de 4000 voies publiques, 33 ponts, 7 jardins, 5 parcs, 56 squares, 2 magnifiques promenades : les bois de Boulogne et de Vincennes ; sur ses places, sur ses carrefours, dans ses promenades, vous rencontrerez plus de 90 statues et monuments commémoratifs honorant ses grands hommes ou rappelant quelque page de sa glorieuse histoire.

Sur un grand nombre de ses monuments, vous verrez ses armes ; Paris porte : *de gueules, au navire équipé d'argent, sur une onde du même, au chef cousu d'azur, semé de fleurs de lis d'or ;* pour devise : FLUCTUAT NEC MERGITUR. Ce vaisseau insubmersible rappelle à la fois la forme de l'antique Lutèce et la profession des premiers Parisiens, bateliers pour la plupart.

(1) Le mur de Louis XVI était percé de cinquante-cinq barrières que l'architecte Ledoux fut chargé d'accoster de pavillons ; il s'acquitta de cette lourde tâche avec un grand goût. Quelques-uns de ces pavillons sont debout encore, notamment à la Villette, à l'extrémité du faubourg Saint-Antoine et à la place Denfert-Rochereau.

NEUVIÈME JOURNÉE

La rue François-Miron, très aristocratiquement habitée jadis, longe la façade méridionale de la mairie que nous avons visitée hier et finit rue Saint-Antoine, à l'endroit où celle-ci est rejointe par la rue de Rivoli.

Chemin faisant, nous ne manquerons pas d'admirer les belles constructions qui la bordent encore ; ici, au numéro 15, une maison à pignon ; au 30, dans la première cour, de curieux pilastres du temps de la Renaissance et, dans la seconde, de jolies sculptures sur bois ; voici encore, au 36 et au 38, de ravissants mascarons ; au 42, un remarquable entresol ; le seizième siècle, la fin du quinzième peut-être, ont imprimé leur cachet sur les lucarnes à frontons triangulaires des numéros 44 et 46 ; un peu plus loin, portant maintenant trois numéros (52, 54, 56), est un vaste logis à fronton circulaire avec écussons enguirlandés ; au 68, nous nous trouvons devant l'ancien hôtel de Beauvais ; classé au nombre de nos monuments historiques, il a été bâti au dix-septième siècle, par Lepautre, sur l'emplacement de l'hôtel de Chaalis dont on a conservé les caves, qui datent du treizième siècle. Ne vous bornez pas à admirer la façade, entrez dans la cour (les Parisiens sont accueillants pour les curieux), vous y verrez un vestibule circulaire, orné de colonnes de marbre d'une disposition à la fois originale et décorative ; il donne accès à un fort bel escalier, que le Flamand Martin Van Bogaert a décoré de sculptures.

Le 26 août 1660, lors de la triomphale entrée à Paris de Louis XIV et de Marie-Thérèse, la reine mère avait pris place au balcon de cet hôtel, et un grand nombre de hauts personnages, Mazarin et Turenne entre autres, en occupaient les fenêtres.

Le 78, construction du dix-huitième siècle, est de coquette allure; plus sévère est le 82, ancien hôtel du président Hénault, dont le balcon, remarquable par sa légèreté et son élégance, s'appuie sur de puissantes consoles soutenues par une tête de Maure enrubannée.

Tout en regardant les façades, nous avons passé devant la rue du Pont-Louis-Philippe, droite et large; devant la rue Geoffroy-Lasnier, étroite et moyenageuse; devant la rue de Jouy, où l'hôtel construit sur les dessins de François Mansart, pour le duc d'Aumont, est encore debout, et dans laquelle l'école Sophie-Germain s'est installée, en 1882, dans une construction du dix-septième siècle (1).

La rue Saint-Antoine, vieille voie parisienne uniquement commerçante aujourd'hui, autrefois voisine des hôtels Saint-Paul et des Tournelles, logis royaux, et par cette raison habitée par de grands personnages, fait une légère ligne courbe depuis le point où nous sommes jusqu'à la place de la Bastille.

Cette voie, qui conduisait à la fameuse abbaye de Saint-Antoine, a conservé bien des souvenirs relatifs à l'histoire de Paris. C'est là qu'Étienne Marcel fut massacré, en 1358; c'est là que Henri II fut mortellement blessé dans un tournoi, par Montgomery, le 29 juin 1559; dans le cimetière Saint-Paul, à quelques pas de l'église que vous voyez, furent enterrés, au mois d'avril 1553, Rabelais et, le 20 novembre 1703, Marchiali, le mystérieux personnage désigné sous le nom de l'*Homme au masque de fer;* c'est encore rue Saint-Antoine que, hurlante, enthousiasmée, armée à la hâte et traînant des canons, la foule passa, le 14 juillet 1789, pour se ruer sur la Bastille; c'est là, enfin — nous retournons en arrière, mais pour revenir à l'actualité — que, le 12 janvier 1580, le cardinal de Bourbon céda aux jésuites, établis rue Saint-Jacques depuis dix-huit ans alors, un grand hôtel où ils installèrent un couvent qui, plus tard,

______

(1) Première institution de ce genre créée à Paris, cette école prépare les jeunes filles à la carrière de l'enseignement et aussi aux emplois commerciaux et administratifs.

très protégé par Louis XIII, devint leur maison professe et fut, après l'expulsion des pères et jusqu'en 1790, la maison des chanoines réguliers de Sainte-Catherine du Val-des-Écoliers.

C'est tout auprès des restes bien modifiés de l'ancienne maison professe des jésuites que nous nous trouvons à notre arrivée dans la rue Saint-Antoine.

A notre droite s'ouvre une grille précédant un long couloir ; c'est l'entrée du **lycée Charlemagne**.

Cette institution, d'où sont sortis un grand nombre d'hommes devenus célèbres dans les lettres et dans les arts, est une de celles à Paris dont la réputation est des mieux méritées.

Elle a été fondée par la loi du 29 ventôse an IV (19 janvier 1796) et prit, en vertu d'une nouvelle loi, le titre qu'elle porte, le 1er mai 1802. Plusieurs propriétés voisines furent ajoutées aux bâtiments primitifs, en 1812, alors qu'on avait formé le projet, qui ne s'est jamais réalisé, d'adjoindre un pensionnat au lycée. Collège depuis 1814 jusqu'en 1848, Charlemagne reprit son rang primitif dès le 28 février de cette année-là.

Tout auprès du collège, vous voyez **l'église Saint-Louis et Saint-Paul**, dont le portail rappelle un peu celui de Saint-Gervais ; les jésuites, quand ils bâtirent l'édifice, eurent peut-être la pensée d'éclipser l'œuvre de Jacques de Brosses. En tout cas, le style dit *jésuite* est ici plus riche que dans la plupart des monuments qu'il a laissés ; l'édifice est de plus grandiose aspect aussi, et cela grâce au dôme qui s'élève au milieu de sa croisée.

La première pierre de cette église fut posée par Louis XIII, en 1627. Le frère Marcel-Ange et surtout, dit-on, le père François Derrand, en dirigèrent la construction qui fut achevée en 1641 ; le 9 mai de cette année-là, le cardinal de Richelieu y célébra une messe solennelle devant le roi, la reine et toute la cour. L'église était alors placée sous l'invocation de saint Louis ; elle prit pour second patron saint Paul quand, après la Révolution, les exercices du culte furent repris, et en mémoire d'une autre église voisine désaffectée et démolie.

Le portail, outre ses colonnes, ses guirlandes, ses rinceaux et ses balustres, est décoré, au sommet, d'une statue de saint Louis, de Lequesne, et, dans les niches du premier étage, de celles de sainte Aure, par Étex, à droite, et de sainte Catherine, par Préault, à gauche.

L'intérieur, richement mais parfois un peu lourdement décoré — voyez la galerie à balustres carrés qui règne au-dessus des chapelles — semble viser moins à l'élévation de l'âme qu'à l'éblouissement des yeux. Néanmoins le chœur et le dôme sont fort beaux et d'assez imposant aspect. Sur les pendentifs de la coupole, on voit quatre bas-reliefs remontant sans doute à l'époque de la construction et représentant *les Évangélistes* assis sur des nuages. Au-dessus règne un entablement, dont la large corniche bordée d'une balustrade en fer forme une sorte de balcon. De là partent seize pilastres accouplés, divisant la coupole proprement dite en huit baies dont quatre sont aveugles et décorées des figures en grisaille de Clovis, Charlemagne, saint Louis et Robert le Pieux ; ces œuvres, signées Joseph Blanc, ont remplacé, en 1873, des décorations détruites pendant le siège.

Dans le chœur, derrière un tabernacle d'une grande richesse, vous verrez un beau bas-relief en bronze doré, de Michel Anguier, qui provient du maître-autel du Val-de-Grâce et représente *Jésus bénissant le pain qu'il partage avec les pèlerins d'Emmaüs*. La chapelle de Notre-Dame des Sept-Douleurs est ornée d'une *Vierge* en marbre, assise, voilée, dans l'attitude de la souffrance ; c'est une belle œuvre de Germain Pilon. Près de là, on voyait jadis, des inscriptions restaurées en 1858 le rappellent, deux petits monuments coquets et riches, exécutés l'un par Sarrazin, l'autre par Coustou le jeune. C'étaient des anges d'argent soutenant des urnes dans lesquelles étaient conservés les cœurs des rois Louis XIII et Louis XIV (1).

La sacristie est décorée d'anciennes peintures sur bois et sur cuivre, et d'un certain nombre de portraits d'ecclésias-

---

(1) Louis XVI fit transporter ces cœurs au Val-de-Grâce ; ils y restèrent jusqu'à la Restauration. A cette époque, ils furent remis à M. de Dreux-Brézé et au comte de Pradel (Lucien Michaux, *Inventaire des Richesses d'art de la France*).

tiques qui furent, à diverses époques, curés de l'église. Enfin, dans le transept de gauche, vous ne manquerez pas de remarquer un Christ vêtu d'une tunique blanche et d'un manteau rouge, à demi couché devant des anges et des apôtres. Ce *Christ au jardin des Oliviers* est une œuvre d'Eugène Delacroix, qui a figuré au salon de 1827 et à l'Exposition de la ville de Paris, au Champ-de-Mars, en 1878.

En regard de l'église s'ouvre la rue Sévigné, autrefois rue Culture-Sainte-Catherine. C'est une voie calme, silencieuse, bordée de constructions dont quelques-unes sont de beaux hôtels du temps passé; habitée par plus de rentiers que de commerçants, elle est le type parfait des rues du Marais.

A son entrée, à gauche, nous voyons une caserne de sapeurs-pompiers; elle est installée dans l'ancien hôtel de l'Avor, où l'administration des Pompes funèbres était établie au dix-huitième siècle. La maison voisine, un établissement de bains, rappelle un moins macabre souvenir; c'est dans cet immeuble, construit, dit-on, avec des matériaux provenant de la Bastille, que Beaumarchais ouvrit, le 1ᵉʳ septembre 1791, un nouveau *théâtre du Marais* où, le 26 juin de l'année suivante, il fit représenter pour la première fois son drame, *la Mère coupable*.

Mais ne nous attardons point ici aux choses du passé; l'occasion va bientôt se présenter de faire un voyage rétrospectif dans l'histoire de Paris, car nous voici arrivé devant l'hôtel **Carnavalet**, occupé aujourd'hui par le Musée et la Bibliothèque de la Ville. Disons quelques mots du cadre, avant de regarder le tableau.

L'hôtel Carnavalet, un des précieux bijoux architecturaux de la capitale, a été construit en 1544, par Pierre Lescot, sur les ordres d'un président au Parlement nommé Jacques de Ligneris; le baron de Kernevenoy (nom dont le temps a fait Carnavalet) en devint propriétaire ensuite et fit exécuter divers travaux par Androuet Du Cerceau.

Quand, en 1634, l'hôtel passa à d'Agaurri, un magistrat dauphinois, François Mansart, le compléta en lui ajoutant l'aile droite. Quelques années après (1677), Mᵐᵉ de Sévigné acquit la propriété; elle y finit ses jours. Une famille de Pommereul demeurait dans l'hôtel quand, sous la Révolution, l'État s'en empara pour y placer les bureaux de

la direction de la librairie. L'École des ponts et chaussées l'occupa
sous l'Empire ; une institution de jeunes gens s'y établit plus tard.
Quand, en 1858, la Ville acheta l'immeuble, il était connu sous le
nom de *pension Verdot*. Les architectes Parmentier, Laisné, Roguet,
ont, depuis, restauré et augmenté les bâtiments.

En 1875, on a réédifié dans le jardin la curieuse façade du *Bureau
des drapiers*, qu'on voyait autrefois rue des Déchargeurs ; elle est
ornée de superbes cariatides ; ses sculptures, habilement restaurées
par Charles Gauthier, représentent les armoiries de la ville de Paris
et symbolisent son activité commerciale.

En 1888, sous la direction de M. Bouvard, on a complété le bâtiment qui règne en bordure de la rue des Francs-Bourgeois ; on l'a
orné de plaques sur lesquelles sont gravés les noms de tous les
hommes qui se sont illustrés dans l'histoire, la chronique, les arts
et les sciences ; on lui a donné pour entrée l'élégant *arc de Nazareth* qui franchissait jadis la rue du même nom dans la Cité et éta-
blissait, au palais de justice, une communication entre la Chambre
des comptes et le dépôt de ses archives. Outre la gracieuseté de sa
forme, l'arc de Nazareth, construit en 1550, se recommande encore
par la beauté de ses consoles et les fines sculptures de Jean Goujon
qui courent sur sa frise ornée des chiffres et devises du roi Henri II.

En dernier lieu, le musée s'est augmenté des salles que la bibliothèque occupait ; une cérémonie d'inauguration eut lieu, à ce propos, le 23 juin 1898, en présence de Félix Faure.

Dans la cour, votre attention sera tout d'abord attirée
par une statue de Louis XIV, beau bronze de Coysevox, qui
en occupe le centre ; puis vos yeux se reporteront et s'arrê-
teront, longtemps charmés, sur la décoration des corps de
logis. Il y a là des bas-reliefs représentant *les Saisons*, qui
sont la plus pure et la plus complète expression du génie
de Jean Goujon ; des *Génies tenant des flambeaux*, de ravissantes figures au-dessus de l'arc de la porte cochère, sont aussi
de lui ; quant aux *Quatre Éléments*, ils ont été ajoutés par Du
Cerceau, et les déesses, dont la lourdeur contraste fâcheu-
sement avec la grâce des autres figures, sont de Van Obstal.

Entrons au musée maintenant. Sa visite est une sorte de
voyage à travers le vieux Paris, une évocation de sa topographie à tous les âges, la résurrection, par le crayon ou
le pinceau, des scènes principales de son histoire depuis
la Ligue jusqu'à la Révolution, depuis l'Empire jusqu'à la
Commune de 1871.

Parmi ces œuvres, il en est de purement anecdotiques, qui révèlent des mœurs et des usages oubliés ou fixent les doutes à propos des costumes portés à diverses époques. Tels sont : *l'Incendie de l'Opéra*, en 1781, tableau de Hubert Robert ; *les Vues de Paris au dix-huitième siècle*, des frères Raguenet ; *les Merveilleuses et les Incroyables au Palais-Royal*, de Carle Vernet ; *l'Incendie de l'Opéra*, en 1781, de Hubert Robert ; le grand dessin de Ch. Michel représentant *l'Ancien Quai de Bercy* et, enfin, *la Réception du tzar à l'hôtel de ville*, toile de Luigi Noir, qui figura au salon de 1897.

Le musée est particulièrement riche en souvenirs de la Révolution : portraits, céramiques, miniatures, autographes, monnaies, drapeaux, objets divers du temps, montre de Saint-Just, tabatière de Marat, maquette de la Bastille de Palloy, échelle de Latude et cent autres objets encore garnissent les murs et les vitrines.

Une salle est consacrée à l'époque impériale, une autre aux théâtres parisiens ; dans celle-ci, vous verrez la précieuse collection de faïences laissée au musée par de Liesville ; dans celle-là, la série complète des médaillons de nos contemporains modelés par David d'Angers ; dans une autre, qui fut le salon de Mme de Sévigné, les portraits de la grande épistolière et de sa fille ; dans la galerie des Échevins, ceux de plusieurs de ces dignitaires. Ici sont des portraits de contemporains illustres, les Musset, de Vigny, Armand Carrel ; là, des scènes de la révolution de Juillet ; plus loin, le fauteuil où mourut Béranger ; ailleurs, l'œuvre caricatural de Dantan jeune, etc., etc.

La **bibliothèque de la ville de Paris** est, nous l'avons dit, réunie au musée, mais placée dans un immeuble acquis en 1895 et qui a été construit par Pierre Bullet pour Michel Le Pelletier de Saint-Fargeau ; on accède aux salles par un couloir qui traverse, au premier étage, le numéro 25 de la rue occupé par le lycée Victor-Hugo.

La bibliothèque, fort riche en livres et en estampes ayant rapport à la ville de Paris, est ouverte tous les jours aux travailleurs ; elle présente cette particularité que ceux qui la fréquentent et ceux qui la gardent se connaissent tous, et qu'unis par les mêmes sentiments d'admiration pour la capitale, ils semblent ne former qu'une même famille.

Le **lycée Victor-Hugo**, consacré à l'éducation des jeunes filles, a été ouvert au mois d'octobre 1895 ; il occupe l'ancien hôtel Damville-Baudet ; l'architecte qui l'a aménagé pour sa destination actuelle l'a doté d'un préau couvert garni de verrières, qui est d'un fort gracieux effet.

Continuons à monter la rue Sévigné ; saluons, au passage, le bel hôtel portant le numéro 52 ; construit par de l'Isle, il fut habité par M. de Flesselles, dernier prévôt des marchands de Paris. Presque vis-à-vis, rue du Parc-Royal, nous voyons l'**hôtel des Fusées** et sa porte aux originales sculptures ; en suivant cette voie, à gauche, nous arrivons à la rue de Thorigny, où nous rencontrons l'**hôtel de Juigné**, une des plus belles constructions que le dix-septième siècle nous ait laissées.

Bâti en 1626 pour Aubert de Fontenay, grand financier, il fut jusqu'à la Révolution toujours aristocratiquement occupé. La tourmente en chassa M𝗀ʳ de Juigné, archevêque de Paris. En notre siècle, il abrita l'École centrale depuis sa fondation (1829) jusqu'à son transfert rue Montgolfier (1885). Sculptures sur la façade, vaste cour entourée de bâtiments ornés de colonnes, monumental escalier d'honneur, tout cela conserve, bien qu'habité maintenant par des industriels, un grand et solennel aspect.

En haut de cette voie, nous trouvons la courte rue du Roi-Doré qui, en peu d'instants, nous conduit à la rue Turenne, devant le portail de l'**église Saint-Denis du Saint-Sacrement**. Cet édifice a été construit en 1823 par l'architecte Godde ; un bas-relief, de Feuchères, représentant *les Vertus théologales*, décore le fronton et console un peu de la banalité de la façade.

Dans l'intérieur, on voit une belle *grisaille* d'Abel de Pujol, des peintures de Court, de Picot, de Decaisnes et, enfin, *Pieta*, d'Eugène Delacroix, une œuvre d'une composition dramatique d'une énergie et d'une grandeur dont peu de peintures religieuses approchent.

En descendant la rue Turenne, nous passons devant le

couvent des Filles de Sainte-Élisabeth, reconnaissable à sa grande porte cintrée que couronne un fronton triangulaire; c'est l'ancien **hôtel Boucherat**. Au 56 habitèrent Scarron et Crébillon le tragique; le 54 est l'ancien **hôtel de Turenne**, une école de garçons l'occupe; le 45 fit autrefois partie de l'hôtel de **Caumartin**; dans la façade du 41 s'encastre un gracieux édicule, connu sous le nom de **fontaine Saint-Louis**; il remplace, depuis 1846, la fontaine Royale qui avait été placée là au dix-huitième siècle; la statue d'enfant tenant l'urne d'où l'eau s'échappe est de Boitel.

Nous voici de nouveau dans la rue Saint-Antoine. C'est intentionnellement que nous vous y ramenons, car nous voulons, quoique la façade en soit bien dénaturée, vous montrer, au numéro 143, **l'hôtel de Béthune-Sully**. Classée aujourd'hui au nombre de nos monuments historiques, cette demeure a été construite par Androuet Du Cerceau, pour le ministre de Henri IV. La cour, de magnifiques proportions, est encadrée de corps de logis qui, d'une grande et noble allure, sont décorés de sculptures représentant les saisons; des génies, des casques, des rinceaux et des mascarons ornent toutes les fenêtres. Ici, comme à l'hôtel de Juigné, les appartements sont occupés par le commerce.

Presque vis-à-vis, au numéro 212, est un autre hôtel également bâti par Du Cerceau, au commencement du dix-septième siècle, pour le duc de Mayenne, et qui, plus tard, devint **l'hôtel d'Ormesson**; une école l'occupe maintenant.

A quelques pas plus loin, à l'angle de la rue Castex, nous voyons le péristyle gracieux et le petit dôme du **temple Sainte-Marie**. C'est l'ancienne église des religieuses de la Visitation, couvent que François de Sales et Mme de Chantal fondèrent vers 1620, et qui, huit ans plus tard, vint habiter ici l'hôtel de Cossé.

En 1632, François Mansart construisit cette jolie église sur le modèle de Notre-Dame de la Rotonde, de Rome; elle offre un spécimen intéressant du style de transition entre ceux des temps de Louis XIII et de Louis XIV. Le couvent ayant été supprimé en 1790, les bâtiments furent vendus; l'église, lors de la reprise du culte, en 1802, devint le temple des calvinistes de la confession de Genève.

Traversons la rue en biais, suivons la courte rue de Birague; saluons, au 11 *bis*, la maison natale de Mme de Sévigné,
puis passons sous une arcade et entrons sur la **place des
Vosges**, autrefois place Royale; *la place*, comme on disait
au temps du vieux Corneille; on ne connaissait qu'elle alors
qui fût digne de porter ce nom.

Elle occupe une partie de l'emplacement du palais des Tournelles, demeure royale qui fut abandonnée et considérée comme un
lieu maudit à partir du jour où Henri II y mourut; Charles IX fit
mettre le palais en vente, et l'endroit où vous voyez la place fut
pendant quelque temps un marché aux chevaux. C'est là que, le
27 avril 1578, eut lieu le fameux duel des mignons.

Paris avait coûté cher à Henri IV, mais il l'aimait et se préoccupait fort de son embellissement; c'est lui qui, en 1605, ordonna
la création de la place *bastie des quatre costez*, destinée à abriter
des manufactures de drap et de soie, et à *servir de promenoir aux
habitants*.

L'idée d'établir des manufactures en ce quartier, riche et beau
alors, était bizarre et déplut fort au prévôt des marchands, maître
François Myron; néanmoins, les quatre côtés de la place se construisirent, le premier aux frais du roi, les autres, à ceux de plusieurs fabricants d'étoffe de luxe, Jean Baussire, Moisset, Camus,
Parfait, etc.; en 1612, elle était achevée et fut le théâtre d'une
grande fête donnée à l'occasion du traité de paix conclu avec l'Espagne.

C'est vers cette époque que la place Royale devint le lieu invariablement choisi par les duellistes pour leurs rencontres. Il eût,
en ce temps, été de fort mauvais goût de se faire tuer ailleurs.
C'est là que, le 12 mai 1627, Montmorency-Bouteville et le comte
Deschapelles se rencontrèrent avec Beuvron et Bussy d'Amboise.
Ce dernier fut frappé mortellement, Beuvron se réfugia en Angleterre; mais Montmorency et Deschapelles, qui tentaient de gagner
la Lorraine, furent arrêtés et, sur l'ordre de Richelieu, exécutés en
place de Grève.

Une première statue équestre de Louis XIII fut érigée sur la
place en 1639, par les soins du cardinal de Richelieu; c'est à ses
pieds que, quatre ans plus tard, eut lieu le duel du duc de Guise
avec le comte de Coligny, rencontre où ce dernier trouva la mort.

Sous Louis XIV, la place Royale arriva à l'apogée de sa gloire;
avoisinée d'hôtels princiers, aristocratiquement habitée elle-même,
les manufactures de Henri IV n'étant plus qu'un souvenir, elle vit
passer sous ses arcades tout ce qui fut illustre pendant le grand
siècle.

Les bourgeois firent alors une gracieuseté au monarque ; à leurs frais, en 1682, ils remplacèrent les barrières de bois qui entouraient la place par une grille en fer ornée de médaillons du roi, qui leur coûta 35 000 livres.

Mais voici venir la Révolution ; la statue disparaît, la place change plusieurs fois de nom, ses habitants s'enfuient à l'étranger, la solitude et le silence envahissent ses quinconces. Sous le Consulat, elle prend pour la première fois le nom de place des Vosges, parce que le département des Vosges avait été cette année-là (1799) celui qui avait témoigné le plus d'empressement à acquitter ses contributions. En 1811, M. de Chabrol, alors préfet de la Seine, fit ériger les quatre fontaines à vasques ornées de godrons et de têtes de lions qui la décorent, et dont l'architecte Menager fournit les dessins. Louis XVIII, dès avril 1814, rendit à la place sa dénomination primitive et, deux ans plus tard, y fit élever une nouvelle statue de Louis XIII ; c'est le marbre médiocre de Dupaty et Cortot qu'on y voit encore. En 1848, elle redevint place des Vosges ; en 1852, place Royale, et reprit son nom actuel en 1871.

Bien que peu fréquentée aujourd'hui, la place n'a rien perdu de son grand et majestueux aspect, et, dans le calme qui l'enveloppe, les souvenirs du passé reviennent en foule à l'esprit et le regard cherche sous les arcades les silhouettes de ceux qui les ont fréquentées jadis, depuis le grand Condé jusqu'à Molière, depuis Turenne jusqu'à Corneille, depuis Mme de Longueville jusqu'à Ninon de Lenclos, et, dans des temps modernes, depuis Victor Hugo qui demeura au numéro 6 (hôtel de Guéménée, que Marion de Lorme habita) jusqu'à Rachel, dont le convoi partit du numéro 9, autrefois hôtel de Chaulnes.

Sous les arcades, à l'ouest de la place, est établie l'**Union des arts libéraux**. La bibliothèque de cette institution est riche en documents précieux pour les bronziers, les ébénistes, les ornemanistes, etc. A l'est, sur l'emplacement de l'ancien hôtel de Dangeau, qui fut pendant longtemps la mairie du huitième arrondissement, Varcollier a construit, de 1867 à 1875, une synagogue dont la principale entrée est rue des Tournelles ; c'est, après l'édifice de la rue de la Victoire, le plus beau temple israélite qui soit à Paris.

Dans cette rue des Tournelles, vous verrez le petit **hôpital Andral**, et au numéro 28, un hôtel que J. Hardoin-Mansart construisit, où l'on montre des plafonds attribués à Mignard. Chez Ninon de Lenclos, qui l'habita, Molière fit la première lecture de *Tartuffe*.

Cette voie nous ramène à la rue Saint-Antoine, à la hauteur d'un petit carrefour triangulaire que décore une statue de Beaumarchais, par Clausade, un jeune artiste que la mort a frappé subitement sur le chantier du Champ de Mars au mois de décembre 1899.

En face, à l'angle de la rue Jacques-Cœur, une inscription rappelle que la maison portant le numéro 232 s'élève où se trouvait l'entrée de l'avant-cour de la Bastille, par laquelle le peuple pénétra dans la forteresse, le 14 juillet 1789.

Nous voici sur **la place de la Bastille** ; nous ne raconterons pas l'histoire du monument dont elle porte le nom ; si vous voulez vous rendre compte de ce qu'il était, vous regarderez son plan tracé sur la plaque de marbre dont la Commission des inscriptions parisiennes a fait décorer la façade de la maison portant le numéro 3. Quant à l'emplacement qu'elle couvrait, des lignes tracées sur le pavage en indiquent les contours.

La place s'est trouvée tout naturellement créée en 1789 par la démolition de la Bastille, mais elle resta longtemps irrégulière et déserte. L'Empire songea à en orner le centre d'une monumentale fontaine, dont le modèle, un monstrueux éléphant en plâtre, noircit et s'effrita pendant une quarantaine d'années, à l'endroit où s'élève maintenant la gare du Chemin de fer de Vincennes. Caressé aussi par la Restauration, mais sans succès, le projet de fontaine fut abandonné par Louis-Philippe, qui chargea Alavoine et Duc de l'érection de la **colonne de Juillet** et qui en posa la première pierre le 27 juillet 1831.

Le soubassement carré de la **colonne de Juillet** est orné de vingt-quatre médaillons et repose sur un massif qu'une grille entoure ; il supporte un piédestal décoré. sur la face ouest, d'un magnifique lion de Barye, symbolisant ici le mois de juillet, et, aux angles, de coqs dus au même artiste, tenant des guirlandes par leurs extrémités. Sur le fût, un noyau de pierre entouré de bronze, on a gravé en lettres d'or les noms de plus de six cents combattants qui reposent dans les caveaux ; à l'intérieur, la colonne renferme un escalier large et clair, qui conduit à la plate-forme régnant sur un chapiteau coulé d'un seul jet; au centre, une lanterne supporte la statue dorée d'un génie de la Liberté, tenant d'une main des chaînes brisées et, de l'autre, agitant le flambeau de la civilisation.

Du haut de la plate-forme, à 50 mètres du sol, on a sous les yeux le panorama de Paris et de ses environs, spectacle magnifique et inoubliable.

La gare de Vincennes, construite en 1859 par Berthelin, architecte, de Bassompierre et Guillaume, ingénieurs, n'a nulle prétention à l'aspect monumental, mais ses accès et ses dégagements répondent bien à toutes les exigences d'un service fort actif.

A quelques pas de là, dans la rue de Charenton, se trouve **l'hospice des Quinze-Vingts.**

C'est au roi Louis IX qu'est due la création d'une maison hospitalière pour les malheureux privés de la vue. Leur premier asile, bâti en 1254 par Eudes de Montreuil, était situé hors le Paris de ce temps, au lieudit *Champ pourri*, au pied de la butte Saint-Roch. La rue de Rohan actuelle en marque à peu près l'emplacement; largement doté par son fondateur, enrichi par des dons fréquents, dirigé d'abord par les aumôniers royaux, puis par les grands aumôniers de France, l'établissement eut une existence prospère ; il ne quitta son lieu d'origine qu'en 1780, pour prendre possession de l'immeuble qu'il occupe et que Louis XV avait fait bâtir pour loger ses mousquetaires noirs.

Les bâtiments sont vastes, séparés par des cours et des jardins; les logements sont sains, clairs et commodes; les hospitalisés, humainement traités, peuvent accepter, au dehors, les travaux qu'ils sont capables d'accomplir; les ménages y sont admis avec leurs enfants et les veufs ou veuves peuvent continuer à résider dans l'hospice.

N'allons pas plus loin de ce côté; le faubourg Saint-Antoine, le *faubourg,* comme on disait jadis, est fort curieux à parcourir, mais c'est pour les Parisiens surtout, et particulièrement pour ceux qui aiment la grande ville et son

histoire, que ses rues, ses maisons, ses enseignes, son industrie, ses mœurs présentent un réel intérêt.

Revenons sur nos pas, suivons le côté sud de la place,
puis le boulevard Bourdon ; jouissons du spectacle pittoresque et animé que présente la gare de l'Arsenal et, arrivé
à son extrémité, nous serons à la pointe d'un îlot aigu que
bordent, au nord, le boulevard Morland, au midi, le quai
Henri IV, et qui est bâti sur l'emplacement de l'ancienne
île Louviers, autrefois occupée par des chantiers de bois.

On rencontre là le **Laboratoire de la marine** et un **Dépôt
des poudres et salpêtres** construit par Varcolier, auquel est
jointe une école d'application où les élèves suivent des cours
théoriques et pratiques sur les explosifs ; leur enseignement est complété par divers cours de l'École des mines. On
ne pénètre pas dans ces établissements ; mais nous pouvons entrer à côté, dans le bâtiment construit par Roguet
en 1877, et où sont réunies les **Archives du département
de la Seine.**

Ce dépôt précieux, Carnavalet administratif, ouvert aux travailleurs, contient environ trois millions de documents, parmi lesquels
il en est qui remontent au douzième siècle.

La rue de Schomberg, qui borde à l'ouest le bâtiment des
Archives, passe devant la **caserne Morland,** une des plus
coquettes de Paris ; non loin d'elle est une autre caserne
construite sur l'emplacement d'un couvent de Célestins fondé
en 1365. Nous sommes ici tout auprès de la **bibliothèque de
l'Arsenal.** Consacrons-lui quelques instants.

La bibliothèque occupe l'hôtel de la grande maîtrise de
l'artillerie, construit au commencement du dix-septième
siècle, restauré par Boffrand en 1715 et augmenté par Labrouste en 1868 ; cet hôtel fut habité par Sully, La Meille-
raie et le duc du Maine ; on y voit deux pièces très joliment
décorées : le cabinet de Sully et le salon de la duchesse du
Maine.

Le noyau des collections que ce riche dépôt renferme a été formé
par le comte Paulmy d'Argenson qui, en 1785, vendit ses livres au
comte d'Artois ; celui-ci versa dans les rayons une grande partie des

ouvrages réunis par le duc de La Vallière. Devenue propriété nationale en 1790, l'accès de cette bibliothèque fut alors permis au public. Louis XVIII l'ayant rendue à son frère, en 1815, elle prit le titre de bibliothèque de Monsieur; enfin, après les journées de 1830, elle fit retour à l'État; elle renferme environ 8000 manuscrits et 200000 volumes imprimés; elle est particulièrement précieuse pour ceux qui font des recherches sur les vieux poètes, et sur les origines et les progrès de notre théâtre.

Derrière elle, ayant leur entrée sur le boulevard Morland, sont les **Magasins de la ville de Paris**, créés en 1871, réorganisés en 1888.

Ces magasins renferment des ateliers de menuisiers, de serruriers, de tapissiers et de peintres, où se confectionnent les mobiliers scolaires; dans les nombreuses galeries qu'ils contiennent sont emmagasinés les réserves de livres d'étude, les modèles de dessin, les albums de chant, les cahiers, les cartes, les tableaux noirs, les armoires, les modèles en plâtre pour l'étude de la bosse, en bois pour celle de la géométrie, et, enfin, tous les menus objets employés dans les classes.

Les souvenirs abondent sur le quai des Célestins; voici d'abord, entouré d'un jardinet, la base d'une tour de la Bastille découverte en 1899 et reconstruite pierre à pierre; non loin de là, au numéro 2, l'école **Massillon** est installée dans l'hôtel Fieusat, construit au milieu du dix-septième siècle par François Mansart; au 28, nous sommes devant une maison voisine de celle où mourut Rabelais (1).

Le numéro 32 occupe l'emplacement du *jeu de paume de la Croix-Noire*, où l'illustre théâtre dirigé par Molière donna des représentations en 1645.

Il faut croire que les affaires de la troupe n'étaient pas brillantes, car c'est devant cette porte, dit-on, que le grand comique fut arrêté et conduit au Châtelet, parce qu'il devait 115 livres à son moucheur de chandelles.

Un peu plus loin, à l'angle des rues du Figuier et de l'Hôtel-de-Ville, nous apercevons la porte en ogive, les tou-

(1) La maison mortuaire de l'auteur de *Pantagruel* est une de celles de la rue des Jardins-Saint-Paul.

relles à toits aigus, les gouttières de l'hôtel de **Sens** ; c'est un coin du vieux Paris qui reparaît soudain à nos yeux.

Bâti en 1500 par les ordres de Tristan de Salignac, ce logis fut, jusqu'en 1623, la résidence des archevêques de Sens ; Marguerite de Valois l'habita plus tard quand Henri IV l'eut répudiée, puis les grands personnages s'en désintéressèrent et, dès l'an 1752, les Messageries de Lyon s'y installaient, une entreprise de roulage leur succéda ; de notre temps, nous l'avons vu abriter une fabrique de confitures. On devine ce que ces divers locataires ont fait de l'intérieur ; la façade seule est restée ; solide et fière encore, elle semble protester contre les profanations que l'édifice a subies. On prête toujours à la Ville l'intention d'acheter ce spécimen d'une architecture disparue. Il serait à souhaiter que ce projet se réalisât et qu'on plaçât à l'intérieur quelque musée d'antiquités, une sorte d'annexe au musée de Cluny.

La verdure et les fleurs.

Nous avons pédestrement parcouru Paris pendant plusieurs jours déjà ; bon nombre de ses curiosités nous sont connues, nous avons eu maintes fois l'occasion d'admirer ses splendides points de vue et ses magnifiques perspectives ; nous avons visité quelques-uns de ses jardins et de ses squares, mais nous ne saurions nous être exactement rendu compte du rôle que remplissent, dans la grande capitale, ces deux facteurs de santé pour le corps et de joie pour les yeux : la verdure et les fleurs.

C'est de la nacelle d'un aérostat, à vol d'oiseau, une longue-vue en main, passant au-dessus des maisons et des monuments, glissant entre les tours, les clochers et les dômes, qu'on peut voir Paris sous l'aspect particulièrement original et séduisant de corbeille fleurie que les temps modernes lui ont donné.

Extra muros, deux grandes masses vertes se font pendant : à l'ouest, le bois de Boulogne ; à l'est, le bois de Vincennes. Le premier est en quelque sorte prolongé par les quartiers pleins d'arbres et de jardins de Passy et d'Auteuil ; ses frondaisons pénètrent jusqu'au centre de la ville par les Champs-Élysées, les jardins des Tuileries et celui du Carrousel, non loin desquels, taches minuscules, apparaissent le jardin et les parterres du Palais-Royal ; plus important, vers le nord, voici les tons joyeux et clairs du parc de Monceau ; plus au nord encore, piqué de blancheurs par les marbres, ceux plus sombres de la nécropole de Montmartre ; de la butte qui l'avoisine, si le regard redescend vers la ville, il perçoit les longues tracées vertes des grands boulevards ; s'il s'égare vers l'est, il retrouve un contraste nouveau entre les groupes formés par le parc des Buttes-Chaumont et le cimetière du Père-Lachaise ; sur le bord de la Seine, l'entrepôt de Bercy, empanaché d'arbres, prend l'aspect d'un long jardin ; les quais verdoyants tout le long du fleuve courent sur la rive gauche devant les grands quadrilatères formés par le Jardin des plantes et l'Entrepôt des liquides ; plus loin, vers le sud, on distingue successivement le magnifique jardin du Luxembourg, les parterres de l'avenue de l'Observatoire, les méandres du parc de

Montsouris, le damier du cimetière de Montparnasse; revenant vers son point de départ, l'œil rencontre enfin l'esplanade des Invalides et le parc du Champ-de-Mars.

Tout cela, c'est l'ensemble, mais combien de détails méritent d'être signalés? Depuis soixante ans, à ce point de vue, d'immenses progrès ont été accomplis; la transformation florale — il est bon de le faire remarquer — n'est ni la moindre ni la moins complète de toutes celles que Paris a subies.

Dans la ville maintenant, il n'est pas, à de rares et regrettables exceptions près, une grande voie qui ne soit bordée d'arbres, pas une place, pas un carrefour, pas une bande de terre sans emploi. qui n'aient leur square, leur parterre, leur pelouse gazonnée ou leur quinconce.

Les squares, de dimensions variables, sont généralement très beaux; leurs allées sablées serpentent autour de plantations de toutes essences, leurs corbeilles parfumées fleurissent au pied de bronzes ou de marbres dus à de grands artistes; une rivière artificielle parcourt les uns, une fontaine murmure au centre des autres, un guignol attire le peuple enfantin dans ceux-ci, une solitude sans tristesse retient les rêveurs dans ceux-là; leur décoration florale est, pour l'édilité, l'objet de soins constants et, pour le budget de la Ville, l'occasion d'une dépense considérable.

Nous allons tenter de vous donner une idée du travail qu'impose l'entretien de nos promenades publiques. Nous ne parlerons que pour mémoire de l'arrosage, de la taille, de l'émondage des arbres, ceci est, ou à peu près, journalier ou commandé par les circonstances; ce qui est annuel, régulier, c'est le renouvellement des fleurs au printemps et à l'été.

Visitez, si vous en avez le loisir, le jardin fleuriste de la ville de Paris, parcourez sa pépinière qui fournit chaque année 4 600 arbres et 45 000 arbustes. Regardez ses magnifiques plants de rosiers, ses couches où l'on cultive 78 000 pieds de pensées, 30 000 de giroflées, 50 000 de myosotis, 35 000 de tulipes, etc. Que tous ces chiffres nous soient pardonnés, ils ont leur éloquence. Voyez enfin ses nombreuses serres où sont conservées de magnifiques collections d'orchidées, d'azalées et de plantes vertes, admirez avec quelle science sont dirigés les travaux des cent vingt ouvriers que l'établissement occupe et vous vous serez rendu compte de la sollicitude de nos édiles pour la beauté de la capitale.

C'est du fleuriste que sortent au printemps, pour s'éparpiller dans les corbeilles des Champs-Élysées, du parc de Monceau et de nos squares les plus importants, environ 340 000 plantes. Ce sont des anémones blanches, rouges ou violettes, des tulipes simples ou doubles à fond blanc ou jaune, des pensées aux variétés innombrables, des pâquerettes, des giroflées, des jasmins, des crocus aux fleurs jaunes ou bleues, etc.

Partiel au printemps, le renouvellement des fleurs est général à l'été et chacun en a sa part, depuis les corbeilles qui entourent certaines fontaines jusqu'aux grands parcs, depuis les jardins publics jusqu'à ceux des hôtels municipaux et des écoles, depuis les plus modestes quinconces jusqu'à nos grandes nécropoles. Le fleuriste répand alors à profusion et ses jardiniers disposent avec un goût irréprochable dans nos parterres, les géraniums, les bégonias, les héliotropes, les rosiers, les agetariums, les fuchsias, les œillets d'Inde, les pétunias, les zinnias, les cannas, enfin tout ce qui charme le regard par l'éclat, la vivacité ou la douceur de la coloration, par l'originalité de l'aspect, par l'irrésistible séduction du parfum.

Avec ses boulevards, ses avenues, ses quais, les berges de son fleuve, plantés d'ormes, de platanes, d'érables, de marronniers, d'acacias, avec ses parcs, ses jardins, ses parterres, ses rampes, ses plates-bandes, ses soixante squares fleuris qu'ombragent les marronniers, les acacias et les tilleuls, avec son peuple de moineaux francs que rien n'épouvante et qui se laisse apprivoiser parfois, Paris n'est jamais plus séduisant que l'été, saison où la tyrannie de la mode impose de le fuir.

DIXIÈME JOURNÉE

La pensée ne viendrait à personne de visiter le **quai de l'Hôtel-de-Ville** ; pourtant le hasard de notre promenade nous amenant à le parcourir, nous devrons reconnaître qu'il a, comme tout à Paris, son côté curieux. Regardez les constructions à peu près uniformes qui le bordent, les allées d'une étroitesse égale qui donnent accès à chacune d'elles. Regardez les rues de la Masure et du Paon-Blanc, qui mettent le quai en communication avec la rue de l'Hôtel-de-Ville ; un fiacre ne pourrait s'engager dans la première ; une voiture à bras n'entrerait pas dans la seconde ; c'est la plus étroite voie publique de Paris, le reste d'une ancienne descente à la rivière. Cette ruelle n'est pas la seule chose unique qu'on puisse voir sur le quai, on y rencontre aussi une des enseignes les plus originales de Paris ; elle est faite d'un renard empaillé et botté.

Vis-à-vis de nous, de l'autre côté de l'eau, s'alignent, froides et sévères, les constructions des quais de Bourbon et d'Anjou, qui bordent au nord l'**île Saint-Louis**.

L'île Saint-Louis, autrefois île Notre-Dame et île aux Vaches (1), était, au commencement du dix-septième siècle encore, herbue et peu habitée ; les bestiaux y paissaient, les toiles lavées par les blanchisseurs y séchaient au soleil. Vers 1614, Marie, Poulletier, Le Regrattier, Guillaume (2), en entreprirent la construction ; elle fut menée rapidement et était à peu près terminée en 1647.

(1) Le petit bras de rivière qui séparait ces deux îles a été comblé.
(2) Un pont et deux rues portent encore les noms de ces constructeurs ; la rue Budé actuelle s'appela rue Guillaume jusqu'en 1867.

L'île est très régulièrement construite ; ses rues sont d'égale largeur et se rencontrent à angle droit ; l'une d'elles, la rue Saint-Louis, traverse l'île de l'est à l'ouest ; l'autre, la rue des Deux-Ponts, passe en son milieu du sud au nord, aboutissant d'un côté au pont de la Tournelle, de l'autre, au pont Marie. Tous les îlots, autant que l'a permis la conformation du terrain, sont de forme rectangulaire.

Sur le **quai de Bourbon**, les constructions remontent au temps de Louis XIV et de Louis XV, et presque toutes peuvent revendiquer une aristocratique origine. Le numéro 31 est l'ancien hôtel de Boisgelin ; le numéro 25 a été construit par le duc de Nivernais, neveu de Mazarin ; le 21 a été bâti par Levau ; le 19, avec ses trois frontons pénétrant dans le toit et son large balcon, fut l'hôtel de Jassaud. Le 13, maison particulière depuis longtemps, a été habité par le peintre Meissonier ; c'était originairement l'hôtel Le Charron ; jetez un coup d'œil dans la cour, vous verrez un curieux encorbellement. Le 3, qui fut un beau logis sous Louis XV, n'a pas perdu ses arcades délicatement sculptées.

Cette revue rétrospective de l'architecture chère à nos aïeux se continue sur le **quai d'Anjou**. La plus remarquable et la plus célèbre des constructions que nous y rencontrons est l'hôtel de Lauzun, construit en 1657, devenu l'**hôtel de Pimodan**, habité en notre siècle par Roger de Beauvoir et toute une pléiade d'écrivains ; plus récemment, par le baron Pichon, et maintenant acquis par la Ville de Paris qui doit y réunir des collections artistiques. Le numéro 5, bâti au dix-huitième siècle, a été l'hôtel du marquis Poisson de Marigny, frère de Mme de Pompadour.

A l'extrémité du quai, avant d'entrer dans l'île par la rue Saint-Louis, nous trouvons, sur une sorte de terre-plein, le monument infiniment gracieux que l'architecte Bernier et le sculpteur Marqueste ont élevé à la mémoire du grand animalier Barye, mort quai des Célestins, n° 4.

Un instant après, nous sommes devant l'hôtel **Lambert**, monument historique, construit par Louis Levau pour Lambert de Thorigny, au milieu du dix-septième siècle.

L'hôtel a eu, depuis, divers propriétaires : le fermier général Delahaye, le comte de Montalivet ; le prince Czartoryski, qui l'acheta 180 000 francs en 1842, lui avait rendu sa splendeur première.

La vaste cour est entourée de bâtiments d'ordre dorique ; au-dessus du perron qui en occupe le fond, sur un palier ovale, prennent naissance les deux escaliers qui mènent aux appartements. Une *Flore* et une *Naïade*, de Lesueur, décorent ce palier. Une magnifique composition de Le Brun, *les Neuf Travaux d'Hercule*, plafonne la grande et princière galerie du premier étage. A Lesueur, on doit encore l'ornementation, fort bien conservée, d'un cabinet de bain.

Après avoir passé devant la jolie arcade du numéro 7 et vu ce qui reste de l'hôtel de Bretonvilliers, où le prince Emmanuel de Portugal donnait des fêtes agrémentées de feux d'artifice, nous arrivons à **l'église Saint-Louis.**

Sur l'emplacement d'une chapelle qu'un couvreur nommé Nicolas avait bâtie en 1616 et dans laquelle le poète Quinault fut enterré, Levau commença, en 1664, l'édification de cette église ; elle fut continuée par Gabriel Le Duc, terminée par Jacques Doucet en 1726, bénite le 14 juillet de cette même année, augmentée de sa flèche singulière vingt ans plus tard, fermée sous la Révolution, rendue au culte au début de ce siècle, honorée de la visite de Pie VII qui y célébra la messe le 10 mars 1805, rachetée 120 000 francs par la ville de Paris en 1817 ; voilà son histoire en quelques lignes.

Blanche, dorée, inondée de lumière crue, voici sa description en quelques mots. On peut pourtant en faire le tour sans ennui, car elle contient quelques œuvres d'art qui méritent d'être vues. Tels sont *les Disciples d'Emmaüs*, de Coypel ; une *Vierge*, de Mignard ; *Saint Louis communiant*, de Simon Vouet, et des peintures et fresques de Jobbé-Duval, Ary Scheffer, Jollivet, etc.

Arrêtez-vous, en sortant, devant un joli bénitier ; c'est un souvenir. Il a appartenu aux carmélites de Chaillot et a été donné à l'église par sœur Louise de la Miséricorde, *alias* Mlle de La Vallière.

Remontons la rue des Deux-Ponts dont toutes les boutiques sont occupées par des marchands d'objets de consommation, nous nous retrouverons bientôt sur les quais. A gauche, celui de Béthune, qui n'a pas de numéros pairs et va gagner le boulevard Henri IV ; à droite, celui d'Orléans, qui n'a pas de numéros impairs et se prolonge jusqu'à la pointe ouest de l'île.

Sur le **quai de Béthune**, plusieurs hôtels construits par Levau sont debout encore, entre autres le 20 et le 22, remarquables par leurs belles portes surmontées de consoles à mascarons ; le 24, construit pour Denis Hesselin, panetier du roi, et devenu l'hôtel d'Ambrun ; sa porte bellement sculptée s'ouvre sur une cour de curieuse architecture.

Sur le **quai d'Orléans**, lui aussi bordé de constructions d'un beau caractère, nous trouvons, au numéro 14, l'hôtel d'Astry, qui fut, pendant un certain temps, l'archevêché et où, en 1848, on rapporta Mᵍʳ Affre mourant ; à son extrémité nous traversons le pont Saint-Louis ; nous voici maintenant sur le sol de l'antique Lutèce. Nous sommes ici dans sa partie nord-est, la seule qui conserve encore quelque chose de son ancien caractère, la seule où l'on rencontre encore des rues tortueuses, étroites, humides : rues Chanoinesse, des Ursins, des Chantres, Massillon, de la Colombe, véritables ruelles serpentant à l'ombre de la cathédrale.

Nous sommes sur le lieu dit autrefois *le Terrain*, à l'endroit où l'on a découvert, en 1898, les restes d'une enceinte gallo-romaine.

Tout à fait à la pointe de l'île rampe un bâtiment long, bas, triste, de froide apparence ; c'est la **Morgue**, qui, jadis, était sur le quai du Marché-Neuf et fut transférée ici sous le dernier Empire.

A notre droite, derrière le chevet de Notre-Dame, le **square de l'Archevêché** couvre une superficie de près de 5000 mètres ; il est orné d'une jolie fontaine, dite *fontaine Notre-Dame*, construite en 1843 sur les dessins d'Alphonse Vigoureux et sculptée par Merlieux.

Il est peu fréquenté, ce square, et particulièrement favorable à la causerie ; causons donc et, naturellement, puisque nous sommes à l'ombre de son grand vaisseau, parlons de l'église Notre-Dame.

L'ABSIDE DE NOTRE-DAME VUE DU QUAI MONTÉBELLO.

DESSIN DE P. MERWART.

Notre-Dame, c'est le monument le plus cher et le plus vénéré des Parisiens ; c'est, depuis le règne de Philippe-Auguste, le témoin de toutes les cérémonies officielles. C'est là que prêcha saint Dominique ; là que Raymond VII abjura l'hérésie ; là que le roi d'Angleterre fut couronné roi de France, en 1431 ; là que, cinq ans après, on chanta le *Te Deum* quand Charles VII reprit Paris. De l'église, la Ligue a fait une caserne ; la Révolution, le temple de la Raison. Napoléon, qui l'a rendue au culte, s'est fait sacrer sous ses voûtes ; elles ont vu le service funèbre du duc d'Orléans, le mariage de Napoléon III, le baptême du prince impérial, les obsèques de Carnot et de Félix Faure. Son bourdon a sonné pour toutes les solennités, pour toutes les joies de la capitale ; à travers ses abatson, le tocsin a pleuré pour toutes ses alarmes. Notre-Dame est, comme situation et comme rôle, le cœur de la grande ville.

Au douzième siècle, deux églises, Sainte-Marie et Saint-Étienne, s'élevaient sur l'emplacement que la cathédrale occupe. Maurice de Sully, évêque de Paris, conçut le projet de les réunir en une seule qui, dans sa pensée, devait être vaste et magnifique. La première pierre du nouvel édifice fut posée en 1163, par le pape Alexandre III ; les travaux furent menés activement ; le maître-autel put être consacré le 10 mai 1185, le chœur était achevé en 1196 ; les premières travées de la nef apparaissaient en 1215 ; la façade atteignait la base de la galerie supérieure vers 1223 ; les tours se dressaient sur l'édifice dès 1235 ; enfin, la construction pouvait être considérée comme achevée en 1275 (1) ; elle avait duré cent douze ans. De tous les architectes qui ont travaillé à l'œuvre, on n'a retenu que le nom de Jean de Chelles, qui commença le portail latéral sud le 12 février 1257. Pourquoi ne lui attribue-t-on pas le portail nord, qui porte le cachet du même temps, est conçu dans un esprit identique et, de plus, est bâti avec la même pierre ? Mais ne cherchons pas la solution du problème et visitons l'église dont, tout en causant, nous avons pu admirer ici l'abside et ses arcs-boutants, à la fois si élégants et si hardis ; forêt de pierre suspendue dans le vide par on ne sait quelle magique puissance.

Si nous suivons la rue du Cloître-Notre-Dame, bordée de vieilles maisons qui furent jadis des logis de chanoines, nous rencontrerons la porte rouge, ornée de groupes sculptés représentant divers épisodes de la vie de saint Marcel ; plus loin, à la porte dite *du cloître*, nous remarquerons une ancienne et fort belle *Vierge terrassant le dragon*.

Après avoir passé devant l'entrée des tours, nous débou-

(1) Les chapelles latérales n'ont été créées qu'à la fin du treizième siècle

chons sur la place du Parvis-Notre-Dame où nous trouvons tout le recul nécessaire pour bien voir la façade.

Cette façade est, à elle seule, une conception architecturale absolument hors ligne; aussi remarquable par sa grandeur majestueuse que par son unité, elle donne l'impression d'une pensée géniale qui aurait jailli du cerveau d'un artiste et se serait immédiatement pétrifiée.

Trois portes ogivales, dont les ébrasements, les voussures et les tympans sont richement ornés, donnent accès à l'église. Celle du milieu s'appelle la *porte du Jugement;* celle du nord, la *porte de la Vierge;* celle du midi, la *porte Sainte-Anne.* Les bas-reliefs du tympan de cette dernière sont un reste de la décoration de l'église Sainte-Marie, et les pentures en fer forgé, qui jettent sur les panneaux leurs enroulements capricieux et leurs feuillages variés, sont un beau travail du douzième siècle qu'une légende attribue au démon, une autre, au ferronnier Biscornet, et sur lequel on ne peut rien affirmer, si ce n'est qu'il provient de l'église Saint-Étienne.

Au-dessus des portails règne une galerie garnie de statues que, généralement, on prend pour celles des *Rois de France,* et qui, s'il faut en croire Viollet-le-Duc, sont, en réalité, celles des rois de Juda, ancêtres de la Vierge, patronne de la cathédrale.

Au-dessus, entre les contreforts, une magnifique rose s'épanouit au centre, derrière les statues de la Vierge, d'Adam et d'Eve; sur les côtés, inscrites dans une grande ogive, s'ouvrent des fenêtres à deux baies. L'étage a pour couronnement cette galerie merveilleuse de grâce et de légèreté dont les fines colonnettes enveloppent le comble aigu de la nef et la base des tours; celles-ci égales en hauteur, semblables d'architecture, percées sur chaque face de hautes ouvertures ogivales garnies d'abat-son, encadrent pour l'œil la flèche élégante que Viollet-le-Duc a rétablie sur la croisée de l'édifice (1).

(1) La restauration de la cathédrale a été commencée en 1845 et dirigée par Lassus et Viollet-le-Duc; c'est à ce dernier artiste qu'est due la construction de la sacristie que vous voyez à droite de l'édifice et qui occupe, paraît-il, à peu près l'emplacement de l'église Saint-Étienne.

L'admiration qu'on éprouve en regardant l'extérieur de la cathédrale augmente d'intensité et prend un caractère plus profond encore, dès qu'on en a franchi le seuil.

Dans ce grand vaisseau de pierre polie par le temps, sur ces dalles sonores que les verrières illuminent de multiples couleurs, devant ces nefs aux profondeurs mystérieuses, près de ces piliers solides et massifs comme ce qui ne doit point périr, sous ces ogives aux courbes pures s'élançant vers les hautes voûtes comme des pensées s'élèvent vers l'infini, on comprend tout le caractère imposant et particulièrement religieux de l'art ogival, on devine quelle foi ardente animait ces grands constructeurs du treizième siècle, artistes modestes qui se souciaient moins de laisser un nom que d'édifier un chef-d'œuvre.

Tel que le passé nous l'a légué, le vaisseau de Notre-Dame, haut de 34 mètres, en a 120 en longueur et 48 en largeur. Sa magnifique nef centrale est accostée de doubles collatéraux, au-dessus desquels règnent des tribunes voûtées ; trente-deux chapelles bordent les bas côtés, et cinq de plus grandes dimensions rayonnent dans la partie absidale. Les voûtes reposent sur soixante-quinze piliers, pour la plupart monocylindres et couronnés de chapiteaux à crochets ou feuillages ; huit faisceaux de colonnettes les remplacent derrière le chœur.

Celui-ci est orné de superbes boiseries du dix-septième siècle, formant cinquante-deux stalles hautes, vingt-six basses et deux chaires archiépiscopales ; on y voit les statues agenouillées de Louis XIII et de Louis XIV, dues à Guillaume Coustou et Coysevox. Sur le maître-autel, quatre figures, de Nicolas Coustou, symbolisent le vœu de Louis XIII.

La clôture du chœur est extérieurement décorée d'une suite de bas-reliefs, compositions très remarquables par leur naïveté, qui n'exclut ni le sentiment ni l'élégance ; les sujets du côté nord sont du treizième siècle et reproduisent divers épisodes de la vie du Christ avant sa passion ; ceux du côté sud, plus jeunes de cent ans et d'une valeur moindre, rappellent les faits qui ont suivi la résurrection.

Les tombeaux sont en assez grand nombre dans les chapelles qui entourent le chœur. A gauche, vous verrez ceux du maréchal de Guébriant, mort en 1643 ; du cardinal de Beaumont, archevêque de Paris ; de Mgr de Juigné, tous trois exécutés d'après les dessins de Viollet-le-Duc ; ceux des cardinaux de Noailles et de Bellay, l'un par Geoffroy de Chaume, l'autre par Pierre Deseine. De l'autre côté sont ceux du cardinal Morlot, par Lescorné ; de Mgr Darboy, par Jean Bonnassieux ; de Claude-Henry d'Harcourt, par Pigalle ; de Mgr Sibour, par J. Dubois et Lescorné ; de Mgr Affre, par Debay.

Près de ce dernier s'ouvre la porte du trésor. Le trésor est une réunion d'objets, précieux par leur richesse ou par les souvenirs qu'ils rappellent. Il y a là la couronne d'épines et un morceau de la vraie croix (1). Un des clous dont les mains du Christ furent percées est placé dans un reliquaire. On conserve aussi, dans le trésor, la crosse d'Eudes de Sully, la discipline de saint Louis, le sceau de la reine Ingeburge, des croix, des calices, des châsses, des ostensoirs, le manteau du sacre de Napoléon Ier, la chasuble de Pie VII, un ostensoir donné par Louis XVIII, une Vierge en argent offerte par Charles X, des soutanes, des rochets percés par les balles ou les poignards, tachés de sang encore, de NN. SS. Affre, Sibour et Darboy, et divers souvenirs de Thomas Becket, de saint Vincent de Paul et du pape Benoît XIV.

Entrez dans la sacristie du chapitre, c'est un petit musée qui contient des toiles de Le Brun, de Carle Van Loo, de Salvator Rosa, de Jeaurat, de Court, etc. Enfin, bien qu'il y ait 389 marches à gravir, ne manquez pas de faire l'ascension des tours, ceci vous permettra de voir *Emmanuel-Louise-Thérèse;* c'est la cloche connue sous le nom de *bourdon;* elle a été fondue en 1685, et baptisée en présence de Louis XIV et de la reine ; elle pèse 32 milliers, et son battant 488 kilogrammes. Au cours de cette promenade aérienne, vous pourrez voir aussi *la forêt;* c'est la charpente des voûtes, entiè-

(1) Ces reliques sont placées dans un lieu que les chanoines connaissent seuls ; elles sont exposées à la vénération des fidèles tous les vendredis de carême.

rement construite en bois de chêne, hardie à étonner, solide
à défier les siècles. Quant à la vue dont vous jouirez quand
vous serez arrivé au sommet, nous en amoindririons le
charme si nous tentions de la décrire.

Quittant l'église par sa porte méridionale, nous suivons
pendant un instant le quai de l'Archevêché et nous nous
retrouvons sur la place du Parvis, à l'endroit où, il y a
vingt-cinq ans, on voyait encore la mesquine entrée du
vieil Hôtel-Dieu. Sur le terrain que la démolition de l'hôpital a laissé libre, un petit jardinet verdoie maintenant
autour du beau groupe en bronze de Louis Rochet, ce
groupe représente *Charlemagne* monté sur un cheval que
maintiennent les preux Roland et Olivier.

De l'autre côté de la place, nous voyons les bâtiments du
nouvel **Hôtel-Dieu**.

Une grande caserne, dite **caserne de la Cité**, développe,
à l'ouest du parvis, sa façade de belle architecture; bâtie
par Calliat et terminée en 1865, elle a d'abord logé la garde
républicaine; c'est aujourd'hui une annexe de la préfecture de police.

Passant entre elle et l'hôpital par la rue de la Cité, nous
apercevons au loin, au milieu de la verdure, quelque chose
comme le chatoiement d'une palette riche de tons; c'est le
marché aux Fleurs qui, les mercredis et samedis, remplit de
plantes, d'arbustes, de corbeilles fleuries et de bouquets,
non seulement les auvents qui lui sont réservés entre la
rue où nous sommes et la rue Aubé, mais encore les quais
voisins. Si vous passez là un dimanche après midi, vous y
verrez le **marché aux Oiseaux**, une des petites choses les
plus innocemment amusantes de la capitale.

Dans la rue de Lutèce (ancienne rue de Constantine entièrement rebâtie en 1865), nous voyons la *Statue de Théo-
phraste Renaudot*, fondateur du journalisme en France,
œuvre de Boucher.

A notre droite, se développe la façade latérale du Tribunal de commerce. Devant nous se dresse, majestueuse sur
son haut perron, au fond de la vaste cour du Mai, l'entrée
principale du Palais de justice.

Le **Tribunal de commerce** occupe l'emplacement des églises Saint-Barthélemy et Saint-Pierre des Arcis, et aussi celui d'un bal fameux sous Louis-Philippe : *le Prado*. Sa principale entrée est sur le boulevard du Palais ; celle qui borde le quai de la Cité et forme point de vue dans l'axe du boulevard de Sébastopol est ornée des statues de *la Fermeté*, par Eudes ; de *la Prudence*, par Salmson ; de *la Justice*, par Élias Robert ; de *la Loi*, par Chevalier.

A l'intérieur, une cour vitrée, décorée de cariatides élégantes et s'achevant en gaines dues à Carrier-Belleuse, sert de salle des Pas perdus ; le grand escalier accomplit sa double évolution dans une cage circulaire à rez-de-chaussée, octogonale comme la coupole qui l'éclaire dans les parties supérieures. Au premier étage sont assises, dans des niches encadrées de pilastres, les statues allégoriques du *Commerce terrestre* et du *Commerce maritime*, par Chapu et Cabet ; de *l'Art industriel* et de *l'Art mécanique*, par Pascal et Maindron. Les figures de *la Science*, des *Arts*, de *l'Agriculture*, etc., peintes en camaïeu, sur fond mosaïque, par Jobbé-Duval, décorent la coupole.

La salle d'audience, longue de 18 mètres, large de 14, est décorée de boiseries que divisent de petits pilastres rehaussés de filets d'or, de figures et d'ornements peints par Denuelle et Jobet ; enfin, de deux grandes compositions de Robert-Fleury : *l'Institution des Juges-Consuls par le chancelier de L'Hospital en 1563* et *la Signature de l'Ordonnance de commerce en 1673*.

Dans la salle du Conseil, on a placé des portraits d'anciens présidents du tribunal ; ils sont de Paul Delaroche, de Robert Fleury, d'Ary Scheffer, etc.

L'entrée de la rue Aubé donne accès au Conseil des prud'hommes.

Retournons-nous vers le **Palais de justice.** Il couvre de ses constructions tout l'espace compris entre le boulevard où nous sommes, le quai de l'Horloge, au nord ; la place Dauphine, à l'ouest ; le quai des Orfèvres et la rue de la Sainte-Chapelle, au midi. Il renferme, outre tous les tribunaux civils et criminels, les services de la préfecture de police, le Dépôt, la Conciergerie et une merveille, la Sainte-Chapelle.

Dès le temps de la domination romaine, il y avait là un château que les Mérovingiens habitèrent parfois et dont Eudes, à la fin du neuvième siècle, fit définitivement le logis royal. Robert le Pieux l'agrandit, Louis VI et Louis VII y moururent, Philippe-Auguste et saint Louis y demeurèrent ; ce dernier roi fit bâtir la Sainte-Chapelle et reconstruisit en grande partie le palais qui, sans cesser d'être séjour royal, devint le siège du Parlement. C'est de cette époque que datait cette fameuse grande salle où s'accomplissaient les actes solennels, où se donnaient les fêtes de la cour, et qui fut incendiée en 1618. Philippe le Bel, Charles VIII et Louis XII firent aussi travailler au palais ; c'est, assure Viollet-le-Duc, au temps du premier de ces rois que fut construite la salle encore de nos jours désignée sous le nom de *cuisines de saint Louis*. François Ier fut le dernier roi qui habita, mais non de façon constante, le palais de la Cité. Louis XIV le fit splendidement restaurer; le dix-huitième siècle, après l'incendie de 1776, en rebâtit diverses parties et le dota du grand perron et de la grille magnifique qui ferme la cour du Mai. En notre siècle, tout en respectant ses vieilles constructions, on l'a presque totalement transformé.

Avant de pénétrer dans le palais, disons quelques mots de ses dehors. Nous sommes au pied de la *tour de l'Horloge;* son rez-de-chaussée, jadis occupé par le magasin de l'ingénieur Chevalier, renferme maintenant un poste de garde républicaine. Cette tour carrée, d'aspect sévère, a des murs épais de 6 mètres. C'est l'ancien donjon du château; à son sommet déborde en encorbellement la cage du beffroi, dont la cloche donna le signal de la Saint-Barthélemy. L'horloge qui la décore fut installée au temps de Charles V; mais, sous Henri III, en 1585, le cadran original fut remplacé par celui que nous voyons, que Germain Pilon décora des figures de *la Piété* et de *la Justice*, et sous lequel Passerat écrivit deux vers latins dont voici la traduction :

> Cette machine, qui divise si justement les douze heures,
> Vous avertit qu'il faut observer la justice et sauvegarder les lois.

Ce cadran, l'un des plus beaux que la renaissance nous ait légué, a été restauré en 1852 par Duc, Domet et Lenoir, qui lui ont absolument restitué son ancien aspect. Toussaint a refait les sculptures, Lepaute a fourni le mouvement de la nouvelle horloge ; les vers de Passerat ont été gravés sur une table de marbre noir.

Sur le quai de l'Horloge, vous serez certainement distrait du monument pendant quelques instants, car le panorama qui se développe ici est de ceux dont la beauté ne saurait laisser insensible. On a sous les yeux, escaladée par les ponts, sillonnée par les bateaux, égayée par la présence de patients pêcheurs à la ligne, la coulée de la Seine et toute la rive droite depuis le palais du Louvre, près duquel se dressent le beffroi et la tour de Saint-Germain l'Auxerrois, jusqu'au quai de la Mégisserie, jusqu'à la place du Châtelet avec sa fontaine et, dans la perspective verdoyante des quais, le campanile de l'Hôtel de ville et le dôme de Saint-Paul.

Retournons-nous vers le palais. Les vieux bâtiments se mêlent ici aux nouveaux. La porte ogivale de la Conciergerie s'ouvre entre les *tours d'Argent* et *Bonbec*, réunies par une étroite courtine ; plus loin, couronnée de créneaux, s'arrondit la *tour de César*, bâtie, comme les précédentes, entre les années 1180 et 1225 ; elle est établie sur l'emplacement d'un fort romain et, ceci justifie son nom, renferma, pendant longtemps, le trésor royal ; dans la voisine, on appliquait la torture.

Nous passons ensuite devant le corps de logis réservé à la Cour de cassation, simple et sévère comme il convient ; il a été édifié sous la direction de Duc ; on admire, au dedans, l'escalier d'honneur réservé aux magistrats et sa rampe en fer, un chef-d'œuvre de serrurerie.

Au fond de l'évasement de la place Dauphine se développe, imposante et de grand caractère, la façade de style gréco-égyptien que Duc et Dommery ont construite de 1857 à 1868. Ses colonnes engagées et ses pilastres d'angle sont reliés par des arcs, au-dessus desquels règne un entablement d'une grande richesse et surmonté d'un chéneau aux extrémités ornées d'aigles géants étendant leurs ailes. L'ensemble est assis sur un haut soubassement dont on atteint le sommet par trois escaliers, et décoré des statues de *la Force* et de *la Justice*, par Joly ; du *Châtiment* et de *la Pro-*

tection, par Jouffroy ; de *la Prudence* et de *la Vérité*, par Dumont. Deux lions, d'Isidore Bonheur, flanquent l'escalier central ; trois portes de bronze donnent accès au vestibule de la Cour d'assises.

Nous passerons rapidement sur le quai des Orfèvres où se trouve une entrée de la préfecture de police ; rapidement aussi, nous regagnerons le boulevard du Palais par la rue de la Sainte-Chapelle, nous entrerons dans la cour du Mai, puis, après avoir gravi le perron et traversé la galerie Marchande, nous nous trouverons dans la **salle des Pas perdus**.

C'est l'ancienne grande salle du moyen âge, celle où se trouvait la fameuse table de marbre sur laquelle se signaient les contrats de mariage des rois, et qui, sous Louis XII, servait encore de théâtre aux clercs de la basoche quand ils jouaient leurs *soties* et *moralités*. Incendiée en 1618, elle fut reconstruite immédiatement par Salomon de Brosse ; le feu la dévora de nouveau en 1871, elle a été refaite de suite.

Longue de 73 mètres, large de 28, elle se compose de deux nefs voûtées en berceau et séparées par des arcades à plein cintre reposant sur des piliers d'ordre dorique ; la lumière l'inonde, amenée par les grandes baies des extrémités et les œils-de-bœuf percés dans les carapaces des voûtes. On y voit, lourd et froid d'aspect, un monument élevé, en 1821, à la mémoire de Malesherbes ; il a été exécuté sur les dessins de Lebas, par Bosio, pour le groupe principal, *Malesherbes entre la France et la Fidélité*, et pour le bas-relief, *Malesherbes et de Sèze visitant Louis XVI au Temple*, par Cortot. Beaucoup plus beau d'allure est le monument de Berryer, dû au sculpteur Chapu.

Après la salle des Pas-perdus, il faut visiter la galerie Saint-Louis, reconstruite par Duc en 1866 ; des peintures murales, *Épisodes de la vie de saint Louis*, exécutées par Luc-Olivier Merson, y encadrent une statue de *Saint Louis*, par Guillaume. On peut passer ensuite dans la galerie des Bustes, ornée de portraits sculptés de grands jurisconsultes et magistrats ; on aura peut-être la bonne fortune de pouvoir pousser la porte du *Salon de conversation*, qui occupe une des tours et qu'on a disposé et orné dans le goût du moyen âge. Cette galerie nous amène au vestibule de Harlay, devant le monumental escalier qui conduit à la salle des Assises et à celles des appels correctionnels ; les statues de *Saint Louis* et de *Philippe-Auguste* décorent l'une de ses extrémités ; celles de *Napoléon* et de *Charlemagne* se dressent à l'autre ; sur le palier, *la Loi*, mâle et imposante figure de Duret, domine tout l'ensemble. **La salle des Assises,** incendiée en 1871, rebâtie depuis, est décorée d'un *Christ* de Bonnat.

Le jeudi, muni d'une permission délivrée par le bureau des prisons, on peut visiter la Conciergerie où l'on montre les cachots que de célèbres personnages ont occupés ; ce sont de petites pièces froides et obscures ; celui où Marie-Antoinette passa les dernières heures de sa vie a été transformé en chapelle expiatoire, sous la Restauration. Robespierre a été enfermé dans la cellule voisine.

Dans la salle qui est au-dessous de celle des Pas perdus et dans sa voisine dite *des Cuisines de saint Louis,* bien que, selon Viollet-le-Duc, elle ait été construite sous Philippe le Bel, on a créé, sous le nom de *Salle archéologique du Palais de justice,* un musée où sont exposés tous les souvenirs se rapportant à l'édifice : mosaïques, meneaux, moulures, chapiteaux, polychromes, statues mutilées, fragments lapidaires qui jadis s'effritaient sous la pluie dans la cour de la Sainte-Chapelle, etc. Ce musée, que des recherches, des trouvailles et des dons particuliers enrichiront sans doute, formera dans l'avenir une sorte de Carnavalet spécial au Palais de justice.

Revenons à l'air pur, traversons la cour du Mai, entrons dans celle de la Sainte-Chapelle et pénétrons dans cet édifice, un des plus précieux bijoux de notre écrin architectural.

La **Sainte-Chapelle** fut, nul ne l'ignore, construite par Pierre de Montereau sur l'ordre de saint Louis, pour recevoir les reliques, couronne d'épines et morceau de la vraie croix, qui sont maintenant dans le trésor de Notre-Dame ; sa consécration eut lieu le 25 avril 1248. Le grand architecte — chose surprenante pour le temps — a, dit Viollet-le-Duc, exécuté ce travail en deux années.

L'édifice est divisé en deux parties : chapelle basse, chapelle haute. Toutes deux sont voûtées en arcs d'ogive élégants, hardis et d'une pureté de lignes inimitable. Le
vaisseau inférieur se compose d'une nef et d'étroits bas
côtés, il est entièrement dallé de pierres tombales ; quarante colonnes soutiennent les arceaux de ses voûtes, les
clefs de celles-ci sont en bois de chêne et très curieuse-
ment sculptées.

Un escalier intérieur conduit au porche richement orné
de sculptures et formant balcon, qui donne accès à la chapelle haute. Celle-ci est d'une richesse et d'une élégance
inouïes. Statues, sculptures, culs-de-lampe, fines colonnettes, mosaïques, arrêtent et charment le regard ; murs,
piliers, voûtes, tout cela est doré, enluminé avec autant de
goût que de profusion ; mais ce qui donne un aspect absolument féerique à l'ensemble, c'est l'illumination permanente dont il est inondé par les vitraux colorés de sa grande
rose et de ses quinze fenêtres, si rapprochées qu'elles semblent à elles toutes ne former qu'un immense écrin de
pierres précieuses.

Nous avons nommé le constructeur de l'édifice, il est juste de
rappeler quels grands artistes modernes ont restauré son œuvre
avec une habileté dont on connaît peu d'exemples, unie à une assi-
milation parfaite à la pensée première.

En 1630, le feu avait détruit la flèche que Sauval avait appelée
une des merveilles du monde; en 1793, un club avait tenu ses tumultueuses séances dans la chapelle désaffectée. L'empereur, que
séduisait peu l'architecture du moyen âge et qui en rêvait une autre,
avait encombré le monument des paperasses d'un dépôt d'archives.
En 1840, Louis-Philippe eut la pensée heureuse de le rendre à sa
destination première et en fit commencer la restauration par Duban
et Lassus, qui s'en occupèrent ensemble pendant neuf années; au
bout de ce temps, Lassus dirigea seul les travaux et entreprit la
reconstruction de la flèche, qui fut achevée en 1857. D'autres travaux furent encore exécutés dans les deux chapelles, par Émile
Bœswilwald, de 1857 à 1888.

Traversant le palais en quelques instants et gagnant le
vestibule de Harlay, nous nous trouverons devant l'évasement de la place Dauphine; assez sombre autrefois, et décorée

d'une fontaine que surmontait un buste de Desaix (1), elle est égayée maintenant par quelques plantations. Ses maisons, qui pour la plupart ont une entrée sur le quai des Orfèvres ou sur celui de l'Horloge, ont presque toutes, à leur rez-de-chaussée, des boutiques de librairies judiciaires ou des ateliers où l'on martèle et façonne les métaux précieux. Le terrain qu'elle occupe, et qui s'achevait par deux îlots dont le terre-plein du Pont-Neuf a pris la place, a été donné, en 1607, par Henri IV à son « amé et féal conseiller Achille de Harlay », qui y fit élever la plupart des constructions symétriques qui la bordent. Elle se termine par une sorte de couloir passant entre deux pavillons, qui débouche en regard de la **statue de Henri IV.**

Celle-ci a, dans le passé, une longue histoire que nous avons contée ailleurs (2); bornons-nous à rappeler ici que le sculpteur Lemot est son auteur ; c'est une œuvre à laquelle l'affection des Parisiens est restée fidèle ; elle a été fondue avec le bronze provenant du Napoléon descendu de la colonne Vendôme, en 1814 ; on l'inaugura le 25 août 1818.

(1) Sur la proposition de M. Bouvard, un nouveau monument dédié à Desaix sera bientôt édifié sur la place Dauphine.
(1) *Paris, promenades dans les vingt arrondissements.*

Les Ponts.

Au temps de la domination romaine, *Lutèce,* le berceau de Paris, n'était reliée que par deux ponts aux plaines qui s'étendaient autour d'elle sur les rives de la Seine.

Ces ponts. en bois, défendus à leurs extrémités par des tours de même matière, étaient placés : le premier dit *Grand Pont,* à peu près en regard du boulevard du Palais ; il peut être considéré comme l'ancêtre de notre pont au Change ; le second, dit *Petit Pont,* dut être originairement établi en face du Grand Pont, puis reporté vers l'est quand, pour construire le palais des Thermes et faire place à ses jardins, on modifia la voie qui venait d'Issy. Depuis, le *Petit Pont* n'a changé ni de nom ni de lieu, mais ses reconstructions furent nombreuses, grâce aux inondations et incendies qui le détruisirent à diverses reprises. C'est en 1185 que, pour la première fois, la pierre fut employée à sa construction. Cet ouvrage, exécuté aux frais de Maurice de Sully, évêque de Paris, fut emporté par les eaux onze ans plus tard. Rétabli en 1206, il sombra encore cinq fois dans le courant des treizième et quatorzième siècles. Au mois de juin 1393, le Trésor étant enrichi par les amendes dont on frappa les juifs, Charles VI posa la première pierre d'un nouveau pont qui ne fut achevé qu'en 1406 et encore une fois détruit par les eaux l'année suivante. Rebâti rapidement et bordé de maisons qu'on dut reconstruire en 1552, il souffrit beaucoup des inondations qui se produisirent au milieu du dix-septième siècle et subit une réfection à peu près totale en 1656. Le feu le détruisit complètement en 1718. Jean Beausire le rebâtit ; son tablier reposait alors sur trois arches et ne portait plus de maisons. L'œuvre de Beausire disparut en 1851 pour faire place au pont d'une seule arche, long de 38 mètres, large de 20, que les ingénieurs Michal, de La Galisserie et Darcel ont livré à la circulation en 1854.

Des souvenirs du même genre pourraient être rappelés à propos du Grand Pont, aujourd'hui *pont au Change.* Mais à quoi bon recommencer une nomenclature de chutes et de reconstructions ; l'histoire de Paris, si nous la feuilletons, nous permettra d'évoquer des faits plus intéressants.

En 1141, Louis VII ayant ordonné que tous les changeurs eussent leurs comptoirs sur le Grand Pont, alors encore construit en bois, mais bordé de maisons, une dénomination nouvelle lui fut donnée : *pont aux Changeurs, pont de la Marchandise, pont au Change.* Cette dernière, brève et claire, a prévalu.

Le *pont au Change* était, au moyen âge, le chemin que prenaient les cortèges royaux pour entrer dans la ville ; c'était aussi l'endroit où les Parisiens s'associaient le plus ouvertement aux joies de leurs souverains. Quand Isabeau de Bavière arriva à Paris en 1389, un homme descendit sur une corde fixée au sommet de la tour méridionale de Notre-Dame, et, aériennement suspendu au milieu du pont, il plaça une couronne sur la tête de la jeune reine au milieu des applaudissements de la foule et de l'envolée de deux cents douzaines d'oiseaux, car, de temps immémorial, les oiseliers jouissaient du droit d'exercer leur commerce sur le pont, à la condition de rendre ce gracieux, mais assez coûteux hommage, aux rois et aux reines qui le traversaient (1).

Les grands étaient adulés sur le pont, mais les humbles y trouvaient aussi des distractions ; un vieil usage permettait de dresser ici, pendant le carnaval, des tables sur lesquelles on pouvait jouer aux dés. Henri IV, grand joueur pourtant, interdit cette distraction en 1604. Les bourgeois se vengèrent de la suppression des jeux par quelques épigrammes dont le Béarnais ne se fâcha point.

Le pont fut réduit en cendres pendant la nuit du 23 au 24 octobre 1621, il se passa vingt ans alors avant qu'on songeât à le reconstruire. Au bout de ce temps, Androuet du Cerceau commença à le rebâtir en pierre, il le borda de maisons et, du côté de la ville, lui fit deux entrées monumentales que, plus tard, Simon Guillain décora de figures en ronde bosse placées sur des tables de marbre et représentant Louis XIII, Anne d'Autriche et Louis XIV enfant. L'œuvre de du Cerceau avait été achevée en 1647 ; un premier coup de pioche fit disparaître les maisons sous Louis XVI. Le reste tomba en 1859 pour faire

---

(1) Ainsi que de nos jours, ce *marché aux oiseaux* ne se tenait que les dimanches et jours fériés.

place à un nouvel ouvrage légèrement reporté vers l'est et dont de La Galisserie, Féline-Romany et Vaudrey, ingénieurs, dirigèrent la construction.

Pour suivre l'ordre chronologique, il faut maintenant rappeler le *pont aux Meuniers* qui, bâti au commencement du treizième siècle, fut emporté par l'eau en 1593 et ne laissa guère aux Parisiens que le souvenir des éclaboussures projetées par les roues de ses moulins. C'est à cet ouvrage que succéda le *pont Marchand* (nom de son constructeur) qui brûla en 1621, en même temps que le pont au Change, et qui était bordé de maisons d'aspect et de dimensions identiques, toutes peintes à l'huile, et se distinguant les unes des autres par l'oiseau qui leur servait d'enseigne, particularité qui, plus tard, fit nommer ce pont : *pont aux Oiseaux*.

Le *pont Saint-Michel*, originairement *pont Neuf*, réclame maintenant son droit d'ancienneté. Ouvrage en bois, il apparaît au treizième siècle, puis Hugues Aubriot le fait reconstruire en pierre vers 1378 ; les eaux l'emportent trente ans plus tard ; on le revoit assis sur quatre arches et bordé de constructions en 1617. Ses maisons furent démolies sur un ordre de Napoléon daté du camp de Tilsitt, 7 juillet 1807. En 1857, le pont fut entièrement reconstruit par de La Galisserie et Vaudrey. Sa largeur a été portée de 25 à 30 mètres ; il repose sur trois arches d'une belle courbure (1).

Au commencement du quinzième siècle, on voyait sur la Seine, vis-à-vis la rue Saint-Martin actuelle, un travail probablement fort rudimentaire qui servait tant bien que mal à passer l'eau, et qu'on appelait la *planche Mibrai* ou les *planches Mibrai*. Le 31 mai 1413, à 10 heures du matin, Charles VI enfonça en cet endroit le premier pieu d'un nouvel ouvrage, les ducs de Guyenne, de Berri, le sire de la Trémoille frappèrent tour à tour de la *trie* sur ce pieu, et le pont dont il était l'amorce reçut le nom de *pont Notre-Dame*. La construction dura sept ans, mais l'œuvre achevée émerveilla les Parisiens. Au dire d'un vieil auteur (2), il avait 354 pieds de longueur et 90 de largeur. Trente hautes maisons uniformément ordonnées s'alignaient sur

______

(1) C'est en 1424 que ce pont prit le nom qu'il porte, en raison de la proximité de la chapelle Saint-Michel qui, depuis le temps de Philippe le Bel, était renfermée dans l'enceinte du Palais.

(2) Robert Gaguin, *Compendium de gestis Francorum*.

chacun de ses côtés. « Lorsqu'on s'y promenait, dit Gaguin, on ne voyait point la rivière, on se croyait sur terre et au milieu d'une foire, par le grand nombre et la variété des marchandises qu'on y voyait étalées. »

Bien que supportés par dix-sept travées de pièces de bois, composées chacune de trente madriers ayant plus de 2 pieds d'épaisseur, le pont et ses soixante maisons s'écroulèrent le 25 octobre 1499. On assure que le prévôt des marchands et les échevins avaient négligé de faire exécuter les travaux d'entretien que nécessitait l'état de la charpente. Reconnus coupables, ces magistrats furent condamnés à de fortes amendes et moururent tous en prison.

En 1507, un nouvel ouvrage en pierre, reposant sur six arches et portant soixante-dix maisons, remplaçait le pont écroulé; c'était l'œuvre fort bien conçue d'un cordelier nommé Giovanni Giocondo. C'est sur le pont Notre-Dame que l'infanterie ecclésiastique de la Ligue fut passée en revue par le légat le 3 juin 1590, solennité au cours de laquelle quelques-uns de ces soldats improvisés tirèrent des coups de mousquet, sans songer que leurs armes étaient chargées, et tuèrent un aumônier du légat. Celui-ci se hâta de donner sa bénédiction et se retira.

En 1670 et 1671, on installa au milieu du pont, du côté d'aval, une pompe élévatoire dont Daniel Jolly et Jacques Demance fournirent le mécanisme et qui alimenta neuf fontaines dans Paris. Les maisons qui bordaient le pont, condamnées à disparaître par un arrêt du 22 avril 1769, furent démolies en 1786. Sous la Révolution, le pont, débaptisé, s'appela *pont de la Raison.*

Au cours de l'année 1853, Michal, de La Galisserie et Darcel furent chargés de sa réfection complète et s'acquittèrent de leur mission à la satisfaction générale; la pompe disparut, le vieux pont, rajeuni et consolidé, devint un des plus beaux de Paris.

Nous arrivons au plus populaire de tous nos ponts : le *Pont-Neuf.* Henri III en posa la première pierre le 31 mai 1578. Androuet du Cerceau en commença la construction, mais les travaux, interrompus pendant les troubles de la Ligue, ne furent repris que sous Henri IV, dirigés alors par Marchant et Métézéau; ils furent terminés en 1604.

Le Pont-Neuf devint la promenade à la mode. Bateleurs, escamoteurs, marchands d'orviétan, comédiens ambulants, maître

Gonin, Désidéria-Descombes, Brioché, Mondor et Tabarin s'y établirent en permanence.

Ce fut là pendant tout le dix-septième siècle une sorte de foire joyeuse, mais le tableau a ses ombres; les rixes étaient fréquentes, les batailles à coups de poing alternaient avec les duels à l'épée, et tandis que les bouffons chantaient ces refrains qui ont gardé le surnom de *ponts-neufs*, les filous exploraient galamment les poches des auditeurs.

A l'entrée nord du pont, à droite, la Samaritaine, son horloge à carillon, son joli groupe de figures en bronze doré furent, pendant deux cent dix ans, de 1603 à 1813, une des curiosités de Paris.

Les vingt petites boutiques qui remplissaient les demi-lunes, et qui sont disparues maintenant, avaient été bâties en 1775 sur les dessins de Soufflot. Quant aux mascarons que vous voyez au-dessous de la corniche, de chaque côté du pont, ils avaient été sculptés par Germain Pilon. En 1855, quand de La Galisserie a procédé à une réfection du pont, il les a fait fidèlement recopier.

Les premières années du dix-septième siècle ont vu construire encore les *ponts Marie* et de *la Tournelle*. Le premier porte le nom du créateur de l'île Saint-Louis; il a commencé les travaux et Contesse les a terminés en 1628. Les deux dernières arches avaient été emportées par les eaux en 1658; elles furent reconstruites d'abord en bois et rétablies en pierre dix ans plus tard, par un entrepreneur nommé Thévenot.

Le pont de la Tournelle, également bâti par Marie et en bois tout d'abord, a été refait en pierre en 1654 et réparé et élargi en 1847 par de La Galisserie.

Le *pont au Double*, ainsi nommé parce qu'on payait un double pour le traverser, remonte à 1634; assis sur deux arches à son origine, il fut remanié en 1848 par de La Galisserie et n'eut plus qu'une arche construite en meulière et en ciment. Bernard et Lax, ingénieurs, en ont fait un pont métallique d'une seule arche.

Le *Pont-Royal*, qui réunit la rue des Tuileries et la rue du Bac et d'où l'on jouit d'une vue magnifique, remplace un pont de bois bâti en 1632, emporté en 1684, et qu'on appela d'abord *pont Barbier*, du nom de son créateur, ensuite *pont Sainte-Anne*, en l'honneur d'Anne d'Autriche, *pont des Tuileries*, vu sa position, et enfin *pont Rouge*, à cause de sa couleur. La construction du pont actuel a été commencée le 25 octobre 1685, sur les dessins de Jules Hardouin Mansart ; Gabriel, qui dirigeait les travaux, s'adjoignit le frère François Romain, qui employa ici pour la première fois la machine à draguer. Il repose sur cinq arches et a été terminé en 1689.

Un siècle entier se passe maintenant sans que de nouvelles communications soient établies entre les deux rives. En 1787, l'ingénieur Perronnet commença la construction du *pont de la Concorde*, qui s'appela d'abord *pont Louis XVI* et plus tard *pont de la Révolution*, et la termina en 1790. Napoléon, en 1810, le fit surcharger de statues de généraux morts au champ d'honneur. Cette décoration alourdissante a été enlevée en 1837. Les statues ont été transportées à Versailles.

Nous allons entrer maintenant dans le dix-neuvième siècle et les ponts vont se multiplier rapidement.

Voici d'abord, assis sur neuf arches de fonte, accessible aux piétons seulement, le *pont des Arts*, bâti par de Cessart en 1802, le *pont d'Austerlitz*, *pont du Jardin du roi* sous la Restauration, ouvert aux piétons le 1ᵉʳ juin 1806, aux voitures le 5 mars de l'année suivante. Bernard de Beaupré en a fourni les dessins, Lamandé en a dirigé la construction. Le fer employé pour ses arches a été remplacé par la pierre en 1854 ; de 1884 à 1886, il a été notablement élargi par Bernard et Lax.

C'est encore Lamandé qui a conduit, de 1809 à 1813, les travaux de construction du *pont d'Iéna* que les Prussiens, en 1814, eurent un moment l'intention de faire sauter. Ses piles sont ornées d'aigles aux ailes éployées et ses extrémités de groupes équestres signés Devaulx, Feuchères, Daumas et Préault.

Sous la Restauration, les ponts suspendus apparaissent ; le premier qui fut établi est le *pont des Invalides*. Navier le construisit en 1826 ; sa solidité fut reconnue douteuse, Bayard et Vergès le remplacèrent dès l'année suivante par un ouvrage qui, en 1855, fit place au pont actuel ; celui-ci a été construit par Michal, de La Galisserie et Darcel ; les figures de *Victoire* qui ornent ses faces ont été sculptées par Vilain et par Diébolt.

Pendant les règnes de Charles X et de Louis-Philippe, d'autres ponts suspendus furent construits, mais ils sont ou disparus ou remplacés par des ouvrages nouveaux. Tels sont, parmi les premiers, les *passerelles de Constantine* et *de Damiette*; parmi les autres, les *ponts d'Arcole, Louis-Philippe, Saint-Louis* et de *Bercy*. Le pont d'Arcole fut reconstruit en 1854, les autres en 1862 et 1864.

En 1827 et 1828 apparaissent, à l'ouest, le *pont de Grenelle*; à l'est, celui de *l'Archevêché*. Ce dernier, solide sur ses trois arches, n'a subi ni changement ni réfection; à celui de Grenelle, on a substitué, en 1877, six arches en fonte aux arches en charpente qui le supportaient originairement. Au milieu de son parcours, sur un terre-plein formé par l'île des Cygnes, on a placé un modèle de *la Liberté éclairant le monde*, du sculpteur Bartholdi.

Le *pont des Saints-Pères* est le dernier de ceux qui furent édifiés sous Louis-Philippe; il a été construit par Polonceau en 1834. Les figures assises à ses extrémités sont de Petitot; elles représentent, sur la rive droite, *l'Abondance* et *l'Industrie;* sur la rive gauche, *la Ville de Paris* et *la Seine*.

Au dernier Empire, on doit, outre les travaux de réfection et d'embellissement que nous avons signalés, la création des *ponts National*, de *l'Alma* et de *Solférino*.

Le premier, construit en 1852, porta d'abord le nom de *pont Napoléon*; c'est un beau travail en pierre exécuté sous la direction de Couche et de Petit. Il remplit, à l'est de Paris, le rôle que le *viaduc d'Auteuil* joue à l'ouest. Piétons et voitures circulent sur une moitié de sa largeur; le Chemin de fer de Ceinture passe sur l'autre.

Le *pont de l'Alma* date de 1856; il est l'œuvre des inséparables Michal, de La Galisserie et Darcel. Il repose sur trois arches et ses piles sont ornées de grandes statues en pierre de fort belle et fort martiale allure : un *Grenadier* et un *Zouave*, par Diébolt; un *Chasseur à pied* et un *Artilleur*, par A. Arnaud.

Le *pont de Solférino*, construit par de La Galisserie et Savarin, a été livré à la circulation en 1859 et semble élevé à la gloire de l'armée qui a fait la campagne d'Italie; sur les dés ornant sa corniche, on a gravé les noms des victoires qu'elle a remportées.

Les années qui se sont écoulées depuis 1870 ont doté Paris du beau *pont de Sully*, construit entre 1874 et 1876; du *pont métallique de Passy*, construit par Huet et Barthet, et livré à la circulation en 1878; du *pont de Tolbiac*, commencé en 1879, terminé en 1884, et dû aux ingénieurs Bernard et Pérouse; du magnifique *pont Mirabeau*, achevé en 1897, et enfin du *pont Alexandre III*, ainsi nommé en exécution d'un décret du 3 octobre 1896 et dont le tzar Nicolas II a posé la première pierre le 7 du même mois.

Le pont Alexandre III, un des plus beaux et des plus heureusement situés de Paris, a été construit par les ingénieurs Résal et Alby, d'après les projets élaborés par MM. Cassien-Bernard et Gaston Cousin ; son tablier, large de 40 mètres, repose sur une seule arche appuyée sur des massifs de granit et de pierre et composée de quinze voussoirs en acier moulé fournis par le Creusot. Le pont est décoré à chacune de ses extrémités de pylônes formés par quatre colonnes d'ordre ionique supportant des groupes en bronze doré symbolisant, sous la figure d'un cheval ailé conduit par un héraut, les renommées des arts, des sciences, du commerce et de l'industrie, œuvres de MM. Granet, Steiner et Frémiet. Les femmes assises sur les socles personnifient, sur la rive droite, la France du moyen âge et la France moderne, sculptées, l'une par M. Lenoir, l'autre par M. Michel ; sur la rive gauche, la France de la renaissance et celle de Louis XIV. M. Coutan a signé la première de ces figures, M. Marqueste la seconde. Quatre beaux lions, conduits par des enfants, complètent la décoration aux entrées du pont ; sur sa balustrade en bronze et cuivre ornée de guirlandes et de moulures, se détachent des cartouches dont M. Récipon est l'auteur ; ils portent, l'un les armes de la France, l'autre, celles de la Russie.

Ajoutons, pour compléter cet aperçu de l'histoire de nos ponts, qu'à l'extrémité orientale de l'île Saint-Louis, une estacade en bois a été établie dans le but de briser l'effort des glaces au moment des débâcles ; au-dessus de cette forêt de charpentes, d'un pittoresque aspect, règne une *passerelle* accessible aux piétons seulement.

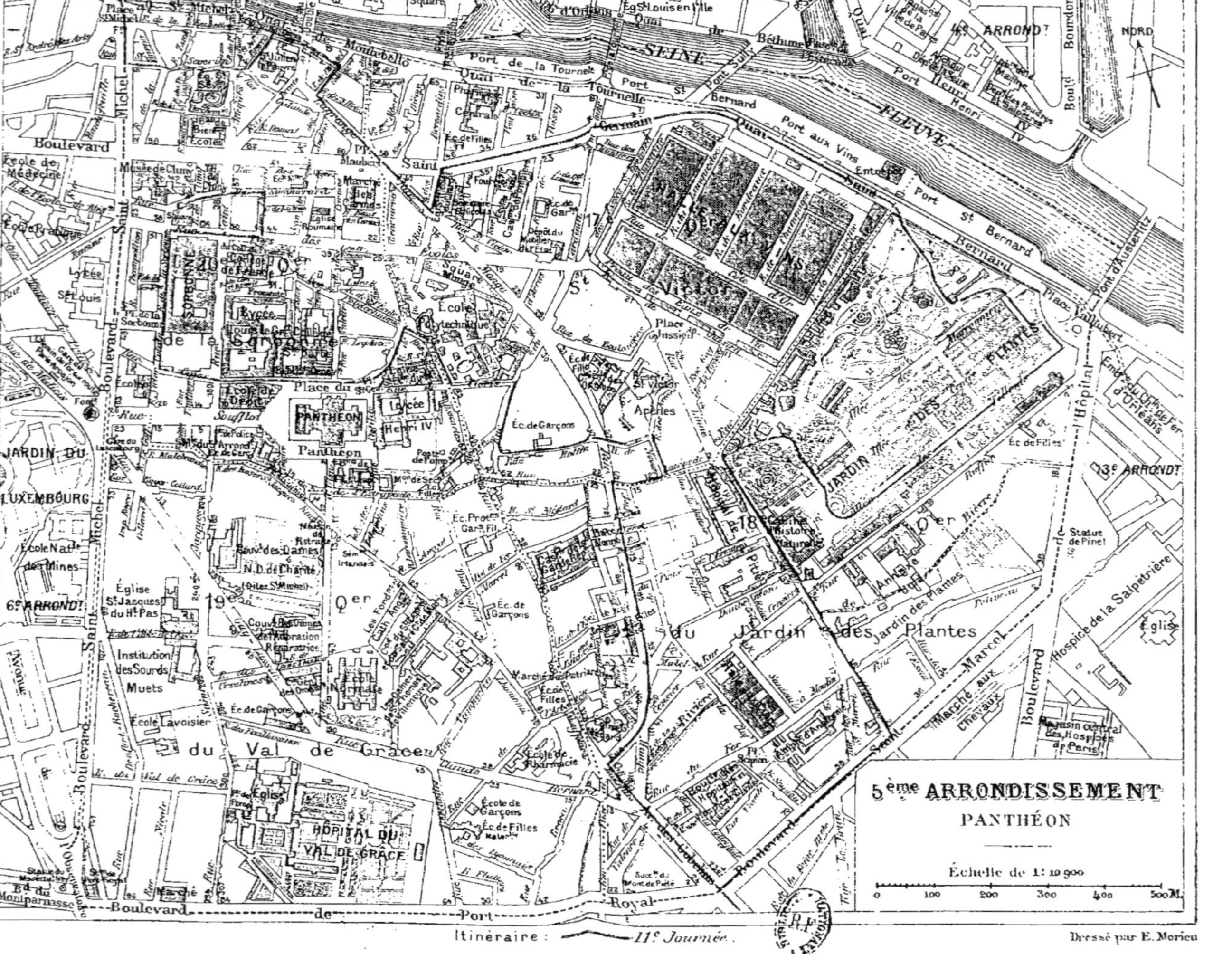

5ème ARRONDISSEMENT
PANTHÉON
Échelle de 1: 19 900
0   100   200   300   400   500 M.
Itinéraire :   11e Journée.
Dressé par E. Morieu
SEINE
FLEUVE
NORD
SORBONNE
PANTHÉON
Lycée Henri IV
École Polytechnique
JARDIN DES PLANTES
JARDIN DU LUXEMBOURG
HOPITAL DU VAL DE GRACE
Hospice de la Salpêtrière
École de Médecine
Musée de Cluny
Boulevard Saint Michel
Boulevard du Val de Grace
Boulevard de Port Royal
Boulevard du Montparnasse
Quai de la Tournelle
Quai St Bernard
Port aux Vins
Place Valhubert
6e ARRONDt
13e ARRONDt
4e ARRONDt

ONZIÈME JOURNÉE

Le **quai des Grands-Augustins**, peuplé d'éditeurs, de libraires et de marchands de gravures, borde la Seine entre le Pont-Neuf et le pont Saint-Michel; dans la rue des Grands-Augustins, qui prend naissance au tiers de son parcours, vous apercevrez encore une ou deux grandes arcades, c'est tout ce qui reste d'un marché à la volaille qu'on appelait **la Vallée**. Arrivé à l'extrémité du quai, nous sommes sur la **place Saint-Michel**, ancienne place du Pont-Saint-Michel, agrandie et régularisée lors de la création du boulevard du même nom (1855), et décorée d'une fontaine monumentale dite *fontaine Saint-Michel*, qui, de 1858 à 1860, fut érigée par Davioud.

La fontaine Saint-Michel est ornée de quatre colonnes corinthiennes en marbre rouge, supportant un entablement que décorent les statues en bronze de *la Prudence*, par Barre; de *la Force*, par Guillaume; de *la Justice* et de *la Tempérance*, par Élias Robert et Gumery. Au-dessus des vasques, une vaste niche voûtée en cul-de-four renferme un rocher en pierre, surmonté d'un groupe en bronze représentant *Saint Michel terrassant le démon*, œuvre de Duret. *Les Dragons ailés*, qui lancent l'eau dans la dernière vasque, sont de Jacquemart.

A quelques pas de la place, à notre gauche, nous trouvons

le tronçon de la rue Saint-Séverin, qui se dirige vers l'est ;
l'aspect de cette voie publique n'a rien de séduisant ; ne
craignons pas de nous y engager pourtant, car nous y rencontrerons l'église **Saint-Séverin** et son ancien charnier,
curieux édifices du temps passé classés parmi les monuments historiques.

Située au milieu des bois, oratoire et baptistère de l'église Saint-
Julien le Pauvre au temps de Childebert, l'église Saint-Séverin,
agrandie, était devenue, au onzième siècle, la plus importante paroisse
de la région méridionale ; les reines de France, quand elles habitaient le palais des Thermes, y venaient faire leurs dévotions. Les
Normands ont passé là, rien ne reste des constructions primitives, mais
néanmoins quelques parties de l'édifice comptent près de sept cents
années d'existence ; tels sont le porche qui s'ouvre sous la tour,
les trois premières travées de la grande nef et la partie correspon-
dante du triforium. La tour a été construite au quatorzième siècle,
le chœur et le surplus de l'édifice datent des dernières années du
quinzième ; en 1358, on avait placé dans l'église le premier jeu
d'orgues qu'on ait vu à Paris.

L'ingéniosité du quinzième siècle a imprimé son cachet sur l'ornementation de l'horloge, sur les clochetons particulièrement gracieux qui terminent les contreforts soutenant les arcs-boutants et
sur les hautes fenêtres de la nef encore ornées, pour la plupart,
de verrières du même temps, mais restaurées de façon peu satis-
faisante. Le portail, simple baie en ogive non ornée jadis, a été
enrichi, en 1839, de celui d'une église Saint-Pierre aux Bœufs,
paroisse des bouchers de la Cité, dite Saint-Foix, alors démolie.

L'intérieur est divisé en cinq nefs aboutissant à un chœur
polygonal, encadré par les cinq travées de l'abside.

La décoration est riche, et les grands noms fréquents au-
dessous des œuvres qui la composent. Nous voyons, dans
le bas côté gauche, plusieurs peintures murales exécutées
en 1867 par le peintre Mottez, décorateur de Saint-Germain-
l'Auxerrois, et reproduisant les grandes lignes de la vie
de saint François de Sales ; d'autres peintures de Jobbé-
Duval datent de 1854 et sont consacrées à la glorification
de saint Charles. Gérôme, à la même époque — est-ce un
choix ou l'effet du hasard ? — a décoré la chapelle Saint-
Jérôme de deux grandes compositions ; Heim a décoré la
chapelle de la Vierge ; Signol, celle de Saint-Joseph ;

Schnetz, celle de Saint-André ; Biennoury, celle de Saint-Paul ; Flandrin, le peintre des fresques de Saint-Vincent de Paul et de Saint-Germain des Prés, reparaît, dans la chapelle de Saint-Jean ; avec sa grande science d'arrangement et son profond sentiment religieux, il nous montre *saint Jean prêchant dans le désert* et *le baptême de Jésus.*

Le cloître, construit au quinzième siècle, est, après celui des Billettes, le seul monument de ce genre qui reste à Paris.

Au chevet de l'église, nous nous trouvons dans la rue Saint-Jacques, une des plus vieilles voies parisiennes; c'est ici un étroit boyau, mais elle monte vers le midi s'élargissant, s'éclaircissant, s'illuminant des blancheurs de constructions nouvelles que nous verrons tout à l'heure. Ici, nous la traversons seulement et, à peine entré dans la rue Galande, nous trouvons, à gauche, la petite et étroite rue Saint-Julien-le-Pauvre, assez triste aujourd'hui, mais aristocratiquement habitée jadis, si nous en jugeons par la haute allure d'une de ses maisons, et certainement très fréquentée quand l'église **Saint-Julien le Pauvre** était le lieu de rassemblement des confréries de Notre-Dame des Vertus, des couvreurs, des fondeurs et des marchands papetiers.

La fondation de l'église Saint-Julien le Pauvre remonte aux premiers temps de la monarchie, mais il est certain qu'elle a dû être reconstruite plusieurs fois. L'édifice actuel date, pour l'intérieur, de la seconde partie du douzième siècle et, pour le portail, du siècle suivant. La tour a été démolie en 1675, ainsi qu'une chapelle Saint-Blaise qui attenait à l'église et où les charpentiers et les maçons faisaient leurs dévotions. Cette construction est si bien comprise qu'elle paraît grande, malgré ses modestes proportions. Le chœur et les absides en sont les plus curieuses parties et forment, avec leurs colonnes élégantes, leurs chapiteaux feuillagés, leurs voûtes aux clefs sculptées, aux nervures doriques, un précieux et très pur spécimen de l'art architectural du douzième siècle.

Convertie en magasin à sel sous la Révolution, chapelle de l'Hôtel-Dieu de 1805 à 1878, sauvée de la destruction par son classement au nombre des monuments historiques, la petite église est, depuis le 29 mars 1889, affectée au culte catholique grec.

On a transporté à Saint-Julien la statue de *Monthyon*, œuvre de Bosio, qui décorait le porche de l'ancien Hôtel-Dieu.

Si nous suivons pendant quelques instants la rue de la
Bûcherie attristée par les bâtiments ruinés des anciennes annexes de l'Hôtel-Dieu, nous ne tarderons pas à voir, à l'angle
de la rue de l'Hôtel-Colbert, une rotonde surmontée d'un
dôme soutenu par des colonnes d'ordre dorique.

Pénétrons dans la cour voisine de cette construction, nous en
verrons l'ancienne entrée ornée d'un fronton et d'inscriptions. Nous
sommes devant l'École de médecine du seizième siècle. Dans l'amphithéâtre, alors établi sous le dôme, Guy Patin fit, dit-on, la première opération de la pierre.

La rue de l'Hôtel-Colbert nous conduit à la rue Monge,
et celle-ci à la place Maubert ; un marché, le **marché des
Carmes**, construit en 1813, en occupe le fond. La **statue
d'Étienne Dolet** s'élève à l'endroit où son bûcher se dressa,
en 1546 ; c'est une œuvre bien conçue et fort décorative de
l'architecte Blondel et du sculpteur Guillaume.

Près de là, au point de rencontre des rues Monge et
Saint-Victor, accessible par une sorte de couloir glissant
entre des bâtisses séniles, nous voyons encore un monument historique, **l'église Saint-Nicolas du Chardonnet.**

Une église existait là depuis le milieu du treizième siècle ; mais,
au temps de Louis XIV, elle était devenue insuffisante et, de plus,
menaçait ruine. Un de ses paroissiens, le peintre Ch. Le Brun,
fournit, en 1656, les dessins d'un nouvel édifice qu'on greffa, en
quelque sorte, sur la tour de l'ancien qui, elle, avait été édifiée en
1625. L'œuvre de Le Brun est restée inachevée.
Sa plus curieuse partie est le portail qui s'ouvre rue des Bernardins, dont les vantaux, sculptés d'après les dessins du grand peintre,
sont d'un agencement fort heureux.
En 1862, l'abside a été refaite en façade sur le boulevard Saint-
Germain.

A l'intérieur, dans son ensemble, l'église n'est pas de
celles qui excitent l'admiration ; elle séduit pourtant par
son incontestable élégance et quelques particularités curieuses. D'abord, elle n'est pas orientée ; ensuite, on y remarque l'emploi de l'ordre composite, un peu maigre, un
peu sec, mais relevé par les bandeaux sculptés de la voûte
et les panneaux décorés de médaillons qui font saillie au-

dessus des arcades ; on y remarque encore la chaire et la boiserie des orgues, fort belles menuiseries du dix-huitième siècle.

L'ornementation picturale et sculpturale est composée d'œuvres de belle qualité.

Dans la chapelle Sainte-Catherine, à côté d'un *portrait* de la sainte que Clément de Ris attribue à Louis Le Lorrain, vous verrez un *Baptême du Christ*, de Restout ; dans celle de Saint-Vincent de Paul, un *Bon Samaritain*, de Jollain. qui valut au peintre sa réception à l'Académie, en 1773 ; dans celle des Fonts, un *Baptême de Jésus*, signé Corot ; dans le transept gauche, *Jésus ressuscitant la fille de Jaïre*, de Vignaud, œuvre remarquée au Salon de 1819 ; dans le transept droit, un *Repos en Égypte*, de Lagrenée ; *la Manne*, de N. Coypel, datée 1713 ; dans la chapelle de Saint-Charles-Borromée, le buste de Le Brun, son monument funéraire et celui de sa mère, œuvres de Coysevox ; dans la chapelle de la Vierge, plusieurs toiles de Gosse ; dans la chapelle des Catéchismes, un *Saint en prière*, de Restout, et des figures attribuées à Le Brun.

Le **boulevard Saint-Germain**, ouvert en cette partie vers 1855, va nous conduire au **quai Saint-Bernard**, que bordent l'Entrepôt des liquides et le Jardin des plantes.

L'Entrepôt des liquides — nous lui donnons son nom officiel — créé par Napoléon I⁢ᵉʳ en remplacement d'une halle aux vins construite sous Louis XIV, occupe une grande partie du territoire que couvraient les bâtiments et les jardins de la célèbre abbaye de Saint-Victor.

De larges rues droites et portant les noms de nos grands crus séparent ses vastes magasins. A l'ombre de ses marronniers et de ses acacias se groupent pittoresquement les minuscules bureaux des marchands ; quatre personnes ne tiendraient à l'aise dans ces baraques diversement peintes, coiffées de toits pointus d'où jaillissent de maigres tuyaux de poêle. Il s'y traite des millions d'affaires.

Le **Jardin des plantes**, originairement *Jardin du roi*, a été fondé en 1636 par Guy de La Brosse ; mais à Buffon revient l'honneur d'avoir créé à peu près tout ce qui en constitue l'attrait pour le public et l'intérêt pour les savants. Labora-

toires, grand amphithéâtre, galeries d'histoire naturelle, etc.,
tout cela est dû à son initiative ; mais tout cela, il faut le
dire, a été agrandi, embelli, enrichi par les hommes éminents qui ont, tour à tour, présidé aux destinées du Muséum.

Vous pouvez ici passer agréablement quelques heures. Nous
ne vous parlerons pas longuement du jardin, vous l'avez
sous les yeux ; à peine y serez-vous entré, vous reconnaîtrez
que les séductions et les charmes s'y renouvellent à chaque
pas : la ménagerie, l'oisellerie, la rotonde des herbivores,
la fosse aux ours, les cages des reptiles et celle des singes,
l'orangerie, les parterres fleuris, les bassins où vivent les
plantes aquatiques, les serres pleines de fleurs, le pittoresque labyrinthe et son cèdre du Liban, tout cela vous
arrêtera tour à tour, mais sans satisfaire entièrement votre
curiosité, car il y a là plusieurs bâtiments et vous désirerez,
à coup sûr, en franchir les portes.

Le bâtiment du Muséum, le plus récemment édifié (on
doit sa construction à l'architecte Dutert) est situé à gauche
de la place Walhubert, en bordure de la rue Buffon. Il a
été inauguré le 25 mai 1898, et contient un amphithéâtre
admirablement compris aux points de vue de la démonstra-
tion pour le professeur, de la commodité pour les auditeurs.
Là aussi sont classées dans de claires et spacieuses galeries,
en un ordre méthodique qui rend les études et les comparai-
sons faciles, les collections de paléontologie et d'anatomie
comparées, depuis les plus infimes ancêtres de l'homme jusqu'aux spécimens de toutes les races actuellement connues.

Sur le même côté, au sud de la grande allée de tilleuls,
un long bâtiment renferme les galeries de géologie, de botanique, de minéralogie et la bibliothèque. Formant point
de vue pour la grande allée, un édifice construit en 1888,
sur les plans de Jules André, contient les galeries de zoologie. Vous y pénétrerez après avoir gravi le perron de l'un
des coquets pavillons qui encadrent le corps de logis central ; vous ne manquerez pas de remarquer la belle ordonnance de ce dernier, ses onze larges fenêtres, ses colonnes
corinthiennes, ses médaillons de grands naturalistes, sa

GALERIES DE ZOOLOGIE AU MUSÉUM.

DESSIN DE P. MERWART.

belle statue de la Science, et vous constaterez que l'habile architecte a édifié un palais digne des trésors qu'il renferme.

A l'intérieur, vous verrez d'abord un grand hall long de 55 mètres, large de 26, bordé, à rez-de-chaussée, de galeries latérales qui se répètent deux fois dans la hauteur. Dans cette pièce immense, inondée d'une lumière franche tombant de sa toiture vitrée, sont groupés, d'une façon à la fois savante et pittoresque, les grands animaux de la création : éléphants gigantesques, êtres puissants et doux; girafes aux longs cous; hippopotames aux gueules immenses; rhinocéros aux cornes menaçantes ; squelettes de cétacés, dans l'intérieur desquels une famille humaine pourrait dresser sa tente; et tout autour, contraste charmant, une foule d'êtres gracieux et légers : antilopes, chamois, gazelles, etc. Les reptiles, les poissons, les singes, les ruminants, sont rangés dans les galeries latérales ; les oiseaux et la collection curieuse des nids qu'ils se construisent, quelques reptiles encore et des coquillages occupent la galerie du premier étage; dans celle du second sont groupés les papillons et les insectes, et près de ceux-ci, comme l'œuvre à côté de l'ouvrier, une exposition très intéressante des ravages qu'ils exercent sur les végétaux. Visitez aussi les galeries de géologie, où vous verrez la plus complète collection connue des terrains composant l'écorce du globe terrestre; les galeries de botanique, dont les herbiers contiennent plus de 300 000 échantillons; les bocaux des fruits et des fleurs conservés dans l'alcool, et dans les vitrines, une suite de reproductions en cire de toutes les variétés de champignons. Passez, enfin, dans les galeries de minéralogie; elles sont infiniment riches en échantillons de pierres, de cristaux et de minéraux.

Saluons, à l'angle de la rue Linné, la **fontaine Cuvier**, gracieux édicule érigé en 1840 sur l'emplacement d'une fontaine Saint-Victor, qui datait de 1687. Vigoureux aîné en a fourni le plan; la principale décoration sculpturale, un groupe symbolisant *l'Histoire naturelle*, est de Feuchères.

Par la rue Geoffroy-Saint-Hilaire, nous gagnons le boulevard Saint-Marcel, qui nous conduit à l'avenue des Gobelins ; c'est une partie de la vieille rue Mouffetard, modifiée et embellie sous le dernier Empire ; nous la montons pendant quelques instants et nous nous trouvons devant la célèbre **Manufacture des Gobelins**, une des gloires de Paris, une des grandes illustrations de l'art français.

Les Gobelin furent des teinturiers originaires de Reims, qui, au milieu du quinzième siècle, s'établirent en ce lieu et y prospérèrent pendant deux cents ans ; c'est donc tout à fait par hasard que leur nom désigne la manufacture de tapis qui nous occupe. La création de celle-ci est due à Colbert et remonte à l'an 1667. Elle eut pour titre officiel, à l'origine : *Manufacture des meubles de la couronne*. Le Brun, son premier directeur, s'entoura de collaborateurs habiles et d'élèves intelligents : Blin de Fontenay, Baptiste Monnoyer, Van der Meulen, Francart, Anguier, lui apportèrent leur concours dévoué ; et, dès les premiers temps de son existence, la manufacture put — ce qui n'était pas toujours chose facile — répondre dignement à toutes les fantaisies luxueuses du grand roi.

Mignard, qui succéda à Le Brun, fonda, aux Gobelins, une école de dessin, annexe indispensable pour parfaire l'éducation artistique de ses ouvriers. Sous la Régence et sous Louis XV, les productions gracieuses succédèrent à celles toujours solennelles que Louis XIV exigeait. Restout, Natoire, Carle Van Loo, de Troy, devinrent les fournisseurs des nouveaux modèles ; Odry, puis Boucher, prirent possession du cabinet directorial ; Quemiset, placé à la tête de l'atelier de teinture, consacra son expérience à l'augmentation du nombre des couleurs, à la variété des nuances, et créa cette riche palette qui peut reproduire les tons les plus chauds, aussi bien que les délicates demi-teintes et les fondus les plus vaporeux. Michel Chevreul, qui dirigea le même atelier en ce siècle, en a encore perfectionné les travaux et augmenté les ressources, à ce point qu'on possède maintenant vingt-quatre tons pour chaque teinte.

En parcourant les ateliers dont la visite est permise, vous vous rendrez facilement compte des procédés de fabrication, des difficultés qu'elle présente, aussi bien que de l'attention et de la patience qu'elle exige, et vous reconnaîtrez que les ouvriers de la manufacture sont de véritables artistes. Après avoir vu le travail s'exécuter lentement et point à point, si vous voulez le voir complet, vous passerez dans les salles du Musée où l'on conserve une foule d'œuvres magnifiques, parmi lesquelles on vous en montrera dont

UN ATELIER AUX GOBELINS.

DESSIN DE P. MERWART.

les cartons et les modèles ont été empruntés à tous les
grands peintres français et étrangers ; Raphaël (*les Actes des
apôtres*), Le Corrège (*la Madone de saint Jérôme*), puis, des
compositions de Le Brun, de Van der Meulen, de Rigaud,
de Lesueur, de Simon Vouet, d'Audran, de Boucher, de Des-
portes, sans oublier de curieux spécimens de tapisseries
flamandes, égyptiennes, persanes, allemandes, belges, etc.

Redescendant vers le centre, nous ne tardons pas à nous
trouver devant l'église **Saint-Médard**, dont le voisinage d'un
petit square égaye un peu la modeste apparence.

Saint-Médard fut, pendant longtemps, la plus pauvre église de
Paris ; mais comme tous les monuments, on pourrait presque dire
comme toutes les maisons de la grande ville, elle a ses pages dans
son histoire. D'abord, elle revendique une haute antiquité. Simple
chapelle au douzième siècle, elle dépendait de l'abbaye de Sainte-
Geneviève et desservit pendant longtemps le petit village de Saint-
Mard ou Saint-Médard, groupé autour d'elle, et qui n'acquit une
certaine importance qu'au seizième siècle. A cette époque, le 21 décembre 1561, catholiques et protestants se livrèrent sous ses murs
une bataille acharnée ; l'église, assiégée, dut être fort endommagée,
car elle fut ensuite réparée et agrandie. D'autres travaux y furent
exécutés à diverses époques ; aussi son architecture, originairement
ogivale, présente-t-elle de regrettables disparates. C'est dans le
cimetière de cette église qu'eurent lieu en 1725, sur la tombe du
diacre Pâris, les scènes grotesques des convulsionnaires. Le *Quin-
tilien français*, Olivier Patru, fut enterré à Saint-Médard, en 1681 ; et
les restes de Pierre Nicole, le moraliste janséniste, le professeur
de Racine, y furent déposés en 1695.

Tournons derrière l'église, descendons la rue **Monge** et,
par les rues **Lacépède** et de **Navarre**, nous arriverons aux
Arènes de Lutèce.

C'est un amphithéâtre gallo-romain dont nous ne voyons que la
moitié, le reste étant enfoui sous des constructions appartenant à la
Compagnie des Omnibus ; les temps modernes ont recouvert ces
ruines réparées — trop réparées, selon nous — de verdoyantes plantations qui frémissent sur la tête des promeneurs aux endroits d'où
l'on voyait jouer les comédiens ou lutter les gladiateurs et les
fauves.

Dirigeons-nous vers l'est par la rue **Rollin**, puis vers le nord par la rue du Cardinal-Lemoine, atteignons la rue Descartes par la rue Clovis, et nous serons devant l'**École polytechnique**.

Cette institution est la plus populaire, la plus aimée des grandes écoles de Paris ; elle est fille de la Révolution, ayant été créée en 1794. Sa studieuse jeunesse, pépinière d'officiers et d'ingénieurs civils et militaires, s'est toujours montrée vaillante aux heures de crises ; elle a combattu, en 1815 et en 1870, contre l'étranger ; elle s'est jointe au peuple en 1830 et en 1848, pour lutter contre le pouvoir au nom de la liberté.

C'est en 1804 que les élèves furent contraints de demeurer à l'institution et que celle-ci s'installa dans les bâtiments (bien modifiés et considérablement agrandis depuis) de l'ancien collège de Navarre.

La décoration de son entrée est ornée de bas-reliefs allégoriques et aussi de médaillons qui représentent les premiers professeurs de l'École : Monge, Laplace, Lagrange, Berthollet, Fourcroy. C'était là, vous le voyez, un groupe bien formé pour la création d'une œuvre viable.

Parmi les agrandissements modernes, il convient de faire remarquer le grand bâtiment érigé en 1875, qui domine le square Monge et dont l'architecte Henry a dirigé la construction, et la nouvelle façade de la rue du Cardinal-Lemoine, élevée en 1880.

Le **square Monge**, créé vers 1868, forme à peu près un triangle sur la place du même nom ; il est orné de la statue en bronze de *François Villon*, œuvre d'Etcheto, et d'un *Voltaire* réduit, d'après Houdon. Sur la place Monge, on a élevé, en 1882, une statue à *Louis Blanc* ; elle est due au ciseau de Delhomme.

La rue Clovis longe le flanc méridional de l'église Saint-Étienne du Mont et le flanc septentrional du **lycée Henri IV**.

Ce lycée, fondé en 1804, occupe l'emplacement de l'ancienne abbaye de Sainte-Geneviève ; une jolie tour carrée, intelligemment restaurée en 1885 par Ruprich-Robert, pointe au-dessus de ses murs ; c'est le seul reste de l'église, démolie en 1807 ; romane à la base, ses étages supérieurs appartiennent aux quatorzième et quinzième siècles. A l'intérieur du lycée, dans la partie qui s'élève en bordure

de la rue Clotilde et qui, jusqu'en 1850, renferma les trésors de la
bibliothèque Sainte-Geneviève, on voit encore les réfectoires et les
cuisines des abbés, constructions qui remontent au temps de saint
Louis, et un grand escalier construit par le père de Creil, en 1701.

Arrêtons-nous devant l'église Saint-Étienne du Mont.

Une chapelle dépendant de l'abbaye de Sainte-Geneviève existait en ce lieu dès l'an 1220; en 1517, l'abbé Philippe de Luzarche
commença la construction de l'église actuelle; mais les travaux
marchèrent lentement, et les autels étaient bénits depuis 1541 quand,
le 2 août 1610, la reine Marguerite, première femme de Henri IV,
posa la première pierre du portail et donna 3 000 livres pour son
édification.

La façade, vous l'avez sous les yeux, est composée de trois
parties : entrée, couronnement et pignon. Bien que les styles
se superposent, bien que la profusion des détails nuise à la
grandeur de l'ensemble, ce dernier reste agréable quand
même; la tour carrée, accostée de sa tourelle contenant
l'escalier, terminée par une balustrade entourant une plate-
forme d'où jaillit un lanternon ajouré de sept baies cintrées, est particulièrement gracieuse.

L'intérieur est éclairé par trois rangs de fenêtres à meneaux ; la voûte est soutenue par de hautes colonnes, et
ses nervures se réunissent en clefs pendantes dont la plus
belle, celle de la croisée, décorée de rosaces, de guirlandes,
de têtes d'anges, mesure 5 mètres et demi de saillie.

Le buffet d'orgues est une splendide menuiserie du temps
de Louis XIV; la chaire, exécutée en 1640 par Claude Les-
tocart, élève de Jacques Sarrazin, est richement ornée de
figures sculptées formant un tout qui symbolise le *développement du mystère de la parole de Dieu.*

Un merveilleux jubé, le seul que Paris possède, sépare la
nef du chœur; c'est une œuvre de Pierre Biard le père,
placée ici au commencement du dix-septième siècle. La
chapelle de Sainte-Geneviève est un lieu de pèlerinage; on
y conserve le tombeau de la patronne de Paris, vieux sarcophage enfermé dans une châsse en cuivre doré, de style
ogival flamboyant.

L'église renferme plusieurs bons tableaux : *le Vœu des échevins de Paris* (1694), chef-d'œuvre de Largillière ; une *Nativité de la Vierge*, des frères Le Nain ; *la Manne*, de Philippe de Champaigne ; l'*Ex-voto à sainte Geneviève*, de de Troy, le *Portrait de saint Vincent de Paul*, de Sébastien Bourdon, etc. Citons, parmi les sculptures, un groupe de Foyatier représentant *la Vierge et l'enfant Jésus*, et les statues de *Saint Jean* et de *Saint Louis de Gonzague*, par Chapu.

L'église, enfin, possède de fort beaux vitraux dus à Pinaigrier (fenêtres du chœur); à Claude Henriet (*la Pentecôte*, quatre compartiments, au-dessus de la chapelle Saint-François d'Assise); à Enguerrand Le Prince (au-dessus de la chapelle Saint-Vincent de Paul).

Saint-Étienne du Mont, qui fut sous la Révolution le temple de la *Piété filiale*, a été ensanglanté le 3 janvier 1857, par l'assassinat de Mgr Sibour, archevêque de Paris. Le 3 janvier est le jour de l'ouverture d'une neuvaine annuelle, pendant la durée de laquelle les environs de l'église deviennent le siège d'une sorte de petite foire aux objets religieux, qui ne manque ni de pittoresque ni d'originalité.

A droite, en sortant de l'église, sur un vaste rectangle occupant l'emplacement de l'ancien collège de Montaigu, Labrouste a construit, de 1843 à 1849, l'immeuble occupé par la **Bibliothèque Sainte-Geneviève**, et, à l'angle de la rue Valette, la maison où sont logés les conservateurs. Riche aujourd'hui de plus de 200000 volumes, renfermant une collection de théologie catholique et protestante sans rivale, la bibliothèque Sainte-Geneviève, fondée en 1624 par le cardinal de La Rochefoucauld, a, nous l'avons dit plus haut, quitté en 1850 l'ancien couvent des génovéfains.

L'intérieur de la bibliothèque est naturellement ici plus curieux que le dehors ; le vestibule, de belles proportions, donne accès, d'un côté, aux salles où sont réunis les livres rares ; les Aldes et les Elzévirs y forment une collection d'un prix inestimable ; de l'autre, les volumes richement reliés, les estampes et les manuscrits. Parmi ces derniers, on remarque *la Cité de Dieu*, de saint Augustin, achevé vers la fin du quatorzième siècle et superbe encore de conservation;

un manuscrit de *Tite Live*, ayant appartenu à Charles V ; une *Bible* du quinzième siècle, etc.

Un monumental escalier conduit à la salle de travail, vaste et lumineuse pièce qui peut contenir 420 travailleurs assis. Sur le palier, entre les portes, vous verrez une tapisserie des Gobelins, exécutée d'après Balze, et représentant *l'Étude surprise par la Nuit* ; c'est peut-être une allusion aux usages de la bibliothèque, qui non seulement est ouverte le jour, mais encore chaque soir de six à dix heures.

Faisons un léger détour à gauche, tournons à regret le dos à cette belle rue Soufflot et aux frémissements des frondaisons du jardin du Luxembourg que nous voyons à son extrémité, et nous nous trouverons devant la façade du **Panthéon.**

La construction de ce monument, que nul touriste ne manque de visiter, a été autorisée par lettres patentes données à Versailles au mois de mars 1757, et l'emplacement destiné à son édification bénit par l'abbé de Sainte-Geneviève, le 1er août de l'année suivante. L'édifice devait remplacer l'église Sainte-Geneviève qui tombait en ruines et, comme elle, être dédiée à la patronne de Paris.

Soufflot, qui dressa les plans, conduisit les travaux jusqu'à sa mort arrivée en 1780 ; Brebion et Rondelet les achevèrent. L'œuvre était terminée en 1794.

Mais, entre temps, la Révolution avait éclaté ; les églises, fermées, étaient devennes des temples de vertus civiques, et, dès le 4 avril 1791, lors de la mort de Mirabeau, la future basilique, destinée à recevoir les cendres des hommes illustres, avait reçu la dénomination de *Panthéon* et l'inscription :

AUX GRANDS HOMMES LA PATRIE RECONNAISSANTE,

rayonnait sur son fronton.

L'édifice fut deux fois rendu au culte : une première fois, il s'y exerça de 1806 à 1830 ; une seconde fois, de 1852 au 26 mai 1885. A ce moment, la mort de Victor Hugo avait produit dans Paris une émotion au moins égale à celle causée jadis par le décès de Mirabeau. Sainte-Geneviève, ce monument que le grand poète appelait un *biscuit de Savoie*, redevint le Panthéon pour recevoir ses cendres. L'édifice, il faut en convenir, sans toutefois en nier la grande valeur architecturale, est mieux approprié à sa destination actuelle qu'à celle de temple chrétien. Rien ici n'inspire le recueillement, rien n'invite à la prière ; les autels, quand il y en avait, manquaient d'accompagnements et paraissaient mesquins ; les cortèges, si nombreux et si brillants qu'ils fussent, semblaient défiler dans le vide. Consacré à la gloire purement humaine, magnifiquement orné de fresques dues à nos plus grands artistes, le monument devient un de ceux qu'une capitale est légitimement fière de posséder.

Il se présente à nous par un péristyle de grand caractère, assis sur un emmarchement et surmonté d'un fronton triangulaire, décoré par David d'Angers d'une composition symbolisant *la Patrie distribuant des couronnes à ses enfants illustres*. C'est une œuvre de magistrale ordonnance ; les personnages, tous hommes célèbres parfaitement reconnaissables, y sont groupés avec une méthode qui n'exclut ni le mouvement, ni le pittoresque. C'est bien, devant la France, la Liberté et l'Histoire, la glorification de tous ceux qui, dans des carrières diverses, ont contribué à la grandeur de la patrie.

L'intérieur est une sorte de musée grandiose ; vous y admirerez des statues et des groupes signés : Maindron, Jouffroy, Perraud, Cavelier, Chapu, Frémiet, Hiolle, Falguière, Cabet, Béquet, etc. Vous y verrez aussi une suite de fresques merveilleuses : *la Vie de sainte Geneviève*, par Puvis de Chavannes ; *la Bataille de Tolbiac* et *le Baptême de Clovis*, par Joseph Blanc ; *la Mort de sainte Geneviève* et ses *Funérailles*, par J.-P. Laurens ; l'*Histoire de Jeanne d'Arc*, par Lenepveu ; *les Grandes Femmes françaises*, par Humbert ; *le Martyre de saint Denis*, par Bonnat, etc. Dans la crypte, divisée en galeries par des piliers doriques, on voit les tombeaux de Voltaire et de Rousseau contenant leurs dépouilles, ce qui est bon à faire observer, car on a longtemps prétendu que ces tombeaux avaient été nuitamment profanés sous la Restauration ; ceux de La Tour d'Auvergne, de Marceau, du grand Carnot, de son petit-fils, le président de la République, assassiné à Lyon en 1894 ; celui de Victor Hugo, mort en 1885, ceux de M. et Mme Berthelot et d'Emile Zola, et les tombeaux de plusieurs grands dignitaires du premier Empire.

Deux bâtiments se font pendant vis-à-vis le Panthéon ; l'un, à droite, est la **Mairie du cinquième arrondissement**, commencée en 1845 par Guénepin, achevée en 1851 par

Hittorff et décorée intérieurement des bustes de Cochin, par Etex; de ceux de la sœur Rosalie, de Rollin et de Simonin Lallemand, par Maindron.

Puisque nous parlons sculpture, signalons en face de la mairie, à l'ombre de la grande muraille du Panthéon, la **Statue de Jean-Jacques Rousseau**, beau bronze de Berthet, qui mériterait une meilleure place.

La façade de l'**École de droit**, qui a servi de modèle à celle de la mairie, est encore due à Soufflot. L'architecte Lheureux qui, en ces derniers temps, a considérablement augmenté les bâtiments de l'École devenus insuffisants, a respecté l'œuvre de son ancêtre, et très savamment raccordé ses constructions à celles qui existaient déjà ; sur la rue Saint-Jacques, il a doté l'École d'une monumentale façade haute de deux étages et inscrite entre deux pavillons. Mais c'est à l'intérieur qu'il faut pénétrer, si l'on veut voir la plus intéressante partie des travaux que l'éminent artiste a exécutés et, tout particulièrement, la magnifique salle de lecture de la bibliothèque.

C'est un hall qui mesure 400 mètres de superficie, éclairé le jour par une coupole vitrée, le soir, par la lumière électrique, et pouvant recevoir 230 travailleurs. Cette coupole couronne, à 13 mètres du sol, une voûte en brique rouge rehaussée de brique émaillée, et reposant sur des fermes métalliques légèrement ornées et peintes de tons dont la douceur s'harmonise très heureusement avec la pierre des piliers. La bibliothèque, toute spéciale aux études de droit, contient environ 60 000 volumes.

Nous sommes ici dans le centre de la vieille Université ; nous allons passer devant le **collège Sainte-Barbe**, dont la fondation remonte à l'an 1430, que le roi Henri II prit sous sa protection en 1556 et qui, fermé pendant la Révolution, reprit en 1798, et sous la direction de Victor de Lanneau, le cours de sa prospère existence.

Les bâtiments qui l'abritent ont été construits sur l'emplacement des anciens, par Labrouste en 1840, et considérablement augmentés par Lheureux vers 1881.

Tout auprès est le lycée Louis-le-Grand, collège de Clermont de 1550 à 1674, collège de l'Egalité sous la Révolution, Prytanée en 1800, lycée Descartes pendant un an après 1848, et, sous tous ces titres, institution de premier ordre dont les élèves illustres ne se comptent plus.

Sur ses bancs ont passé Molière, Voltaire, Gressel, Camille Desmoulins, Crémieux, Eugène Delacroix, Dupuytren, Jules Janin, Littré, Villemain, Émile Deschanel, etc., etc.

Les bâtiments délabrés (ils remontaient à l'an 1628) qui l'abritaient ont, en 1888 et sous la direction de Le Cœur, fait place aux constructions de bon style que vous voyez maintenant.

Vis-à-vis du lycée se développent, avec une majesté que l'importance de l'institution justifie, les pavillons et les corps de logis de la **Sorbonne**.

Fondée en 1250 par Pierre de Sorbon, l'institution eut, à son origine, des prêtres séculiers pour professeurs et des étudiants pauvres pour élèves. Néanmoins, grâce au travail des uns, à l'aptitude des autres, l'établissement entra bientôt dans une ère de prospérité qui fut constante. Au quatorzième siècle, la Sorbonne était devenue le foyer de la science théologique et les papes eux-mêmes s'inclinaient devant ses décisions.

Les lourdes constructions, aujourd'hui remplacées par un véritable palais, que les Parisiens ont bien connues, avaient été édifiées par Jacques Lemercier, sur l'ordre de Richelieu, entre les années 1629 et 1653.

La seule partie remarquable des anciens bâtiments, celle qui subsiste encore, est l'**église** dont le grand cardinal posa la première pierre le 16 mai 1635.

La façade se compose de deux ordres ; les colonnes sont corinthiennes au rez-de-chaussée ; les pilastres engagés, composites. Le dôme, orné de campaniles à sa base, domine le centre de la construction ; une entrée latérale, élevée sur un perron de dix marches, s'ouvre sur son flanc droit ; au-dessus de son fronton, supporté par des colonnes corinthiennes, une inscription rappelle que Richelieu prit l'initiative de la construction.

L'église renferme le tombeau du cardinal. Cette œuvre de Girardon, exécutée sur les dessins de Le Brun, a le caractère pompeux du temps, mais se recommande par la beauté du groupe principal et la finesse d'exécution de ses détails. Au-dessus, vous verrez un chapeau qui, à ce qu'on assure, a appartenu à Richelieu. La coupole a été peinte par Philippe de Champaigne. Un tableau qu'on voit à l'entrée, à gauche, représente *Pierre de Sorbon présentant ses élèves à saint Louis*. C'est une des premières œuvres du peintre Hesse.

Entièrement reconstruite par Nénot, la Sorbonne, siège de l'Académie de Paris et des Facultés des sciences et des lettres, occupe un vaste quadrilatère circonscrit par les rues Cujas, Victor-Cousin (pour partie), de la Sorbonne et des Écoles. C'est en bordure de cette dernière que s'étend, sur une longueur de 83 mètres, la principale façade. Elle est ornée de colonnes corinthiennes, de statues symbolisant les Sciences et les Lettres ; *Mathématiques, Physique, Histoire naturelle, Chimie*, par Suchelet, Lefeuvre, Carlier et Injalbert ; dans le même esprit, Auguste Paris, Longepied, Marqueste et Cordonnier ont représenté *l'Archéologie, la Philosophie, la Géographie* et *l'Histoire*. L'ensemble se compose d'un corps de logis central flanqué de pavillons formant avant-corps, ceux-ci sont décorés à leurs frontons, à droite, d'une figure représentant *les Sciences*, par Mercié ; à gauche, d'une autre représentant *les Lettres*, signée Chapu.

L'intérieur est splendidement orné ; dans le grand vestibule, nous voyons deux statues assises : un *Homère*, par Delaplanche ; un *Archimède*, de Falguière. Dans le grand escalier, outre une statue de *la République*, de Delhomme, et diverses peintures, deux grandes compositions, qui font également honneur à leurs auteurs, *les Fastes de la Faculté des lettres*, par François Flameng, et ceux de *la Faculté des sciences*, par Chartran.

Dans la coupole du grand amphithéâtre, Galland a peint cinq grandes figures symbolisant *l'Université de Paris* et *les Quatre Facultés ;* sur le mur de l'hémicycle se développent les trois parties d'une magistrale composition de Puvis de Chavannes ; sur les côtés sont les statues assises de *Pierre de Sorbon, Descartes, Lavoisier, Rollin, Pascal* et *Richelieu*, dues à Crauk, Coutan, Dalou, Chaplain, Barrias et Lanson.

Si vous entrez dans la salle du Conseil académique, vous y verrez cinq grands panneaux de Benjamin Constant. Le Rolle, Cazin, Raphaël Colin, Lhermitte, Roll, Jobbé-Duval, Duez, ont orné de leurs œuvres les salons, les salles de réception, celles des commissions, celle des actes, la salle à manger du recteur, etc.

Nous sommes dans la rue des Écoles, ouverte de 1852 à 1855 à travers les quartiers de la Sorbonne et Saint-Victor; longue de près de 800 mètres, large de 15, elle est, vous le voyez, la bien nommée, car si, faisant quelques pas vers l'est, nous traversons la rue Saint-Jacques, nous allons nous trouver devant une grande institution encore, le **Collège de France.**

Le collège de France, d'abord *Collège des trois langues*, puis *Collège royal*, doit sa fondation à François 1er, mais fut longtemps sans domicile fixe. C'est en 1774 seulement, et bien que leur première pierre eût été posée en 1610, que Chalgrin commença la construction des bâtiments qui ont longtemps abrité l'institution et que l'architecte Lataroully agrandit sous Louis-Philippe. Les trois chaires qu'on y voyait à l'origine sont devenues légion, on en compte quarante aujourd'hui; l'histoire, la morale, la philosophie, les sciences, les langues et littératures françaises et étrangères y sont enseignées par l'élite de nos savants. Les cours sont publics, gratuits, et ont lieu chaque année du premier lundi de décembre au 31 juillet. Ils sont suivis non seulement par la jeunesse des écoles, mais aussi par les gens du monde friands d'érudition et d'éloquence.

La principale façade borde la place du collège de France, autrefois place de Cambrai. La statue de *Claude Bernard*, d'Eugène Guillaume, se dresse devant l'entrée entre deux quinconces gazonnés dont l'un est orné d'un *Dante*, d'Aubé. La statue en marbre de *Champollion jeune* et les bustes de plusieurs savants décorent le vestibule. Au centre de la cour, qui donne sur la rue Saint-Jacques, s'élève, due au ciseau de Louis Bourgeois, la statue de *Guillaume Budé*.

La rue Thénard, qui fait face à l'entrée du collège, va nous permettre d'atteindre en quelques minutes la rue Du Sommerard où nous trouverons bientôt, derrière un square ouvert en 1900, l'entrée de l'hôtel de Cluny, de l'intéressant musée qu'il contient et aussi des restes de l'antique palais des Thermes, construit par Constance-Chlore.

L'édification de l'**hôtel de Cluny,** une des merveilles architecturales de Paris, a été commencée en 1485 par Pierre de Chalus et terminée cinq années plus tard par Jacques d'Amboise, frère du ministre de Louis XII.

Il était destiné à recevoir, pendant leurs séjours à Paris, les dignitaires de l'ordre de Cluny ; mais il ne semble pas qu'ils s'y soient arrêtés souvent, car, dès 1515, Marie d'Angleterre, veuve de Louis XII, en avait fait sa résidence (1).

Après avoir vu les noces de Jacques d'Écosse avec la fille de François Ier ; après avoir été habité par les ducs de Guise et d'Aumale, en 1565 ; après avoir donné asile à une troupe de comédiens, en 1684 ; après être devenu propriété particulière sous la Révolution et avoir été pendant trente ans, dit Lefeuve, la demeure de M. du Sommerard, l'hôtel fut acheté en 1844, et les collections que son locataire avait réunies devinrent le noyau du curieux musée d'antiquités qu'il renferme maintenant.

Franchissons la porte en arc surbaissé qui s'ouvre dans une muraille crénelée et jetons un coup d'œil sur le monument. Il est éclairé par des fenêtres à meneaux et flanqué d'ailes, une tour pentagonale forme saillie au milieu ; elle renferme l'escalier qui dessert les deux étages du logis, et conduit à la terrasse qui le couronne. Admirons tour à tour les détails de ce séduisant ensemble, depuis la frise si finement ouvragée jusqu'aux fenêtres enrichies de sculptures qui coupent le haut comble, jusqu'aux cheminées élégantes qui s'en échappent ; depuis les clochetons, les tourelles d'angle, jusqu'aux cartouches et aux gargouilles d'une si bizarre conception parfois. Cela vu, entrons au musée.

Il faudrait un volume non pour analyser, mais seulement pour citer les curiosités de tous genres rassemblées ici : meubles, tapisseries, armes, verreries, faïences, émaux, vitraux, bijoux, ivoires, ornements sacerdotaux, antiquités hébraïques, peintures, sculptures, outils, livres, manuscrits, miniatures, horloges, montres, fers forgés, sceptres, cou-

---

(1) La chambre que cette princesse habitait a été conservée ; on la désigne sous le nom de *chambre de la Reine Blanche*, parce qu'en ce temps les reines de France portaient le deuil en blanc.

ronnes et carrosses royaux, tout ce que le génie et l'ingéniosité humaine ont conçu et accompli est réuni là, offrant en quelque sorte, vivante et palpable, une histoire de l'art depuis le seizième siècle jusqu'à nos jours.

La chapelle est un bijou architectural qui vaut, à lui seul, la visite ; un pilier central s'épanouit en rameaux soutenant la voûte ; elle est décorée d'un vitrail du quinzième siècle représentant *Jésus portant sa croix* et de rondes bosses franco-italiennes : *les Saintes Femmes pleurant le Christ.*

Le jardin est orné de nombreuses sculptures provenant d'anciens monuments : il y a là des arcades de l'abbaye d'Argenteuil, des statues ayant décoré la demeure abbatiale, une croix qui ornait l'église Saint-Vladimir, à Sébastopol ; les Symboles des évangélistes, qui s'élevaient jadis au sommet de la tour Saint-Jacques la Boucherie ; le portail de l'église Saint-Benoît, démolie en 1854, etc.

Il nous reste à voir ce qui subsiste du **palais des Thermes** ; il fut, en l'an 300, le cadre choisi par Julien pour sa proclamation à la dignité impériale et, jusqu'à la fin du dixième siècle, servit d'habitation à nos rois.

La grande salle des bains, le *frigidarium*, est la seule de ce genre que nous possédions en France. C'est un parallélogramme haut de 18 mètres, long de 20, large de 11 et demi ; sa voûte, partie en berceau, partie en arête, est soutenue par des sommiers sculptés affectant la forme d'une proue de navire. On voit encore la place de la piscine et les canaux qui amenaient l'eau de Rungis. On passe ensuite dans le *tepidarium*, ou salle de bains chauds ; ceux-ci se prenaient dans des niches à plein cintre, dont les traces ne sont pas complètement disparues.

L'œil, en parcourant ces salles, est distrait par la vue de nombreuses antiquités qui y sont conservées ; mais, malgré soi, ce qui captive, ce qu'on ne se lasse pas d'admirer, c'est le sévère et grandiose caractère de la construction. Quelles magnificences pouvait contenir ce palais ? Il est plus facile de se l'imaginer que de le dire !

L'Assistance publique et privée.

En vous guidant à travers la ville, nous prenons soin, vous devez le remarquer, de vous montrer surtout ses côtés attrayants, ses monuments curieux, ses institutions utiles ; parmi ces dernières, il en est de nombreuses, dont le caractère forcément triste rend la visite pénible, qui ne présentent un intérêt réel qu'aux spécialistes et que cependant l'historien de Paris ne saurait passer sous silence. Nous voulons parler des hôpitaux et des hospices.

Nous nous garderons bien d'entreprendre l'histoire de nos antiques et moyenâgeuses maladreries et léproseries. A quoi bon tenter de représenter l'aspect de ces sentines où trois malheureux, frappés d'affections diverses, gémissaient parfois dans un même lit ? On comprend dans quelles effrayantes proportions la mortalité sévissait. Aujourd'hui, tous nos hôpitaux sont établis dans des conditions irréprochables au point de vue de la salubrité ; ceux qu'on a construits récemment ont réussi à dépasser tout ce que les plus exigeants hygiénistes pouvaient rêver.

Avant 1789, les hôpitaux dépendaient de diverses administrations sans liens entre elles ; une loi du 16 vendémiaire an V (7 octobre 1796) centralisa le service et le confia à une commission de cinq membres qui durent, dès lors, soumettre tous les établissements hospitaliers à un régime uniforme. Deux arrêtés consulaires des 27 nivôse et 29 germinal an IX (17 janvier et 19 avril 1800) créèrent un conseil composé de quinze membres et présidé par le préfet de la Seine, à qui fut confiée l'administration générale ; la commission précédemment nommée resta chargée d'exécuter les mesures résolues.

Ce conseil général et cette commission exécutive furent supprimés en 1848 et remplacés par une délégation du gouvernement provisoire. Le 10 janvier de l'année suivante, l'administration fut réorganisée sous le nom d'*Assistance publique*. Le directeur responsable de celle-ci est assisté d'un conseil de surveillance présidé par le préfet de la Seine et dont le préfet de police fait partie de droit.

Les asiles hospitaliers sont divisés en deux grandes classes :

les hôpitaux généraux et spéciaux où sont soignés les malades ;
les hospices où sont reçus les vieillards, les infirmes, les enfants
et aussi parfois les indigents.

Cela dit, et laissant de côté tout ce qui pourrait attrister ce
sujet déjà peu gai, passons rapidement une revue historique de
ces établissements :

L'Hôtel-Dieu est le plus ancien hôpital parisien ; on a attribué
sa fondation à saint Landri, évêque de Paris, qui vivait au septième siècle, mais, faute de preuves historiques, cette origine
peut être considérée comme une légende. Ce qui demeure incontestable, c'est que la chapelle et l'hôpital de Saint-Christophe,
berceaux de l'Hôtel-Dieu, étaient debout en 829.

L'institution a, vous le voyez, plus de dix siècles d'existence.
Il est probable que les lits, ou ce qu'on appelait ainsi, étaient,
dans ces anciens temps, en fort petit nombre à cet hôpital, et que
plus d'un malade devait voir la fin de ses maux avant d'être
admis à y recevoir des soins, car, en 1168, chaque chanoine de
l'église Saint-Étienne devait, en mourant ou en quittant sa pré-
bende, fonder un lit dans l'hospitalière maison.

Philippe-Auguste est le premier roi qui fit quelques libéralités
à l'hôpital ; il lui abandonna toute la paille qui se trouvait dans
sa chambre et sa maison de Paris toutes les fois qu'il allait coucher ailleurs. Plus bienfaisant que Philippe, saint Louis, en 1248,
accorda de sérieux privilèges à l'hôpital et l'exempta de toutes
contributions. Les bâtiments s'agrandirent alors, et l'on assure
que c'est à cette époque que la dénomination actuelle fut subs-
tituée à celle de Saint-Christophe.

L'hôpital prospéra sans qu'on puisse affirmer pourtant que les
malades fussent placés dans de bonnes conditions et que les soins
donnés eussent toute l'efficacité désirable. Dès 1661, les adminis-
trateurs se plaignaient de l'encombrement ; en 1757, quand durant
cinq jours le feu dévora les bâtiments, la nef de Notre-Dame et la
grande salle de l'archevêché durent recevoir environ 2500 malades arrachés aux flammes. En 1786, l'hôpital avait 1219 lits,
c'est vous dire plus de 3000 malades. Louis XVI eut la pensée de
le remplacer par quatre hôpitaux situés hors la ville. Lui et bon
nombre de personnes généreuses versèrent des fonds dans ce
but, mais les événements se précipitaient, la Révolution gron-
dait dans l'air, les quelques millions réunis disparurent dans la
tourmente et le projet, repris en 1793, quand l'hôpital devint la

Maison de l'Humanité, ne fut, une fois encore, pas mis à exécution, mais on commença à cette époque à diriger les malades vers d'autres hôpitaux, en tenant compte de la nature de leurs maux.

En 1803, l'architecte Clavareau édifia le sévère et lourd portail de la place du parvis, dont les Parisiens n'ont pas encore perdu le souvenir, et dans les années qui suivirent, on éleva de nouveaux bâtiments plus sains et mieux aménagés que les anciens. En ce siècle, le progrès continua ; en 1840, on dédoubla le pont Saint-Charles et on construisit une annexe à l'hôpital, entre le quai et la rue de la Bûcherie. Ce bâtiment, ainsi que son semblable, dont l'entrée est dans la cour qui s'étend sur le côté septentrional de l'église Saint-Julien le Pauvre, est appelé à disparaître dans un temps prochain, nul ne sera tenté de le regretter. Faisons observer que sa façade ouest occupe l'endroit où s'élevait la *tour de Bois* que douze héros parisiens défendirent vaillamment contre les Normands en 886. Une plaque commémorative rappelle le fait et donne le nom de ces braves.

Mais revenons à l'hôpital.

En l'année 1878, tout ce qui restait dans la cité du vieil Hôtel-Dieu tomba sous la pioche et un monument nouveau, composé de trois corps de bâtiments séparés par des jardins, s'éleva sur le côté nord du parvis, sous la direction de Diet. L'établissement actuel contient environ 550 lits.

Le plus ancien de nos hôpitaux existants est, après l'Hôtel-Dieu, celui de la Charité ; il est situé rue Jacob et fut fondé en 1602 par Marie de Médicis, et desservi originairement par les frères Saint-Jean de Dieu. Son ancienne chapelle, qui fut construite en 1776 par Antoine, et dont vous verrez le portail rue des Saints-Pères, est maintenant — mais pour peu de temps encore — occupée par l'Académie de médecine fondée en 1820.

Une peste ayant désolé Paris en 1606, Henri IV, le 13 juillet de l'année suivante, posa la première pierre de l'hôpital Saint-Louis, dont la construction, conduite par Claude Vellefaux, fut terminée au bout de cinq années. Malgré l'étendue de ses bâtiments, Saint-Louis, originairement, ne contint que peu de lits ; en 1787, il n'en avait encore que 300, ce qui, vous le savez, ne signifie rien quant au nombre des malades. De grandes améliorations lui ont été apportées, il peut recevoir aujourd'hui 667 personnes. C'est un hôpital spécial, particulièrement affecté aux maladies cutanées. En ces temps derniers, il s'est augmenté d'une annexe renfermant l'école Laillier, où l'on soigne les enfants des deux sexes atteints de la teigne.

La Pitié, dont l'entrée est rue Lacépède, et dont les bâtiments lépreux bordent la rue Geoffroy-Saint-Hilaire, fut, en 1612, lors de sa fondation par Louis XIII, une sorte d'asile-prison destiné aux mendiants et aux vagabonds ; en 1657, la maison devint une dépendance de l'hôpital général (Salpêtrière) ; de pauvres vieillards et de jeunes orphelins l'occupèrent jusqu'en 1809. A cette époque, elle reçut sa destination actuelle. On y compte environ 770 lits, dont 17 d'accouchement et 24 berceaux. Sa chapelle est consacrée à Notre-Dame de Pitié, de là son nom.

L'hôpital Laënnec, rue de Sèvres, occupe les bâtimen's de l'ancienne maison des Incurables, que le cardinal de La Rochefoucauld avait fondée en' 1634 et qui, construite par Christophe Gamard, put ê're inaugurée en 1646. Jusqu'en 1801, il reçut les incurables des deux sexes, et, jusqu'en 1869, les femmes seulement ; il a pris, en 1878, le nom du propagateur de l'auscultation. Sa chapelle renferme le tombeau du fondateur de la maison, et, sous les dalles, ainsi que l'ont prouvé des fouilles provoquées en 1899 par M. A. de Ricaudy, dorment le grand Turgot et plusieurs membres de sa famille. Cet hôpital contient 520 lits.

Suivant l'ordre chronologique des fondations, nous parlerons maintenant de l'hôpital Trousseau ; il est situé rue de Charenton et fut créé en 1660 par M. et Mme d'Aligre sous le nom d'*hôpital Sainte-Marguerite*, et, jusqu'en 1795, il reçut les enfants trouvés ; à partir de cette année, jusqu'en 1838, on y plaça les orphelins. Rouvert sous son ancien nom en 1840, il devint l'hôpital Sainte-Eugénie en 1857 et n'accueillit plus que des enfants. Après la guerre, il a pris le nom du célèbre praticien Trousseau.

Passons aux établissements fondés au dix-huitième siècle ; l'année 1779 vit ouvrir deux hôpitaux : l'un rue de Sèvres, l'autre dans le faubourg Saint-Jacques. Le premier, créé par Mme Necker, installa ses services et 120 lits dans un couvent de bénédictines. Il a été reconstruit et agrandi en 1840 ; il contient maintenant environ 400 lits et porte toujours le nom de sa fondatrice. Le second fut construit par Vieil de Saint-Maux, aux frais de l'abbé Cochin, curé de Saint-Jacques du Haut-Pas. Un pavillon, affecté aux femmes en couches et remarquablement organisé, a été ajouté aux anciennes constructions en 1895. L'hôpital Cochin peut recevoir 550 malades. C'est, à Paris, un de ceux où la mortalité sévit avec le moins de rigueur.

L'hôpital Beaujon, fondé en 1783 par le célèbre financier de ce nom, reçut d'abord des orphelins et fut affecté à sa destination actuelle en 1795.

En ce temps, la suppression des communautés religieuses avai laissé de vastes bâtiments sans emploi.

De la fameuse abbaye de Saint-Antoine, dont la fondation remontait au douzième siècle, on fit l'hôpital du même nom. Le couvent des Capucins devint l'hôpital du Midi, aujourd'hui hôpital Ricord ; l'abbaye de Port-Royal, dont la chapelle a été bâtie par Lepautre vers 1648, servit de prison, puis fut affectée aux services de la Maternité, hôpital pour les femmes enceintes ; il y a là une école qui forme des sages-femmes pour toute la France. La clinique d'accouchement Baudeloque, dépendant de la Faculté de médecine, fait partie de l'établissement.

L'hôpital des Enfants-Malades a pris possession, en 1802, d'une maison d'éducation pour quelques jeunes filles pauvres et nobles que le curé de Saint-Sulpice, Languet de Gergy, avait fondée en 1785, et placée sous la direction des filles de l'Enfant-Jésus. Ce nom d'*Enfant-Jésus* est le seul que le peuple donne à cette maison où sont soignés 650 enfants de deux à quinze ans.

Dans le triste quartier Croulebarbe, Marguerite de Provence, sœur de saint Louis, fonda, en 1284, un couvent de cordelières qui fut fermé lors de la Révolution.

Dans ses bâtiments, on installa, en 1836, un hôpital qui pri le nom d'*hôpital de Lourcine* et s'appelle aujourd'hui *hôpita. Broca*; il est, pour les femmes, ce que l'hôpital Ricord est pour les hommes ; il a été l'objet de transformations intelligentes et quelques-unes de ses salles sont maintenant artistiquement décorées. A Paris, l'art réclame partout ses droits.

Bien que la construction de l'hôpital La Riboisière ait été décidée en 1839 et commencée en 1846, sous la direction de l'architecte Gauthier, son inauguration n'eut lieu qu'en 1853. On vit alors que ces lieux de douleurs pouvaient avoir un aspect qui ne fût pas comme à l'ancien Hôtel-Dieu, par exemple, d'une tristesse navrante. Vastes cours plantées d'arbres, promenoirs gazonnés, galeries à ciel ouvert, chauffoirs pour les convalescents, salles hautes, claires, bien aérées, La Riboisière a tout cela. D'immenses progrès ont été réalisés depuis, il est vrai, mais le constructeur a le mérite d'avoir fait le premier pas dans cette voie heureuse.

Les derniers perfectionnements ont été atteints dans de plus récentes constructions, d'abord à l'hôpital Péan, rue de la Santé, ensuite à l'hôpital Boucicaut, dans le quartier de Javel. Ici, dans des salles toujours placées à rez-de-chaussée, ces tristes rideaux encadrant les lits ont disparu, les murs, formés de deux parois séparées par une couche d'air, sont couverts d'une peinture vernissée et ne présentent ni angles ni aspérités ; les dallages sont en carreaux de grès cérames ; les cloisons, en lave émaillée ; les revêtements des salles de bains et d'opérations en faïences. L'air, sain et pur, est constamment renouvelé dans celles des malades, dont les fenêtres ouvrent sur de beaux jardins. Fondée par Mme Boucicaut, de son vivant propriétaire du Bon Marché, bâtie par Legros, père et fils, cette maison peut passer pour un hôpital modèle.

D'autres hôpitaux existent encore : Tenon, rue de la Chine ; Andral, rue des Tournelles ; Broussais, rue Didot ; l'asile Sainte-Anne, rue Cabanis, où l'on reçoit les aliénés des deux sexes ; enfin ceux de la clinique d'accouchement, rue d'Assas, et Saint-Jacques, rue des Volontaires ; dans ce dernier, on emploie exclusivement la médecine homéopathique. C'est un hôpital privé, ainsi que la fameuse maison municipale de santé (maison Dubois), faubourg Saint-Denis.

Parmi les hospices, il faut citer l'hospice d'Enghien, rue de Reuilly ; Debrousse, rue de Bagnolet ; des Enfants-Assistés, rue Denfert-Rochereau ; de La Rochefoucauld, avenue d'Orléans ; l'infirmerie Marie-Thérèse, fondée par Mme de Chateaubriand pour les prêtres infirmes ; l'hospice des Quinze-Vingts, pour les aveugles, et enfin l'hospice de la Vieillesse (femmes), plus connu sous le nom de *la Salpêtrière*.

Celui-ci est un véritable village ; ses constructions, ses jardins, ses rues, son marché, couvrent une superficie de 31 hectares ; les anciens bâtiments ont été construits vers 1660 par Libéral Bruand ; les nouveaux en 1817 par Huvé.

Femmes du peuple courbées sous le poids des ans, hystériques, épileptiques, folles, telles sont les hospitalisées de la Salpêtrière. Nous ne croyons pas qu'on puisse rencontrer ailleurs un plus complet et plus navrant tableau des misères humaines ; aussi, à moins d'être attiré là par des curiosités professionnelles, on n'y visite guère que la chapelle, qui, de forme octogonale et conçue dans le goût des vieilles basiliques, est véritablement un fort beau morceau d'architecture. Deux groupes d'Etex en décorent le porche et représentent *Caïn* et *le Choléra de 1832*.

Sur le rond-point qui précède l'entrée de l'hospice, on voit une statue du docteur Pinel due à Ludovic Durand ; à gauche, près de la porte, est placée celle du docteur Charcot ; dans les jardins, dans les cours sont les bustes de plusieurs docteurs ayant rendu des services à la maison, et les médaillons des frères Lionnet qui, pendant de longues années, furent les organisateurs des fêtes musicales qu'on donne de temps à autre aux hospitalisées.

Nous ne parlerons pas des nombreuses maisons de retraite dues à l'initiative privée ; à quelques différences près, c'est toujours chose semblable : grand âge, infirmités, misères d'un côté ; charité inépuisable, soins intelligents et dévouement de l'autre.

6ème ARRONDISSEMENT

LUXEMBOURG

Échelle de 1:10.200

0   100   200   300   400   500 M.

SEINE FL.

Quai de l'Horloge

PALAIS DE JUSTICE

Place Dauphine

Quai Malaquais

Quai de l'Institut

Quai de Conti

Quai des Grands Augustins

Quai des Orfèvres

INSTITUT

HÔTEL DES MONNAIES

24e ÉCOLE DES BEAUX-ARTS

Ministère des Travaux Publics

St Thomas d'Aquin

St Germain des Prés

21e Q.er de la Monnaie

HÔPITAL DE LA CHARITÉ

Ambassade de Russie

École de Garç.

École de Dessin

7e ARROND.

Boulevard Saint Germain

Boulevard Saint Germain

COLLÈGE DE MÉDECINE

École de Médecine

Lycée Fénelon

Abbaye aux Bois

Caserne de Pompiers

Les Dames St Thomas de Villeneuve

Square

Missions Étrangères

Sœurs de St Vincent de Paul

Mon d'Arrêt et de Correction Militaire

Conseil de Guerre

Hôpital Laënnec

Mon de Secours Sœurs de la Providence

École de Garç.

23e Q.er

Succ. du Mont de Piété

École de Filles

Les Carmes Déchaussés

Église St Sulpice

de la Garde Républ.ne

Dép.t du Luxemb.g

22e

PALAIS DU LUXEMBOURG

JARDIN DU LUXEMBOURG

de l'Odéon

École Nat. des Mines

Pensionnat St Nicolas

Notre Dame des Champs

Collège Stanislas

Caisse Nationale d'Épargne

Écoles Comples

Réservoirs de Vaugirard

École de Garçons

Chapelle N.D. de Sion

Lycée Montaigne

École Alsacienne

Clinique d'Accouch.

Boulevard du Montparnasse

Boulevard du Montparnasse

Hôpital des Enfants Malades

14e ARROND.

EMBARCADÈRE DU CHEMIN DE FER DE L'OUEST

Ég. N.D. des Champs

14e ARROND.

École spéciale d'Architecture

Itinéraire : ——— 12e Journée.

Dressé par E. Morieu.

DOUZIÈME ET TREIZIÈME JOURNÉES

Plans des vi^e et viie arrondissements.

DOUZIÈME JOURNÉE

Au sortir du jardin de Cluny, après avoir traversé le boulevard Saint-Michel, nous nous trouvons dans la partie la plus récemment percée du beau **boulevard Saint-Germain**; c'est une voie plantée d'arbres, large de 30 mètres et longue de 3150; elle a été ouverte en 1855 pour la partie que nous laissons derrière nous, en 1866 pour celle où nous entrons et où nous rencontrons de suite la large façade de l'**École de médecine.**

Cette partie des bâtiments a été édifiée de 1877 à 1888, par l'architecte Paul Ginain; le sculpteur Crauk a décoré la grande porte de deux cariatides représentant *la Médecine* et *la Chirurgie.* A l'est de la construction, sur un terre-plein triangulaire, se dresse un bronze de Choppin; c'est la *statue de Broca,* debout, son craniomètre à la main et contemplant une tête de mort. Un peu plus loin, celle de Danton, œuvre du sculpteur Paris, fait face au passage du Commerce que le tribun habita.

La construction de l'École affecte une forme triangulaire; la façade postérieure qui règne en bordure de la place de l'École-de-Médecine, monumentale autrefois, paraît mesquine aujourd'hui; pourtant, on ne saurait le nier, Gondoin qui l'a bâtie de 1769 à 1786, sur l'emplacement de l'ancien collège de Bourgogne, a, dans ses plans et dans sa décoration, fait preuve d'une excellente entente des nécessités professionnelles et d'un grand sentiment artistique. Voyez l'ordonnance à la fois simple et sévère de la colonnade formant galerie à jour et reliant les ailes au bâtiment central ; voyez le bas-relief de Berruer, décorant la porte d'entrée et représentant *Louis XV, accosté de la Sagesse et de la Bien-faisance accordant des privilèges à l'École de chirurgie;* admirez les belles proportions de la cour d'honneur cernée d'arcades, le péristyle de l'amphithéâtre avec ses colonnes corinthiennes et son fronton décoré de sculptures de Berruer représentant *la Théorie et la Pratique se donnant la main devant l'autel de la Science,* et vous reconnaîtrez que vous êtes devant une des plus belles œuvres architecturales qui nous ait été léguée par le coquet dix-huitième siècle.

Devant le péristyle, on a placé, vers 1850, une statue en bronze de Bichat, signée David d'Angers.

A l'intérieur, plusieurs décorations méritent d'être citées et plusieurs pièces d'être vues : le grand amphithéâtre, qui peut contenir 1 400 auditeurs ; la salle des Thèses qu'orne un tableau de Girodet, *Hippocrate refusant les présents d'Artaxercès;* le grand escalier qui conduit à la bibliothèque où l'on voit un beau groupe en plâtre de David d'Angers, *Bichat observant les pulsations du cœur d'un enfant;* la bibliothèque, contenant plus de 80 000 volumes et la curieuse collection des *Commentaires* des doyens de la Faculté depuis l'année 1595 ; enfin, les quatre salles du musée Orfila contenant. modelées en cire, de superbes pièces d'anatomie, des moulages de têtes de criminels, une collection d'instruments de chirurgie de tous les temps, etc.

L'École pratique, qui couvre tout le terrain compris entre les rues de l'École-de-Médecine, Racine et Monsieur-le-Prince, renferme les laboratoires de la Faculté, huit pavillons de dissection et, dans ses sous-sols, un caveau où sont placés, au fur et à mesure de leur arrivée, les cadavres destinés à devenir des sujets d'études.

De la Faculté dépend encore le **Musée Dupuytren,** fondé par Orfila en 1835. Installé dans l'ancien réfectoire du couvent des Cordeliers, en face la rue Hautefeuille, il renferme une très précieuse collection d'anatomie pathologique, assez triste à voir dans certaines de ses parties.

Revenons au boulevard Saint-Germain et suivons-le jusqu'à la vieille rue Grégoire-de-Tours ; à l'angle qu'elle forme avec la grande voie, nous verrons le pavillon circulaire, les hautes fenêtres, les coquets balcons et la jolie coupole de l'hôtel où, depuis 1879, siège le **Cercle de la librairie et de l'imprimerie**, un bijou architectural serti par Ch. Garnier.

Nous gagnons de là le carrefour de Buci où l'on voyait, au seizième siècle, une porte de Paris, et, par les rues Mazarine d'abord et Guénégaud ensuite, arrivons au quai de Conti et nous sommes devant l'**Hôtel des monnaies.**

Paris frappe monnaie depuis le neuvième siècle et, pendant fort longtemps, cette opération fut faite dans le palais des rois. Au douzième siècle, la Monnaie eut son hôtel au quartier des Lombards, probablement dans la rue de la Vieille-Monnaie supprimée en 1854 ; plus tard, elle fut transférée dans la rue qui porte encore son nom ; ses constructions s'étendaient sur l'emplacement des rues Boucher et Étienne. A la fin du règne de Louis XV, l'hôtel tombait en ruines ; la construction d'un nouvel édifice s'imposait : on songea d'abord à l'élever sur la place Louis XV, puis on renonça à ce projet après avoir dépensé 150 000 francs en travaux préliminaires. L'architecte Antoine fut alors chargé d'ériger les nouveaux bâtiments sur l'emplacement du grand et du petit hôtel de Conti. Les travaux furent rapidement exécutés ; la première pierre fut posée le 30 mai 1771 ; quatre ans plus tard, les services et les ateliers procédaient à leur installation.

L'édifice est d'un beau style. La façade principale développe, sur une longueur de 120 mètres, ses trois rangs de croisées et son avant-corps central percé de cinq arcades et formant le soubassement d'une ordonnance ionique dont les six colonnes supportent un entablement à console et un attique orné de festons et de statues exécutées par Le Comte, Pigalle, Mouchi et Neveu.

Quand on a pénétré dans l'hôtel par l'arcade centrale, on se trouve dans un vestibule orné de vingt-quatre colonnes doriques et cannelées formant galerie sur les deux côtés ; dans ce vestibule prend naissance un magnifique escalier d'honneur à double rampe et décoré, avec autant de richesse que de goût, de colonnes ioniques, d'architraves, de caissons, d'entablements sculptés. Sur le premier palier, digne hommage au constructeur de ce chef-d'œuvre, on a placé le buste d'Antoine; au second étage est l'entrée du **Musée monétaire.**

Dans la grande salle sont exposées, dans des armoires et des vitrines, toutes les monnaies et médailles frappées par l'établissement, des monnaies étrangères, des lingots d'or et d'argent, des poinçons, des coins, ces derniers en telle quantité qu'ils forment la plus riche collection connue.

Cette salle n'est pas seulement remarquable par ce qu'elle contient, mais encore par son architecture, sa décoration et son ameublement du plus pur style Louis XVI.

Parmi les curiosités de ce musée, il faut citer encore, vous les verrez dans la salle Napoléon, le médaillier contenant toutes les monnaies courantes en Italie quandel le devint un royaume annexé à l'empire français; la réduction en bronze de la colonne de la Grande Armée, surmontée de la statue de Chaudet, œuvre de précision et de patience qui demanda treize ans de travail à son auteur, le graveur Brunet; enfin, ceci justifie le nom de la salle, le masque de Napoléon, moulé à Sainte-Hélène par Antomarchi.

Vous pourrez, avant de vous retirer, visiter les ateliers : fonderie, blanchiment, laminage, fabrication des médailles, etc; le plus curieux est celui du monnayage où fonctionnent vingt-deux presses Thonnelier, qui peuvent frapper chacune une cinquantaine de pièces par minute, quelque chose comme 12 millions en pièces de 20 francs dans le courant d'une journée.

Quittons l'emplacement des anciens hôtels de Conti ; transportons-nous, non sans remarquer, ornant un carrefour, la *statue de Condorcet*, de J. Perrin, nous arrivons au lieu où fut jadis l'hôtel de Nesle ; la tour, que la légende a faite sinistre, n'existe plus ; à sa place, en face le pont des Arts, s'arrondit un hémicycle occupé, au centre, par une **statue de la République**, de Soitoux, et, au fond, par la façade un peu froide, mais non sans caractère pourtant, du **palais de l'Institut.**

Construit sur les plans de Levau, par Lambert et d'Orbay, en exécution d'une clause testamentaire de Mazarin, ce palais fut

LE QUAI MALAQUAIS ET L'INSTITUT, VUE PRISE DU QUAI DU LOUVRE.

DESSIN DE F. HOFFBAUER.

d'abord un collège où étaient reçus soixante gentilshommes du Roussillon, de l'Alsace, de la Flandre et de Pignerol, provinces alors récemment annexées à la France ; aussi, bien que l'institution portât officiellement le nom du cardinal, le peuple l'avait-il assez pittoresquement appelée *collège des Quatre Nations*. La Révolution fit du palais une prison pour dettes, puis une école des beaux-arts. L'Empire, en 1806, l'affecta à sa destination actuelle.

Nous avons rapidement ailleurs (1) conté l'histoire de l'Institut ; nous ne nous répéterons pas et ne nous occuperons ici que du monument et de ce qu'il contient.

L'avant-corps central, d'aspect un peu lourd, est décoré de colonnes d'ordre corinthien et surmonté d'un dôme dont la coupole est soutenue par des pilastres composites et terminée par une lanterne. Ceci était la chapelle du collège. C'est maintenant la salle des séances solennelles des cinq académies. On y pénètre généralement par le portique que vous verrez à droite, dans la grande cour. Le vestibule est orné de statues d'hommes illustres, trop reconnaissables pour qu'il soit utile de les nommer. La salle, de forme elliptique, entourée d'arcades aux intervalles garnis de tribunes, renferme les statues de *Bossuet*, de *Descartes*, de *Fénelon* et de *Sully ;* les deux premières sont de Pajou, les autres, de Lecomte et de Mouchy.

La sculpture est particulièrement en honneur dans ce palais. Vous ne ferez point un pas sans rencontrer des bustes ou des grandes figures, le tout fort beau parfois, mais souvent aussi de mince valeur artistique.

Parmi les œuvres qui méritent d'être citées, nous rappellerons — ils sont dans l'antichambre de la salle des séances ordinaires — la *statue de Chateaubriand*, par Duret ; un buste d'*Arago* par Barre, et celui de *Volney*, par David d'Angers. Dans la salle même, une *statue de Molière*, par Duret ; un buste de *Cuvier*, par Pradier, et un de *Gros*, par Dantan jeune.

Enfin, dans la **bibliothèque de l'Institut** qui possède 200 000 volumes et n'est accessible qu'aux travailleurs recommandés par deux académiciens, on voit les deux célèbres globes terrestre et céleste gravés par Jean L'Hoste en

_____
(1) *Paris, promenades dans les vingt arrondissements,* seizième promenade.

1616 et 1618, et aussi la *statue de Voltaire*, que Pigalle exécuta en 1770, et qui fut offerte au philosophe par ses contemporains.

Entrons maintenant à la **Bibliothèque Mazarine**.

Son fonds primitif est composé des livres que Mazarin avait réunis ou, plus exactement, avait fait réunir par l'érudit Gabriel Naudé ; mais la Révolution et les temps modernes l'ont considérablement enrichie. Elle possède aujourd'hui environ 1 700 incunables, 6 000 manuscrits et 250 000 volumes imprimés.

Outre une centaine de bustes qui décorent la salle de lecture, on y voit de magnifiques pendules, des commodes et des lustres de Boule, l'encrier du grand Condé, etc.

Faisant pendant à la statue de Condorcet, une **statue de Voltaire** s'élève à l'ouest du palais de l'Institut ; celle-ci est l'œuvre de Caillé ; saluons-la au passage et dirigeons-nous vers l'**École des beaux-arts**.

Le palais qu'elle occupe a été construit de 1818 à 1832, par François Debret ; il a été continué par Duban, qui l'acheva en 1838 et édifia plus tard la façade du quai Malaquais ; enfin, en 1885, il s'est augmenté, sur le même quai, de son voisin l'hôtel de Chimay. La majeure partie de ses bâtiments et de ses cours remplit l'espace où l'on voyait jadis le couvent des Petits-Augustins, que Marguerite de Valois avait fondé en 1609, et dont Alexandre Lenoir fit, sous la Révolution, ce Musée des monuments français qui sauva de la destruction une grande quantité d'objets d'art du plus haut intérêt pour les historiens et les archéologues.

L'entrée principale est rue Bonaparte. Vous la reconnaîtrez à sa belle grille en fer, appuyée sur des piliers que surmontent deux bustes en pierre, plus grands que nature, sculptés par Mercier et représentant *Puget* et *Poussin*.

La cour à laquelle cette grille donne accès est un véritable musée. Le portail de la cour intérieure du château d'Anet, œuvre merveilleuse de Jean Goujon et de Philibert Delorme, a été substitué, à droite, à celui de l'ancienne chapelle du couvent et, pieux souvenir, encadre le buste d'Alexandre Lenoir ; à gauche, dans une suite de fausses baies, au-dessous d'une peinture sur faïence de **Balze**, copie

LA COUR D'ENTRÉE DE L'ÉCOLE DES BEAUX-ARTS.

DESSIN DE F. HOFFBAUER.

de *l'Eternel bénissant le monde*, de Raphaël, on a placé des sculptures du quinzième siècle et de la Renaissance qui proviennent de l'ancien hôtel de la Trémouille, un bijou architectural que, jusqu'en 1841, on put admirer dans la rue des Bourdonnais. Au centre, une colonne corinthienne en marbre supporte une statue de *l'Abondance*; au fond, servant d'entrée à la seconde cour, apparaît une gracieuse arcade qui provient du château de Gaillon, que le cardinal d'Amboise avait fait construire au commencement du seizième siècle.

La seconde cour, en forme de demi-cercle, est remplie de sculptures de tous les âges; mais, malgré soi, c'est sur la façade qui en occupe le fond que le regard se dirige et s'arrête. Cette façade, avec ses deux rangs d'arcades superposées, ses pilastres corinthiens et son attique, passe pour être le chef-d'œuvre de Duban.

Les vestibules, les cours, les salles, peuvent être visités, tour à tour, avec un intérêt que soutient la variété des objets exposés, qui, on le comprend, sont en trop grand nombre pour être énumérés en ces pages rapides. Fragments et reproductions de sculptures antiques, du moyen âge, de la renaissance et des temps modernes; copies par les frères Balze, sous la direction d'Ingres, des cinquante-deux *loges de Raphaël;* copies, par divers, d'œuvres maîtresses de tous les grands peintres appartenant à tous les temps et à toutes les écoles; décoration de l'hémicycle, par Paul Delaroche; monument d'Ingres, par Guillaume; de Henri Regnault, par Coquart, Degeorge et Chapu; d'Elie Delaunay, par Peter; salle d'exposition des grands prix de peinture depuis 1688 jusqu'à nos jours; salle Melpomène, où sont exposés, chaque année, les ouvrages des concurrents pour le prix de Rome; ancienne chapelle transformée en musée de la Renaissance; tout cela est à voir, tout cela constitue dans son ensemble une des plus attrayantes et instructives collections artistiques de Paris.

A côté du palais des Beaux-Arts, dans un élégant immeuble construit sous la direction de M. Rochet, a été installé l'Académie de médecine, précédemment rue des Saints-Pères.

Montons la rue Bonaparte; dans cinq minutes, nous arriverons à son point de rencontre avec le boulevard Saint-Germain ; nous serons alors sur une sorte de place et nous verrons, à notre droite, le coquet hôtel de la *Société d'encouragement pour l'industrie nationale*. Vis-à-vis de nous, sur un terre-plein encombré par une foule attendant des omnibus, un piédestal supporte la **statue de Diderot**, un bronze de Gautherin. L'auteur a représenté le philosophe assis et dans une pose qui n'est pas absolument heureuse, mais l'œuvre n'en a pas moins de sérieuses qualités.

A notre gauche se dresse, imposante, la tour romane de **l'église Saint-Germain des Prés**.

Ce superbe édifice, classé parmi les monuments historiques, est à peu près le seul reste de la fameuse abbaye qui donna son nom au quartier (1) ; mais, si le couvent remontait aux premiers temps de la monarchie, l'église, c'est une haute antiquité déjà, ne fut commencée qu'en l'an 1004 ; complètement achevée au siècle suivant, elle a été, depuis, bien des fois modifiée et remaniée. Les plus regrettables des pertes qu'elle a subies sont celles de son porche roman, remplacé au dix-septième siècle par celui que nous allons franchir, et celle des deux clochers qui s'élevaient aux extrémités de son transept et qu'on a démolis en 1820.

Par contre, l'église a été intelligemment restaurée vers 1845 par Victor Baltard, et les temps modernes l'ont enrichie de nombreuses peintures. Dès que nous aurons pénétré dans la nef, nous admirerons les quarante figures ou groupes de deux personnages, qui se succèdent dans les intervalles compris entre les fenêtres et les dix-huit grandes compositions peintes au-dessous, au sommet des arcades de la nef.

Ce magistral ensemble est non seulement une œuvre artistique d'un mérite hors ligne, mais encore une des plus belles conceptions religieuses de notre siècle. Les dix-huit

---

(1) On voit encore rue de l'Abbaye, en face celle de Furstemberg, le *palais abbatial*, monument historique aussi ; Charles de Bourbon le fit construire en 1586, et le roi de Pologne Casimir, devenu abbé, y mourut en 1672.

tableaux développent des prophéties de l'Ancien et du Nouveau Testament; les autres représentent les dogmes ou mystères correspondants.

Prises isolément, quelques-unes de ces peintures et même de ces figures sont de véritables chefs-d'œuvre; voyez l'*Ève* de la deuxième arcade à gauche, celle de Balaam (troisième arcade, même côté); voyez *le Prophète Jonas sortant de la baleine* (troisième arcade à droite); voyez le magnifique *Passage de la mer Rouge* (quatrième arcade à gauche); voyez... mais presque tout serait à citer, et nous nous apercevons que nous ne vous avons pas nommé l'auteur de ces chefs-d'œuvre; il est vrai que vous l'avez sans doute reconnu, puisque vous avez visité l'église Saint-Vincent de Paul, c'est le grand peintre Hippolyte Flandrin; au même artiste sont dus la décoration picturale du chœur et les cartons des vitraux du chevet, exécutés dans les ateliers de Gérente.

L'église n'a pas été ingrate pour son génial décorateur; dans la quatrième arcature du bas côté gauche, affectant l'aspect d'un cénotaphe de là renaissance italienne, elle lui a fait élever, par Victor Baltard, un monument dont la niche renferme son buste, sculpté par Oudiné; une laconique inscription nous rappelle que, né à Lyon le 23 mars 1819, Flandrin est mort à Rome le 31 mars 1864.

Parmi les œuvres remarquables que l'église possède encore, nous signalerons un banc d'œuvre exécuté sur les dessins de Le Brun; le *Tombeau d'Olivier et de Louis de Castellau*, par Girardon; celui de *Casimir, roi de Pologne*, par Gaspard de Marsy; une *statue de saint François Xavier*, par Guillaume Coustou, et, enfin, une *chaire* dessinée par Quatremère de Quincy, en 1827, et sculptée par Jacquot.

Sur les flancs de l'église, on a créé de petits jardinets; celui du midi est décoré de la *statue de Bernard Palissy*, œuvre de Barrias; dans celui du nord, exécuté en grès flammé par le céramiste Muller, on a placé, au commencement de l'année 1900, un bas-relief d'Alexandre Charpentier, représentant *les Boulangers au travail;* c'est une œuvre curieuse et, dans son genre, unique à Paris.

Laissons fuir devant nous la rue de Rennes dont la gare

Montparnasse clôt la perspective, dirigeons-nous vers la gauche, engageons-nous dans la rue Mabillon ; elle longe le marché **Saint-Germain**. Il a été construit en 1813 par un architecte nommé Blondel et, sous Louis-Philippe, passait encore pour le plus beau de Paris; à son centre, on a placé la fontaine qui décorait la place Saint-Sulpice avant celle que nous allons voir tout à l'heure. Une de ses parties, désaffectée, en 1899, a été transformée en **hôtel des Examens** par M. Dupré. Il y a là des salles spacieuses et bien distribuées qui remplacent avantageusement celles qui étaient consacrées à ce service dans l'ancienne caserne Lobau.

Une bouffée de grand air saturé de parfums végétaux nous avertit que nous sommes sur la **place Saint-Sulpice** ; le marché aux fleurs qui s'y tient deux fois par semaine est, pour la rive gauche, ce que celui de la Madeleine est pour la rive droite.

La place, créée en 1757, achevée en 1811, forme un carré de 80 mètres de côté ; elle est plantée d'arbres et, au milieu de son terre-plein, s'élève une élégante fontaine construite, en 1847, par Visconti: les statues, assises dans les niches du monument, sont celles de quatre illustres prélats : *Fénelon, Bossuet, Fléchier* et *Massillon;* elles ont pour auteurs : Lanno, Feuchères, Desprez et Fauginet. Quant aux beaux lions de pierre tenant dans leurs griffes des écussons aux armes de la ville, ils ont été sculptés par Derre.

Devant nous, derrière un grand mur, un long bâtiment montre sa façade austère; c'est le **Séminaire diocésain**.

Le séminaire a été fondé en 1641, par J.-J. Ollier ; fermé sous la Révolution, il a été rouvert sous l'Empire, et ses constructions ont été considérablement augmentées par Godde, en 1816.

C'est une de nos grandes écoles ecclésiastiques ; deux cent cinquante élèves y apprennent l'hébreu, le dogme, le droit canonique, etc.

Sur la droite, à l'endroit où s'élevait jadis l'hôtel Charost, Rolland et Le Vicomte ont construit, en 1849, la **Mairie du onzième arrondissement** d'alors, à présent le **sixième**. En 1888, l'édifice a été agrandi sous la direction de Ginain.

Les architectes n'ont point ici tenté de faire un monument somptueux. La salle des Fêtes seule offre une décoration qui mérite d'être signalée ; c'est un plafond de Lévy symbolisant *la Liberté, l'Égalité et la Fraternité.*

En regard, nous voyons la large façade et les deux tours de l'église Saint-Sulpice.

Commencée en 1646, abandonnée en 1675, reprise en 1719, terminée en 1777 seulement, la construction de cet édifice a été dirigée, tour à tour, par sept architectes, parmi lesquels il faut citer Louis Levau, qui travailla d'abord sur les plans de Gamare ; Servandoni, qui construisit le portail et la tour de droite, et, enfin, Chalgrin, qui éleva la tour de gauche.

Cette succession d'artistes, modifiant les plans tour à tour, suffit pour expliquer le manque d'unité que présente l'église en son ensemble, ce qui ne l'empêche pas d'être fort remarquable en certaines de ses parties, d'offrir tout d'abord à nos regards un portail d'aspect véritablement grandiose et de posséder un vaisseau très favorable au développement des cortèges ainsi qu'à la pompe des grandes cérémonies.

Les sculptures et les tableaux sont en grand nombre dans l'église et lui font une très artistique décoration. Le buffet d'orgues, exécuté par Jadot d'après les dessins de Chalgrin, est orné de statues et de figures dues à Clodion ; la chaire, très élégante et remarquable par la hardiesse de sa construction, a été dessinée dans le goût du siècle dernier et richement ornée de sculptures peintes et dorées ; la console centrale du banc d'œuvre supporte un *Christ en croix*, de Maindron. Dans les bas côtés, on voit trois fresques d'Eugène Delacroix : *Jacob luttant avec l'ange, Héliodore chassé du Temple* et *Saint Michel terrassant le démon ;* d'autres peintures murales sont signées Abel de Pujol, Hesse, Heim, Drolling et Lafon. Signol a décoré le transept de quatre grandes compositions. Jobbé-Duval, Mottez, Timbal, Lenepveu, ont orné les chapelles qui contournent le chœur, à droite ; celles de gauche l'ont été par Glaize, Pichon, Landelle et Matout. La chapelle de la Vierge, œuvre de Servandoni, est d'une jolie forme elliptique et, à son sommet, une niche mystérieusement éclairée renferme une *statue de la Vierge*, belle figure de Pigalle accompagnée d'*Anges* sculptés par Mouchez; sur les parois revêtues de marbre, on voit une *Présentation au temple* de Carle Van Loo, et, dans la coupole supérieure, une fresque de Lemoyne peinte en 1731 : *l'Assomption de la Vierge*.

Nous sortons de l'église par une porte pratiquée dans la partie absidale et nous nous trouvons, rue **Saint-Sulpice**, entre deux rangs de boutiques occupées par des marchands d'objets religieux; cette voie nous mène à la large rue de l'Odéon, à l'extrémité de laquelle nous devinons l'évasement d'une place et nous voyons la façade d'un théâtre.

La place est celle de l'Odéon; sur une stèle, à son centre, on a placé, en 1889, le buste d'*Émile Augier*, œuvre de Barrias. Au fond du demi-cercle que forme la place, assis sur quelques marches, décoré de colonnes, voici le **théâtre de l'Odéon**; il est de forme rectangulaire et, sur ses trois autres côtés, bordé d'arcades formant galeries et abritant des étalages de libraires, véritables cabinets de lecture pour les habitants du quartier.

Le théâtre de l'Odéon a été construit de 1779 à 1782, par de Wailly et Peyre; originairement, à la hauteur du premier étage, il était relié par une arcade à chacune des rues qui bordent ses grands côtés; ces arcades ont disparu sous Louis-Philippe. Il abrita d'abord la Comédie française, qui devint le *théâtre de la Nation*, en 1790; la salle fut fermée en 1793, et servit à des bals et à des réunions publiques et politiques; dans l'une de ces dernières, le 4 septembre 1797, le conseil des Cinq Cents décréta la déportation de Carnot, de Barthélemy et de cinquante-trois autres députés. Rouvert en 1798 sous le nom d'*Odéon*, il fut incendié l'année suivante. Reconstruit, on lui donna, en 1807, le nom de *théâtre de l'Impératrice;* en 1825, il a pris la dénomination de *Second Théâtre-Français*.

Large vestibule, splendide escalier d'honneur, beaux foyers très artistiquement décorés, salle vaste et commode pouvant contenir près de 1 500 spectateurs, scène de belle ouverture et grande profondeur, voilà le cadre dans lequel on représente non seulement les chefs-d'œuvre du

LA SALLE DES SÉANCES DU SÉNAT

DESSIN DE F. HOFFBAUER,

vieux répertoire, mais encore des œuvres nouvelles de nos meilleurs auteurs dramatiques.

Derrière l'Odéon, à gauche, fermant la perspective de la belle rue de Tournon, s'ouvre la principale entrée du **palais du Luxembourg** ou, comme on dit aussi, du *Palais du Sénat*.

Il y avait là, au seizième siècle, une habitation déjà luxueuse que Harlay de Sancy avait fait construire et que François de Luxembourg-Limbourg céda, en 1612, à Marie de Médicis. La veuve de Henri IV appela Salomon de Brosse, fit jeter bas l'ancienne construction, et le grand architecte édifia le palais, qui fut terminé en 1620. Habité jusqu'en 1631 par sa fondatrice, alors un peu plus prisonnière que reine, le palais eut pour propriétaires Gaston d'Orléans, puis les duchesses de Montpensier et de Guise ; il fit ensuite retour à Louis XIV, rentra dans les biens de la famille d'Orléans et, enfin, fut donné au comte de Provence par son frère Louis XVI, en 1778 ; c'est de là que le futur Louis XVIII partit pour Coblentz avec son fidèle d'Aravay, le 20 juin 1791.

Prison sous la Révolution, le Luxembourg devint le siège du gouvernement pendant toute la durée du Directoire et les premiers temps du Consulat ; l'Empire en fit le palais de la Chambre haute, Sénat ou Pairie, selon les régimes. De 1871 à 1879, il abrita les services de la préfecture de la Seine.

Les membres du Sénat accèdent à leur salle des séances par le large escalier d'une majesté froide que Chalgrin a construit en 1804 ; ils peuvent traverser divers salons devenus salles de Commissions et s'arrêter dans le plus beau et le plus artistiquement orné ; c'était, jadis, le *salon de Napoléon Ier*. Des peintures allégoriques de Decaisne plafonnent la pièce, des tableaux d'histoire ornent ses murs ; parmi ceux-ci, on remarque une belle composition de Flandrin : *Louis IX dictant ses établissements ;* vient ensuite la vaste *salle des Fêtes*, autrefois *salle du Trône*, décorée de remarquables peintures de Lehmann et d'une *Apothéose de Napoléon Ier*, d'Alaux. Dans la *galerie des Bustes* dont le nom vous révèle l'aspect, on trouve l'entrée de la *salle des Séances*.

Cette somptueuse salle, construite par de Gisors et richement boisée, est aussi imposante par son grand et harmonieux ensemble qu'intéressante à examiner pour l'artiste. Un vaste hémicycle contenant les sièges des sénateurs et les tribunes publiques se développe devant un plus petit sous la coupole duquel est installé le bureau. Entre les colonnes de marbre qui soutiennent la coupole sont placées des statues de grands hommes : *Turgot, d'Aguesseau, de l'Hospital, Colbert, Mathieu Molé, Malesherbes* et *de Portalis;* au pied des sièges, un *Saint Louis,* de Dumont, et un *Charlemagne,* d'Étex, complètent cette symbolique décoration. Au-dessus des portes, des peintures de Blondel rappellent deux grands faits de notre histoire législative (1). Dans la bibliothèque où nous pénétrons ensuite, toute notre attention est captivée par la magistrale décoration due au pinceau d'Eugène Delacroix : ici, *Alexandre après la bataille d'Arbelles;* là, *l'Élysée et ses grands hommes,* composition harmonieuse et éclatante, poème en peinture inspiré par *la Divine Comédie* du Dante, et digne comme elle d'immortaliser son auteur.

L'art au reste est roi dans ce palais, et vous n'y ferez point un pas sans rencontrer quelque belle œuvre signée d'un nom illustre, sans voir des salons, des pièces, des appartements dignes d'attention; nous vous signalerons, en ce genre, le salon dit *de Jeanne Hachette,* l'appartement de Marie de Médicis et, enfin, la chapelle que Gigoux, Vauchelet et Abel de Pujol ont décorée.

Dans la rue de Vaugirard, on voit le **Petit Luxembourg** ; c'est la demeure du président du Sénat. Vous remarquerez, dans la cour, la jolie chapelle renaissance, au fronton décoré d'un *Pélican nourrissant ses petits de son sang;* au dedans, on voit un buste en bronze de Marie de Médicis.

Par la grille qui s'ouvre à l'ouest du Petit Luxembourg, en regard de la rue Férou, nous pénétrons dans le **Musée des artistes vivants.** C'est une riche collection de peinture et de sculpture modernes, composée d'œuvres de toutes écoles et de tous genres. Elle occupait, jadis, une aile du palais ; elle est installée malheureusement assez à l'étroit,

(1) Les pairs offrant la couronne à Philippe V, les États de Tours décernant à Louis XII le surnom de *Père du peuple.*

depuis 1887, dans une ancienne orangerie que Gondoin et Scellier ont aménagée pour elle, et dont Crauk a décoré le fronton.

Faisons le tour des galeries, revoyons avec plaisir des œuvres qui nous sont connues déjà, saluons des noms d'artistes qui nous sont chers et, cela fait, entrons dans le jardin.

Le Jardin du Luxembourg, un de nos plus beaux, de nos plus pittoresques, de nos plus fleuris et de nos plus intéressants au point de vue de la décoration artistique, a été, originairement, dessiné par Salomon de Brosse ; il serait trop long de s'appesantir sur les modifications souvent heureuses, quelquefois regrettables, qu'il a subies. Tel quel, il reste et sera longtemps la promenade chère aux Parisiens de la rive gauche et celle qu'ils montrent, avec un légitime orgueil, aux étrangers.

Entrons dans l'allée de platanes qui longe le jardin réservé au Petit Luxembourg ; elle est calme, peu fréquentée, ornée d'un fort beau monument élevé à la mémoire d'Eugène Delacroix, œuvre architecturale de Menuel et sculpturale de Dalou. Cette allée nous conduit au vaste parterre qui se développe devant le palais et dont les terrasses circulaires ont été décorées, sous Louis-Philippe, des statues des femmes illustres exécutées par l'élite de nos artistes ; à notre gauche, un long bassin miroite à l'ombre de grands arbres, entre des tapis gazonnés, devant la *fontaine de Médicis*, un chef-d'œuvre de Salomon de Brosse ; c'est là qu'on a érigé un monument à Mürger, l'auteur de *la Vie de bohème*, et un autre au grand poète Leconte de l'Isle, un autre encore à Baudelaire. La terrasse, de ce côté, longe le boulevard Saint-Michel ; des allées courent autour de ses quinconces, un kiosque abrite les musiciens qui donnent des concerts chaque dimanche, et les regards se reposent avec plaisir sur une foule de bronzes très artistiques, signés Lequesne, Valette, Blanchard, Rodin, etc.; de ce côté, près de la partie postérieure de l'Ecole des mines, sont encore seize magnifiques serres contenant plus de 25 000 plantes, où vous pourrez voir de riches collections de fougères, d'azalées, de bégonias, d'orchidées, de palmiers, etc., et assister à des cours publics sur la culture des plantes et la taille des arbres fruitiers.

L'École des mines dont la façade principale, construite en 1863 par Valez, s'élève en bordure du boulevard Saint-Michel, occupe l'emplacement de l'ancien hôtel de Vendôme; elle renferme un musée minéralogique et géologique où l'on remarque des collections formées par Cuvier, Brongniart, le marquis de Drée, etc.

Les parterres qui entourent le grand bassin, les escaliers qui y descendent, ne sont pas moins richement décorés; dans les quinconces de la terrasse ouest, les dames trouvent un refuge contre la pluie, les hommes, un café, les enfants, un Guignol, et les promeneurs, des groupes et des statues de Boucher, de Cain, de Caillé et autres.

Laissons à notre droite le vaste quadrilatère que borde la rue du Luxembourg et dans un coin duquel on a placé, en juin 1898, le monument de Sainte-Beuve, œuvre de Denys Puech; sortons du jardin par la rue Auguste-Comte et entrons dans l'**avenue de l'Observatoire**.

C'est, entre deux belles allées chères aux cyclistes, une suite de pelouses entourées de plates-bandes; nous y voyons, à droite, le **lycée Montaigne**, construit en 1885 par Le Cœur. et l'**École supérieure de pharmacie**, bâtie, à la même époque, par Ch. Laisné; l'**École coloniale**, qui les sépare, a été construite par l'architecte Yvon en 1896. Continuant l'avenue, nous remarquerons, à l'angle de la rue d'Assas, un haut-relief de Puech, placé en 1905 sur le bâtiment de la **Clinique Tarnier**, pour honorer la mémoire de l'éminent professeur, et un peu plus loin, nous verrons la magnifique et monumentale **fontaine de l'Observatoire**; elle a été érigée par Davioud, en 1875. Une vasque, où sont placés huit chevaux marins groupés deux à deux et regardant les points cardinaux, occupe le centre d'un vaste bassin; les chevaux lancent de puissants jets d'eau, des dauphins et des tortues en projettent d'autres qui se croisent, et le trop-plein retombe en cascade. Au milieu, un groupe puissamment conçu représente *les Quatre Parties du monde*, supportant une sphère armillaire. Ce groupe est une des dernières productions du grand artiste que fut Carpeaux ; les dauphins et les tortues sont de Frémiet.

Devant la fontaine, on a inauguré, le 14 juillet 1899, un monument à Francis Garnier, exécuté par Puech ; le buste de l'explorateur domine un groupe de gracieuses femmes lui rendant hommage.

Au-dessous, on lit :

FRANCIS GARNIER

INDO-CHINE — MÉ-KONG — FLEUVE ROUGE

1839-1873

Tout auprès s'élève la statue du maréchal Ney, de Rude.

Au bout de l'avenue, une cour fermée par une grille apparaît devant un monument d'un ton gris, dont la façade est tachée par la blancheur d'une statue.

Cette statue, œuvre de Chapu, est celle de l'astronome Leverrier ; le monument est l'**Observatoire** (1).

L'Observatoire, institution utile et glorieuse entre toutes, a été créé par Colbert ; c'est une réunion de savants éminents et modestes dont souvent le public sait à peine les noms, de travailleurs infatigables passionnés pour la science, peu sensibles aux tentations de la vie mondaine, heureux d'accomplir un grand devoir et de rendre d'immenses services pour des traitements que rougirait d'accepter un cabotin de café-concert. Le bâtiment, tout en pierre, a été construit par Perrault, auteur de la colonnade du Louvre, de 1667 à 1672 ; ses faces correspondent aux points cardinaux, le méridien de Paris passe exactement à son milieu.

La porte centrale donne accès à un vestibule voûté d'où partent l'escalier d'honneur vers les étages et un escalier en spirale vers les caves ; celles-ci sont aussi profondes que le monument est haut (27 mètres) et leur température ne varie jamais. Au premier étage est une grande salle, dite *de réception*, qui, du côté sud, se relie à une terrasse dallée servant aux observations télescopiques ; le deuxième renferme le *musée astronomique*, riche collection d'anciens instruments

---

(1) Il y avait là jadis aussi la statue d'Arago, par Oliva ; elle a été transférée sur le boulevard Arago.

de physique ; la salle qui le contient est ornée de bustes de savants et de navigateurs ; dans son dallage est incrustée la règle métallique indiquant la méridienne de Paris.

Sous les coupoles, on vous montrera, outre le cercle répétiteur de Reichenbach et le cercle parrallactique de Gambey, le cercle méridien, don de M. Bischoffsheim ; le grand télescope à miroir argenté dont l'ouverture a plus de 1 mètre ; la lunette équatoriale coudée ; la lunette photographique de Henry, etc., tous instruments d'un prix et d'une qualité inappréciables.

Remettons-nous en marche ; suivons, pendant quelques instants, le boulevard du Montparnasse en nous dirigeant vers la gauche ; entrons dans la gracieuse église **Notre-Dame des Champs**, construite par Ginain et livrée au culte en 1876. Le vaisseau, long de plus de 80 mètres, large de 32, renferme une grande nef, des bas côtés et un transept ; sept travées formées d'arcades en plein cintre précèdent ce dernier, cinq autres semblables le suivent ; les arcades plein cintre sont supportées par des pilastres accostés de demi-colonnes d'ordre ionique et retombent sur des arcs doubleaux. L'église est ornée de tableaux signés Giacomotti, Lameire et Louis Boullongne, et de sculptures dues à Le Père, Thomas, Delorme, Huguenin, etc. Les quatorze stations du *chemin de la croix*, peintes sur émail, sont l'œuvre de Frédéric de Courcy ; Hirsch, Oudinot, Nicol et Roche ont peint les vitraux.

Reprenant notre marche, nous atteindrons bientôt le large évasement de la place de Rennes ; elle forme, devant la **gare du Montparnasse** (Ouest-État), une sorte de vestibule rempli d'une animation continuelle. Évitons les tramways, les fiacres et les automobiles, et réfugions-nous sur le trottoir, à l'angle de la rue de Rennes. De là, on peut admirer les belles proportions de la gare et son heureux encadrement de rampes facilitant l'accès de ses côtés latéraux.

Cette gare, récemment agrandie, est l'une des plus anciennes de Paris. Créée en 1840 et fort modeste alors, elle était située hors le mur d'enceinte, à l'entrée de la chaussée du Maine ; de 1848 à 1852, l'ingénieur Baude et l'architecte Lenoir l'ont reconstruite où nous la voyons ; en même temps, ils ont élevé le viaduc qui traverse si hardiment l'avenue du Maine, que les trains en roulant dessus à toute vapeur semblent partir pour un voyage aérien.

Le quartier qui s'étend entre le boulevard et le carrefour de la Croix-Rouge, et que nous allons parcourir, est moins peuplé d'artistes qu'il ne le fut jadis ; il est particulièrement silencieux, studieux et monacal, c'est un coin de province en plein Paris. Si vous descendez la rue de Rennes, la seule entre toutes dont l'aspect soit moderne et le commerce actif, vous laisserez à votre droite, dans la rue Notre-Dame des Champs, le **collège Stanislas**, institution particulière fondée sous la Restauration.

Ce collège est dirigé par des prêtres, et l'enseignement est confié à des professeurs pour la plupart agrégés de l'Université. On y prépare non seulement au baccalauréat, mais encore aux grandes écoles du gouvernement. Comme par le passé, ses élèves remportent des succès très honorables aux grands concours.

Si vous avez suivi la rue de Vaugirard, vous avez vu le **pensionnat Saint-Nicolas.**

C'est une grande école de frères de la Doctrine chrétienne, destinée aux enfants des travailleurs, et dont les prix modestes ont fait le succès.

Plus bas, à la hauteur de la rue d'Assas, voici l'ancien couvent des Carmes, tristement célèbre par les massacres dont il fut le théâtre en septembre 1792. Sa chapelle est surmontée du premier dôme qu'on fît à Paris. Ses bâtiments sont occupés par l'**Université catholique de Paris,** fondée en 1875 par Mgr d'Hulst ; elle se compose de trois Facultés : droit, sciences et lettres.

La rue d'Assas conduit à la rue du Cherche-Midi, à peu près à l'endroit où la **Prison militaire** fait face au boulevard Raspail. De là, en remontant ce boulevard, on atteindra la rue de Sèvres et le square Potain, anciennement **square des Ménages.** Ce dernier, bien dessiné, planté de beaux arbres, a 5853 mètres de superficie ; il occupe l'emplacement de l'hospice des **Ménages**, transporté à Issy en 1864 ; il est décoré d'un groupe en bronze, *le Sommeil*, de Mathurin Moreau, et de vases sculptés par Villemot ; près de ce square, les grands et luxueux magasins du **Bon Marché** couvrent un immense quadrilatère et provoquent pendant le jour une animation ininterrompue. Au bas de la rue, à gauche, se trouvait sur l'emplacement occupé par la rue Récamier **l'abbaye aux Bois,** maison de retraite que rendit célèbre le séjour qu'y fit Mme Récamier, et qui fut autrefois une maison religieuse dont la fondation remonte au treizième siècle.

Nous sommes arrivé au carrefour de la Croix-Rouge, récemment embelli par des constructions de grands immeubles ; nous en repartirons demain pour faire notre dernière promenade.

Les dessous de Paris.

Paris a des sous-sols aussi curieux que sa surface ; c'est un théâtre dont les dessous, assez profonds souvent pour engloutir les décors, continuent les émerveillements de la scène ; c'est une ville souterraine qui féconde, et toujours en mouvements progressifs, ainsi que la capitale, a, comme elle, son peuple d'artistes, d'ingénieurs, dont elle fait la gloire et aussi ses nombreuses phalanges de travailleurs laborieux, de serviteurs diligents, dont elle assure la vie.

Sous Paris courent les hardies percées de ces tunnels où les convois de chemins de fer circulent aussi sûrement qu'en plein air ; suivant le tracé de ses artères, les courbes de ses rues, les brisements de ses voies étroites, sont installés les conduites qui assurent le service des eaux, les tuyaux où les maisons puisent le gaz, le tube pneumatique emportant des dépêches, les fils électriques du télégraphe, du téléphone et de la lumière ; sous Paris sont visibles encore les immenses carrières dont toutes les pierres de la ville sont sorties ; sous Paris enfin, les égouts, ces sentines pestilentielles des temps passés, ont tracé, couloirs aux voûtes d'un beau et savant dessin, leur réseau de radiers où l'eau roule à flots, entraînant au loin les immondices, et ne laissant après son passage que l'impression de sa fraîcheur.

Causons des égouts, puisque c'est vers eux que notre pensée a été amenée.

Au treizième siècle, dans le Paris de Philippe-Auguste, les égouts, tels que nous les comprenons, étaient choses absolument inconnues ; à peine rencontrait-on, de-ci de-là, un fossé négligemment creusé en terre, sans parois maçonnées, coulant à ciel ouvert, et quand sa largeur devenait envahissante, traversé par des ponceaux. En général, les immondices et les eaux stagnantes séjournaient dans les rues, embouant le sol et remplissant l'air de fétides émanations. La ville n'était lavée que lorsqu'un fort orage s'abattait sur elle. Suivant alors les pentes naturelles, les eaux se jetaient dans la Bièvre au midi, dans le ruisseau de Ménilmontant au nord. Le soleil se chargeait de transformer la vase en poussière.

Vers 1356, sous le règne du roi Jean, on tenta de remédier à ce déplorable état de choses, mais une faible partie de la ville profita de cette amélioration, ce fut le faubourg Saint-Germain ; il déversa ses eaux dans le fossé creusé entre les portes de Buci et de Nesle. Ce fossé, vous allez sourire, devint en quelque sorte le grand égout de la rive gauche.

A l'est de la ville coulait l'égout de Sainte-Catherine, dont le voisinage gênait fort les hôtes royaux de l'hôtel des Tournelles. Louis XII et François Ier se plaignirent souvent au prévôt des marchands, mais, soit apathie, soit absence de ressources, nuls travaux ne furent entrepris. Voulant donner à sa mère une habitation plus salubre, François Ier échangea, le 12 février 1518, sa terre de Chanteloup, près Montlhéry, contre une grande habitation située au lieu où s'éleva plus tard le palais des Tuileries.

Au commencement du dix-septième siècle, on commença à maçonner les égouts et à les enfermer sous des voûtes ; l'exemple fut donné en 1605 par François Miron, alors prévôt des marchands, qui fit, à ses frais, transformer l'égout du Ponceau. Cinq ans plus tard, les égouts étaient horriblement encombrés d'immondices ; Marie de Médicis, craignant que leur malpropreté n'engendrât des maladies contagieuses, ordonna de procéder à un curage général. Ses ordres furent peut-être exécutés, mais avec négligence.

C'était avec lenteur aussi que se construisaient les radiers et les voûtes. En 1663, à l'aurore du grand règne, il n'y avait encore à Paris que 2353 mètres de canaux invisibles contre 7034 coulant à ciel ouvert. Parmi ces derniers le grand égout de ceinture de la rive droite, ruisseau de Ménilmontant, était devenu si fangeux, qu'il avait perdu sa pente et, lors des grandes pluies, inondait littéralement les quartiers qu'il traversait. Au commencement du dix-huitième siècle, on tenta de remédier au mal, on renferma les eaux dans un radier en pierre ; puis, en 1737, sur l'ordre d'Étienne Turgot, sous la direction de Beausire, le canal, redressé, fut raccourci de 117 mètres. Vers le même temps, un grand réservoir était construit, à l'endroit où vous voyez maintenant le cirque d'Hiver, et ses eaux, abondamment répandues, nettoyaient et assainissaient le grand égout ; mais c'est en 1760 seulement qu'il fut voûté ; peu à peu, presque tous les égouts se couvrirent. En 1804 pourtant, celui de la rue du Cadran (aujourd'hui rue Saint-Sauveur) coulait encore à ciel ouvert.

Nous voici dans le siècle qui va finir. Tandis que Napoléon, selon l'expression du poète, passait

> Sur le ventre des nations,

un homme, hardi, entreprenant, courageux — il risquait sa vie — eut l'idée de visiter les égouts de Paris, de dresser un plan de leur réseau, de réparer ceux qui existaient, d'en créer dont l'utilité se faisait sentir. Cet homme, c'est Bruneseau. Il serait juste qu'une rue de Paris portât son nom. Pendant sept ans, au milieu des dangers sans cesse renaissants : asphyxie, chute irrémédiable dans les fontis, noyade sous l'eau fangeuse, écrasement sous des murs éboulés, il risqua tout cela et poursuivit son œuvre avec énergie ; il fit réparer et assainir les égouts existants et créa près de 5000 mètres de nouveaux radiers ; c'est en ce temps également que furent établis des égouts sous la place Royale, sous les rues du Mail, Saint-Denis, de la Chaussée-d'Antin, de la Paix, etc., etc.

L'œuvre de l'Empire fut continuée de façon progressive par les gouvernements qui lui succédèrent. La Restauration perça environ 1500 mètres de galeries par année, la Monarchie de juillet, 4950, la République qui suivit, 5810 : 23381 en chiffre exact pendant ses quatre ans de durée.

En ce temps-là, tous les égouts parisiens se déversaient dans la Seine. De 1855 à 1867, l'ingénieur Belgrand les rejeta hors de la ville par la création des collecteurs d'Asnières, Marceau, de la Bièvre et du Nord, les premiers recevant les eaux de la rive droite, le troisième celles de la rive gauche, le dernier desservant Montmartre et Belleville. Depuis, ces travaux ont été complétés ; un grand collecteur nouveau a été établi partant du boulevard Sébastopol pour aboutir à l'*usine élévatoire municipale* créée à Clichy, et qui refoule les eaux d'égout dans la plaine d'Achères : elle est le point de réunion des collecteurs parisiens. De son côté, le collecteur Rapp reçoit les eaux de la partie haute du quinzième arrondissement; l'île Saint-Louis et la Cité ont des siphons qui ramènent les leurs dans les égouts des quais; une dérivation du collecteur Nord reçoit celles de la Chapelle. En 1885, le projet d'assainissement de la Seine, par le rejet des eaux dans la plaine d'Achères, fut élaboré par les ingénieurs Mille et Durand-Claye, et mis à exécution par Bechmann et

Launay (1). C'est aux mêmes ingénieurs que l'on doit la construction de l'aqueduc d'Achères et celle du pont-aqueduc d'Argenteuil. Mais nous voici hors de Paris, ne suivons pas jusqu'à Méry et Carrières les eaux qui, plus tard, se déverseront à Triel et à Épône, et rentrons en ville pour signaler la création récente du magnifique collecteur de Clichy qui, creusé à 43 mètres de profondeur, part de la place de la Trinité et aboutit à l'usine de Clichy.

Ajoutons que l'administration permet, à certaines époques de l'année, une visite partielle des égouts parisiens ; cette visite s'accomplit dans les meilleures conditions. Le parcours en bateaux ou en wagonnets de ces galeries fraîches et propres n'est pas une des moindres curiosités de notre Paris moderne.

Sous Paris courent encore les tunnels des Batignolles, de Belleville, du Père-Lachaise, du Chemin de fer de Sceaux, un autre qui, le long des quais, prolonge la ligne d'Orléans depuis la gare d'Austerlitz jusqu'à celle d'Orsay ; enfin, nous vous signalerons tout particulièrement les tunnels, véritables œuvres d'art, admirables tours de force, que les ingénieurs Bonnet et Clérault ont créés sur les deux nouvelles lignes du Chemin de fer de l'Ouest qui vont : l'une de Saint-Lazare au Champ-de-Mars, parfois sous terre, parfois traversant de hardis viaducs ; l'autre, du Champ-de-Mars aux Invalides. Sur cette dernière ligne, ainsi que sur le Métropolitain, on emploie la traction électrique.

Exécuté en ces derniers temps par les ingénieurs du service municipal, sous la direction de M. Bienvenue, le Métropolitain est, avec de nombreuses modifications, la mise en œuvre d'un projet élaboré en 1853 par Brame et Flachat et repris en 1855 par Baltard qui, le premier, songea à établir souterrainement les voies.

La première ligne créée allant de la porte de Vincennes à la porte Maillot, fut inaugurée en 1900. Depuis cette date, cinq nouvelles lignes ont été ouvertes à la circulation, faisant communiquer, la première, la porte Dauphine avec la place de la Nation par les boulevards extérieurs ; la deuxième, l'avenue de Villiers avec la place Gambetta ; la troisième, la place de l'Étoile avec la place d'Italie et embranchements vers la gare du Nord et la place de la Nation ; la dernière, de la porte d'Orléans à la porte de Clignancourt, passe sous les deux bras de la Seine pour gagner la rive droite.

(1) Une partie de la plaine d'Achères est transformée en parc agricole ; la visite est autorisée par la préfecture de la Seine.

Ces immenses tunnels éclairés à l'électricité ont un développement d'environ 70 kilomètres; leur percement a été fait en partie au moyen du *bouclier* (1). Les souterrains ont en réalité 8^m,60 de large sur 6^m,29 de haut, mais ces dimensions sont réduites à 6^m,60 et 5^m,20 par l'établissement des voûtes et des revêtements; les premières sont de belle forme, les seconds d'une simplicité qui, en certains endroits, n'exclut pas la coquetterie. Les deux voies tracées sur le sol sont, aux gares et aux stations, bordées de quais longs de 75 mètres. Les rails, qui reposent sur 125000 traverses en hêtre, ont été établis sur un modèle nouveau et d'un poids supérieur à ceux employés jusqu'ici (52 kilogrammes au mètre). Ceci assure la stabilité de la voie et rend moindre la perte de force du courant électrique dont le retour s'effectue par les rails de roulement.

L'électricité nécessaire à la traction est fournie par une usine que la Société du Creusot a construite à Bercy èt par l'usine de la Société d'Électricité de Paris, à Saint-Denis.

Quant aux voitures qui transportent les voyageurs, elles sont d'une grande simplicité, mais néanmoins élégantes et confortables. Les armes de la Ville de Paris en sont, à l'extérieur, l'unique décoration. On ne pouvait faire un meilleur choix.

Ces six lignes en exploitation transportent en moyenne 20 millions de voyageurs par mois.

Le Métropolitain, c'est la vie moderne active, fiévreuse même; c'est le côté essentiellement vivant des *dessous de Paris*. Causons maintenant — le contraste n'est pas fait pour nous déplaire — de ce qui est le passé, la vie de souvenirs, le côté mort des régions que nous explorons; causons des catacombes.

Les catacombes sont d'anciennes carrières dont l'exploitation, abandonnée depuis longtemps au dix-huitième siècle, avait été commencée au quatorzième. Exécutées sans méthode, au gré des entrepreneurs, les extractions multipliées avaient fortement compromis la solidité du sol; sous Louis XV, il n'était pas rare que celui-ci cédât sous le poids qu'il portait et qu'une maison entière disparût comme si quelque trappe s'était soudainement ouverte sous elle. L'année 1774 fut particulièrement féconde en

_____

(1) Le bouclier est un tube métallique, une sorte de boisage mobile dont la marche en avant est celle même des travaux et dont l'emploi assure l'exactitude mathématique du percement tout en préservant les ouvriers de tous accidents.

sinistres de ce genre ; les plaintes et les suppliques affluèrent à Versailles, mais Louis XV ne fit rien pour améliorer la situation et calmer les justes craintes des habitants de la rive gauche.

Louis XVI se montra plus compatissant et, à la fin de 1776, il ordonna que les carrières fussent minutieusement visitées et que la levée de leur plan fût faite.

Le danger était grand et redoutable, a écrit Héricart de Thury dans son *Histoire des Catacombes*, car il se présentait sur tous les points : temples, palais, maisons et voies publiques étaient menacés d'engloutissement à bref délai. Une commission d'ingénieurs fut nommée dès l'année suivante et, sous la direction de Guillaumot, les travaux de consolidation furent commencés.

C'était une œuvre difficile et dangereuse ; en maints endroits, il existait deux étages de galeries ; les blocs formant piliers grossiers, qui soutenaient les voûtes lézardées et fléchissantes des tranchées supérieures, portaient souvent à faux ; dans les parties vides des couloirs et chambres pratiquées au-dessous d'elles, les infiltrations et les pertes de l'aqueduc d'Arcueil opéraient de leur côté un travail de désagrégation constant. C'était à tâtons et avec des précautions infinies qu'il fallait se hasarder dans cet immense et inextricable réseau où, presque partout, on avait à craindre que le sol s'ouvrît sous les pieds ou que le plafonnage tombât sur les têtes.

Les ingénieurs réunirent des équipes d'hommes courageux, les conduisirent paternellement, leur donnèrent l'exemple de la hardiesse unie au sang-froid et à la prudence ; le péril fut conjuré. En 1786, quand on désaffecta le cimetière des Innocents, les catacombes furent, sur la proposition de Lenoir, choisies pour recevoir les ossements qu'on en retira. L'enceinte des catacombes fut bénite le 7 avril 1787, mais ce ne fut qu'en 1810, sous la direction de Héricart de Thury, qu'un rangement symétrique de tous ces débris fut entrepris et que l'ossuaire fut créé.

L'ossuaire, c'est la seule partie des catacombes dont quelques galeries sont ouvertes au public ; les autres couloirs fuient sous les rues en répétant exactement la topographie des quartiers qu'ils traversent et en rappelant même le numéro de chaque immeuble bâti au-dessus d'eux.

Les catacombes, celles dont nous nous occupons du moins, car il existe d'autres carrières à Paris, courent sous les quartiers de l'ancien faubourg Saint-Germain, de la Sorbonne, de l'Odéon,

Notre-Dame des Champs, de l'Observatoire, Montrouge, Plaisance, etc.

Pour en visiter l'ossuaire, on descend, à l'ancienne barrière d'Enfer, un escalier en colimaçon de quatre-vingt-dix marches. Cet escalier naît au fond d'une cour bordée de bâtiments dans lesquels les ingénieurs des ponts et chaussées font des expériences sur les chaux et les ciments que l'industrie présente à leur analyse.

On touche le sol à plus de 19 mètres de profondeur, puis on suit une galerie qui conduit à une chambre au fond de laquelle, sur le fronton d'une porte, on lit cette inscription :

MEMORIÆ MAJORUM

A LA MÉMOIRE DE NOS ANCÊTRES

Cette porte franchie, on est dans l'ossuaire. C'est avec une émotion qui va s'affaiblissant de pas en pas que l'on parcourt, pendant à peu près une heure, ces galeries aux parois uniformément faites d'ossements soigneusement rangés, ayant pour tout ornement des bandeaux saillants formés par des chapelets de crânes ; de temps à autre, des tibias placés en croix sous une tête de mort, ou des inscriptions rappelant la provenance de tout un lot de débris.

Au cours de la promenade, on fait halte dans quelques cryptes, tout d'abord dans celle où se trouve une fontaine dite *de la Samaritaine*, que nos pères du dix-huitième siècle avaient baptisée *source de l'Oubli*. Son bassin miroite au fond d'une cuve entourée d'une muraille circulaire contournée par un emmarchement de quatre degrés. Un aqueduc souterrain conduit le trop-plein de ses eaux dans un puits absorbant ; à plusieurs reprises, on y a placé des cyprins qui y vécurent plus ou moins longtemps, mais dont quelques-uns, à ce qu'on assure, perdirent complètement le sens de la vue.

A quelques pas de là, on rencontre le carrefour du Memento, vaste chambre où trois galeries prennent naissance ; sur le pilier triangulaire qui soutient le ciel, on a placé la sentence : *Memento, homo, quia pulvis es*, etc.

Dans la crypte, dont les parements sont faits d'ossements recueillis au cimetière des Innocents, les piliers de soutènement sont peints en noir et la décoration est complétée par un autel qui est la reproduction d'un beau sarcophage antique trouvé en 1807 sur les bords du Rhône. Sur cet autel, orné de diverses inscriptions, les unes longues, les autres laconiques, on célébrait chaque année, sous la Restauration, un service solennel pour les victimes des massacres de septembre 1792.

Une des plus vastes chambres de l'ossuaire a reçu le nom de *Crypte de la lampe sépulcrale*; elle renferme un petit édicule supportant une lampe qui affecte la forme d'une coupe antique. On passe ensuite devant le *Sarcophage du lacrymatoire*, monument établi par M. Caly, ingénieur des mines, dont le but réel est de cacher des travaux de consolidation. Une strophe de Gilbert décore sa partie antérieure; aussi le sarcophage, bien que vide, est-il souvent appelé *tombeau de Gilbert*.

Les inscriptions sont nombreuses et c'est à elles souvent que certaines parties de l'ossuaire doivent leur dénomination. Telles sont, sans que rien de particulier les distingue, *l'allée de Job, la crypte de l'Ecclésiaste, le temple de la Mort, le pilier de Virgile*, etc. *La crypte des victimes de 1793* justifie à peu près son titre. Elle renferme les ossements des victimes de divers combats livrés pendant les premières années de la Révolution.

Après avoir salué le petit monument élevé à la mémoire de Françoise Gellain, qui se dévoua pour obtenir la grâce de Latude; après avoir vu deux *cloches de fontis*, hautes de 11 à 12 mètres, qui, parfaitement consolidées, donnent pourtant l'idée de ce que pouvaient être ces éboulements qui, parfois, entraînaient un immeuble avec eux, on atteint l'escalier de la rue Dareau, on gravit quatre-vingt-quatre marches, on jette le reste de la bougie qu'on a portée pendant toute la promenade et, non sans une certaine satisfaction, on se retrouve au grand air.

Ces carrières sont les seules dont la visite soit permise, mais il est sous Paris et sous sa banlieue d'autres groupes qui, ainsi que celui-ci, sont, au point de vue de la sécurité des habitations et de leur propre solidité, l'objet d'une surveillance constante.

Il y a des carrières sous la place de la Nation, Charonne, Ménilmontant, le Père-Lachaise, les Buttes-Chaumont et Montmartre; d'autres s'étendent sous le quartier du Bel-Air et se prolongent jusqu'à Saint-Mandé; un groupe a ses méandres sous l'Entrepôt des liquides et le Jardin des Plantes; un autre encore sous Passy, etc. Tout cela constitue ce qu'on pourrait appeler *l'ossature du grand Paris*.

A. Hennuyer, Éditeur

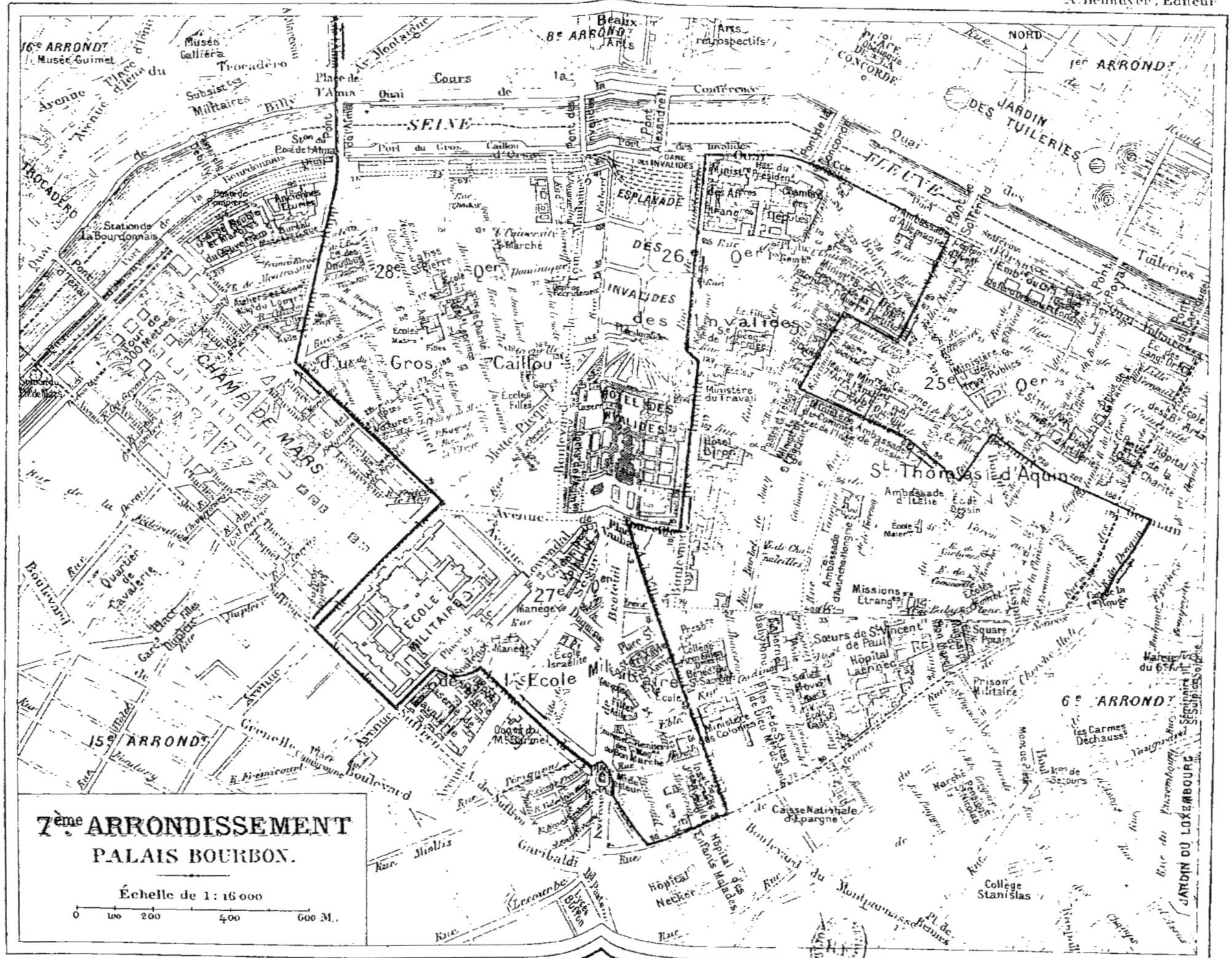

7ème ARRONDISSEMENT
PALAIS BOURBON.

Échelle de 1 : 16 000

0   100   200   400   600 M.

TREIZIÈME JOURNÉE

Le quartier que nous allons visiter aujourd'hui est celui qu'à Paris on appelle le **faubourg Saint-Germain** ; il est, en grande partie, construit sur l'emplacement de ce fameux Pré-aux-Clercs où se donnaient « les rendez-vous de noble compagnie », où déambulaient bruyamment les écoliers, où se rencontraient les duellistes ; c'est sous Louis XIV seulement qu'il fut annexé à la ville et commença à se peupler d'aristocratiques hôtels bordant des voies tirées au cordeau, selon la mode du temps. Ces demeures aux portes monumentales s'ouvrant sur de vastes cours et s'agrémentant de beaux jardins, se multiplièrent au dix-huitième siècle ; bon nombre d'entre elles sont debout encore ; quelques-unes, bien que la noblesse n'ait pas absolument déserté la région, ont reçu des affectations nouvelles, c'est ici qu'on rencontre le palais archiépiscopal, devenu le ministère du Travail, les ambassades, les ministères, les administrations de l'Etat. Aussi, abstraction faite de la commerçante rue du Bac, un calme presque solennel règne-t-il sans interruption dans les rues que nous allons parcourir, mais qui, vous le verrez, en vraies voies parisiennes qu'elles sont, renferment d'inépuisables éléments de curiosité et rappellent une infinité de grands souvenirs.

Par la partie du boulevard Saint-Germain ouverte en 1866 et toute voisine ici du carrefour de la Croix-Rouge où nous nous sommes arrêté hier, nous entrerons dans le quartier; mais, avant de nous mettre en,marche, nous vous demandons la permission de vous faire remarquer que nous laissons à droite la rue des Saints-Pères, qui nous conduirait au quai; s'il vous prenait fantaisie de la descendre pendant quelques instants, vous y rencontreriez une de nos grandes institutions nationales, l'**École des ponts et chaussées**, fondée en 1747 et réorganisée par un décret du 13 octobre 1851.

Cette école est installée dans l'hôtel de Fleury, construit par Antoine en 1768 et que le ministère des cultes occupa sous la Restauration; plus tard, jusqu'en 1845, il abrita les bureaux de celui des travaux publics. De nouveaux bâtiments ont été ajoutés aux anciens de 1868 à 1878, sous la direction d'Eugène Godebœuf.

De cette école, qui recrute ses élèves à l'École polytechnique, est sortie une légion d'ingénieurs du plus grand mérite.

Plus bas, à l'angle de la rue de Lille, un buste de Sylvestre de Sacy, dont Rochet est l'auteur, décore la cour de l'**École spéciale des langues orientales vivantes**.

Fondée en 1795, cette école forme des élèves drogmans et des élèves interprètes pour tous les pays orientaux; elle possède une curieuse bibliothèque contenant environ 20 000 volumes. L'immeuble qu'elle occupe est l'ancien hôtel de Bernages.

Nous avons descendu le boulevard Saint-Germain pendant environ trois minutes, quand une petite rue s'ouvre à notre droite et nous permet d'embrasser, à peu près dans tout son ensemble, le portail de style dit *jésuite* de l'**église Saint-Thomas d'Aquin**. Cette église est, vous vous en doutez, d'après ce que nous avons dit plus haut, l'une des paroisses les plus aristocratiques de la capitale; un mariage ici est presque toujours un événement parisien, et les cortèges défilent entre deux haies de curieux chuchotant entre eux les grands noms des personnages qu'ils reconnaissent.

A cette heure matinale, l'église est à peu près vide et sa visite nous sera facile.

La première pierre de l'édifice fut posée le 5 mars 1682; il était destiné à servir de chapelle à un noviciat de dominicains qui, établi là depuis soixante ans et protégé par Richelieu, était alors en pleine prospérité. La construction, conduite par Pierre Bullet, fut achevée en une année; mais le portail, élevé sur les dessins d'un dominicain nommé frère Claude, ne fut ajouté qu'en 1787.

Peu d'années après, la congrégation était dissoute; le musée d'artillerie plaçait dans les bâtiments conventuels les pièces qui devaient former son noyau; l'église, pillée, dévastée, abandonnée aux théophilanthropes, devenait leur temple de *la Paix*.

Ce titre ne l'empêcha pas de voir naître les premières querelles qui devaient amener leur dispersion.

Quand l'église fut rendue au culte en 1803, quand elle fut érigée en paroisse en 1810, elle ne possédait presque plus rien de son ancienne décoration; seules, à peu près, quatre peintures du frère André, *Saint Pierre et le Centurion*, d'Aubin Vouet, *la Conversion de saint Paul*, de Lahyre, et *la Transfiguration*, que Le Moyne avait peinte en 1724, avaient échappé au désastre. *La Transfiguration*, grande composition de 14 mètres sur 12, décore la chapelle Saint-Louis, anciennement chœur des moines. Tout le reste est dû à des maîtres modernes. Abel de Pujol a peint, dans le chœur, deux grandes figures représentant *Saint Pierre* et *Saint Paul*; les décorations murales du transept sont de Blondel; Guillemot est l'auteur d'une *Descente de croix* qu'on voit dans le bas côté droit, et, enfin, Jean Duseigneur a sculpté les quatorze stations du *Chemin de la croix*. En haut du bas côté droit, près de la sacristie, s'ouvre une petite porte qui donne sur une sorte de préau précédant un escalier. Poussez la porte, engagez-vous dans l'escalier, il vous conduit aux anciens bâtiments du couvent et à la chapelle des Catéchismes; elle est décorée d'un *Saint Germain*, de Michel Van Loo, d'une *Ame aspirant au ciel*, de Lagrenée, d'un *Saint Thomas d'Aquin apaisant la tempête*, d'Ary Scheffer, et d'une *Apparition de la Vierge à saint Jérôme*, du Guerchin. Cela est plus que suffisant, vous le voyez, pour ne point regretter d'avoir monté deux étages.

De retour sur le boulevard, nous voyons, à son point de rencontre avec l'amorce du boulevard Raspail, sur un piédestal dessiné par Georges Farcy, la **statue de Chappe**, de Damé.

L'inventeur est représenté debout, près de l'instrument qu'il avait conçu, et que l'électricité a chassé du sommet de Saint-Pierre de Montmartre, de Saint-Eustache et de Saint-Sulpice, à Paris, et d'une foule de points élevés, en France.

Non loin de la statue, sur l'emplacement de la rue et du square de Luynes, se trouvait l'hôtel de Chevreuse. La percée du boulevard Saint-Germain lui avait enlevé les deux tiers de sa cour d'honneur et son large portail, celle du boulevard Raspail une partie de son jardin; malgré cette amputation, cette œuvre majestueuse du grand siècle, aujourd'hui disparue, impressionnait encore par le caractère à la fois simple et grandiose que Le Muet, son constructeur, avait su lui donner.

Dirigeons-nous vers le sud; par la rue du Bac, nous atteindrons celle de Grenelle où nous verrons une œuvre du temps de Louis XV d'un caractère tout particulièrement gracieux, magnifique édicule classé à bon droit au nombre de nos monuments historiques sous la modeste dénomination de **fontaine de la rue de Grenelle**. Ce chef-d'œuvre, remarquable par l'esprit d'unité qui a présidé à sa conception, la grandeur de son ensemble harmonieux et la beauté de son décor, a été exécuté tout entier par Edme Bouchardon entre les années 1739 et 1745, et sur l'ordre des échevins de Paris et de Turgot, son prévôt des marchands, qui en posa la première pierre.

Monument essentiellement parisien, la fontaine est décorée des armes de la Ville et de sa statue affectant la figure d'une jeune et gracieuse femme assise sur une proue de vaisseau ; appuyées sur une urne, la Seine et la Marne sont couchées à ses pieds dans les roseaux. Derrière ce groupe, dans l'entre-colonnement, sur une table de marbre noir, on lit une longue inscription latine à la louange de Louis XV ; elle a été composée par le cardinal de Fleury. Les niches qui se creusent dans l'hémicycle abritent les statues des quatre saisons ; des bas-reliefs placés au-dessous symbolisent encore celles-ci par des groupes d'enfants diversement occupés.

Grâce à la topographie du quartier, au désir que nous avons de vous montrer tout ce qui mérite d'y être signalé, notre marche va prendre un peu l'allure de celle du *cavalier* sur l'échiquier. Ne vous effrayez donc pas de l'apparente bizarrerie de l'itinéraire que nous allons suivre.

Saluons d'abord, dans la rue de Grenelle, au n° 79, un hôtel construit par Robert de Cotte pour la duchesse d'Estrées et maintenant occupé par l'**ambassade de Russie**. Sur la même ligne, au n° 73, nous trouvons l'**ambassade d'Italie**, puis les hôtels de Beuvron d'Harcourt, de Bonneval et d'Avaray. Un peu plus loin, en face, remarquons la façade sévère du temple protestant connu sous le nom de *Panthémont* ; c'est la chapelle d'un couvent de Bernardines, que Contant d'Ivry bâtit en 1755, et qui fut donnée au culte réformé en 1802. C'est le Saint-Thomas d'Aquin protestant du quartier. Les bâtiments conventuels qui lui font suite ont été convertis en une caserne dont l'entrée est rue de Bellechasse.

Celle-ci traversée, nous voyons à droite, ornée de colonnes ioniques, l'entrée principale du **Ministère de l'instruction publique** ; le **Bureau central du télégraphe** lui fait vis-à-vis, la **Mairie du septième arrondissement** l'accoste à gauche.

Un temps d'arrêt s'impose ici.

Le bel immeuble, dont la mairie a pris possession en 1861, est l'ancien hôtel de Villars, que Lelion construisit au commencement du dix-huitième siècle, qui devint, plus tard, l'hôtel de Brissac et fut celui de Forbin-Janson sous le premier Empire.

On pénètre dans la vaste cour qui précède le corps de logis central par deux portes de grande allure, encadrées de colonnes corinthiennes donnant accès à des voûtes plafonnées de caissons.

Dans la salle des mariages, décorée d'une monumentale cheminée en marbre vert, sous un plafond à compartiments encadrés d'entrelacs et de rinceaux peints et dorés, on peut voir deux grandes peintures d'Émile Lévy d'un caractère un peu archaïque, mais savamment composées ; elles représentent *la Demande en mariage* et *la Célébration du mariage*. La salle du Conseil, qui reçoit son jour d'un beau jardin, est décorée d'un plafond cloisonné soutenu par une corniche reposant sur des pilastres ; des rinceaux, des arabesques, des animaux chimériques, des allégories, tout cela bien distribué et agréablement peint par Vauchelet, complète une ornementation charmante.

A quelques pas de là, nous descendons jusqu'à la rue de Las-Cases par la rue Casimir-Périer ; cette dernière longe le flanc de l'**église Sainte-Clotilde**, dont la principale entrée est sur la place Bellechasse.

La construction de cette jolie et riche église, commencée en 1846 par Gau, a été terminée dix ans plus tard sous la direction de Ballu. Conçue dans le style ogival du quatorzième siècle, elle est précédée d'un vaste porche percé de trois grandes arcades ornées de statues ; au tympan central, le *Christ en croix*, de Toussaint ; à droite, *l'Apparition de sainte Valère* ; à gauche, *le Baptême de Clovis*, compositions d'Oudiné. Les deux tours octogonales sont terminées par des flèches ajourées, coquettes, hardies et qui, s'achevant à 69 mètres du sol, se voient de très loin.

Une nef, accostée de bas côtés, se prolongeant jusqu'à l'abside, conduit à un fort beau chœur dont les fenêtres sont décorées de vitraux de Maréchal, de Metz ; le maître-autel est orné de nielles et de pierres, curieux travail qui rappelle les émaux du moyen âge.

Les bas côtés et les chapelles ont reçu une décoration d'excellent goût. Le *Chemin de la croix* est fait de bas-reliefs sculptés par Pradier et Duret. Parmi les peintures, on remarque des grisailles de Henri Delaborde (chapelle des Morts) ; *la Conversion* et *le Martyre de sainte Valère*, de Lenepveu (chapelles de Sainte-Valère et de la Vierge) ; plusieurs grandes figures debout ; *Justice, Modération, Charité*, etc., de Bouguereau (chapelle de Saint-Louis) ; les sculptures sont d'Oudiné, Maillet, Barre, etc. ; l'horloge est de Wagner ;

l'orgue, de Cavaillé-Coll ; les vitraux, de Laurent Gsell, Bourdon, Thibaut et Thévenot (de Clermont).

Devant l'église, la **place de Bellechasse**, créée en 1828 sur les terrains du couvent du même nom, a été convertie en square en 1859 ; ce jardinet est décoré d'un beau groupe de Delaplanche représentant l'*Éducation maternelle* et de la statue du compositeur César Franck, due à Alfred Lenoir.

Nous sommes ici dans la rue Saint-Dominique et devant de grands bâtiments qui faisaient autrefois partie de l'hôtel de Brienne et du couvent des Filles de Saint-Joseph, et qui sont occupés par les services du **Ministère de la guerre**. Nous allons regagner le boulevard Saint-Germain, pour voir le nouvel hôtel que Bouchot a construit pour ce ministère entre les années 1867 et 1878.

A l'angle de la rue de Solférino et du boulevard se dresse une massive tour carrée, ornée de gigantesques cadrans d'horloge et flanquée d'une tourelle en encorbellement ; une monumentale façade lui fait suite et s'étend, en bordure du boulevard, sur une longueur de 142 mètres ; l'ensemble est de belle et grande allure. Le pavillon central est dominé par une figure de la France assise entre deux lions, symboles de la force.

De cette construction imposante, passons au coquet et gracieux **palais de la Légion d'honneur**.

C'est l'ancien hôtel du comte de Salm, que Pierre Rousseau a bâti en 1786 et qui, sous le Directoire, fut habité par Mme de Staël ; il a reçu sa destination actuelle lors de la création du grand ordre national en 1802. Partiellement incendié en 1871, il a été restauré par Mortier.

Une arcade richement ornée donne, rue de Lille, accès à la cour d'honneur ; celle-ci est de majestueuse ordonnance. Entourée de portiques formant promenoir couvert, elle se développe devant un pavillon central assis sur perron, orné de colonnes corinthiennes, au fronton duquel se lisent ces deux mots si simples et si grands :

HONNEUR, PATRIE.

A l'intérieur, l'ornementation conserve un grand caractère ; dans le salon de la Rotonde, elle symbolise en quatre tableaux les quatre grandes époques de notre histoire : Charlemagne, Louis XIV, François Ier et Napoléon Ier ; dans la salle des Chanceliers, Jean-Paul Laurens a peint un plafond représentant *la Fondation de l'ordre ;* dans une galerie, Émile Bin a représenté *l'Harmonie* dans une composition qui montre, groupées autour d'Apollon, les musiques de tous les âges.

Admirez encore, en faisant le tour de l'édifice, la jolie suite de bas-reliefs rectangulaires dont il est orné et, enfin, sur le quai, derrière un jardin souriant, la façade particulièrement gracieuse dont une rotonde, soutenue par des colonnes corinthiennes, occupe le centre ; cette rotonde a pour couronnement six jolies statues mythologiques dont on croit que Clodion est l'auteur.

A côté, sur l'emplacement de l'hôtel de la Cour des comptes, incendiée en 1871, et d'une caserne, s'élèvent les bâtiments de la **nouvelle gare du Chemin de fer d'Orléans,** dite **gare du quai d'Orsay** ; les travaux de cette vaste construction, ainsi que ceux de l'**Hôtel Terminus** qui la flanque à l'ouest, ont été dirigés par M. Laloux.

A l'est, près de la rue du Bac, ayant des entrées sur le quai et rue de Lille, la **Caisse des dépôts et consignations** est installée dans l'ancien hôtel de Belle-Isle, que François Bruant construisit en 1720 et que l'architecte Émile Eudes a réparé après l'incendie de 1871.

Suivons le quai d'Orsay pendant quelques minutes encore, et nous nous trouverons à la hauteur du pont de la Concorde, devant la façade du **palais du Corps législatif.**

Le palais du Corps législatif n'est, en réalité, qu'une dépendance du palais de Bourbon-Condé, dont l'entrée, que nous verrons tout à l'heure, est rue de l'Université. Nous allons conter succinctement l'histoire des deux édifices.

Au commencement du règne de Louis XV, l'emplacement que ces palais occupent était encore un terrain vague appartenant à l'abbaye de Saint-Germain des Prés et dernier reste du fameux grand Pré-aux-Clercs. En 1722 et sous la direction de l'architecte italien Girardini, la duchesse Louise-Françoise de Bourbon fit édifier un hôtel de belle allure auquel son petit-fils, le prince de Condé, ajouta, plus tard, l'hôtel de Lassay, aujourd'hui hôtel de

LE PALAIS DU CORPS LÉGISLATIF, VUE PRISE DU QUAI EN AVAL DU PONT DE LA CONCORDE.

DESSIN DE F. HOFFBAUER.

la Présidence, et des jardins qui couvrirent les derniers restes de l'antique promenade et s'étendirent jusqu'à l'esplanade des Invalides.

Ces grands travaux venaient à peine d'être achevés quand, en 1790, le palais devint propriété nationale. Sa carrière d'habitation princière était terminée; il appartenait, pour n'en plus sortir, à la carrière politique.

On commença naturellement par le débaptiser; il prit le nom de *maison de la Révolution*, et fut consacré à la Commission des travaux publics (séance de la Convention nationale du 27 ventôse an II, lisez 17 mars 1791).

Quand la constitution de l'an III créa le conseil des Cinq-Cents, le palais Bourbon fut choisi pour établir la salle de ses séances; celle-ci fut aménagée par de Gisors et Lecomte, qui construisirent en même temps le péristyle de la cour d'honneur. La salle était assez négligemment édifiée à ce qu'il paraît, car, dès 1828, elle menaçait ruine; de Joly dut la rebâtir et l'acheva en 1832. Vers 1846, il répara aussi l'hôtel de Lassay et le mit en communication avec la salle des Séances. Revenons en arrière, sous le premier Empire; de 1804 à 1807, l'architecte Poyet construisit le péristyle du quai d'Orsay. Une loi du 5 décembre 1814 rendit le palais au prince de Condé, mais les députés continuèrent à l'occuper moyennant un loyer annuel de 124 000 francs; trois ans après, le gouvernement acquit, pour 5 250 000 francs, la salle des délibérations et ses dépendances; enfin, les portions restantes furent achetées au duc d'Aumale, héritier du dernier Condé, un peu plus de 5 millions encore en 1843.

La révolution de 1848 ayant porté à neuf cents le nombre des représentants du peuple, la salle des Séances fut reconnue insuffisante et remplacée par une bâtisse provisoire placée dans la cour d'honneur; cet immense baraquement disparut en 1852.

Rappeler les événements qui se sont passés au Palais législatif serait faire, sans utilité ici, l'histoire de tout un siècle. Nous nous abstenons.

Assise sur les marches de son perron, avec ses colonnes corinthiennes, son portique ouvert devant de larges baies vitrées, son fronton triangulaire orné d'un bas-relief de Cortot dont une grande figure de la France occupe le centre; avec ses socles énormes limitant le perron et supportant les colossales statues de *Minerve*, par Roland, et de *Thémis*, par Houdon; avec les grandes et belles figures de *Sully*, *Colbert*, *l'Hospital* et *d'Aguesseau* (1); avec les bas-

(1) Les auteurs de ces statues sont Beauvalet, Dumont, Desceine et Faucou.

reliefs de Rude et de Pradier incrustés dans sa muraille, la façade du Palais législatif a le mérite d'être non seulement une fort belle conception architecturale, mais encore de symboliser clairement l'œuvre qui doit s'accomplir dans l'édifice.

L'intérieur n'apporte aucune modification à l'impression produite par le dehors; tout y est harmonieux dans sa grandeur, et la décoration, faite de sujets très judicieusement choisis, est d'une haute valeur artistique. Jugez-en par cet aperçu ou *de visu*, si votre bonne étoile vous amène ici pendant les vacances parlementaires.

Le salon de la Paix, ou salle des Pas perdus, véritable Bourse aux nouvelles, constamment animé par le va-et-vient des députés, des journalistes, des solliciteurs attendant quelque service de leurs mandataires, est décoré d'un plafond d'Horace Vernet, grande composition représentant, au centre, *la Paix;* à gauche, *les Progrès scientifiques et industriels;* à droite, *les Divinités de la mer disparaissant devant la navigation à vapeur.*

La salle des Séances, un hémicycle qui se développe devant le bureau et la tribune, est décorée de riches colonnes de marbre couronnées de chapiteaux en bronze doré; dans la voûte, on voit des caissons ornés d'arabesques d'Adam et de Gosse; *la Liberté* et *l'Ordre public,* statues de Pradier, se dressent aux côtés du bureau; celles de *la Raison,* de *la Prudence,* de *la Justice* et de *l'Éloquence,* placées au-dessus de lui, dans l'attique, sont de Desprez, Dumont, Allier et Foyatier.

Voyez encore les bas-reliefs de la salle Casimir-Périer, les peintures de Heim dans la salle des Conférences, un plafond d'Abel de Pujol dans celle des Distributions et, enfin, pénétrez dans la Bibliothèque décorée de vingt sujets allégoriques, historiques et religieux, par le prestigieux et génial pinceau d'Eugène Delacroix.

Vous pourrez sortir du palais par la cour d'honneur dont nous vous avons déjà parlé; vous n'y trouverez plus les magnifiques marronniers qui l'ornaient au temps de la duchesse de Bourbon, mais le péristyle de Gisors et Leconte est debout encore, et la magnifique entrée de Girardini n'a pas subi de modifications.

Devant elle, sur la place qui fut créée en 1878 à la sollicitation des propriétaires, vous remarquerez la **statue de la Loi**, œuvre de Feuchères, élevée ici en 1855.

L'hôtel de la Présidence, ancien *hôtel de Lassai,* tout voisin du palais Bourbon, a été construit en 1724 par Lassurance, et orné, quinze ans plus tard, d'un portail par Jean Aubert; sa façade renaissance a, de nos jours, lors de l'adjonction d'un étage, perdu un peu de son élégant caractère. En bordure du quai, un beau jardin s'étend derrière la construction.

Auprès de ce palais, vous croirez certainement en voir un autre encore; vous ne vous tromperez que de dénomination, c'est le bel et vaste **hôtel du ministère des affaires étrangères.**

Le côté ouest, corps de bâtiment occupé par les bureaux, borde, à droite, la rue de Constantine dans toute sa longueur; la façade principale se développe sur le quai d'Orsay, au fond d'une cour spacieuse; elle présente une ordonnance harmonieuse de colonnes doriques, ioniques, et de balustrades; des médaillons de marbre blanc, au nombre de quinze, portent chacun les armes d'une grande puissance. Cette partie est celle où le ministre a ses appartements, et où l'on voit aussi, parmi de belles pièces richement décorées, le salon dit *des Ambassadeurs,* orné d'une grande statue de *la Paix* et qui fut le lieu de réunion du Congrès de Paris, en 1856. L'hôtel venait d'être achevé alors; sa construction, dirigée par Lacornée, avait duré onze ans.

Jetons un coup d'œil sur la gare des Invalides établie à l'entrée de l'esplanade et disons, en peu de mots, ce qu'est cette dernière quand elle n'est point envahie par une exposition universelle.

L'esplanade des Invalides, longue de 487 mètres, large de 275, plantée de beaux arbres, bordée de quinconces, a été créée, pour la partie qui s'étend entre les rues de l'Université et de Grenelle, en 1704, et, pour le surplus, en 1720. Bien que ce soit une agréable promenade et qu'on y puisse errer à l'ombre d'arbres magnifiques, elle n'est guère fréquentée que par les habitants du quartier.

Par un de ces contrastes dont vous avez dû remarquer la fréquence à Paris, elle est bordée à l'est par l'aristocratique quartier que nous venons de parcourir, à l'ouest par le quartier du Gros-Caillou, village au temps de Louis XIV et presque faubourg encore de nos jours.

Nous ne vous entraînerons pas dans son dédale de petites rues, nous nous bornerons à vous dire qu'on y trouve le **Garde-Meuble** et **Dépôt des marbres**, et la petite **église Saint-Pierre du Gros-Caillou**, construite sous la Restauration par le peu imaginatif Godde. La Manufacture nationale des tabacs, qui s'y trouvait aussi, a été transportée à Issy (1).

Rendons-nous donc à **l'hôtel des Invalides.**

On exagère un peu en faisant honneur de cette fondation au roi Louis XIV; le sort des vieux soldats a préoccupé presque tous ses prédécesseurs. Charlemagne, sous le nom d'*oblats*, les plaçait dans des maisons religieuses; Philippe-Auguste et saint Louis imitèrent son exemple; Louis XI leur accorda des pensions; Charles VIII imita son père; François Ier les exempta de toutes charges et impôts et, le premier, songea à leur donner des emplois; Louis XII, Henri II et Charles IX se montrèrent aussi bienveillants pour eux. Henri IV eut, le premier, la pensée de créer un asile qui leur fût destiné et, manquant sans doute d'argent pour le bâtir, les plaça provisoirement dans la maison de charité de la rue de Lourcine. Louis XIII acheta pour eux le château de Bicêtre, puis, sous le nom de *Commanderie de Saint-Louis*, fonda une maison où ils devaient être reçus; les constructions commencées, puis abandonnées, ne furent reprises que sous Louis XIV; la Commanderie de Saint-Louis devint alors l'hôtel royal des Invalides.

C'est sous la direction de Libéral Bruant que les travaux furent sérieusement menés dès 1671; Mansart, qui continua l'œuvre, la dota de ce dôme magnifique dont les Parisiens sont, à juste droit, si fiers.

La façade principale, longue de 240 mètres, haute de trois étages sous un rang de mansardes, se développe au fond d'une vaste cour. Cette cour est ornée de parterres verdoyants, de la *statue du prince Eugène*, de Dumont, flanquée de jardinets et fermée par une grille dorée de magistrale allure; au-dessus des fossés qui la séparent de la voie pu-

----

(1) Dans notre volume, *Paris, promenades dans les vingt arrondissements*, nous avons donné sur cet établissement des détails auxquels nous nous permettrons de renvoyer nos lecteurs.

blique sont rangés de vieux canons de modèles et de provenance divers; menaçants en apparence, inoffensifs en réalité, ces bronzes ne font plus entendre leur voix que pour annoncer de grands événements ou donner, le matin du 14 juillet, le signal des réjouissances de la fête nationale.

Au milieu de l'avant-corps central s'ouvre une haute arcade qui donne accès à la cour d'honneur, et dont le tympan est décoré d'une *statue de Louis XIV*, par Girardon; le grand roi est représenté à cheval entre la Justice et la Prudence. Aux deux côtés de cette entrée veillent *Mars* et *Minerve*, œuvres de Coustou; les angles sont ornés des groupes des *Nations enchaînées*, œuvre de Desjardins, enlevés, en 1790, au monument de Louis XIV, dont nous avons parlé en passant, sur la place des Victoires.

Avant d'entrer dans la cour d'honneur, nous visiterons le **Musée d'artillerie** ou **de l'Armée**, dont la porte s'ouvre à droite de la grande arcade.

C'est sous Louis XIV que le maréchal d'Humières réunit la collection de petits modèles de l'artillerie en usage alors, qui devait devenir le noyau de ce musée; le maréchal mourut en 1684, et ce fut seulement en 1755 que son idée fut reprise par le général Vallière, qui augmenta la collection et en dressa un catalogue. En 1788, grâce au général de Gribeauval, l'institution prit un développement nouveau; mais le musée fut pillé le 14 juillet de l'année suivante. Quelques années plus tard, il fut reconstitué et installé dans le couvent désaffecté de Saint-Thomas d'Aquin. En 1830, il subit un nouveau pillage, heureusement suivi de restitutions nombreuses, et depuis, toujours s'enrichissant, il a été transporté ici.

Vous y verrez (cour d'Angoulême, autour de la *statue de Gribeauval*, par Bartholdi) les bouches à feu de toutes espèces connues depuis l'invention de la poudre; dans une salle spéciale, des armes orientales, chinoises, algériennes, etc.; dans la galerie des armures, celles que Napoléon III avait groupées au château de Pierrefonds; dans la cour de la Victoire, une collection de canons ayant appartenu à la marine depuis 1786; partout, enfin, des curiosités historiques : ici, le carquois du duc de Bourgogne; là, les glaives des membres du Directoire; ailleurs, des arquebuses à rouet, des mousquets à mèche, des coulevrines à mains, des boucliers, des casques, des gibernes, des épées vaillamment portées par nos grandes illustrations militaires et, enfin, dans la galerie ethnographique, les types des guerriers de toutes les parties du monde.

Nous sortirons du Musée par la porte qui donne dans la cour d'honneur. Celle-ci forme un quadrilatère long de 118 mètres et large de 62 ; elle est entourée de corps de logis, au pied desquels deux rangs d'arcades formant galerie donnent à l'ensemble le sévère aspect d'un vaste cloître. Sous ces portiques, des peintures murales de Benedict Masson rappellent, de façon moins artistique qu'on ne le souhaiterait, quelques épisodes de notre histoire militaire.

Au fond de la cour, simple et sévère de style, nous voyons le portail de l'**église Saint-Louis** ; indépendante de l'église du Dôme, bien que correspondant avec elle, elle se compose d'une nef, accostée de bas côtés surmontés de tribunes. A sa voûte sont suspendus des drapeaux pris par nos armées dans diverses campagnes. L'église est, de plus, ornée des monuments de plusieurs maréchaux et gouverneurs de l'hôtel ; dans ses caveaux, sorte de Panthéon militaire, reposent un certain nombre de guerriers.

Il faut, cela est facile par l'intérieur de l'hôtel, gagner la place Vauban pour entrer à l'**église du Dôme**. Celle-ci présente, au fond d'une vaste cour, un portail dorique à rez-de-chaussée, corinthien plus haut, et couronné d'un fronton triangulaire ; ce portail s'ouvre majestueusement au-dessus d'un perron ; des niches, qui l'avoisinent, abritent les statues en marbre blanc de *Charlemagne* et de *Louis IX*, la première de Coysevox, la seconde de Girardon. Au-dessus, le dôme, avec ses trophées et ses grandes côtes dorés, s'arrondit dans le ciel, surmonté de son coquet lanternon s'achevant en flèche.

L'intérieur affecte en plan la forme d'une croix grecque. Il est tout à la fois imposant et magnifique ; grâce à la beauté de ses lignes, grâce à ses proportions admirablement comprises, la somptuosité de sa décoration ne nuit pas à son grand caractère religieux.

Les yeux dirigés vers la coupole, nous admirons la grande composition qui la décore ; elle est de Charles de Lafosse, passe pour son chef-d'œuvre et représente *Saint Louis déposant son épée entre les mains de Jésus;* sur les pendentifs, le même artiste a peint *les Évangélistes ;* l'entablement est orné de médaillons des principaux rois de France. Dans la chapelle de Saint-Augustin, on voit, sous une coupole décorée par Bon Boullongne, les tombeaux de Joseph Bonaparte et de Vauban, ce dernier orné par Étex des statues allégoriques de *la Science* et de *la Guerre.* Dans la chapelle de Saint-Grégoire repose Turenne, sous un monument dessiné par Le Brun et dont les figures ont été exécutées par Tuby et Marsy. Le prince Jérôme a son tombeau et celui de son fils aîné dans la chapelle qui porte son nom et que décore sa statue, œuvre de Guillaume.

Au centre de l'église, sous la coupole, une grande ouverture circulaire laisse voir dans la crypte le **Tombeau de Napoléon**. On pénètre dans cette crypte par une porte de bronze accostée de statues de Duret représentant *la Force civile* et *la Force militaire*. Sur l'imposte est reproduite la phrase célèbre : « Je désire que mes cendres, etc. » Le tombeau, œuvre de Visconti, est fait d'un granit rouge de Finlande donné par le tzar Nicolas, et repose sur un socle de marbre vert.

Une belle *statue de Napoléon*, par Simart, se dresse au fond de la crypte ; une galerie ornée de bas-reliefs règne autour, et douze figures de Pradier symbolisant les grandes victoires de Napoléon semblent environner son sarcophage comme sa vieille garde entourait sa personne.

Au sud de la place Vauban s'ouvrent la large avenue de Breteuil et la plus étroite avenue de Villars ; suivons un instant cette dernière, elle nous conduira au boulevard des Invalides ; sur une sorte de carrefour, nous verrons à notre gauche, à l'angle de la rue de Babylone, l'extrémité des bâtiments de l'**Hôtel Biron**, qu'occupait le grand couvent du Sacré-Cœur ; à notre droite, le portail de l'**église Saint-François-Xavier**. La construction de cette église a été commencée en 1861 par Lusson dans le style roman, et terminée en 1874 par Uchard dans le style de la renaissance italienne. On remarque, au-dessus du portail, un bas-relief de M⁽ᵐᵉ⁾ Léon Bertaux et, dans l'intérieur, une *Immaculée Conception*, de Bouguereau (chapelle de la Vierge) ; des *Prophètes*, d'Élie Delaunay (transept), et des peintures murales de Romain Cazes dans le chœur.

Plus loin, rue Oudinot, nous voyons le **Ministère des Colonies**, installé dans les bâtiments de l'ancienne maison mère des Frères des écoles chrétiennes ; et à l'angle de la rue de Sèvres et du boulevard des Invalides, l'**institution des Jeunes Aveugles**, fondée, rue Notre-Dame-des-Victoires, par Valentin Haüy en 1784, transportée plus tard rue Saint-Victor et, enfin, installée ici depuis 1843 dans de spacieux bâtiments construits par Philippon-Delacroix. Jouffroy en a orné le fronton d'un beau bas-relief représentant *l'Éducation des aveugles*. Une *statue de Haüy*, exécutée par Badion de la Tronchère, décore la cour d'honneur ; Lehmann a enrichi la chapelle de remarquables peintures.

Faisons un crochet à droite, nous arriverons sur la place de Breteuil, à l'endroit même où l'on a pu voir jusqu'à ces dernières années la jolie et élégante colonne du **Puits artésien de Grenelle**, aujourd'hui remplacée par le beau monument élevé à Pasteur, par Falguière.

Le forage du puits fut une des entreprises qui firent le plus grand honneur au règne de Louis-Philippe ; il a, et c'est justice, immortalisé le nom de Mulot ; pendant sept ars, au milieu des obstacles sans cesse renaissants, des dépenses augmentant toujours, des railleries impitoyables de la foule, des accidents qui suspendaient le travail, Mulot a poursuivi impassiblement son but et, triomphant, a, le 21 février 1841, vu ses efforts couronnés de succès.

Ce jour-là, s'élançant d'une profondeur de 547 mètres, une puissante trombe d'eau jaillit à 34 mètres au-dessus de l'orifice du puits.

Sur les projets de Delaperche, sous la surveillance de Belgrand et Michal, on construisit la colonne qui contenait les tuyaux récepteurs et distributeurs.

L'avenue de Saxe nous conduit à une place demi-circulaire ; c'est la place de Fontenoy qui, depuis 1770, se développe devant la façade postérieure de l'**École militaire**. A son centre, vous verrez, debout sur un haut socle, une pyramide hexagonale ; c'est le **Monument de la défense**, élevé par souscription en l'honneur des soldats des armées de terre et de mer morts pour la patrie.

L'École militaire a été fondée par Louis XV en 1751, et ouverte en 1753 ; elle était destinée à recevoir cinq cents gentilshommes et à les préparer à la carrière des armes. En 1776, elle fut dissoute par économie et remplacée par dix collèges provinciaux : Brienne, Rebais, Vendôme, etc. Rétablie l'année suivante, elle prit le nom de *Corps des cadets gentilshommes;* Bonaparte, sortant de Brienne, y fut admis en 1784. La Révolution transforma l'école en caserne. Sous le premier Empire, elle prit le nom de *Quartier Napoléon;* Louis XVIII lui rendit sa dénomination première; mais l'idée qui avait présidé à sa fondation ne fut pas inféconde et inspira, depuis, toutes les créations d'écoles spéciales.

Au fond de son immense cour fermée par une grille, la construction, que la place de Fontenoy précède, a l'aspect d'un château; son pavillon central, orné de colonnes corinthiennes, d'un fronton triangulaire au tympan sculpté et couronné par un dôme, est relié par des corps de logis aux pavillons extrêmes, qui se terminent par des toits aigus s'achevant en terrasse; en retour et rejoignant de jolis édicules auxquels s'attache la grille, on voit des galeries-portiques qui font un charmant effet. C'est dans cette cour que se font les manœuvres, où les officiers font preuve d'autant d'intelligence et de savoir que les soldats de rapidité et de précision.

L'avenue de Suffren nous conduira vers celle de La Motte-Picquet et, en tournant le dos au Champ-de-Mars, transformé en parc, et à la Tour Eiffel, nous embrasserons dans son ensemble la façade principale de l'École militaire. Celle-ci, conçue pourtant dans le même esprit que celle dont nous venons de parler, est de plus sévère et de plus imposant aspect. L'avant-corps central est, à lui seul, un très remarquable morceau d'architecture; les huit colonnes corinthiennes qui le forment conduisent hardiment le regard jusqu'au-dessus du premier étage; là, au pied du dôme, il s'arrête sur un fronton soutenu par les quatre colonnes centrales et décoré d'un bas-relief allégorique dont l'écusson de Louis XV occupe le centre; à ses côtés, sur la balustrade qui règne dans toute la longueur de l'édifice, se dressent quatre statues représentant un *Empereur romain, la France, la Paix* et *la Force*. Au centre de la belle courbe ardoisée du dôme quadrangulaire s'épanouit un cadran d'horloge, supporté par un motif sculpté représentant le Temps et ses attributs; de chaque côté de l'horloge s'ouvre une lucarne couronnée d'un casque à plumes; au sommet du dôme, du centre d'une lanterne plate-forme, s'élance le drapeau français.

Ce beau monument est l'œuvre de l'architecte Gabriel.

Suivez maintenant les avenues de La Bourdonnais et Rapp, traversez le pont de l'Alma; sur la rive droite, vous trouverez l'avenue Marceau qui vous conduira à la place de l'Étoile; c'est, pour ainsi dire, de là que nous sommes partis. Nous avons fait le tour de Paris.

PARIS VU DU CIMETIÈRE DU PÈRE-LACHAISE.
DESSIN DE A. DEROY.

Les Cimetières.

Paris n'a que peu de cimetières aujourd'hui ; autrefois, non seulement les communautés et couvents avaient leurs champs de repos, mais chaque église était avoisinée du sien. Jusqu'au temps de Philippe-Auguste, nulle clôture ne séparait ces nombreuses nécropoles de la voie publique.

Parmi les cimetières diversement célèbres du temps passé, il faut citer les cimetières Saint-Benoît, Saint-Étienne du Mont, Saint-Nicolas du Chardonnet, Saint-Sulpice, Saint-André des Arts, Saint-Eustache, Saint-Roch, Saint-Médard, etc., etc.

On ne saurait fixer ses yeux sur n'importe quel endroit d'un plan de Paris sans pouvoir dire : « Ici, on enterrait jadis. »

Dans l'une de nos promenades, nous nous sommes arrêté sur la place des Victoires ; c'était, au huitième siècle, le cimetière de Champeaux, qui devint immense. Où verdit le square des Innocents, où brillent au soleil les pavillons des Halles centrales, était une nécropole fameuse, entourée de charniers ; ces charniers étaient des galeries obscures, humides, pavées de tombeaux, tapissées d'inscriptions funèbres, dans lesquelles s'installèrent plus tard des échoppes d'écrivains publics et des boutiques où l'on vendait de menus objets ; au bas de la rue de la Harpe, il y avait un cimetière pour les juifs ; rue des Saints-Pères, un pour les protestants, et cent autres, tous mal entretenus et centres de pestilence.

Le cimetière des Innocents disparut en 1786, et ceci fut le signal d'une réforme qui devint complète en 1804. C'est en cette année que fut décrétée l'ouverture de nécropoles *extra muros* aux points cardinaux de la ville ; trois de ces cimetières seulement furent créés, ce sont les cimetières de l'Est, du Nord et du Sud.

Cimetière de l'Est.

Le premier, qui s'appelait aussi *cimetière Mont-Louis*, devint immédiatement le lieu de repos par excellence, celui où voulurent avoir leur caveau les grandes familles de l'aristocratie, de la guerre, de la finance, des arts et de la haute bourgeoisie. Le *Père-Lachaise*, c'est maintenant le nom sous lequel on le désigne communément, était déjà, sous la Restauration, le boulevard de Gand de la mort.

Cette préférence tient à plusieurs causes parfaitement explicables : la majestueuse grandeur du cimetière d'abord, sa situation ensuite ; il escalade les pentes et couvre le sommet d'un mamelon d'où l'on a une vue magnifique sur la ville entière ; enfin le lieu était, bien avant de recevoir cette destination, percé de magnifiques allées et planté de beaux arbres ; il n'y avait qu'à y placer des tombes pour qu'il devînt absolument imposant.

Nous vous avons dit les noms divers du cimetière de l'Est, il n'est pas inutile de vous rappeler pourquoi ils lui ont été donnés.

Le terrain qu'il occupe appartenait, au moyen âge, aux évêques de Paris ; on le nommait le *champ l'Évêque*. Un certain Regnault, épicier, dit Lefeuve, Regnault-Lépicier, dit la *Nomenclature des rues de Paris*, y bâtit une *folie* au quinzième siècle. Cette folie, les jésuites l'achetèrent en 1636 ; Louis XIV vint dans leur maison le 2 juillet 1652 pour voir la bataille que ses troupes livraient aux frondeurs dans le faubourg Saint-Antoine. Les pères, pour consacrer le souvenir de cette visite, appelèrent la propriété *Mont-Louis*. C'est dans une circonstance à peu près pareille qu'en 1674 ils donnèrent au collège de Clermont le nom de *collège Louis-le-Grand*.

Flatté ou circonvenu, Louis XIV acheta Mont-Louis pour en faire présent à son confesseur le père Lachaise. Quand celui-ci mourut en 1709, sa propriété fit retour aux jésuites, qui la conservèrent jusqu'à leur expulsion (1763). Elle fut alors vendue 63100 livres au profit des créanciers de la compagnie, puis passa à divers propriétaires ; enfin, la ville l'acquit et le cimetière ouvrit le 21 mai 1804. Molière et La Fontaine en furent les premiers hôtes. Vous reconnaîtrez encore, dans le tracé de certaines allées, le caractère que les dessinateurs de jardins donnaient au grand siècle à leurs créations.

Nous n'avons pas l'intention de vous promener dans toutes les divisions du cimetière : si vous le visitez, vous trouverez à son entrée principale un guide qui vous conduira par les chemins les plus courts vers toutes les tombes qu'une œuvre d'art décore, et elles sont nombreuses, aussi bien que vers celles qui, malgré leur simplicité, parfois voulue, rappellent le souvenir de quelqu'une de nos illustrations. Dès les premiers pas que vous ferez dans la nécropole, vous serez profondément impressionné par la beauté imposante du monument de style assyrien connu sous le nom de *Monument aux Morts*. Cette œuvre du sculpteur Albert Bartholomé a été inaugurée sans pompe le 31 octobre 1899. Elle symbolise à la fois la mort inévitable et le consolant espoir de la résurrection. Ce n'est la tombe de personne, c'est celle de tous ceux qui n'en ont pas ou n'en ont plus.

Engagez-vous maintenant dans les allées de ce vaste et silencieux enclos, la société tout entière d'un siècle va réapparaître à nos yeux. Les hommes politiques reposent là depuis Thiers jusqu'à Félix Faure, depuis le général Foy jusqu'à Casimir Périer, depuis Manuel jusqu'à Royer-Collard.

Il y a des coins, dans les divisions qui sont à droite de l'avenue principale, où il semble qu'on n'aurait qu'à frapper du pied pour faire jaillir une mélodie ; il y a là les tombes de Lesueur, d'Hérold, de Bellini, de Chérubini, de Boïeldieu, de Nicolo, de Grétry, de Wilhem. Là aussi sont des poètes, des écrivains ; Delille, Boufflers, Parny, J. Chenier, Bernardin de Saint-Pierre ; des artistes dramatiques : Mlles Mars, Georges, Bourgoin et Talma ; Rachel dort dans le cimetière israélite.

L'avenue principale est bordée de sépultures qui semblent choisies pour faire deux haies d'illustrations ; à droite, et nous sommes économe de citations, tous les noms que vous lisez rappellent un grand souvenir : Arago, Baroche, mort au Bourget en 1870, Auber, Victor Cousin, Ledru-Rollin, Couture ; à gauche : Visconti, Dantan, Rossini (tombeau vide, les cendres sont à Florence), Alfred de Musset, les généraux Thomas et Lecomte, le peintre Baudry. A gauche toujours, entre les avenues de la Chapelle, Feuillant, Transversale n° 1 et Circulaire, semblent s'être réunis autour de Balzac tous ceux qui ont vaillamment tenu la plume en ce siècle : Frédéric Soulié, Lachambeaudie, Casimir Delavigne, Émile Souvestre, Buloz, Michelet, etc.

Derrière la chapelle et le rond-point Casimir-Périer on voit les sépultures des demoiselles Raucourt et Clairon ; Molière et La Fontaine sont réunis là sous un même monument ; Manuel et Béranger dorment côte à côte ; le baron Gros, Corot, Daubigny, Daumier, semblent former un petit cénacle et parler d'art encore ; Garnier-Pagès et Geoffroy-Saint-Hilaire sont voisins dans l'avenue du Dragon.

Dans les avenues Masséna et Suchet, on croit sentir une odeur de poudre; il y a là Ney, Gobert, Davout, Mortier, Masséna, Lefebvre, Sérurier, Suchet. On en arrive, vous le voyez, à parler de tous ces morts comme si l'on pouvait s'entretenir avec eux; on oublie qu'on marche entre le marbre et la pierre; on croit errer nous ne savons dans quel immense panthéon; il passe dans l'air un peu de l'âme de tous ces hommes qui concoururent à la grandeur de la patrie par leur bravoure, à sa défense par leur dévouement. Ici, comme dans le monde, on fait des rencontres fâcheuses; entre Mortier et Haxo, qui furent des vaillants, on aperçoit la tombe de lord Seymour; l'impression est pénible, mais s'atténue vite.

Presque vis-à-vis du tombeau de cet inutile excentrique, voici celui du sculpteur David d'Angers, absolument dépourvu d'ornement. Pourtant le grand artiste a puissamment contribué à faire du Père-Lachaise cette sorte de splendide musée de sculpture qu'il est devenu.

C'est à lui que sont dus le magnifique tombeau du général Foy, la statue équestre du général Gobert et la statue de Gouvion-Saint-Cyr, les bas-reliefs de la tombe de Suchet d'Albuféra, les bustes d'Arago, de Ledru-Rollin, de Jean Reynaud et de Balzac, une œuvre admirable, et nous ne savons combien de médaillons, parmi lesquels tous les visiteurs se rappelleront ceux de Dulong, de Wilhem, de Gohier, de Daunou, de Manuel, de Bœrne, un poète allemand, et de Geoffroy Saint-Hilaire, etc.

Tout cela, votre guide ne manquera pas plus de vous le montrer qu'il n'omettra de vous conduire au tombeau d'Héloïse et d'Abélard. Ce mausolée de style ogival dont le dais abrite les statues couchées des deux amants, avait été érigé au Paraclet en 1779; il a été placé ici en 1817. Mais revenons à nos sculpteurs modernes.

Crauk a signé la belle statue de *la Douleur* qui décore la tombe de Léon Béclard, et aussi la statue d'Odilon-Barrot; Cugnot, celle de *Patrie*, que vous verrez sur le monument des généraux Lecomte et Thomas; Etex est l'auteur de celle de Géricault et des bas-reliefs qui l'accompagnent; à Cortot est dû le beau monument de Casimir Périer; à Etex, la poignante décoration de celui de Raspail; de Triqueti a laissé une *Résurrection de Lazare* qu'on a placée sur sa tombe; Dumilâtre a fait, pour leur sépulture, les statues de Crocé-Spinelli et de Sivel; Dalou, auteur du monument de Victor Noir, a couché un superbe Blanqui sur la pierre qui couvre ses restes ; Mathieu Meusnier a décoré de grandes figures la tombe Errazu ; Mercié a orné celle de Michelet d'un haut relief de magistrale allure ; Chapu est l'auteur des sculptures de la chapelle Thiers ; Loison, de celles, fort remarquables, des chapelles Ménier et Hautoy.

Sur presque toutes les tombes d'hommes illustres, vous trouverez leur buste ou leur médaillon signés des grands noms de l'art moderne : Auber et Potier, par Dantan ; Ingres, par Bonnassieux ; Couture, par Barrias ; Paul Baudry, Laurent-Pichat, par Mercié ; Frédéric Soulié, Chopin, par Clésinger ; Dorian, Ed. Adam et le père Enfantin, par Millet ; Mlle Duchesnois, par Lemaire ; Bazin, par Doublemard ; Cherubini, par Dumont ; l'amiral Bruat, par Maindron ; Lachambeaudie, par Taluet ; Flandrin, par Oudiné ; Cartellier, par Rude ; Musset, par Barre ; Paul de Saint-Victor, par Guillaume, etc., etc. Nous ne connaissons, au Père-Lachaise, qu'une œuvre de Préault, mais elle est superbe ; c'est une tête enveloppée d'un suaire à plis multiples, un doigt posé sur les lèvres et symbolisant le *Silence éternel*. Vous pouvez voir cette œuvre dans le cimetière israélite.

Les mahométans ont, eux aussi, un enclos qui leur est réservé ; il renferme une petite mosquée et le tombeau, peu curieux, de la reine d'Oude.

Vis-à-vis du cimetière musulman, entouré de son colombarium, fume le four crématoire, construit sur les plans de M. Formigé en 1886-1887. La crémation, malgré le bruit qu'on a fait autour d'elle, n'a pas réuni un grand nombre d'adeptes. On incinère un peu plus de trois cents corps par année.

Quelques tombes se recommandent encore par leur richesse, leur originalité, leur bizarrerie parfois. Parmi les premières, pour ne prendre que peu d'exemples, nous citerons le vaste et magnifique temple en marbre de la baronne Demidoff et celui de Lebrun, duc de Plaisance, construit tout en granit ; parmi les secondes, la pyramide en marbre blanc de Népomucène Lemercier, le monument d'aspect égyptien de Gaspard Monge, l'obélisque en marbre de Belliard, le temple gréco-romain de la famille Boode, le dolmen d'Allan-Kardec, la chapelle accostée de canons du général d'Abboville, les trois colonnes des frères Lameth, la chapelle byzantine du prince Bibesco, le monument des gardes nationaux tués à Buzenval, orné de sculptures de

Schrœder et Lefébvre, et enfin cette tribune vide sous laquelle repose Garnier-Pagès.

Au nombre des tombes singulières, on peut placer la haute pyramide rouge et dorée au faîte, qui couvre les restes de Félix de Beaujour, ancien consul.

Cimetière du Nord.

Le caractère du cimetière du Nord (*alias* de Moutmartre) diffère autant de celui que nous quittons que le quartier du Sentier diffère du quartier Saint-Thomas-d'Aquin. Le cimetière Montmartre, c'est la nécropole bourgeoise par excellence ; à peu d'exceptions près, ceux qui reposent là ont été industriels, commerçants, et de plus — voyez leurs épitaphes — bons citoyens et excellents pères de famille, ce dont, nous vous prions de le croire, nous n'avons pas la pensée de les railler. Si nous rappelons cette formule banale à force d'être prodiguée, c'est pour peindre le caractère du lieu. Ici, tout est propre, soigné, fleuri, emperlé, avec une uniformité qui supprime le pittoresque ; les chapelles sont toutes à peu près de même style et pareillement décorées, les simples entourages de fer ou de bois noir sont plus nombreux qu'au Père-Lachaise et les tombes devant lesquelles les curieux peuvent s'arrêter, beaucoup plus rares.

Parmi celles qu'on visite, il faut signaler en premier lieu (elle est presque à l'entrée du cimetière) celle de la famille Cavaignac, décorée de la statue en bronze de Godefroy Cavaignac, un chef-d'œuvre de Rude ; auprès d'elle est celle de cette malheureuse Emma Livry, danseuse à l'Opéra, brûlée en 1863. Plus loin, on voit, orné d'un buste en marbre blanc de Dantan, la tombe du général Travot ; celle de la duchesse d'Abrantès, que décore un médaillon de David ; la pyramide de la duchesse de Montmorency-Luxembourg ; la sépulture du représentant Baudin, tué au 2 décembre, avec sa statue couchée, beau bronze de Millet ; vis-à-vis est celle de Méry, ornée d'une statue de *la Poésie*, par L. Durand. De ce côté dorment aussi les peintres Greuze, Victor Giraud et Troyon ; les compositeurs Clapisson et Victor Massé ; les journalistes Nefftzer et Armand Marrast ; dans l'avenue du Tunnel, on voit la tombe de Ch. Fourier, chef de l'école phalanstérienne, et celle du physicien Foucault.

Dans l'avenue Montebello apparaissent quelques noms illustres.

Adolphe Adam, l'auteur du *Chalet;* les peintres Horace Vernet et Paul Delaroche, réunis sous un monument dont Dubau a fourni les dessins ; l'architecte Hittorf, Micislas Kamienski, volontaire polonais tué à Magenta, avec sa statue en bronze par Franceschi.

Un vent de poésie passe dans l'avenue Cordier ; là sont les tombeaux de Théophile Gautier et de Henry Murger, l'un orné d'une statue de la *Poésie*, dont nous ignorons l'auteur, l'autre de celle de la *Jeunesse*, œuvre ravissante de Millet. Non loin d'eux reposent aussi le romancier Léon Gozlan et le fameux danseur Vestris, qui ne connaissait que trois grands hommes : Frédéric de Prusse, Napoléon et... lui !

Dans le cimetière israélite, entre les sépultures des Millaud, des Ephrussi, etc., se dresse une statue due au ciseau de Duret, c'est celle d'Halévy, l'auteur de *la Juive*.

Cimetière du Sud.

Le cimetière du Sud (du Montparnasse) est remarquable par la régularité de sa disposition ; toutes ses divisions sont rectangulaires, toutes ses avenues, allées et sentiers se coupent à angle droit ; c'est un immense échiquier aux cases séparées par de beaux arbres et dont les pièces, condamnées à l'immobilité, sont des tombes.

Parmi ces sépultures, il en est de célèbres à divers titres ; il en est même qui jouissent d'une certaine popularité et que fleurissent des visiteurs qui n'ont jamais connu les défunts ; telles sont, par exemple, les tombes des quatre sergents de la Rochelle, du poète Hégésippe Moreau et de Dussoubs, représentant du peuple, mort sur une barricade en 1851.

Le quartier a été pendant fort longtemps très aimé des artistes, aussi les sépultures de ceux-ci sont-elles nombreuses ; là dorment, et nous ferons certainement plus d'une omission, les sculpteurs Dumont, Chaudet, Perraud, Schœnewerk, Espercieux, Petitot, Etex, Rude, les peintres Gérard, Drölling, Devéria, Iundt, Frédéric Lix, le caricaturiste Cham, etc.

Quelques tombes sont célèbres ; on ne manque pas de conduire les visiteurs devant celle de Dornès, représentant du peuple, tué pendant les journées de juin 1848, et dont le médaillon se creuse dans un énorme bloc de grès apporté de Fontainebleau ; on montre aussi la pyramide rouge ornée d'un buste de Dantan, que la Société de géographie a fait élever à la mémoire de l'amiral Dumont d'Urville, et votre guide n'oubliera pas de répéter cette phrase devenue banale à force d'avoir été dite : « Il a fait deux fois le tour du monde, il est mort dans un accident de chemin de fer. » Une autre pyramide de couleur moins éclatante, et dont les angles disparaissent sous de gigantesques palmes, couvre les restes de l'historien Henri Martin.

De grands noms apparaissent encore ici assez fréquemment. Près du chimiste Orfila, le sculpteur Maindron repose sous un monument que décore une statue de *la Foi* dont il est l'auteur; la duchesse de Gesvres, dernier membre de la famille de Duguesclin, dort sous un mausolée près de celui du comte de Montmorency-Laval; sur une tombe, vous verrez le masque en bronze de Gannal; sur une autre, le médaillon de Boulay de la Meurthe, par David ; sur celle du peintre d'Aligny, son buste, par Etex; sur celle de Mme Collard-Bigé, sa statue, fort belle œuvre de Franceschi.

Quelques autres champs de sépulture existent encore dans Paris, mais ne méritent qu'une courte notice. Voici d'abord le cimetière Saint-Vincent, situé au sommet de la butte Montmartre, et au fond duquel on jouit d'une vue superbe sur la campagne qui enveloppe Paris au nord; non loin de lui, près de l'église Saint-Pierre, l'ancien cimetière paroissial, un enclos feuillu où les tombes curieuses sont en assez grand nombre (1). Citons encore le joli cimetière de Passy, où l'on remarque la tombe de Marie Bashkirtseff, ornée au fronton d'un joli quatrain d'André Theuriet, et enfin celui qu'on peut voir au fond d'une communauté de la rue de Picpus, qui renferme entre autres tombes celle de La Fayette, sur laquelle, le 4 juillet de chaque année, la colonie américaine fait pieusement déposer un drapeau français.

(1) La Société d'histoire et d'archéologie, *le Vieux Montmartre*, a publié dans ses bulletins de juillet et d'octobre 1895, l'épitaphier et le plan de ce petit cimetière, très soigneusement relevé et dressé par M. Henri Compan.

INDEX ALPHABÉTIQUE

ADDENDA

1re JOURNÉE. — La maison mortuaire de Victor Hugo qui vient de disparaître est remplacée par un immeuble de rapport sur lequel un relief du poète en rappellera le souvenir.

— Dans le square Lamartine, avenue Victor-Hugo, a été inauguré le 14 juin 1906, un monument érigé à la mémoire du compositeur Benjamin Godard, l'auteur de *Jocelyn*.

2e JOURNÉE. — Sur la place de la Madeleine, le touriste pourra voir, à son angle sud-est, le monument de Jules Simon, par D. Puech.

11e JOURNÉE. — A l'occasion du troisième centenaire de Pierre Corneille, on a inauguré devant le Panthéon sa statue en maquette; la statue définitive sera placée ultérieurement.

PLACEMENT DES GRAVURES HORS TEXTE.

PROMENADES ET EXCURSIONS
DANS LES ENVIRONS DE PARIS
PAR ALEXIS MARTIN

RÉGION DE L'OUEST

AUTOUR DE SAINT-CLOUD — SÈVRES — VERSAILLES
MARLY ET BOUGIVAL

Un volume in-16, avec 25 gravures, 3 cartes, 1 vue panoramique.

AUTOUR DE VERSAILLES
VALLÉE DE CHEVREUSE, LA BIÈVRE, L'YVETTE
RAMBOUILLET — CHARTRES

Un volume in-16, avec 42 gravures, 4 cartes, 1 vue panoramique.

AUTOUR DE SAINT-GERMAIN — ARGENTEUIL
POISSY — MANTES

Un volume in-16, avec 42 gravures et 3 cartes.

Prix de chaque volume . . . . 3 francs.

RÉGION DU SUD

MELUN ET VAUX-PRASLIN
FONTAINEBLEAU, SON PALAIS, SA FORÊT
MONTEREAU — NEMOURS

Un fort volume in-16, avec 74 gravures, 3 cartes, 1 vue panoramique.

ÉTAMPES — MALESHERBES
PITHIVIERS — ORLÉANS ET SES ENVIRONS — PATAY
LOIGNY — AUNEAU

Un fort volume in-16, avec 81 gravures, 3 cartes, 1 vue panoramique

Prix de chaque volume. . . . . 3 fr. 50

DOURDAN — ARPAJON — MONTLHÉRY
DE SEINE-PORT A VILLENEUVE-SAINT-GEORGES

Un volume in-16, avec 38 gravures et 3 cartes.

Prix du volume. . . . . 3 francs.

RÉGION DU NORD

LA VALLÉE DE MONTMORENCY
PONTOISE, LES BORDS DE L'OISE — CHANTILLY

Un volume in-16, avec 45 gravures, 3 cartes, 1 vue panoramique.

COMPIÈGNE ET NOYON
FORÊT DE COMPIÈGNE ET PIERREFONDS
VILLERS-COTTERETS — CRÉPY

Un volume in-16, avec 60 gravures, 3 cartes, 1 vue panoramique.

CREIL ET CLERMONT
BEAUVAIS ET SA RÉGION — GISORS

Un volume in-16, avec 45 gravures et 3 cartes.

Prix de chaque volume . . . . 3 francs.

RÉGION DE L'EST

LE RAINCY — CHELLES — LAGNY
LA VALLÉE DU GRAND-MORIN : MORTCERF
CRÉCY, VILLIERS, VAUCOURTOIS, ETC.

Un volume in-16, avec 57 gravures et 3 cartes.

MEAUX — LA FERTÉ-SOUS-JOUARRE
CHATEAU-THIERRY — MONTMIRAIL
LA FERTÉ-GAUCHER — COULOMMIERS

Un volume in-16, avec 41 gravures et 3 cartes.

LES VALLÉES DE L'AUBETIN ET DE LA VOULZIE
PROVINS — NANGIS — CHAMPEAUX
BLANDY — ROZOY — FERRIÈRES — NOISIEL

Un volume in-16, avec 49 gravures et 4 cartes.

Prix de chaque volume . . . . 3 francs.

DÉPARTEMENT DE LA SEINE

PARIS, *promenades et excursions dans les vingt arrondissements,* par Alexis MARTIN. — Trois forts volumes in-16 illustrés, accompagnés de 21 plans coloriés. Prix : brochés, 21 francs.

Parmi les nombreux ouvrages qui ont été écrits sur Paris, celui-ci a conquis une place au premier rang. Jamais notre magnifique capitale n'a été visitée plus complètement; jamais le plan de son exploration n'a été conçu de façon plus claire, plus simple, plus amusante; la méthode disparaît sous l'attrait que l'auteur sait donner à ses promenades, à ce point qu'il semble qu'aucun autre itinéraire ne puisse être suivi. Avec lui, on marche, on stationne, on pénètre dans les édifices; avec lui, on étudie les physionomies si diverses de tous les quartiers, et, sans s'en douter, on apprend leur histoire ; avec lui, on admire tous les magnifiques points de vue qu'offre la ville et qu'il appelle des *paysages parisiens.* Il sait les noms de tous les architectes qui ont bâti les monuments qui font la gloire architecturale de Paris aussi bien que ceux de tous les artistes dont les œuvres contribuent à sa beauté. Lire cet ouvrage, c'est non seulement connaître Paris moderne, mais encore, grâce à l'érudition de l'auteur, ne rien ignorer de son passé.

Cette importante publication a paru en vingt monographies qui se vendent séparément.

MONOGRAPHIES DE PARIS PAR ARRONDISSEMENT
Troisième édition

1er Arrondissement. Louvre.	11e Arrondissement. Popincourt.
2e Arrondissement. Bourse.	12e Arrondissement. Reuilly.
3e Arrondissement. Temple.	13e Arrondissement. Gobelins.
4e Arrondissement. Hôtel-de-Ville.	14e Arrondissement. Observatoire.
5e Arrondissement. Panthéon.	15e Arrondissement. Vaugirard.
6e Arrondissement. Luxembourg.	16e Arrondissement. Passy.
7e Arrondissement. Palais-Bourbon.	17e Arrondissement. Batignolles.
8e Arrondissement. Elysée.	18e Arrondissement. Butte-Montmartre.
9e Arrondissement. Opéra.	19e Arrondissement. Buttes-Chaumont.
10e Arrondissement. Enclos-St-Laurent.	20e Arrondissement. Ménilmontant.

Chaque arrondissement, avec la nomenclature historique de ses rues, forme un volume illustré avec plans. Relié toile : 1 fr. 50.

TOUT AUTOUR DE PARIS, *promenades et excursions dans le département de la Seine,* par Alexis MARTIN. — Un vol. in-16 illustré, accompagné de deux vues panoramiques et de cinq cartes et plans coloriés. Prix : relié toile, 7 fr. 50.

Cet ouvrage est, en quelque sorte, la suite et l'indispensable complément du travail que l'auteur a consacré à Paris. C'est la visite de toutes les communes du département de la Seine, de la *banlieue* immédiate de notre capitale, de plus de soixante localités qui toutes ont leur histoire, leurs sites attrayants, leurs monuments vieux ou modernes, leurs curiosités, enfin, qui ne sont, pour la plupart du temps, dédaignées par les citadins que parce qu'elles sont trop près d'eux.

RENSEIGNEMENTS PRATIQUES

JOURS ET HEURES D'OUVERTURE DES MONUMENTS MUSÉES, BIBLIOTHÈQUES, ETC.

Arc de triomphe de l'Étoile. — Le gardien, moyennant gratification, accorde l'autorisation de monter au sommet du monument.

Archives nationales, rue des Francs-Bourgeois, 60. — Le *Bureau des renseignements* auquel il faut s'adresser pour obtenir communication des pièces est ouvert tous les jours non fériés, de 11 heures à 4 heures. Le *Musée paléographique* est ouvert le dimanche, de midi à 3 heures ; sur demande écrite, le garde général en permet la visite le jeudi, aux mêmes heures.

Bibliothèque de l'Arsenal, rue de Sully. — Ouverte tous les jours non fériés, de 10 heures à 4 heures. Fermée du 16 août au 10 septembre.

— **de la Chambre de commerce**, rue Notre-Dame-des-Victoires. — Ouverte tous les jours, de 11 heures à 5 heures, et le soir, du 1ᵉʳ novembre au 30 avril, de 7 heures et demie à 10 heures.

— **du Conservatoire des arts et métiers**, rue Saint-Martin. — Ouverte tous les jours (lundi excepté), de 10 heures à 3 heures, et le soir (dimanche et lundi exceptés), de 7 heures et demie à 10 heures. Vacances du 15 au 31 août.

— **du Conservatoire de musique**, rue du Faubourg-Poissonnière. — Ouverte tous les jours ouvrables, de 10 heures à 4 heures. Vacances en juillet, août et septembre.

— **de l'École des beaux-arts.** — Ouverte, pour les élèves et les aspirants, tous les jours non fériés, de midi à 5 heures, en été ; en hiver, de midi à 4 heures et de 7 heures et demie du soir à 10 heures ; des cartes d'admission sont accordées aux personnes étrangères à l'École (s'adresser au secrétaire ou au bibliothécaire). Fermée du 1ᵉʳ août au 15 octobre.

Bibliothèque de l'École de droit, place du Panthéon. — Ouverte tous les jours non fériés, de 11 heures à 5 heures. Fermée du 1er septembre au 31 octobre.

— **de l'École de médecine**, place de l'École-de-Médecine. — Ouverte tous les jours non fériés, de 11 heures à 5 heures ; le soir, de 7 heures et demie à 10 heures. Fermée du 29 juillet au 4 août et du 1er septembre au 6 octobre.

— **de l'École des Mines**, boulevard Saint-Michel, 60 et 62. — Ouverte tous les jours non fériés, de 10 heures à 3 heures.

— **de l'École des ponts et chaussées**, rue des Saints-Pères, 28. — Ouverte tous les jours, mais seulement pour les élèves et les ingénieurs.

— **de l'Institut**, palais de l'Institut. — Ouverte seulement aux travailleurs recommandés par deux académiciens ; tous les jours non fériés, de 11 heures à 5 heures.

— **du Muséum**. — Voir *Jardin des Plantes*.

— **Mazarine**, palais de l'Institut. — Ouverte tous les jours : en été, de 11 heures à 5 heures ; en hiver, jusqu'à 4 heures seulement. Vacances : dernière quinzaine de septembre.

— **Nationale**, rue de Richelieu. — Les salles de travail sont ouvertes tous les jours non fériés (la quinzaine précédant Pâques exceptée), de 10 heures à 5 heures, en été, et jusqu'à 4 heures seulement, en hiver. Pour être admis dans ces salles, il faut être muni d'une carte délivrée sur demande par le conservateur. La salle publique de lecture est accessible tous les jours de semaine aux personnes ayant seize ans accomplis : de 9 heures à 6 heures, du 1er avril au 15 septembre ; de 9 heures à 5 heures, du 16 septembre au 15 octobre ; de 9 heures à 4 heures, du 16 octobre au 15 février ; de 9 heures à 5 heures, du 16 février au 31 mars. — Les *salles d'Exposition* et le *cabinet des Médailles* peuvent être visités sans cartes les lundis et les jeudis, de 10 heures à 4 heures.

— **de l'Opéra**, rue Auber, pavillon ouest. — Ouverte tous les jours ouvrables, de 11 heures à 4 heures. Vacances : semaine de Pâques et du 1er juillet au 1er septembre.

— **Sainte-Geneviève**, place du Panthéon. — Ouverte tous les jours non fériés, de 10 heures à 3 heures, et le soir, pour les hommes seulement, de 6 heures à 10 heures. Vacances : première quinzaine de septembre.

— **de l'Union centrale des arts décoratifs**, place des

Vosges. — Ouverte tous les jours non fériés, de 10 heures à 5 heures et de 7 heures à 10 heures, le soir.

Bibliothèque de l'Université, à la Sorbonne. — Ouverte tous les jours, pour les élèves des Facultés, de 10 heures à midi, de 2 heures à 6 heures et le soir de 8 heures à 10 heures.

— **de la ville de Paris**, rue Sévigné, 29. — Ouverte tous les jours non fériés, de 9 heures à 5 heures, en été; jusqu'à 4 heures seulement en hiver.

Catacombes. — Entrée, place Denfert-Rochereau; sortie, rue Dareau. — La visite a lieu, en été, les premier et troisième samedis de chaque mois. S'adresser, pour obtenir une carte, au directeur des Travaux de Paris, à l'Hôtel de Ville.

Conciergerie (Prison de la), Palais de justice. — Visite le jeudi de 9 heures à 5 heures. Demander une autorisation à la direction des Prisons (Préfecture de police).

Conservatoire des arts et métiers, rue Saint-Martin. — Les *galeries des Machines* et des *Collections* sont ouvertes : le dimanche, de 10 heures à 4 heures; les mardis, jeudis et samedis, de midi à 3 heures; celles du *Portefeuille* et des *Brevets*, tous les jours, excepté le lundi, de 10 heures à 3 heures.

Conservatoire de musique et de déclamation, rue du Faubourg-Poissonnière. — Voir *Bibliothèque du Conservatoire de Musique*.

Églises. — Les églises de Paris peuvent être visitées tous les jours entre les heures des offices; nous nous bornons à indiquer ici quelques exceptions.

Notre-Dame. — Le trésor est visible tous les jours (dimanches et fêtes exceptés), de 10 heures 30 à 5 heures 30 de mai à septembre, et de 10 heures 30 à 4 heures d'octobre à avril; un sacristain délivre une carte d'entrée (1 franc); l'entrée des tours est au pied de la tour du Nord (50 centimes par personne).

Sainte Chapelle (la). — Est visible tous les jours, de midi à 4 heures, excepté les lundis et les vendredis. Les étrangers, en s'adressant au gardien et moyennant une gratification, y peuvent entrer tous les jours et à toute heure.

Sacré-Cœur, à Montmartre. — L'entrée est libre tous les jours; la visite de la crypte coûte 25 centimes; la visite de *la Savoyarde*, 50 centimes; le dimanche, 25 centimes.

Saint-Sulpice, place du même nom. — Entrée des tours au pied de celle du Nord. Prix de l'ascension : 20 centimes.

Sorbonne. — L'église est ouverte toute la journée les dimanches et jours de fête; dans la semaine, elle est ouverte le matin jusqu'à 9 heures et, l'après-midi, de 1 heure à 3 heures.

Val-de-Grâce, rue Saint-Jacques. — L'église est ouverte tous les jours, mais de midi à 4 heures seulement.

Égouts. — Les visites ont lieu, de Pâques à fin septembre, les deuxième et quatrième mercredis de chaque mois; l'autorisation est accordée, sur demande, par le préfet de la Seine (la demande doit être faite sur papier timbré à 60 centimes et mentionner le nombre de personnes pour lesquelles elle est adressée).

Garde-Meuble de l'État, quai d'Orsay, 103. — *L'exposition du mobilier national* est publique les jeudis, dimanches et jours de fête, de midi à 4 heures; les autres jours, sauf le lundi, elle est visible pour les personnes munies de cartes délivrées par le sous-secrétariat d'État des Beaux-Arts.

Gobelins (Manufacture nationale des). — Les *Ateliers* et le *Musée* sont ouverts tous les mercredis et tous les samedis, de 1 heure à 3 heures.

Hôtel des Invalides. — Ouvert tous les jours, de midi à 4 heures. On visite le *tombeau de Napoléon* (entrée, place Vauban) tous les jours, excepté le mercredi et le samedi, de midi à 4 heures, du 1er février au 31 octobre; le reste de l'année, de midi à 3 heures. La *galerie des Plans en relief des places de guerre* n'est ouverte qu'en juin et juillet, les mardis, jeudis et dimanches, aux visiteurs munis de cartes délivrées par le général directeur du service géographique, 140, rue de Grenelle. — Voir *Musée d'artillerie*.

Hôtel des Monnaies et **Musée monétaire**, quai de Conti, 11. — L'autorisation de visiter doit être demandée au directeur, avec envoi d'un timbre pour la réponse. Les permissions sont accordées pour un mardi ou un vendredi, de 1 heure à 3 heures.

Hôtel des Ventes, rue Drouot. — Ouvert tous les jours; les ventes commencent généralement à 2 heures.

Hôtel de Ville. — Muni d'une permission accordée par le secrétaire général de la préfecture de la Seine, on peut le visiter tous les jours (sauf le dimanche), de 2 heures à 4 heures, sous la conduite d'un gardien. On peut demander aux concierges des cartes d'entrée pour les séances du Conseil municipal (lundi, mercredi, vendredi, à 3 heures).

Imprimerie nationale, rue Vieille-du-Temple. — La visite a lieu le jeudi, à 2 heures 1/2 ; demander par lettre, avec timbre pour réponse, une autorisation au directeur (87, rue Vieille-du-Temple).

Institut de France, quai de Conti. — S'adresser pour visiter au concierge, sous la voûte à gauche du portail (gratification), tous les jours, excepté le dimanche, jusqu'à 2 heures.

Institut Pasteur, rue Dutot. — Ouvert tous les jours, à 10 heures et demie du matin. Le *tombeau de Pasteur* est visible les premier et troisième samedis de chaque mois, de 1 heure à 4 heures.

Jardins et Parcs. — Tous les jardins et parcs : Tuileries, Palais-Royal, Luxembourg, parc Monceau, Montsouris, des Buttes-Chaumont, etc., sont ouverts tout le jour aux promeneurs ; seuls méritent une mention spéciale, le *Jardin d'acclimatation* et le *Jardin des Plantes*.

    Jardin d'acclimatation, bois de Boulogne. — Ouvert tout le jour. Prix d'entrée : en semaine, 1 franc ; le dimanche, 50 centimes ; les enfants au-dessous de sept ans doivent être accompagnés et sont reçus gratuitement.

    Jardin des Plantes, place Walhubert. — Le jardin est ouvert toute la journée et de libre accès. La *Ménagerie* et les *Galeries d'histoire naturelle* sont publiques le jeudi et le dimanche, de 11 heures à 4 heures. La *Grande Serre* est ouverte tous les jours, excepté le samedi et le lundi, de 1 heure à 4 heures.

    Sur demande, accompagnée d'un timbre pour la réponse, le directeur du Muséum accorde des billets d'entrée pour : les *Ménageries*, tous les jours (jeudi excepté), de 1 heure à 4 heures ; pour les *Galeries* et les *Serres*, mardi, vendredi et samedi, de 11 heures à 4 heures ; pour la *galerie des Reptiles*, tous les jours, de 1 heure à 4 heures ; pour la *galerie de Paléontologie*, le mardi, de 1 heure à 4 heures.

    La *Bibliothèque* est ouverte tous les jours non fériés, de 10 heures à 4 heures. Vacances : dix jours à Pâques et pendant toute la durée du mois de septembre.

Mairies. — On peut visiter les mairies tous les jours dans l'après-midi, sous la conduite des concierges (gratification).

Musée d'Anatomie comparée ou **Musée Orfila**, à l'École de médecine. — Ouvert tous les jours ouvrables, de 11 heures à 4 heures; pour visiter, demander un permis au doyen.

Musée d'Artillerie et de l'Armée, hôtel des Invalides. — Ouvert le mardi, le jeudi et le dimanche, de 1 heure à 5 heures, du 1er avril au 30 septembre; de midi à 4 heures, le reste de l'année. Le *Musée historique* peut être visité les mêmes jours, mais jusqu'à 3 heures seulement.

— **Broca.** — Voir *Musée Dupuytren*.

— **de Mme de Caen**, palais de l'Institut. — Envois des prix de Rome. Visible tous les jours, de 10 heures à 4 heures.

— **Carnavalet**, rue Sévigné. — Ouvert tous les jours, excepté le lundi, de 10 heures à 5 heures, en été; jusqu'à 4 heures seulement en hiver. Entrée 1 franc. Gratuit les jeudis, dimanches et fêtes. Au deuxième étage : *Musée du Siège*.

— **Cernuschi**, avenue Velasquez. — Ouvert tous les jours, le lundi excepté, de 10 heures à 4 heures en hiver; jusqu'à 5 heures en été.

— **Cluny**, rue du Sommerard. — Ouvert tous les jours, le lundi excepté, de 11 heures à 5 heures en été; jusqu'à 4 heures seulement en hiver. N'ouvre le mardi qu'à 1 heure.

— **d'Ennery**, avenue du Bois-de-Boulogne, 59. — Ouvert tous les jours de midi à 4 heures l'hiver; de midi à 5 heures l'été.

— **Dupuytren**, rue de l'École-de-Médecine. — Ouvert tous les jours, excepté les dimanches, aux étudiants et aux médecins, de midi à 4 heures; le public y peut être admis sur autorisation du conservateur. Le *Musée Broca* occupe le troisième étage du bâtiment.

— **Galliera**, rue Pierre-Charron. — Ouvert tous les jours, de midi à 4 heures (5 heures en été), le lundi excepté. Fermé les fêtes légales.

— **Grévin**, boulevard Montmartre. — *Figures de cire*. Constamment ouvert. Entrée : 1 franc; enfants et militaires, 50 centimes.

— **Guimet**, place d'Iéna. — Ouvert tous les jours, excepté le lundi, de midi à 4 heures, en hiver, et jusqu'à 5 heures, en été. Fermé les fêtes légales et du 1er au 31 août.

— **Gustave-Moreau**, rue de la Rochefoucauld, 14. — Ouvert tous les jours, excepté le lundi, de 10 heures à 4 heures.

— **du Louvre**, palais du Louvre. — *Peinture, sculpture, ma-*

rine, céramique, diamants, etc. Tous les musées sont ouverts toute l'année : le dimanche, de 10 heures à 4 heures ; les autres jours (lundis exceptés), de 9 heures à 5 heures, en été ; de 10 heures à 4 heures, en hiver.

Tous les lundis, de 2 heures à 3 heures, et muni d'une carte délivrée par la direction, on peut visiter les *Souterrains du Vieux Louvre.*

Musée du Luxembourg, Jardin du Luxembourg ; entrée, rue de Vaugirard, grille en regard de la rue Féron. — Ouvert tous les jours ouvrables, excepté le lundi, de 9 heures à 5 heures, en été ; de 10 heures à 4 heures, en hiver, et tous les dimanches.

— de l'Opéra. — Les musées de l'Opéra, *costumes, bijoux, armes, accessoires*, etc., tous les jours, sauf les dimanches, lundis et fêtes, de 1 heure à 4 heures, excepté pendant la semaine de Pâques, et du 1er juillet au 1er septembre.

— Pédagogique, rue Gay-Lussac, 41. — La bibliothèque est ouverte tous les jours, excepté le dimanche, de 10 heures à 5 heures.

— du Trocadéro, palais du Trocadéro. — *Musée de sculpture comparée :* ouvert tous les jours, excepté le lundi, de 11 heures à 4 heures, en hiver ; de 11 heures à 5 heures, en été ; *Musée ethnographique :* ouvert les dimanches, mardis et jeudis, de midi à 4 heures, en hiver, et de midi à 5 heures, en été.

— Victor-Hugo, place des Vosges, 6. — Entrée : 1 franc, excepté les jeudis, dimanches et fêtes, de 1 heure à 5 heures en été, à 4 heures en hiver. Il est fermé les jours de fêtes légales.

— de la Ville de Paris (Petit Palais, avenue Alexandre III). Ouvert tous les jours, de 10 heures à 4 heures, excepté le lundi et les jours de fêtes légales. Entrée : 1 franc, excepté les jeudis, dimanches et fêtes ; la visite de la collection Dutuit est gratuite.

Observatoire. — On le visite le premier samedi de chaque mois, à 2 heures. Demander par lettre (timbre pour la réponse) une autorisation au directeur.

Palais-Bourbon, siège de la Chambre des députés, quai d'Orsay. — Le public, porteur de cartes données par les députés, est admis dans les tribunes du second étage ; douze places sont réservées aux personnes non munies de cartes ; elles entrent par le quai d'Orsay. Le palais est visible tous les jours, de 9 heures à 5 heures, pendant les vacances parlementaires.

Palais de l'Élysée. — Résidence du chef de l'État. Non ouvert au public.

Palais de justice. — Accessible au public tous les jours, dimanches et fêtes exceptés, de midi à 4 heures.

Palais du Luxembourg ou **du Sénat**, rue de Vaugirard. — On le visite tous les jours où il n'y a pas séance, de 9 heures du matin à 4 heures du soir; se faire accompagner par les préposés de la questure (gratification). En temps de session, la visite n'a lieu que le matin avant 11 heures.

Palais-Royal. — N'est pas ouvert au public.

Palais des Thermes. — Voir *Musée de Cluny*.

Panthéon. — Ouvert tous les jours, sauf le lundi, de 10 heures du matin à 4 heures du soir, en hiver, et de 10 heures à 5 heures, en été. Pour visiter le dôme et la crypte, demander par lettre (timbre pour la réponse) une carte à la direction des Beaux-Arts, 3, rue de Valois.

Sorbonne (la); entrée, rue des Écoles, porte n° 7. — Visite tous les jeudis, de 1 heure et demie à 3 heures. (Les autres jours, s'adresser au concierge.)

Tour de l'hôtel de Bourgogne ou **de Jean sans Peur**, rue Tiquetonne. Pour visiter, demander une autorisation à l'architecte de la ville, à la mairie du premier arrondissement, place du Louvre, 4, les mardis et vendredis, de 2 à 4 heures, ou s'adresser au concierge du numéro 23 de la rue Tiquetonne (gratification).

Tour Eiffel. — Les ascenseurs fonctionnent depuis le premier dimanche de printemps jusqu'au 2 novembre, dès 10 heures du matin. Tarif : du sol au 1er étage.... 1 fr. Dimanches et fêtes, 0 fr. 50

  du 1er étage au 2e étage . 1 fr.   — — 0 fr. 50

  du 2e étage au 3e étage.. 1 fr.   — — 1 fr. »

Ascension complète, 3 francs en semaine; 2 francs dimanches et fêtes. Du 1er juin au 31 août, le 1er étage (théâtre, restaurant, attractions) reste ouvert jusqu'à 11 heures du soir.

Tour Saint-Jacques, square Saint-Jacques. — Ouverte tous les jours, de 10 heures à 4 heures, dimanche excepté, avec permission demandée à l'Hôtel de Ville (direction des travaux). S'adresser aux gardiens du square.